Joaquim Nabuco

por
Angela Alonso

1ª reimpressão

coordenação
Elio Gaspari e Lilia M. Schwarcz

Companhia Das Letras

copyright © 2007 by Angela Alonso

capa e projeto gráfico
warrakloureiro
foto da capa
coleção particular
pesquisa iconográfica
Companhia da Memória
pesquisadora
Joana D'Arc de Sousa Lima (Recife)
legendas
Lilia M. Schwarcz
André Conti
preparação
M. Estela Heider Cavalheiro
índice onomástico
Luciano Marchiori
revisão
Marise S. Leal
Carmen S. da Costa

Dados Internacionais de Catalogação na Publicação (CIP)
(Câmara Brasileira do Livro, SP, Brasil)

Alonso, Angela
Joaquim Nabuco: os salões e as ruas / Angela Alonso. — São Paulo: Companhia das Letras, 2007.

ISBN 978-85-359-1131-2

1. Abolicionistas — Brasil 2. Nabuco, Joaquim, 1849-1910 3. Políticos — Brasil — Bibliografia I. Título.

07-8738   CDD 923.281

Índice para catálogo sistemático:
1. Brasil: Imperadores: Biografia 923.281

[2020]
todos os direitos desta edição reservados à
EDITORA SCHWARCZ S.A.
Rua Bandeira Paulista, 702, cj. 32
04532-002 — São Paulo — SP
Telefone: (11) 3707-3500
www.companhiadasletras.com.br
www.blogdacompanhia.com.br
facebook.com/companhiadasletras
instagram.com/companhiadasletras
twitter.com/cialetras

Joaquim Nabuco
Os salões e as ruas

Para a Alice e o Tomás

*Cada criatura humana traz duas almas consigo:
uma que olha de dentro para fora,
outra que olha de fora para dentro...*
Machado de Assis, O *espelho*, 1882

Sumário

As três mortes de Nabuco 13

1. Dândi 18
2. A sombra do pai 75
3. A experiência inglesa 136
4. No olho do furacão 178
5. Ostracismo e memória 233
6. Dom Nabuco 286

Indicações bibliográficas 343
Cronologia 353
Índice onomástico 369

As três mortes de Nabuco

Primeiro morreu o embaixador. Para velá-lo vieram o presidente William Taft, o secretário de Estado Philander Knox, juízes da Suprema Corte, senadores, deputados e damas da alta sociedade — encasacadas em suas peles, porque era janeiro. Em sobretudos pesados, botas de couro e quepes azuis, os cadetes do exército americano estavam aprumadíssimos, muito ao gosto de Joaquim Nabuco, enquanto o carregavam, recoberto por uma bandeira do Brasil. Seu caixão desfilou por Washington numa carreta da artilharia, seguido por auxiliares e amigos de data recente, jornalistas e diplomatas. O jovem conde Carl Moltke, da Dinamarca, estava comovido. Tinha pelo colega brasileiro a admiração do aspirante pelo titular, vendo nele, que desdenhara um título nobiliárquico, a encarnação da alma aristocrática: elegante e gentil, culto e bem-falante, perfeito gentleman. Era ainda atraente aos sessenta anos. A embaixada brasileira, por ele instituída, era ponto turístico por conta de seu magnetismo pessoal. O cocheiro, narra a filha, parava defronte de sua casa e disparava: "Aqui mora o homem mais bonito de Washington".

Seduzira os americanos com seu pan-americanismo. Com o presidente anterior, Theodore Roosevelt, e seu secretário de Estado, Elihu Root, divulgara a cooperação continental. As melhores universidades locais, como Columbia e Yale, reconheceram seu empenho na forma de títulos de doutor *honoris causa*. Seu nome vivia nos jornais, que lamentaram, contritos, seu desaparecimento, como antes noticiavam suas festas e conferências.

Feitas as honras de Estado, Nabuco foi da embaixada brasileira à capela de São Mateus. Morria católico. O arcebispo Falconio oficiou exéquias solenes e deixou-o no cemitério gótico de Oak Hill.

Não se acabou assim a história de Joaquim Nabuco. Viajante contumaz, esperou, embalsamado, perto de dois meses pelo navio batizado quase como sua primogênita, o North Carolina. A viúva já partira, levando a escadinha dos menores. Foi escoltado pelo filho Maurício, habitual companheiro de viagens, Epaminondas Chermont, auxiliar desde os bons tempos de Londres, e os fuzileiros navais americanos. O *Minas Gerais*, vaso de guerra brasileiro, comboiava. Viagem silenciosa, discrepante de suas tantas e animadas travessias oceânicas. Na primeira delas, quase quarenta anos antes, engatara o romance de sua vida. A amada, desde então em Paris, se faria enterrar também no Brasil, por sobre cartas suas.

Na antiga capital do Império desembarcaram outro morto: o intelectual monarquista. A cidade estava atípica, coberta por garoa fina, no frio avulso de abril. Tudo parado por força da sua pessoa. O séqüito se cindiu em duas alas de guarda-chuvas negros, guerreando por largas avenidas tão destoantes de seu Rio antigo. Senhores circunspectos, de cartola e casaca, sussurravam memórias dos primeiros tempos republicanos, quando tinham se refugiado nos livros. A Academia Brasileira de Letras foi ao encontro de seu secretário vitalício. Graça Aranha e sua geração foram incensar o historiador do Império, o escritor da rodinha da livraria Garnier, com seus versos sempre inconclusos. Logo coabitaria outra vez com eles, travestido de bronze — idéia de Mário de Alencar, cujo pai, José, Nabuco muito destratara. Durante quatro dias, os políticos mais proeminentes, o Exército e a Marinha, jornalistas e gente simples deram adeus a Nabuco no palácio Monroe, onde ele tanto brilhara, agora todo forrado em crepe e veludo negro. O barão do Rio Branco, perene ministro do Exterior, suspirou que valia a pena morrer para ganhar velório de tamanha envergadura. No Rio de Janeiro, contudo, foram fracos os ecos da campanha abolicionista. Apenas velhos correligionários carregaram seus estandartes até a Catedral Metropolitana, onde Nabuco os esperava, cercado de tochas acesas.

O abolicionista morreu foi no Recife. Lá, marinheiros descendentes dos escravos que ajudara a libertar o desembarcaram do vapor Carlos Gomes. O nome evocava as óperas que tinham embalado suas gloriosas campanhas eleitorais, quando moças, estudantes, cidadãos comuns, se apinhavam para vê-lo, atirando para o alto flores e chapéus. Quando fora Quincas, o Belo, com seus bigodes longos, olhos penetrantes, voz imperiosa, clamando pela abolição da escravidão, enquanto as ruas clamavam por ele. No Recife começara sua lenda. Ali se fez príncipe dos escravos, marca de cigarro, rótulo de cerveja, o rosto mais estampado, o nome mais ouvido no país.

A cidade pátria, onde nunca viveu seguidamente, despediu-se do filho pródigo carregando-o pelas praças abarrotadas de gente, como era costume quando ele aportava. À frente ia José Mariano, aliado das rinhas eleitorais, acusado de matar em honra sua. Os braços abolicionistas o devolveram ao seu palco principal, o teatro Santa Isabel, onde fora nada menos que um astro. Tremulavam bandeiras de todas as associações abolicionistas.

Ao som da marcha fúnebre, uma procissão o seguiu pelas alamedas: normalistas de branco, tarjadas de luto, orquídeas e cravos nas mãos; na cabeça, grinaldas. As últimas noivas do galanteador. No cemitério de Santo Amaro não o aguardavam outros de seu nome, nem amadas, nem companheiros de causa. Nabuco baixou sozinho, depois do toque de silêncio, seguido pelo troar dos canhões e as salvas da infantaria. O mausoléu ergueu-se no mármore de Carrara, digno de seu requinte. Ex-escravos sustentam seu esquife. Seu busto à frente, ainda de par com uma mulher, a História. Tudo perto do seu desejo, como o definira em seus *Pensamentos soltos*: "Que doce impressão da morte [...] Ser enterrado assim à sombra dos ciprestes e das imbaúbas, ter flores do mato, como o desabrochar roxo das quaresmas".

Os funerais de Nabuco narraram sua vida ao contrário, revelando suas múltiplas identidades. Ele gostava de se referir às duas faces de Jano, uma mirando o passado; outra, o futuro. A imagem lhe serve perfeitamente. Vivendo numa era de mudanças, expressou-a existencialmente, oscilando entre a devoção à sociedade aristocrática e o empenho em reformas modernizadoras, que fatalmente a destruiriam. Foi simultaneamente cortesão frívolo, apegado à boa vida, e um corajoso homem público, golpeando autoridades políticas e hierarquias sociais. No estilo de vida, no ativismo político, na prática intelectual, equilibrou-se entre reforma e tradição.

Esse amálgama o colocou no rol dos personagens que representam a nação, como herói civilizador e pensador do Brasil. Exemplo de político por vocação e grande explicador de nossos males. Longeva fonte de inspiração para a esquerda e reserva de sensatez para a direita, de seus livros saíram tanto argumentos em prol de reformas quanto contra elas. Não é curioso que o general Ernesto Geisel tenha lido *Um estadista do Império* em sua solidão de ditador? E que Fernando Henrique Cardoso, seu opositor eleito democraticamente, se tenha feito fotografar com *O abolicionismo* debaixo do braço?

    Fosse por causa de seus livros, da fundação de uma associação de imorredouros beletristas ou pelas vias religiosas a que se apegou na velhice, Nabuco acreditava na imortalidade de sua alma. Que seja objeto deste livro, quase um século depois de seus funerais, é prova de que estava certo.

    Sou grata às sugestões e ao incentivo de João Frayze-Pereira, José Arthur Giannotti, Samuel Titan Jr. e Sérgio Miceli, aos comentários de Lilia Schwarcz e Elio Gaspari e à Fapesp, por financiar parte da pesquisa. Fernando Limongi, meu marido, e Alice e Tomás, nossos filhos, foram os bons companheiros que tornaram o livro possível.

1. Dândi

"Que hei de dizer depois do fato consumado? [...] Enfim, o que está feito está feito, mas erraste", escreveu o senador Nabuco de Araújo ao filho, em 10 de junho de 1874. Com esse juízo ressoando na cabeça, Joaquim desceu em Charing Cross. Viajava pela Europa há quase um ano, passando por Paris, pela Itália e por Genebra. Ao longo do caminho dilapidara sua pequena herança e deixara escapar um dos maiores dotes brasileiros do século. Foi de noivado rompido que Joaquim Nabuco, na intimidade o Quinquim, conheceu finalmente a capital do Império Britânico.

O BELO

"Vi-o pela primeira vez em Londres", lembra Henrique Coelho. "Era ele branco alvíssimo. [...] nas suas delicadas feições, de rara beleza varonil, parecia europeu [...]." Apesar do um metro e oitenta e seis, era bem-proporcionado, feições delicadas, gestos graciosos. Movia-se com passadas largas, sorriso nos lábios. Tinha o hábito de pôr uma mão na cintura ou no bolso, enquanto a outra, cofiando o bigode, escondia parte do rosto perfeitamente simétrico. Ao falar, conta seu colega Afonso Celso Jr., acabava por "enfiar dois dedos da mão direita na algibeira do colete", completando seu "ar de desembaraço e petulância". Esse era Joaquim Nabuco, aos 25 anos.

Cônscio da impressão que causava, ficou vaidoso na adolescência. O gosto vinha de casa. Joaquim Aurélio Barreto Nabuco de Araújo cresceu numa família bem estabelecida no mundo social do Segundo Reinado. Seu pai, José Thomaz Nabuco de Araújo, baiano, se fixara em Pernambuco, onde cursara a tradicional faculdade de direito. Era filho de senador, mas não rebento da aristocracia puro-sangue brasileira, a fundiária. A hierarquia social era bem mais complexa do que a divisão entre livres e escravos leva a supor. No ápice estavam os grandes proprietários de terras, mas havia grupos ascendentes, como os cafeicultores de São Paulo, gente estacionária, caso dos estancieiros gaúchos; e comerciantes, empregados urbanos, profissionais liberais, funcionários públicos que contavam com poucos canais de ascensão. Havia ainda os "áulicos", que auferiam poder e prestígio social por integrar a corte do imperador. Nabuco de Araújo pertencia à aristocracia burocrática, chamada então "do talento": homens sem grande lastro econômico, que faziam carreira no Estado. Nabuco de Araújo chegara a ela casando-se, em 1840, com uma Suassuna, família aliada dos Cavalcanti, a grande oligarquia territorial pernambucana. A partir daí se estabeleceu. Seu escritório jurídico logrou reputação e freqüentes consultorias ao Estado. Ascendeu a quase todos os postos políticos relevantes e foi assimilado à sociedade de corte — mas sem acumular patrimônio. Joaquim Nabuco nasceu, pois, numa família que compunha a aristocracia de segunda divisão.

A política situou os Nabuco no Rio de Janeiro, coração do Império. Tinha 275 mil habitantes em 1872 e era a maior cidade da América do Sul. Grande porto brasileiro, entrecruzamento do comércio externo e dos negócios provinciais, do dinheiro velho do tráfico de escravos e do novo, vindo da exportação do café. Desde os anos de 1840, o boom da zona cafeeira do Vale do Paraíba engordava a nata do Partido Conservador, os saquaremas, que, nos termos do historiador Ilmar Matos, deram a direção do Segundo Reinado. Sua opulência azeitou atividades urbanas — comércio, bancos, atravessadores, companhias de transporte, firmas de exportação. A infância de Joaquim Nabuco correu durante essa era de ouro fluminense. Tudo confluía para o Rio. Capital política, sediava o Parlamento, ministérios, autarquias, legações estrangeiras. Tinha três faculdades, o principal colégio secundário, os grandes jornais, editoras, associações político-intelectuais. O extenso funcionalismo público e o volumoso contingente de letrados animavam o circuito cultural em torno do imperador. D. Pedro II reinava sobre vinte províncias e um séqüito de cortesãos, que ditavam todas as modas.

Os Nabuco se educaram nos hábitos de corte. A começar pela apresentação. A sedução era um imperativo — e não só em relação ao sexo oposto. A vida social era um contínuo exercício de autocontrole e de conquistas. Importava a graça de um chiste, a fala espirituosa, a polidez, a erudição. Nisso, os Nabuco eram do primeiro time. Finíssimos. Nabuco de Araújo era garboso — "o belo porte, a cabeça bem formada, o rosto escanhoado", lembra Tobias Monteiro, envolvia-se em indumentária impecável. Sempre aprumado em seu escritório numa das salas da residência do Catete e, a partir de 1860, quando os salários de senador e conselheiro de Estado se somaram, na vasta biblioteca da casa de três andares da rua Bela da Princesa nº 1 (atual Correia Dutra), esquina da praia do Flamengo. No salão de festas, d. Ana Benigna, nem tão alta nem tão bonita quanto os homens da casa, compensava-se bem com uma personalidade imperiosa, tratando de igual para igual os políticos, que apreciavam seus quitutes e não tinham como se furtar a suas opiniões. Em seus freqüentes saraus, Joaquim, quarto de seus cinco filhos, aprendeu os maneirismos do meio aristocrático brasileiro.

Como o irmão mais velho, Sizenando, Joaquim foi educado no manejo das maneiras, das palavras, na modulação do corpo e da voz, de modo a encarnar as marcas de seu grupo social. O refinamento era completado por um preceptor. José Herman de Tautphoeus, barão bávaro, antes freqüentador do famoso *Journal des Debats*, ensinou línguas, história e literatura a Joaquim e a seu outro irmão, Vitor, em 1859, em Nova Friburgo.

Antes disso, sua educação fora tacanha. A primeira infância transcorrera no interior de Pernambuco, num engenho na freguesia de Santo Antônio do Cabo: o Massangano. Logo que nasceu, em 19 de agosto, no aterro da Boa Vista, 39 (atual rua da Imperatriz Teresa Cristina, 147), ponto nobre do Recife, às margens do rio Capiberibe, foi batizado com o nome do padrinho, Joaquim Aurélio Pereira de Carvalho, e posto sob guarda dele e da mulher, Ana Rosa Falcão de Carvalho. Naquele 1849, Nabuco de Araújo, reeleito deputado, mudava-se para a corte, deixando o terceiro filho confiado a essas gentes, de muitas posses e nenhum herdeiro. Entre eles se tornou Quinquim, apelido que vingou por toda a juventude. Assim, embora a família não tivesse terras, foi o clássico menino de engenho, crescendo misturado à natureza e à escravaria, apegado à sua ama-de-leite, "mãe Rosa", e amigo de algazarras perdoadas no confessionário.

O Massangano era um engenho de fogo morto; não produzia mais. Expressão da decadência da antes poderosa "açucarocracia" de Pernambuco. Mundo parado, com rendeiros, agregados e poucos escravos cantando lundus na senzala, integrados à vida doméstica de senhores patriarcais parcimoniosos no uso do açoite. Em sua autobiografia, Nabuco rememoraria o Massangano como um "pequeno domínio, inteiramente fechado a qualquer ingerência de fora, como todos os outros feudos da escravidão". Sobre ele imperava a casa-grande, no mais sóbrio estilo colonial, com três janelas arredondadas de cada lado da entrada principal. Diante dela "os edifícios da moagem, e tendo por trás, em uma ondulação do terreno, a capela sob a invocação de São Mateus. [...] perto da casa um grande viveiro, rondado pelos jacarés [...]. Mais longe começavam os mangues [...]". Entre uma coisa e outra, os extensos canaviais e, adiante, o rio Ipojuca, onde Quinquim se banhava com seus companheiros de brincar, Marcos e Vicente, moleques da casa. Aliás, conta ele em *Minha formação* que, intercedendo junto à madrinha em favor de um terceiro, teria não só obtido o perdão como o escravo.

O padrinho, homem do mundo, dado ao luxo, morreu logo. D. Ana Rosa, corpulenta, inválida, em luto fechado, criou sozinha Quinquim, enchendo-o de dengos até seus oito anos. Foi profunda a vinculação afetiva entre a viúva e o menino separado da família. Nas cartas ao compadre, ela o chamava "nosso filho". Incutiu-lhe sua emotividade e seu catolicismo tosco e piedoso. Deu-lhe a função de coroinha na capela da fazenda. Um mestre-escola local ministrou-lhe as primeiras letras, incluindo-o entre os 15% dos brasileiros que sabiam ler e escrever. Depois, num colégio do Recife, aprendeu latim e aritmética. A casa tinha boa mobília, mas biblioteca sofrível, dominada por livros de reza e folhetins da moda. Quinquim escapou desse mundo, purgando sua maior perda afetiva, narrada em *Minha formação*, como puro desamparo: "A noite da morte da minha madrinha é a cortina que separa do resto de minha vida a cena da minha infância. Eu não imaginava nada, dormia no meu quarto com a minha velha ama, quando ladainhas entrecortadas de soluços me acordaram e me comunicaram o terror de toda a casa. No corredor, moradores, libertos, os escravos, ajoelhados, rezavam, choravam, lastimavam-se em gritos [...]. Uma cena de naufrágio".

Nabuco de Araújo enviou seu agregado Julião Jorge Gonçalves para buscar o filho, sua ama, Marcos e Vicente, alforriados, como era costume, por ocasião da morte de sua dona. O moleque que ganhara da madrinha foi com o engenho inteiro para outro afilhado. Enxotado de seu pequeno reino, Quinquim realizou uma verdadeira epopéia até o lar original. Conheceu então a posição do pai. Ganhou pernoites, almoços, cuidados de notabilidades no trajeto a cavalo até o Recife e nas paradas do vapor para a corte. Na Bahia, hospedou-se no palácio do governo, de onde Cansansão de Sinimbu presidia a província. No percurso foi sumindo o menininho de d. Ana Rosa enquanto se tecia o herdeiro do ministro da Justiça. A identidade social suplantava a identificação afetiva, e Quinquim começava a virar Nabuco.

Na viagem, o menino reconheceu em toda parte as marcas da instituição que, homem-feito, combateria. A escravidão nascera com o país. Fora a base da agricultura colonial de exportação, combinada ao latifúndio e à monocultura. O Segundo Reinado manteve o modelo. Como até 1850 o comércio de africanos era livre, e o preço, baixo, a escravidão se infiltrou em toda a vida social e no país inteiro. Ganhou muitos usos, além da *plantation*, na lavoura de subsistência e no trabalho doméstico.

Quando Quinquim nasceu, o Rio de Janeiro era "uma cidade quase negra", no dizer de Luiz Felipe de Alencastro. A maior aglomeração de escravos desde o Império Romano: 110 mil — perto de metade da população. Podiam ser vistos aos montes no Valongo — o grande mercado na boca do porto. Em meio a sujeira, miséria, endemias, casebres de palha multiplicavam-se por sobre o mangue, ancestrais, diz Gilberto Freire, do "mocambo" urbano brasileiro.

Em 1850, sob pressão inglesa, o gabinete Eusébio de Queirós proibiu o tráfico. Então a escravidão se configurou como problema. Ao contrário dos Estados Unidos, os senhores brasileiros não desenvolveram um bom sistema de reprodução em cativeiro. Dependiam da entrada de novos africanos para repor sua utilização extensiva pela grande lavoura. E o tráfico por si dava bons lucros. Por isso seguiu ilegal até a intervenção enérgica de Nabuco de Araújo, ministro da Justiça, que processou donos de engenho pouco antes de o Quinquim chegar em casa.

Viveu os dois mundos. Na casa-grande de d. Ana Rosa, conheceu a escravidão familista do engenho, restos do mundo colonial. Em casa do pai, viu o vigor da escravidão comercial, convertida em negócio. Pelas ruas, trabalhavam "ao ganho", alugados, dominavam o comércio ambulante: eram carregadores, lixeiros, vendedores, costureiras, quituteiras. A criadagem, a começar pela ama de leite, era toda de origem africana. A primeira providência de um alforriado de Brás Cubas foi comprar um escravo. A escravidão era uma segunda natureza, integrada na paisagem; meio e estilo de vida.

Chegando na rua da Princesa, em 1857, conheceu a casa e os irmãos. As meninas Iaiá (Rita) e Sinhazinha (Maria Carolina), a caçula, se ocupavam com bordado e piano. Sizenando e Vitor, rapazolas, seguiam o percurso das boas famílias: o Colégio Pedro II, depois, a faculdade de direito. Quinquim ficou meio desajustado no novo núcleo doméstico, mas logo foi encaminhado para Tautphoeus e dele para o Pedro II, o colégio da elite brasileira. Entre os dez e os quinze anos, Quinquim lá esteve, trajando o uniforme — casaca verde e cartola alta — e formando-se para cortesão. Era escola de meninos e se estudava um pouco de matemática, ciências (geografia, geologia, física, química e mineralogia) e filosofia, muito de línguas (português, latim, grego, francês, inglês, alemão, italiano), retórica, poética, história, o romantismo e a religião do Estado, o catolicismo. O externato não despertou Quinquim para esportes, música, desenho ou teatro, embora tivesse pendor para a representação. Foi aluno mediano nas turmas em que Rodrigues Alves tirava o primeiro lugar. Teve uma única distinção no curso, em latim, e passou raspando em grego e literatura nacional.

Em compensação, explorou um veio muito valorizado, a poesia. Carregando sempre seus versos numa pasta, ganhou dos colegas temerosos do que pudesse sair dela o apelido de "cavalo de Tróia". Já o pai, editou em luxo, em 1864, um poema em que o filho o homenageava — *O gigante da Polônia*. E garantiu, em 1865, quando obteve o diploma de letras do colégio Pedro II, que ele lesse diante dos imperadores, na Arcádia Fluminense, *Uruguaiana*, uma ode aos vencedores da batalha de Riachuelo. Comentando esses arroubos literários, Machado de Assis, amigo de Sizenando, incentivou, no *Diário do Rio de Janeiro*, de 31 de janeiro: "Tem o direito de contar com o futuro". No dia seguinte, Quinquim respondeu: "[...] de uma certa idade em diante pretendo me não mais aplicar à poesia; [...] para me ir alistar na fileira dos mais medíocres apóstolos do positivismo, e das crenças exatas [...]". Promessa jamais cumprida. Os versos continuaram sendo seu recurso de galanteador — e a mania de lê-los para o próximo perduraria até a velhice.

Do Pedro II foi para a faculdade de direito de São Paulo. As outras opções eram o Recife, também para as leis, as escolas de medicina, na Bahia e no Rio, onde se podia fazer ainda a carreira militar ou engenharia. Mas o direito preparava a elite imperial para a carreira política. Trilhas de uma parcela bem diminuta entre os 10 milhões de brasileiros.

Chegando a São Paulo em 1866, Quinquim, como todos os estudantes, foi morar numa república, no bairro da Consolação, com o sergipano Sancho de Barros Pimentel, seu grande amigo de juventude. Refinou o gosto, escolhendo mobília, louça e roupas. São Paulo era pequenininha, com pouco mais de 30 mil habitantes, e acanhada em relação à corte e ao Recife. A vida social gravitava em torno do mundo estudantil.

Os estudos continuavam objeto de atenção secundária. Sobreviveu o curso todo com "aprovação plena". Lá estava Rodrigues Alves outra vez para colecionar as distinções. Quinquim nunca chegou a elas na sala de aula. No exame final de 1866, seu desempenho pífio gerou embaraço. Um dos professores teria ponderado, segundo Henrique Coelho: "Que explicação havemos de dar ao senador, pai do rapaz?". A banca achou por bem não desgostar Nabuco de Araújo, de novo ministro da Justiça. O filho foi aprovado "plenamente", salvando, por isonomia, colegas em idêntica situação.

Tampouco se recomendava pela assiduidade. Ninguém ia muito às aulas. Os estudantes preferiam as associações literárias e os partidos. Quinquim se dedicou, qual seus colegas, às literatices. Em 1868, imitou Sizenando, bem-sucedido dramaturgo amador, com a peça *Os destinos*. Foi ofuscado por Antonio de Castro Alves, que vinha famoso do Recife, de par com Rui Barbosa. Quinquim tentou suplantar o colega com o longo poema, "A humanidade", onde simulava um diálogo com Deus e, à maneira de "O navio negreiro", fazia uma condenação moral à escravidão, à Igreja e à Monarquia:

Os reis são o flagelo dos impérios,
vermes cobertos de ouro, que eu desprezo. [...]

Mas, enquanto os versos de Castro Alves acabavam em brados revoltosos, os seus nutriam vago otimismo:

[...] O mundo é um teatro de infortúnios,
mas há de ser um éden de venturas.

Mordido de inveja do belo Castro Alves, Quinquim migrou em sentido inverso. Com Sancho e um criado chegou ao Recife a 7 de março de 1869, para concluir os estudos por lá. Era o costume. A formação da elite imperial incluía a circulação entre as escolas de direito, de modo a pôr o aspirante a político em contato com o norte e o sul, as duas metades discrepantes do mesmo Império.

O Recife era maior e mais interessante que São Paulo. Com suas ilhas e alagados, penínsulas e mangues, era chamado de Veneza brasileira. Reinava nela, em ziguezague, o rio Capibaribe. Os recifenses lutavam contra a natureza, circulando em bondes de burro e construindo casas sobre aterros. Era a terceira cidade do país, com mais de cem mil habitantes, e girava em torno do açúcar, que não era mais o carro-chefe da economia nacional, mas que mantinha confortavelmente os já estabelecidos.

Darwin, quando ali aportou com o *Beagle*, em 1836, esconjurara o Recife. Em sua *Viagem de um naturalista ao redor do mundo*, anotou: "A cidade é por toda a parte detestável, as ruas estreitas, mal calçadas e imundas; as casas altas e lúgubres. [...] terra de escravidão e, portanto, de aviltamento moral. [...] espero nunca mais visitar um país de escravos". Desde então, contudo, o Recife passara por uma reforma urbanística, tendo Paris por modelo. Erigiram-se o palácio do governo e um prédio neoclássico que marcaria a vida de Nabuco, o teatro Santa Isabel. Na frente deles, abria-se o Campo das Princesas (hoje praça da República). As pontes em arco levavam ao casario, sobrados de até cinco andares, calçados com ladrilho hidráulico e de grandes janelas, que davam para as alamedas. Construções renascentistas, góticas, mouriscas. Na rua da Aurora, de frente para o Capibaribe, perfilava-se a nobreza imperial, ostentando brasões nas fachadas.

As ruas eram iluminadas a gás, estradas de ferro e vapores levavam à corte e à Europa. De lá vinham remédios, perfumes, livros, bibelôs. Nas lojas, que se multiplicavam sob nomes franceses, Quinquim podia checar o corte do alfaiate da moda, o Chameton. Ou assuntar os conchavos políticos à sombra das gameleiras e no Café Lafaiete, na rua do Imperador. Ou ainda enganchar-se a homens de negócios, senhores de engenho, banqueiros e comerciantes, em saraus de piano, jantares e chás. A sociedade musical, a Apolínea, mais tarde Clube Internacional, fazia os melhores bailes. Por tudo isso, apreciou morar no Recife. Facilitava o parentesco com a gente de bem da terra: os Cavalcanti, os Paes Barreto, os Sá e Albuquerque.

Na faculdade, como em São Paulo, os professores eram políticos de carreira. Ausentavam-se para assumir a deputação ou um ministério. Os alunos almejavam sucedê-los nessas posições. Quinquim, como dantes, dedicou-se às letras — foi presidente da associação literária estudantil Arcádia, e precisou de uma mãozinha do pai. Na transferência de faculdades, adoecera de febre tifóide, doença trivial do século XIX brasileiro, perdendo a matrícula e as aulas de 1869. Nabuco de Araújo arranjou autorização para que ele fizesse exame especial em São Paulo. No ano seguinte, estudou normalmente o quinto ano em Recife, sem ter jamais freqüentado o quarto. Em 28 de novembro de 1870, ganhou a alforria branca, a carta de bacharel em ciências sociais e jurídicas.

Saiu da faculdade um perfeito dândi. A observação do pai lhe ensinara que mesmo os dons naturais, como o porte e os traços, podem ser burilados. Num tempo em que o orientalismo era mania, o senador circulava até alta manhã num robe de seda japonesa. Só saía com casaca de corte impecável, no rigor da moda. O zelo para com a apresentação pública, que no pai guardava a sobriedade, em Sizenando e Quinquim pendeu para a afetação.

O estilo dândi se constituíra na Europa em meados do século. Oscar Wilde, na Inglaterra, e Marcel Proust, na França, são exemplos desse gênero de grandes atores públicos, encarnação de um estilo de vida que tendia para o exotismo e suscitava a pecha de efeminamento. Os herdeiros de Nabuco de Araújo nunca chegaram aos excessos de Wilde, famoso por sua fixação no lilás.

Os dândis dedicavam-se com afinco às roupas e acessórios, apreciavam jóias e mesmo maquiagem — caso de Castro Alves. Esse narcisismo, que os escravizava ao espelho e os deixava exasperados ao menor sinal de desalinho ou velhice, era parte de uma nova sensibilidade. O romantismo propagara o homem frágil, mais belo que forte, mais amoroso que autoritário. Os dândis deram roupagem a essa versão moderna da masculinidade, contaminada pelo sexo oposto, com quem, acima de tudo, competiam.

No Recife, Quinquim, seguro de seus dotes, despontou como um dândi em todo o esplendor de seus vinte anos. Colheu modelos nas fontes próximas. A primeira era caseira. Sizenando, sete anos mais velho, deu o padrão de apuro no vestuário e nas formas de galanteio. Meio galhofeiro, meio domjuan, era já deputado, eleito em 1867, e homem do mundo. Guiou o irmão pelos salões, apresentou-lhe a atriz lírica Adelaide Ristori, então grande musa, e o iniciou nas artes da sedução.

Se Sizenando dizia aonde ir, Arthur Carvalho Moreira dizia como. Filho do barão de Penedo, embaixador brasileiro em Londres, Arthur crescera na corte inglesa e de lá trouxera refinamento, rigor na etiqueta e desmesurado apreço pelo conforto. Aproximaram-se no Recife e ficaram amigos de vida inteira. Arthur tinha em casa um escravo doméstico e um piano. Assim começou a familiarização de Quinquim com o estilo inglês.

Arthur personificava os dândis dos romances românticos da moda. A terceira fonte do dandismo de Quinquim foram ao menos dois deles, lidos nesse 1869: *Mademoiselle de la Seiglière* (1848), de Jules Sandeau, e *Monsieur de Camors* (1867), de Octave Feuillet. Camors era o dândi por excelência, suspirando: "Eu gostaria de descobrir um mundo, salvar uma nação, amar uma rainha! Eu não concebo senão ambições e amores ilustres". Aí Quinquim achou seu modelo de elegância e galanteio.

A extravagância da moda dândi diminuiu no correr do século, mas o termo seguiu nomeando o chique vaidoso. Na juventude de Quinquim, os homens se restringiram a cores sóbrias, calças apertadas, plastrão discreto e cartola, com fraque e capa para a noite e sobrecasaca de dia. O diferencial do dândi eram os acessórios: luvas, gravatas, echarpes. Neles, o filho mais moço de Nabuco de Araújo se integrava à categoria. Ao final de 1869, andava de flor na lapela e pulseira de ouro, como conta Sancho, em depoimento a Henrique Coelho: "[...] nunca deixava de se trajar com o apurado rigor, a ponto de, por vezes, mandar o criado da 'república' procurar pela cidade a mais linda rosa, a fim de trazê-la na botoeira, em que sempre tinha, no verso, um pequeno cálice de água, para conservar o viço da flor". Por essas e outras, ganhou dos colegas invejosos novo apelido: "Quincas, o Belo".

O dandismo era um estilo de vida que marcava a singularidade, cara ao mundo tradicional. A excentricidade era o modo de instaurar nova aristocracia, a do requinte. Esse sentido mais profundo instaurou-se no filho de Nabuco de Araújo: o apego à hierarquia nobiliárquica, a adesão emotiva à sociedade de corte, como reconheceria em *Minha formação*: "[...] o que me impediu de ser republicano na mocidade foi, muito provavelmente, o ter sido sensível à impressão aristocrática da vida".

A SOCIEDADE DE CORTE

O Rio de Janeiro estava de costas para o mar. O Leblon e Copacabana ficavam nas margens da cidade. O centro, ladeado pelos morros do Castelo, Santo Antônio, Conceição e São Bento, tinha ruas estreitas, mal iluminadas à noite e abarrotadas de ambulantes de dia. Em toda parte, febre amarela, cólera, peste bubônica, varíola, tuberculose, que os navios traziam e levavam, sobretudo no verão.

Os palacetes de políticos e comerciantes abastados eram no Botafogo, no Catete ou no Flamengo, onde moravam os Nabuco, o marquês de São Vicente e o duque de Caxias. As casas tinham salas temáticas, papel de parede importado, móveis de jacarandá. Sempre um piano. Mesmo para essa gente de bem, o conforto custou a chegar. Os escravos carregavam água em tonéis para abastecer as melhores casas. Na volta, traziam os dejetos, que iam derramando sem querer sobre a pele. A aparência pintada lhes valeu a alcunha de "tigres".

Entre os anos 1850 e 1860, com os lucros do café, as ruas se calçaram com paralelepípedos, se iluminaram a gás, veio a rede de esgotos e, já nos anos 1870, a água encanada. Outra benesse moderna foi o telégrafo. Os bondes a burro eram o transporte popular, unindo o Botafogo à bucólica Tijuca, cenário de namorados e famílias em piquenique.

O principal ponto de encontro a céu aberto era a rua do Ouvidor. Lojas de modistas, costureiras, floristas, joalheiros, cabeleireiros, atraíam as mulheres que iam comprar e se exibir. Sediava a imprensa — o *Jornal do Comércio*, a *Gazeta de Notícias*, a *República* — e as duas livrarias-editoras de respeito, a Laemmert e a Garnier. Ali se podiam comprar charutos de Havana, tomar chope e, moda nova, tirar um retrato em daguerreótipo.

O Passeio Público, as corridas no Prado Fluminense e no Jóquei e as regatas no Flamengo eram os passeios chiques, assim como os restaurantes, cafés e confeitarias, como a prestigiosa Carceler, com suas mesinhas na calçada. Para a boemia, o Alcazar Francês, "café cantante" e quartel-general da prostituição de luxo. Na própria rua do Ouvidor, no Catete e em Botafogo, misturavam-se as senhoras de bom nome com as mulheres de alto estilo e má fama, tal qual a *Lucíola*, de Alencar.

A boa sociedade se encontrava nos teatros, como o de São Pedro, na praça do Rossio. No Cassino Fluminense dançavam-se quadrilhas; schottish; polca; mazurca e valsa. O clube Mozart tinha serões, com a presença da família imperial, e no clube Beethoven havia recitais de música de câmara de Chopin, Weber, Mendelssohn — mas a moda eram os italianos, suas óperas e especialmente Rossini.

O epicentro da vida social eram os salões. Neles, Quincas, o Belo, reinou. Os dotes naturais, o jeito faceiro e o requinte da última moda fizeram dele um partido desejado. Recitava madrigais às moças e ganhava a fama de sedutor, como Juca Paranhos, filho do visconde de Rio Branco, o então todo-poderoso chefe de gabinete.

A corte de Pedro II era pouco exuberante, imersa numa "meia melancolia", que levou um visitante, o português Ramalho Ortigão, citado por Wanderley Pinho, a afirmar que ele, "pelo seu exemplo estragou quanto pôde a arte de conversar, a de vestir, a de receber, a de jantar, [...] a de mobiliar um salão [...]". Descontando a antipatia republicana do comentarista, é certo que o imperador, aspirando a professor e curioso das ciências e das línguas, era avesso à vida mundana. D. Pedro tinha hábitos singelos, cultivando pequenos saraus mais que grandes bailes. O tom se repetia em Petrópolis, para onde a corte carioca, incapaz de domar as doenças tropicais, se transplantava no verão. Lá se encontravam na estação de trem, nas duchas, no hotel Orleans, nas exposições e nos bailes do palácio de Cristal, que o príncipe consorte fizera erigir para Isabel, nos moldes do original inglês do Hyde Park.

Os príncipes herdeiros recebiam no paço Isabel (hoje palácio Guanabara), aos domingos, também com recato e simplicidade. Isabel não tinha charme e seu marido, o conde

D'Eu, era malvisto pela elite local por ser estrangeiro e ter pouca propensão ao asseio.

Essa abdicação da suntuosidade cortesã pela família imperial pulverizou a vida social em salões particulares. A pequena envergadura da boa sociedade obrigava a uma rotação dos dias da semana entre os anfitriões, de modo a minimizar a competição pelos convivas. A condessa de Barral, preceptora das princesas e amante do imperador, dirigia uma "pequena corte", para onde afluíam políticos em busca de favores imperiais. No salão da marquesa de Abrantes, em Botafogo, bailes, concertos, jogos, representações e tertúlias atraíam diplomatas, políticos, homens de letras e de negócios.

Havia distinções partidárias. Os conservadores iam ao barão de Cotegipe encontrar artistas e diplomatas, em jantares seguidos de voltarete, dança, poesia e música. Os liberais visitavam Francisco Octaviano, aonde os letrados — José de Alencar, Joaquim Manuel de Macedo, Bernardo Guimarães, Alfredo Taunay, Machado de Assis — iam ler trechos de obras em andamento.

Comparativamente pouco abastados, os Nabuco recebiam num salão menor, às quintas. Compensavam com elegância e austeridade, mantendo seu oratório aberto durante as recepções. Ali despontaram Sinhazinha e Iaiá, muito apreciadas como cantoras líricas, e debutou o Quincas. Foi, assim, em casa, que ele conheceu os políticos brasileiros de proa, diplomatas estrangeiros e a alta sociedade. Virou *habitué* de todos os salões. Com o amigo Arthur, também rebento liberal, ia às *soirées* de Cotegipe. Apesar das marcas partidárias, a polidez com os adversários se impunha, uma exigência do bom-tom. Afinal, como diria em sua autobiografia, "acima de quaisquer partidos está a boa sociedade".

Nesse mundo reinava a etiqueta, e a moeda forte eram a elegância e a arte da conversação. A maestria nesses quesitos elevou Quincas a estrela de primeira grandeza. Solidificou-se como sedutor incorrigível e irresistível. Voltou-se especialmente para as mulheres maduras. No verão de 1870, envolveu-se em romance rumoroso com uma senhora casada — supostamente Carolina Delfim Moreira. Ficou enamorado, como reportou a Sancho, em setembro de 1871: "Quisera que a felicidade me venha sempre sob a forma que tomou para mim e que eu suponho a definitiva". A história se prolongou no "paraíso de Petrópolis", "irresistível na fascinação daquela de quem te fizeste o *cavaliere servente* [o amante]", resumiu Sancho, já em 23 de janeiro de 1872. Foi o motivo do plano de ir a Londres em março. Fugindo do escândalo, o marido traído zarpara com a família para a Europa. O impulso era seguir a amada.

Nada o prendia ao país. Sem possibilidade de ingresso imediato na carreira política, pois o partido inimigo estava no poder e as eleições eram sistematicamente ganhas pelo governo, fora honrar seu diploma no escritório de Nabuco de Araújo. Saiu quase antes de entrar. Malogrou num simples inventário, engambelado pelo cliente durante o processo. Envergonhado, desistiu prontamente da vida sisuda de advogado. Restava a viagem de formação, usual entre os jovens de elite.

Entretanto, embora levando vida galante, faltava-lhe o elemento fundamental para a concretização das extravagâncias dos dândis: dinheiro. Ir à Europa era demorado e dispendioso. Os ganhos do pai como jurista mal sustentavam o caro estilo de vida da família. A prolongada hegemonia dos conservadores vedava o acesso aos postos públicos, principal fonte de renda dos homens bem-nascidos mas mal aquinhoados. De modo que Nabuco de Araújo vivia pedindo empréstimos a um notório agiota, o Carceler.

Foi por isso que Quincas sonhou com Londres, contando com a herança da madrinha. Tornou ao Massangano com o fito expresso de levantar fundos para ir à Europa. É que, desconfiada talvez das gastanças do compadre, d. Ana Rosa determinara em testamento a inalienabilidade dos bens a serem entregues ao afilhado aos 21 anos. Quincas almejava umas moedas de ouro que ela teria guardado para ele. Jamais apareceram. Ganhou um engenho de fogo morto, o Serraria, e um sobrado na rua Estreita do Rosário, no bairro de Santo Antônio do Recife. Foi favorecido em comparação com a maioria dos 51 beneficiários, mas o principal foi para um sobrinho da madrinha, que levou 40 contos de réis, enquanto o Serraria, que prontamente vendeu, não valia, segundo Cedro, mais que 22. Dinheiro insuficiente para a viagem, projetada com Sancho, depois com Arthur.

Outro financiamento a tentar era uma bolsa de estudos do governo. Recorreu a Homem de Mello, amigo de seu pai, antes seu professor no Pedro II e então diretor da Inspetoria da Instrução Pública Primária e Secundária do Rio de Janeiro. Pediu-lhe um conto, mais mensalidade de 600 mil réis, com adiantamento de três meses, para aprofundar seus estudos na Europa. Homem de Mello ofereceu-lhe emprego de auxiliar nos exames de retórica. Como o apadrinhado não quisesse, Homem de Mello falou com o ministro do Império, João Alfredo, como relatou em 3 de fevereiro de 1873: "[...] resultou que devemos aproveitar a sua próxima partida para a Europa em bem do aperfeiçoamento dos estudos entre nós". Era alarme falso. A operação estava, de saída, malsinada. O conservador João Alfredo Correia de Oliveira polidamente recusou a bolsa para o filho de um inimigo liberal — conforme segredou a Cotegipe, já em 2 de abril de 1874, porque o moço "não tem estudos, posição, precedentes que o indiquem". Por meio da corte, Quincas contou com a intervenção de d. Pedro em seu favor. Em vão. O ministro enterrou o assunto ao enunciar o motivo último do projeto: "Sei que o moço quer pretexto para uma viagem romântica, acompanhando pessoa que já partiu, ou vai partir; e se eu não tivesse outros motivos para recusar a proposta, este seria peremptório".

Assim é que a política e as finanças puseram fim ao primeiro romance do Quincas. Daí ele sucumbiu ao "mal do século". Todo moço bem-nascido vivia o *spleen*, enfado com a carreira por fazer, os estudos por findar, a família por constituir, a política a adentrar. Quase um rito de passagem para a idade adulta. Os romances românticos alimentavam esse mal-estar, e eram chiquérrimos os poetas pálidos, declamando odes à inutilidade da existência. Inflado pelo clima byroniano, Quincas adotou os versos como maneira de digerir decepções e enfrentar angústias. Escreveu *Morte*, em agosto de 1864, e o soneto *Nada*, em 19 de março de 1865. Esse estado de espírito alimentou a decepção religiosa, própria do tempo de triunfos científicos e voga evolucionista. Cismou sobre a existência da alma e adotou misticismo vago, inspirado na filosofia agnóstica e popular de Ernest Renan. Sozinho, afundava em intensa tristeza: "[...] deixou grande cuidado pelo teu estado de saúde e pela palavra — suicídio — que se divisa por entre os riscos com que na tua carta quiseste apagar uma linha que escreveste", alarmou-se o pai em 9 de abril de 1870.

A melancolia se assentou como forma de expressão de suas dores fortes e primitivas, ligadas à origem. A substituição de mães na infância deixara marca indelével. Nunca se afeiçoou à mãe biológica com o ardor com que se prendera à adotiva. Nem d. Ana Benigna visava inspirar sentimentos desse gênero. No mundo tradicional, o vínculo relevante era o nome. Os Nabuco se preocupavam demasiado com o encaminhamento dos filhos no mundo público para se ocupar emocionalmente com cada um deles. Quincas passou a vida saudoso da exclusividade amorosa de d. Ana Rosa.

Purgando seu fim de caso, chegou à prosa. Alexandre Dumas, o romancista do momento, defendera o direito do marido traído de matar a mulher, em *L'homme-femme*. Pensando em Carolina, a amada que o marido levara para a Europa, escreveu um panfleto de refutação: *Le droit au meurtre*, que lhe pareceu bom o bastante para ser lido por Renan. O ídolo se escusou de lê-lo, pretextando que Dumas não merecia o trabalho de uma réplica.

Quincas consolidava sua combinação duradoura de melancolia e narcisismo. Era enamorado de si mesmo, mas vivia mal a solidão. Precisava confirmar suas qualidades por meio do afago e da recepção calorosa de um público. Esse sentimento o encaminhou para a conquista do apreço alheio, das mulheres, como dos homens, não só dos amigos, como dos adversários, dos íntimos e das multidões.

ENSAIOS DE PÚLPITO

É verdade que a tônica da juventude de Nabuco foi a vida de corte, mas ele então já se aventurava no campo em que seu pai era figura de relevo: a política imperial.

Os Nabuco eram uma família de políticos. História começada no lado liberal. O avô paterno fora senador na Regência. Contrário à Maioridade, não sobreviveu politicamente à consolidação do Segundo Reinado. Nabuco de Araújo se assentou com a bênção do sogro, que o levou para o partido no comando do país, o Conservador. Virou juiz de direito e deputado, em 1843. A carreira deslanchou quando ele combateu a rebelião liberal pernambucana, a Praieira, em 1848, contra a dominação conservadora. Desde aí, trajetória ascendente: reeleito deputado, em 1849, e homem de confiança de Eusébio de Queirós (um dos maiores ícones conservadores do Império), presidente da província de São Paulo, em 1851; ministro da Justiça do gabinete Paraná, entre 1853 e 1857, comandando uma reforma judiciária, mantendo-se no mesmo ministério entre 1858 e 1859, já no gabinete Abaeté, quando encomendou o primeiro projeto de Código Civil do Segundo Reinado. Em 1857, virou senador, ápice da carreira política imperial. Faltava a chefia de gabinete.

Ela nunca chegou. Os "emperrados", aferrados à ordem e infensos a mudanças, dominaram o Partido Conservador. Os reformadores, Nabuco de Araújo e Zacarias de Góes à frente, fundaram novo partido, em aliança com os liberais moderados. Em 1862, essa Liga Progressista chegou ao poder. Quando Quinquim estava no colégio, em 1865, o pai fora finalmente chamado a organizar um ministério, mas por conta da declinação de outros. Recusou. Acabou outra vez ministro da Justiça, de 1865 a 1866, e, a partir daí, como consolação, conselheiro de Estado.

O programa dos "ligueiros" incluiu pela primeira vez menção à problemática escravista, mas o tema e a Liga soçobraram numa grande crise política em 1868, causada pela intervenção do imperador em assuntos considerados de prerrogativa do gabinete. Os conservadores voltaram ao poder e os ligueiros se abrigaram no Partido Liberal. Em 1869, Nabuco de Araújo virou chefe do Centro Liberal, cujo programa eram reformas políticas que limitavam o Poder Moderador e diminuíam o poderio dos conservadores. Já os liberais "radicais", como Tavares Bastos, falavam em reformas econômicas e sociais e remexeram o vespeiro escravista.

Quincas viveu em família a guerra liberal contra o "poder pessoal" do imperador, que ganhava corpo na imprensa, em panfletos e conferências. Teófilo Otoni acabara pouco antes sua "campanha do lencinho branco", verdadeira inauguração dos comícios no Brasil. Desde a Regência, o país não vivia tamanha agitação e os jovens se contagiavam. A casa dos Nabuco de Araújo era ponto de planejamento de ataques. O filho assistia a tudo, curioso e excitado.

Largou seus *Estudos históricos*, um opúsculo que escrevia em 1867, e se engajou. Ainda no Pedro II, escrevera *Megascopo*, em apoio às iniciativas do pai no Ministério da Justiça e publicou artigos no jornal *O Ipiranga*. Nas faculdades de São Paulo e do Recife, foi engolfado pela febre de escritos, associações e eventos liberais radicais. Em 1867, organizou jornal próprio: a *Tribuna Liberal*. No nome era cópia de periódico do Partido Liberal; já o teor era de ataque ao gabinete Zacarias. Arthur estava na empreitada: seu pai fora demitido da legação brasileira em Londres. Era briga de gente grande: liberais radicais contra liberais moderados. "Meu pai — lembra em *Minha formação* — apoiava esse Ministério, escrevia-me que estudasse, me deixasse de jornais [...]."

Nabuco de Araújo não tinha por que se preocupar. O Quincas ia colado aos seus passos. A política atraía o filho pelo lado teatral. Em São Paulo, sua figura e seu nome de família confluíram para fazê-lo orador principal num banquete de homenagem a um dos mais ferrenhos liberais, José Bonifácio, o Moço, em 1868. No discurso, em seguida publicado no jornalzinho estudantil *Independência*, o filho replicava o famoso Sorites do pai, um silogismo de crítica ao Poder Moderador: "Porque não se chama o atual regime despotismo e só despotismo? [...]. A ascensão dos conservadores não é um atentado à dignidade do parlamento [...]? [...] o ministério apóia-se, no país, na simpatia do sr. Pedro II, fora do país, na espada do snr. Marquês de Caxias".

Admirando o liberal Tavares Bastos e, na Europa, William Gladstone, glosava o estilo e as idéias de ambos em panfletos que, à moda da época, assinava com pseudônimos. Buscava na tradição imperial alegorias greco-romanas, fórmulas políticas e exemplos edificantes. Assim é o declamatório *O povo e o trono*. *Profissão de fé política*, de "Juvenal, romano da decadência", onde a crítica ao Poder Moderador andava à beira do desrespeito. Estava inebriado com os liberais radicais, que apregoavam novo americanismo, nas antípodas do indianismo de Alencar. Era a fascinação pelo progresso norte-americano. Miravam-se nos reformadores em ascensão na Europa, como Gambetta na França. Adotando o pseudônimo de Jefferson, Quincas seguia a onda, fascinado com Quintino Bocaiúva, que — conta em *Minha formação* — "me parecia o jovem Hércules da imprensa" e, junto com Saldanha Marinho e Salvador de Mendonça, fundou o Partido Republicano em 1870.

Terreno perigoso. Agora o pai tinha por que se irritar. A equação dos Nabuco era elementar. Dependiam do Estado para se prover de empregos, e o Estado tinha por epicentro o imperador. Republicanizar-se era fechar acesso a todos aos postos e enterrar o futuro. Isso proibiu o filho de fazer, em 4 de novembro de 1870: "[...] sabes o dever que tenho de arredar-te desse teatro de paixões perversas e pequeninas para outro em que os teus serviços e talentos sejam mais eficazes e úteis [...]".

Quincas corrigiu a rota. Limitou-se à crítica moderada às instituições monárquicas e à defesa dos princípios gerais do liberalismo. Passou a atacar os "desertores" liberais radicais. Em reunião do Clube Liberal, no Recife, os interpelou, quando abandonavam o recinto — maneira simbólica de deixarem igualmente o partido. Explorando o trocadilho, exclamou dramaticamente: *"Quo vadis?"*. O pai se orgulhou. Ainda mais que o episódio lhe chegou pelo chefe liberal de Pernambuco, cujo beneplácito era condição para uma candidatura: "Supunha o moço de talento notável; mas não sabia que era dotado de dons tão eminentes. Dominou o auditório, que o aplaudia calorosamente e fez calar a tais radicais". Graças a essa performance, Domingos de Sousa Leão, o barão de Vila Bela, se lembraria, em carta de 26 de outubro de 1871, do "desejo que tem o teu Quinquim de representar no Centro Liberal esta Província".

Em fim de carreira, Nabuco de Araújo se animou com o caçula: "[...] sem esperança de fazer nada a bem do país [...]" — escreveu-lhe em 1870 — "hoje só desejo a tua glória mais do que a minha". Encaminhou tanto Sizenando quanto Quincas para seu metiê. Como não se ajoelhava perante o imperador, que, suspeitava, o perseguia, Nabuco de Araújo levava os filhos a tomar a benção de chefes políticos locais. Fixado na Capital, sem base eleitoral própria, precisava do apoio de potentados que dominavam seus distritos, verdadeiros feudos eleitorais, de forma que uma candidatura equivalia a um mandato. Por isso, diplomado, Quincas peregrinou entre parentes e correligionários do pai no Recife, incluído Vila Bela, além de tudo primo de d. Ana Benigna. Aplainava o caminho para o Parlamento. No início de 1872, Nabuco de Araújo insistiu com Vila Bela para lançar um dos filhos pelo Recife, ou em praça menos concorrida, como o Espírito Santo. Quincas só não estreou na lista partidária desse ano porque o Partido Liberal resolveu se vingar do golpe dos conservadores, boicotando as eleições.

Sem candidatura, não havia o que fazer no Recife. Com os conservadores no poder, o pai julgou melhor mobilizar relações na corte para obter um emprego na burocracia de Estado. Mas não descuidou do partido. Arrastava os filhos para as reuniões do Clube da Reforma, que os liberais moderados criaram junto com A Reforma, em 1871. Era jornal pequenino, como os periódicos políticos do período. Dava voz aos moderados, como Nabuco de Araújo, e combate aos conservadores e à *República*, de Quintino Bocaiúva. O sucesso dos panfletinhos e da retórica estudantil foi o passe de Quincas para esse jornalismo político.

Apesar de a casa dos Nabuco transpirar política, o filho demorou a ir até ela. Incerto sobre as próprias crenças, estreou em *A Reforma* falando da frouxa metafísica ouvida na faculdade e do romantismo literário das rodas da corte. Em quatro artigos, entre 12 de julho e 9 de agosto, falou de filosofia. Discutiu Deus e a alma, citando Platão, Espinosa, Kant e Fichte, que provavelmente não lera, e se amparava, de fato, em vulgarizadores franceses da moda, os idealistas Janet e Remusat e seu favorito Renan. Tratou ainda de Shakespeare e do nativismo de José de Alencar.

Muito sensível ao apreço público, Quincas desanimou desses temas quando deu fé de sua baixa repercussão. Nos próximos, reverberou opiniões do Clube da Reforma sobre descentralização política, excessos do Poder Moderador e a necessidade de garantias eleitorais para as minorias. O pomo da discórdia era a separação entre o Estado e a Igreja católica, que se fazia em todo o mundo civilizado. Era demanda da maioria dos políticos, mas tinha denodados inimigos. Uma encíclica do papa Leão XIII, o Syllabus, condenara a secularização e dava o que falar, originando uma "questão religiosa" entre o gabinete Rio Branco e membros da Igreja. O republicano Saldanha Marinho a explorou, fazendo conferências de repercussão — reunidas em *A Igreja e o Estado*, em 1874 — e incentivando jovens a produzirem panfletos anticlericais. Assim foi com Rui Barbosa e Joaquim Nabuco, que, a seu convite, proferiu *A invasão ultramontana*, em 1873, no grande Oriente Unido do Brasil, a loja maçônica liberal. Pedia o fim da religião de Estado, inspirado como todos (o pai incluído) na máxima do reformador italiano Cavour: "Igreja livre no Estado livre". Ainda em 1873, destilaria mais do mesmo veneno noutro panfletinho: *O Partido Ultramontano: suas invasões, seus órgãos e seu futuro*.

Sua atuação mais notável nessa época foi, porém, o ataque ao outro extremo do espectro político, com o qual andara de namoro. Seus artigos em *A Reforma* passaram a bombardear os republicanos, que não viam como modernizar o país sem mudar o regime de governo. *A República* respondeu, gerando polêmica. Quincas defendia a liturgia e a estabilidade do regime monárquico. E apresentou, em 19 de junho, a equação que repetiria daí por diante: "[...] o remédio para o mal que consiste no fanatismo, na ignorância e na escravidão, não é a república, mas a liberdade religiosa, a instrução obrigatória e a emancipação". A plataforma do Clube da Reforma demarcava seu campo de ação. Em meados de 1873, assumiu o modelo de bom governo de seu pai, a monarquia parlamentarista inglesa. Fez sucesso: "Tens estado admirável na Reforma!", desvaneceu-se Sancho, em 30 de julho. O elogio mais relevante veio de Vila Bela, em carta a Nabuco de Araújo: "O *Diário da Bahia* de hoje começa a transcrever os excelentes artigos do nosso Quinquim. Abrace por mim ao Quinquim pelo modo por que está brilhando muito". Estava garantida a candidatura nas próximas eleições.

Enquanto elas não vinham, os conservadores abriram a caixa de Pandora do Império. Em 1871, o gabinete Rio Branco pôs a escravidão na agenda. Todo mundo considerava inevitável o fim do "regime servil"; por isso mesmo, seus beneficiários queriam adiá-lo ao máximo. Desde o fim do tráfico, a alta mortalidade reduzira a escravaria, e o Norte decadente passou a vender seus escravos para o Sul. Em 1872, era 1 milhão e meio de indivíduos, mais da metade deles no café. A questão fora debatida no Conselho de Estado. No fim dos anos 1860, os liberais radicais pediam emancipação gradual e imigração. Nabuco de Araújo redigiu projeto de regulamentação do novo regime de trabalho — a Lei de Locação de Serviços. Para isso, consultou, em 1868, legislação estrangeira, incumbindo Quincas de traduzir artigos da British and Foreign Anti-Slavery Society — associação inglesa em prol da abolição nas colônias britânicas. Embora não soubesse inglês direito — a educação formal privilegiava o francês — Quincas se inteirou das opiniões e dos exemplos estrangeiros sobre o assunto.

Mas o debate andava a passo até Rio Branco. Conservador moderado, ele dizia que a modernização da economia e da sociedade dependiam da substituição paulatina da mão-de-obra escrava. Levantou balbúrdia, mas pôs em votação uma medida recentemente instaurada em Cuba: a libertação dos filhos de ventre escravo. Não mexia no estado de coisas presente, libertava apenas os nascidos daí por diante. Complementava com um fundo de emancipação e outras medidas de incentivo à libertação pelos próprios senhores e mandava contar e registrar os escravos.

A questão aberta durante a primeira Regência de Isabel — o imperador estava na Europa — extravasou o Parlamento, vista como ingerência estatal em assuntos privados. Conservadores emperrados denunciavam a "revolução". Racharam-se os partidos. Os jornais não falavam doutra coisa. Em meio a esse debate, Quincas se envolveu com a problemática, que marcaria sua vida.

No último ano do curso de direito, os alunos costumavam defender um réu no tribunal. Quincas farejou um caso de visibilidade. O escravo Tomás matara seu senhor e um guarda. No processo, justificou-o: criado como se livre fosse, reagira à escravidão como um livre teria feito. Esse gênero de argumentação fora introduzido na justiça com grande repercussão por Luiz Gama, um ex-escravo que se fizera advogado em São Paulo. Do caso Tomás, Quincas obteve a comutação da forca em galés perpétuas — o resultado usual — e a idéia de um opúsculo político.

Era inspirado em A *escravidão no Brasil*, que Perdigão Malheiro lançara em 1867, historiando e quantificando o escravismo, apontando sua imoralidade e ilegitimidade, mas sem contestar o direito de propriedade sobre a escravaria. A *escravidão* de Quincas compilava leituras, estatísticas e impressões sobre a escravidão, dando peso a argumentos morais.

Repetia teses de Tavares Bastos. Mirava-se em Roma, para avaliar a escravidão moderna, e repisava os temas corriqueiros dos discursos parlamentares: o perigo da rebelião escrava, como ocorrera no Haiti, ou da desagregação nacional, desfecho possível da guerra civil norte-americana. Como Bernardo Guimarães e Joaquim Manuel de Macedo, em A *escrava Isaura* e *Vítimas algozes*, seu modelo era A *cabana do Pai Tomás*, romance abolicionista da americana Beecher Stowe, que fazia enorme sucesso.

Livro bem escrito e bem documentado para um estreante. Cheio de referências à Anti-Slavery Society e a textos que compilava e às vezes resumia para o pai. Carecia, porém, de estrutura, andando em ziguezague, com desequilíbrios, incoerências e imprecisões. Replicava a geração do pai na crítica contundente, seguida de reformas moderadas, sem ameaça à propriedade privada nem às instituições. Deixava ao imperador a iniciativa: "[...] fazer-se uma espécie de Lincoln coroado e emancipar os escravos". A *escravidão* nunca ficou pronto. Escreveu de enfiada as duas primeiras partes — O *crime*; A *história do crime*. Na última, A *reparação do crime*, viriam as soluções e não havia nenhuma própria no bolso do seu colete.

Era tempo de aprendizado. Quincas ainda se parecia muito com *Monsieur de Camors*. Exibia ardor, ensaiava eloqüência, mas para replicar fórmulas alheias. A política era roupa emprestada do pai. Não lhe caía bem. Assim que pôde, se despiu dela.

Com os conservadores no poder, a espera pela deputação seria longa. Com esse argumento, arrancou de Nabuco de Araújo recursos — provavelmente sacados no Carceler — que, somados às rendas da venda do Serraria, o levaram finalmente a Londres. Foi em companhia do também filho de um político liberal, Rodolfo Dantas, ainda pouco estabelecido na carreira, mas bem mais abonado. Com esse "amigo sempre ameno, prazenteiro, carinhoso, tolerante", como registra seu diário no dia 10 de setembro de 1901, zarpou no vapor *Chimborazo* em agosto de 1873, para aportar em Bordéus. Carolina já era passado. Nessa viagem, ia conhecer a mulher da sua vida.

NOS SALÕES EUROPEUS

A Europa em que Quincas aportou era uma comunidade. As alianças matrimoniais entre as casas dinásticas e das famílias aristocráticas entre si fizeram do continente uma grande sociedade de corte. A nobreza circulava entre diversos territórios, passando necessariamente por Paris, pela Itália toda, por Londres. Nice era obrigatória no verão, assim como as águas medicinais de Carlsberg e Vichy. Havia um circuito exclusivo de bailes, *soirées*, jantares e recepções. No século XVIII, a França levara ao paroxismo o requinte na produção desses eventos, desenvolvendo etiqueta minuciosa na toalete e nos hábitos à mesa. Assim ascendera a modelo para as demais aristocracias — inclusive a brasileira. O francês era a língua franca da conversa ligeira, da vida intelectual e da galanteria. Quando a monarquia francesa ruiu, nos anos 1870, os aristocratas buscaram refúgio em cortes vivas, como a italiana e a inglesa, mas seguiram amando Paris. Lá estavam os teatros e as modistas, as damas de figurino impecável e os grandes escritores. Havia de tudo para o corpo e para o espírito.

Quincas fez aí sua primeira parada. Não chegava despreparado para a vida elegante. Embora a sociedade de corte brasileira fosse acanhada e provinciana, as diferenças de refinamento eram de escala; os princípios de hierarquia, distinção e prestígio eram os mesmos. Em Paris, onde vagaria com Rodolfo, aprimorou o que já sabia.

Conheceu a cidade pela mão de ilustres brasileiros residentes. Nos programas sérios, foi escoltado por um velho diplomata, o barão de Itajubá. "Em 1873 [...], a minha ambição de conhecer homens célebres de toda ordem era sem limites [...]", admitiria em *Minha formação*. Conseguiu apertar as mãos de Adolphe Thiers, Jules Simon, Victor Schoelcher, Edmond Schérer, Édouard de Laboulaye, Charles Edmond, Saint-Hilaire. O enciclopedista positivista Emile Littré o dispensou, mas chegou a Renan, que lhe deu acesso a Taine. Quem caiu nas graças do Quincas foi George Sand, já velha senhora, afastada do torvelinho da capital: "Falamos de Renan, da *Joconde*, do teatro e Bressant, do bem e do mal; prometi-lhe algumas borboletas", anotou ele, em 23 de agosto de 1874. Ela retribuiu com três livros e uma aquarela.

Nesses programas, Itajubá não era bom acompanhante. Sua lentidão proverbial lhe valera a alcunha de "Cágado". A tirada era de Francisco Ignácio Carvalho Moreira, um amante dos vinhos e da *causerie*, que d. Pedro fizera barão de Penedo, mas, sedutor incorrigível, era mais conhecido como "Barão das moças". Magro, empertigado, rosto bem desenhado, ornado de bigode, como todos, e de roupas finas, como poucos, tinha as feições de um cavalheiro inglês. Resultado de sua posição de representante diplomático brasileiro em Londres por mais de trinta anos. Fizera sólidas ligações com a nobreza, incluída a família real, e era amigo dos maiores financistas europeus, o velho Leonel Rothschild e seu filho Alfred. Hábil na política e nos negócios, Penedo era craque também nos salões. Estava em Paris em visita à filha Carlotinha, casada de pouco com José Caetano de Andrade Pinto, ex-mordomo do imperador. Levara consigo Arthur e a baronesa, que agregou o amigo do filho com bonomia materna. Quincas ficou fascinado pelo barão, daí por diante seu preceptor em mundanismo.

Os Carvalho Moreira o apresentaram à nata parisiense. Com Arthur, flanou de um jantar a outro, viu os castelos do Loire, Estrasburgo, e se deixou estar em Nice. Entrou na Itália por Gênova. Foi a Alexandria, Piacenza, Parma, Bolonha, Florença. Esse caminho o levou a Roma. Lá estavam outra vez os Carvalho Moreira. Fez o passeio da moda: Pompéia, depois Salerno e Amalfi. Roma o tragou por quase dois meses.

Lá havia uma casa dinástica reinante, com seus personagens e os eventos decorrentes. Engatado com o adido brasileiro, um ex-colega de faculdade, e com os ministros do Brasil junto à Santa Sé e à Itália, Quincas imergiu nos avatares da sociabilidade. Andou de braço com princesas e condessas. Num mesmo dia, jantou com um barão, foi a um baile da família real e a outro mais mundano. Teve fôlego para acabar a noite numa ceia onde chegou às 2 da manhã. Ficou assíduo do café Nazzari e compareceu todos os dias a tudo.

Admirou a elegância italiana: "[...] homens mais ou menos bonitos, com ares de tenor, com vestuário *à quatre épingles* [de grande apuro] e luvas lilases de *soirée*, mulheres de vestidos cor de malva desmaiada [...]", observou, em 1º de abril de 1874. Encantou-se com a expansividade local e fez amigos entre turistas de boa estirpe. Apreciador das mulheres maduras, recém-nomeadas balzaquianas, se engraçou com a condessa polaca Wanda Moszczenska. Desde que se conheceram num café, juntos viram Michelangelo, apreciaram o carnaval, dançaram uma valsa de Chopin. Quincas a enaltecia em versos — *Um souhait, Mme. Moszczenska*. Por mês e meio, a condessa apresentou-lhe Pisa e Florença. Ele se aturdiu, como em 21 de fevereiro: "Capela Sistina. Juízo Final, que não compreendi [...]. Confusão na minha cabeça". Na *Flora*, de Ticiano, e na *Madona della Loggia*, de Rafael, apreciou menos os artistas que as modelos: "Que olhar fino, bom, quase malicioso desta!", anotou em 4 de abril.

Nesses passeios, conheceu outra condessa, a quem leu Musset em Veneza e no trajeto de Bolonha a Turim. Democrático, apreciou até uma coquete alemã. Fazia versos a todas. Declamava-os nos salões por que passava. Sempre em francês, sempre bem-sucedido. Tamanha foi sua ventura na Itália, que mesmo a carteira perdida lhe foi restituída intacta por um menino.

A viagem era também de formação. Aplicou-se em aprender história e arquitetura, literatura e costumes e o funcionamento das instituições políticas. Anotava tudo no diário que então iniciou: planos, impressões, perplexidades. Em Londres, no requinte da corte local, esses vários aprendizados se consolidaram. "Sofri o magnetismo da realeza, da aristocracia, da fortuna, da beleza", confessaria em *Minha formação*. Ali se poliu como aristocrata e se converteu em cosmopolita.

Chegou lá em junho de 1874: "A curiosidade de peregrinar estava satisfeita, trocada em desejo de parar ali para sempre". Impressionou-se com Chelsea, o Tâmisa e a ponte de Londres; com Westminster, as casas do Parlamento e a City; com o British Museum e a National Gallery. O impacto maior veio do mundo elegante da alta temporada, descrito em *Minha formação*: "[...] fui descortinando uma a uma as fileiras de palácios do West End, atravessando os grandes parques, encontrando em St. James Street, Pall Mall, Piccadilly, a maré cheia da *season*, essa multidão aristocrática que a pé, a cavalo, em carruagem descoberta, se dirige duas vezes por dia para o rendez-vous de Hyde Park".

A sociedade aristocrática mais imponente da Europa, orgulhosa de sobreviver às revoluções, estava no auge da "season". A cidade fervia entre abril e julho, quando o Parlamento funcionava e os lordes ocupavam seus aposentos em Mayfair. Maio era o mês mais *"fashionable"*, com salões e teatros, exposições de pintura, festas e corridas. Junho era mês de eleições e procissões, críquete e regatas no Tâmisa. Depois era a debandada rumo às casas de campo, para equitação e piquenique, iatismo e escaladas em Brighton. Entre outubro e dezembro, depois da caça à raposa, a aristocracia voltava a Londres para a caça de maridos. O mercado matrimonial, operado pelas mães, lotava as agendas até a estafa.

Essa exigente *high society* acolhia parcimoniosamente o dinheiro, o talento e a beleza, de modo que a alta burguesia de militares, juristas, médicos, financistas e industriais ia pondo os pés para dentro. Mas esse mundo exigia adaptação. O barão de Penedo reeducou Quincas nos costumes ingleses, no rigor de sua etiqueta e de seus salões. A mansão de Grosvenor Gardens, 32, pegada ao palácio de Buckingham, era sede de recepções faustosas, famosas pela qualidade da comida — o cozinheiro Cortais só servia dinastias. A elas compareciam as melhores famílias do West End, estrangeiros e ingleses com vínculos no Brasil. Apareciam invariavelmente o grande amigo do barão, Clark, correspondente do poderoso *Jornal do Comércio*, Frederico Youle, homem de negócios da City, e condes e marquesas. Quincas se deslumbrou com o acúmulo de requintes — no vestuário, na cozinha, na conversação.

Para custear a vida de nababo, o barão, além do salário e das rendas das terras da família em Penedo, usava os "presentes" do amigo Leonel: as comissões que ele lhe pagava para cada empréstimo que o Brasil tomava à casa Rothschild. Essas transações lhe valeram uma demissão sob o governo Zacarias, nos anos 1860. Mas amigos de ambos os partidos, incluído Nabuco de Araújo, sob os auspícios do imperador, conseguiram sua recondução. Quincas ficou assíduo dos Carvalho Moreira justo depois desse retorno da família a Londres, em sua fase esplendorosa.

Em Londres, repetiu o programa parisiense de conhecer notabilidades, como os grandes políticos do momento, Chatham, Canning e Robert Peel. Impressionou-se com uma sessão da Câmara dos Comuns. E se desvaneceu ao ver tantos nobres de alta estirpe, especialmente a mulher do herdeiro do trono, a princesa Alexandra da Dinamarca, que lhe pareceu a mulher mais bonita do mundo.

Dentre os brasileiros fazendo diplomacia sob as asas de Penedo, fez três amigos longevos. Artur Silveira da Mota era capitão da marinha e herói da Guerra do Paraguai. João Arthur de Sousa Correa, adido na legação de Londres era amigo do príncipe de Gales e entusiasta dos esportes ingleses: o uíste, o turfe e o *dining out*. Juca Paranhos, em preparação para a carreira política, era o mais soturno, muito culto e boêmio empedernido. Três homens bem vestidos, bem-falantes e amantes dos prazeres. Com eles, Quincas foi às corridas de cavalo no Derby e em Ascot, passeou pelo Hyde e pelo Regent's Park, por Oxford Street e Piccadilly. E se filiou às grifes do vestuário: o alfaiate Poole e o sapateiro Malmstron, de Burlington Arcade. Vestia, conta a filha, "uma roupa de um xadrez tão vistoso que fora da Inglaterra, onde era moda, chegava a parecer excêntrico". Adotou brilhantina no bigode e mandou ondular os cabelos. Assim armado, partiu para novos flertes. Fascinou Mary Schlesinger, filha de um amigo de Penedo. Era loura, de duas tranças e grande senso de humor. Quincas apreciou tanto sua companhia quanto a da mãe Emile, uma beleza madura. Os Schlesinger pensaram, durante toda a década seguinte, em casar Mary com o brasileiro. Ele, contudo, vivia a ressaca de um noivado em crise.

AMORES DIFÍCEIS

Eufrásia era "branca, clara", "a gente via a perfeição do busto"; "aprumadíssima, elegante", "era linda". Assim a descreveu um admirador ao biógrafo dela, Ernesto Catharino. O talhe impecável, mais os cabelos muito pretos e os olhos muito vivos chamaram a atenção do Quincas namorador. Atributos embalados na melhor indumentária. A moda era aristocrática: vestido "império", cintura alta, afinada pelo espartilho, com o amplo decote "princesa", fazendo do corpo uma taça. As saias cheias atrás, graças às anquinhas, terminavam apertadas em caudas. Sobre o cabelo preso, chapéu pequeno, caído sobre a testa. As mãos se desdobravam entre a bolsa, a sombrinha, o leque. As jóias eram pérolas.

O belo e a bela se enamoraram entre 1872 e 1873. Há indícios de que o flerte remonte a uma visita de Quincas a Vassouras, em 1872, quando valsaram. Outra versão aponta uma regata na praia de Botafogo, onde comparecera a família imperial, bem como as do moço e da moça. Ele a viu passando de carruagem. Foi amor à queima-roupa. Em 6 de março de 1873, Sancho comentava rumores de um surpreendente romance a sério: "O sr. Mamede disse-me que estavas para casar. Achei inverossímil, mas tu que sabes quanto me interessa tudo que te diz respeito me dirás". O líquido e certo é que a bordo do *Chimborazo*, em agosto de 1873, o namoro virou compromisso. Pelos próximos catorze anos as vidas de Quincas e Eufrasinha se manteriam enroscadas.

A moça que arrebatou o coração do dândi estava longe de ser comum. Recebera a mais fina educação da época numa escola para moças, incluídos o francês e o piano. Tocava noturnos e valsas, Rossini e Beethoven. Lia Jane Austen, o sucesso de Goethe, as *Afinidades eletivas*, e contos de Poe. A educação formal consolidou a polidez indispensável na sociedade de corte, "aquela amabilidade francesa, aquela cortesia, etiqueta e aquelas coisas todas", depôs Silva Dias a Catharino. Bonita, simpática, bem-falante, atenciosa, se parecia com as heroínas românticas. Essas qualidades atraíram Quincas, mas o que o prendeu ia além desse verniz social. Como as protagonistas de Alencar, a moça era voluntariosa. No dizer de uma prima, talvez despeitada (citada por Catharino): "Eufrazinha é muito teimosa e independente". Nela Quincas achou uma mulher diversa das que até então conhecera: de opiniões próprias, arrojada, moderna, complexa. E se apaixonou.

Eufrásia Teixeira Leite foi criada para o mando. Nascera em família de grande patrimônio e invejável posição social. Da parte da mãe, Anna Esméria Corrêa de Castro, como do pai, Joaquim José Teixeira Leite, estava imersa numa parentela de grandes cafeicultores do Vale do Paraíba. Seu avô paterno investira na comercialização da produção regional e no financiamento dos produtores. Seu pai avançou nas práticas capitalistas, transformando o rendimento da terra em ações e se fez banqueiro, abandonando a vida de fazenda. Seu talento para as finanças o elevou a negociador do empréstimo externo tomado pelo Brasil em 1869, e a membro do Conselho Fiscal do Imperial Instituto Fluminense de Agricultura e, sobretudo, lhe permitiu amealhar volumosa fortuna.

Os Teixeira Leite eram bem postos na sociedade de corte. Eufrásia era neta do barão de Itambé, por sua vez irmão do barão de Vassouras, ilustres membros do Partido Conservador. A chácara próxima a Vassouras, onde moravam, fazia parte do circuito social da alta sociedade. A casa, cercada de palmeiras, era de estilo colonial. Tinha 72 janelas e 32 cômodos, divididos em salões específicos: o de danças, azul; o amarelo, de jantar; a sala dos espelhos, rosa, com cortinas de seda grená. Por toda parte, lustres enormes de cristal e o infalível tapete persa. Suntuosa. Merecia sua freqüência: o conde d'Eu lá rodopiou em mazurcas e quadrilhas. Com a concentração de negócios na corte, Joaquim Teixeira Leite adquiriu um palacete no Rio, na rua das Laranjeiras (depois sede da embaixada italiana). E o decorou no mesmo estilo.

As duas residências dão idéia da opulência de que Eufrásia era ciosa e senhora. Quando Quincas a encontrou, administrava o patrimônio familiar, que incluía títulos da dívida pública, ações e depósitos bancários, casas e escravos, ultrapassando os 700 mil contos. Nos dois anos anteriores, perdera sucessivamente a mãe e o pai. Alçada, assim, com a irmã Francisca Bernardina, cinco anos mais velha, à independência jurídica e econômica. Moças solteiras gerindo finanças e vivendo pela própria regra era coisa rara no século XIX. Somente as viúvas atingiam essa posição e, mesmo assim, eram compelidas a recasar. Eufrásia, porém, estava perfeitamente apta a multiplicar sua fortuna. Na falta de herdeiro varão, Joaquim Teixeira Leite fez ensinar à filha caçula o indispensável para o seguimento dos negócios familiares: noções de comércio e dicas sobre dinâmica financeira. E transmitiu a ela uma inquebrantável obstinação. Quando se viu maior de idade, de bolsa cheia, Eufrásia se deu fé de sua condição de mulher livre e decidiu garanti-la.

Tal situação não podia, evidentemente, ser vista com bons olhos pelo tio, o barão de Vassouras, que falou às moças sobre a conveniência de viverem sob suas asas. Ficando no Brasil, seriam alvo desse protetorado, que teria encaminhado seus negócios e casamentos. A viagem no *Chimborazo* era uma fuga. Eufrásia e Chiquinha transferiam residência para Paris, para se pôr a salvo do controle familiar. A partida não foi sem mexericos e rumores.

Em meio a esse pequeno escândalo, Quincas noivou Eufrásia. A viagem de navio até a Europa era coisa de três semanas. Tempo de sobra para replicar em alto-mar toda a vida social. Nos jantares e bailes, nos passeios ao entardecer pelo convés, Quincas e Eufrásia namoraram. Em Versalhes, onde as Teixeira Leite se instalaram, na rua de Presbourg, prosseguiram os encontros. Foram à Comédie Française, ver Molière. Caminharam por Saint-Germain. Esses idílios prenderam Quincas à França por cinco meses. "Como será boa a vida em boa companhia", suspirava Sancho, em 13 de novembro de 1873, "que, talvez mais que tudo, te entretenha e que eu não quero indiscretamente falar [...]." Outros falavam. O moço freqüentava a casa das duas senhoritas, o que comprometia a reputação delas. Mas não tinha importância, porque o romance seguia a trilha natural rumo ao casamento. Nas vésperas do natal, registra seu diário, ele se declarou: "[...] a Saint Roch, missa do Galo. Três vezes *Je t'aime*, como São Pedro".

Estavam noivos. Casar, além de legitimar a paixão, salvaria as aparências dela, chamuscadas com a residência das duas irmãs independentes na Europa. Eufrásia também passava da idade; tinha 23 anos, um a menos que ele, solteira tardia, num tempo em que as moças subiam ao altar na adolescência. Para ele, o compromisso daria a respeitabilidade requisitada pela carreira política e asseguraria o lastro econômico para a boa-vida a que se afeiçoara.

Com o pendor para festas do noivo e a conta bancária da noiva, o enlace tinha tudo para ser grandioso. O plano, todavia, era uma cerimônia singela em Paris. É que Eufrásia sustentara sua situação de emancipada dando sua própria mão em casamento. Não há registros de pedido formal ao barão de Vassouras. Comunicou sim, prontamente, aos de seu sangue. Os Nabuco exultaram. "Projeto por nós tão abençoado", escreveu-lhe o pai, em 24 de dezembro de 1873, animado pela posição social e pelo excelente dote da noiva. Atendeu prontamente ao pedido do filho de enviar a documentação para o casamento imediato e discreto. Mas, na pequena corte brasileira, o sigilo era impossível: "[...] a algumas pessoas tenho participado [a notícia] sendo a isso forçado." — explicou-se ao filho, em 18 de fevereiro de 1874. "Não podia negá-lo aos que me inquiriram e sabiam que eu tinha impetrado os documentos para o casamento."

Assim se azedou a festa. O barão de Vassouras apresentou seu veto. As razões? Várias características do noivo não eram alvissareiras para os Teixeira Leite, a começar pela filiação liberal. O principal, contudo, era o desnível econômico dos noivos. O casamento era uma aliança entre famílias, células da sociedade tradicional. Nessa negociação se decidia manutenção ou expansão de patrimônio, poder político e prestígio social. Eufrásia pertencia à aristocracia fundiária brasileira, diante da qual o mancebo era pobre e, ainda que filho de um estadista do Império, sem carreira certa. Some-se sua fama de dom-juan e seu dandismo, que afrontava o tradicionalismo dos Teixeira Leite. Conta Catharino que, na primeira vez em que os namorados se viram, o pai havia repreendido a filha: "Não fale nesse homem que usa papelotes nos punhos". Essa hostilidade sobrevivera em Chiquinha. Era esse o conflito entre Quincas e Eufrásia. O arrebatamento dos namorados esbarrava no freio familiar.

Mas a preponderância do interesse familiar sobre as preferências individuais fazia água com a ascensão do individualismo e do amor romântico. A teoria das almas gêmeas, que as *Afinidades eletivas* divulgavam, falava de um sentimento peculiar e irrepetível, despertado exclusivamente por um ser perfeitamente complementar e absolutamente insubstituível. Assim questionava os casamentos arranjados. Negadas as bases tradicionais, o romance entre Quincas e Eufrásia podia ter prosperado como nos enredos românticos. As dificuldades impostas pelas convenções sociais multiplicariam o ardor dos amantes, dispostos a tudo. Mas os conflitos concretos têm desenlaces bem mais ambíguos. Sem a benção familiar, a materialização do amor romântico em casamento dependia muito dos namorados. Nesse ponto, hesitaram. O compromisso feriria de morte o estilo de vida livre que Quincas praticava e Eufrásia pretendia praticar. Para o dândi, o casamento em si era o cativeiro. E a combinação entre amor e dinheiro o poria como o personagem de *Senhora*, de Alencar, na situação, que tanto combateria, de escravo. Já Eufrásia, cheia de pretendentes, andava no fio da navalha entre a possibilidade de autonomia plena e a trilha convencional de desposar e, em decorrência, se sujeitar a um senhor. A mulher casada se tornava objeto de seu marido, sujeita à sua regra, na vida íntima quanto na pública, em questões domésticas e nas finanças. Assim, estavam Quincas e Eufrásia emparedados entre o amor desejado e o casamento indesejável. Queriam liberdade, não compromisso. Poderiam ter desenvolvido uma relação amorosa mais plástica, no melhor padrão aristocrático, o das *Ligações perigosas*. Mas tinham ambos uma idealização do casamento como ponto de fixação do amor.

Havia uma questão de fundo. Ela fora para a Europa de mudança, ele, a passeio. O pai preparava sua carreira no Brasil; ele devia voltar. A noiva não cogitava retornar para a sombra do tio, e talvez suspeitasse do sogro. Fincou pé em morar em Paris. Enquanto debatiam prós e contras, ele distribuía galanteios a outras. No réveillon de 1874, Eufrásia fez uma cena de ciúme. Em fins de janeiro, sem que o barão de Vassouras nada fizesse, o noivado estava rompido.

Na fossa, Quincas seguiu viagem. Viu a neve e o papa. Em Nápoles, sofreu uma "crise poética". Escreveu *Couchante dans la Foret Vierge*, dedicado a Victor Hugo. Foi assim que em Roma achou o consolo da condessa Moszczenska.

Enquanto vagava, sem cogitar o futuro, seu pai não pensava noutra coisa. Numa carta enérgica, a 18 de fevereiro de 1874, chamou-o de volta ao noivado. Repreendia sua volubilidade evocando primeiro a lógica romântica: "[...] tuas aparências ou infidelidades aparentes converteram em ódio ou ficção o amor que geraste. [...] que noivo é este tão livre e isento do seu compromisso? [...] Meu filho, olha para a realidade das coisas, segura-te a ti mesmo neste mundo de inconstâncias e vaidades". Em seguida, reitera as regras aristocráticas: "Se não casares, que papel fizemos aqui? Quando todo o mundo sabe que o casamento está ajustado [...]". No Rio de Janeiro, a história rendia, informava Sancho, em 19 de março: "Notícias tuas que, apesar de incompletas, chegam-me de todos os lados".

Quincas estava pronto para a reconciliação quando Eufrásia foi ter com ele na Itália. Em 21 de março, se encontraram na vila Albani, vigiados de perto por Chiquinha. "Passeio no jardim. Idílio antigo", ele anotou. Nos dias seguintes se desdobrou entre Eufrásia e a Mosczenska. Em Veneza, reataram. Ele a tirava o dia todo do hotel Danielli, numa rotina de poemas e rusgas, como no último dia do mês: "Em San Giorgio Maggiore, uma *brouille*. Recitava-lhe eu meus versos no fundo da gôndola. À noite, pazes; meus versos *Le Poignard*. Passeio de gôndola à noite. O concerto do Rialto; fogos de bengala". Em abril, sempre com Chiquinha, foram a Milão e aos Alpes, ao lago de Como e, no dia 16: "Fomos sós no vagão [...] Bela manhã.[...] Como ela estava boa, adorável nesse dia!". Passaram um mês em Ouchy, enlevados um com o outro. Ele transpunha tudo em poesia. Seguiram para Genebra em 24 de maio, de "anel de casamento no dedo".

Os Nabuco, informados, davam de novo tratos à papelada. Aportando em Paris, os noivos foram ao Louvre, passearam de barco. Mas era hora de decisões. Mesmo para pleitear um emprego na Europa, Quincas precisava regressar ao Brasil. Eufrásia instalara residência e achava que ir ao Rio era cutucar a ira do barão de Vassouras. Açulada por Chiquinha, que nunca vira no aspirante a cunhado mais que um namorador interesseiro, recusou-se a voltar. Em 6 de junho, ele anotou: "Em Versalhes. No hotel do Louvre. Desfeito o casamento".

Temendo pelo ridículo, Nabuco de Araújo ordenou, no dia 10: "[...] deves voltar quanto antes à tua pátria e ao seio da tua família". Mas, em lugar de se dirigir a Bourdéus, de onde partiam navios para o Brasil, Quincas prosseguiu a vida de *flâneur*. Foi então que conheceu Londres: findado o dinheiro da herança, perdido o dote de Eufrásia.

FUNCIONÁRIO

Apesar do "desejo de parar ali para sempre", e de "um começo de anglomania", como reconheceu em Minha formação, a visita a Londres durou apenas um mês. Atendendo, por fim, aos rogos do pai, foi à França tomar o vapor para casa. Parou em Fontainebleau para imprimir a coletânea de poesias a amigos e sobretudo a amigas de percurso: Amour et Dieu. Enviou-a a Renan e aguardou outra vez em vão os comentários.

Desembarcou no Rio de Janeiro, a 25 de setembro de 1874, depois de um ano na Europa. E retomou a rotina de cortesão. O dândi estava mais requintado. Ganhou novo apelido: Narciso. Na season brasileira, em Petrópolis, seu novo alvo foi a pálida Anne Partridge, filha do ministro dos Estados Unidos no Brasil. Com ela começou uma verdadeira mania: a de presentear estrangeiros com um papagaio.

Sem ocupação, resolveu exibir seu aprendizado de viagem. Fez três conferências sobre pintura: a escola veneziana; Rafael; Michelangelo. O pai conseguiu que o imperador estivesse entre os assistentes e publicou as falas em O Globo, dirigido por Quintino Bocaiúva. Foi esse o passaporte para ingressar no jornal como colunista. Nabuco de Araújo teria preferido uma sessão de política, mas o filho então aspirava ser poeta. Em julho de 1875, estreou como crítico literário.

Falava, aos domingos, do darwinismo aos bailes do Cassino. Comentava peças da temporada. Foi duro na apreciação de O jesuíta, de José de Alencar, que, além de romancista estabelecido, era senador e conselheiro de Estado pelo Partido Conservador. Ficou ofendido e respondeu com rispidez. Então Quincas, cheio de veleidades literárias, desancou, um a um, todos os seus romances. Sua geração inteira enjeitava o indianismo de Alencar, a marca da nacionalidade construída com o Segundo Reinado. De modo que a crítica, sendo literária, era também política. Na polêmica que se seguiu, Alencar se concentrou no primeiro campo, debulhando as regras da boa escrita. Quincas deu suas próprias amostras de erudição. Alencar treplicou, fulminando o "filhinho de papai", em 7 de outubro: "Quis tornar-se tribuno, e gorou; [...], lembrou-se de escrever em francês e criou uma nova língua; voltando da Europa, exibiu-se em uma conferência como professor de artes; e finalmente apareceu na imprensa como folhetinista [...]". Para tal "prurido de mostrar-se", para "esse ergotismo insôfrego", receitava "aplicar um tônico ao orgasmo da vaidade". Foi ouvido. Quincas perdeu a coluna de O Globo — encerrando assim sua breve passagem pela crítica literária.

Fez então revista própria, imitando a Vie Parisienne: A Época. Seu parceiro era o amigo de Sizenando de quem se aproximara na redação de O Globo: Machado de Assis. Sem dinheiro, nem interesse dos assinantes, durou dois meses e quatro números. Por desfastio, pôs-se a escrever L'Option, peça em cinco atos sobre a disputa entre França e Prússia pela Alsácia-Lorena, em que a heroína Clotilde era obrigada a escolher entre dois amores, um de cada pátria. Tudo versificado em francês.

Aos 26 anos e cinco de formado, ainda não obtivera emprego nem casamento. Desalentado, reclamava, em 25 de dezembro, a Salvador de Mendonça, outro colega de O Globo, agora em Nova York: "Cada dia mais eu te invejo — fazendo votos para que não voltes tão cedo a esta capital do café". Coube ao pai achar-lhe ocupação. Nabuco de Araújo queria os filhos no seu trilho. Em 1876, repetiu seu projeto de lançar Quincas e Sizenando à deputação. Mas o Partido Conservador, ainda na chefia de gabinete, bloqueou a eleição de liberais. Então recorreu às suas relações na sociedade de corte para abrir outro caminho: a diplomacia. A carreira não era autônoma, e, como todos os postos públicos, preenchida por indicação. Funcionava como guarda-cadeiras para posições mais relevantes na política. Todos os chefes liberais, no ostracismo político da longa dominação conservadora, tentavam simultaneamente essa via. Os cargos eram disputadíssimos. Na vacância de um, nos Estados Unidos, Nabuco de Araújo virou seus canhões para a família imperial. Encaminhou pedido em favor de Quincas em par com o visconde de Rio Branco. O maior estadista do Segundo Reinado vivia seu maior constrangimento privado: tentava salvar a honra, arrumando posto diplomático para o filho Juca, que se apaixonara por uma atriz e a seguira para a Europa. O imperador, escandalizado, negara. Agora, Isabel era a regente e Rio Branco repetia o pedido. Nessa cambulhada, Quincas conseguiu, a 26 de abril de 1876, virar adido nos Estados Unidos, enquanto Juca Paranhos ia para Liverpool. Tratava-se, conta em *Minha formação*, de "uma sensível redução de pretensões", porque nessa hora "só o lugar de ministro me teria contentado".

Infeliz, escolheu a rota mais longa para os Estados Unidos. O percurso do Rio a Nova York era feito por pequenos vapores que "jogavam muito", nauseando os passageiros. Os navios grandes e confortáveis triangulavam a viagem pela Europa. Era mais adequado para quem lá tinha amores pendentes.

Escrevera doce a Eufrásia. Ela gostou. Ao vivo, foi menos receptiva: "[...] a reserva que mostro na sua passagem por Paris [...] quis dizer que se nos não podíamos fazer senão mal, devíamos esquecer o passado [...]". Isso em 4 de julho de 1876. A porta não se fechou de todo: "Se não podemos discernir os nossos sentimentos, o que é certo é que da minha parte não é ódio".

Enquanto ela se definia, foi rever Grosvenor Gardens. Em meio à maratona social dos Carvalho Moreira, escreveu à ex-noiva, propondo o reatamento. Com carreira diplomática encetada, a residência do casal na Europa era uma possibilidade concreta. Ela dissimilava essa sua condição: "Não exigi, nem exigirei nunca que se sacrifique por mim, e não serei eu que o impedirei de cumprir os seus deveres, se o fizesse o senhor teria toda a razão em recusar-se a isso", dissera em 4 de julho. Mas era assim que pedia: "O que pareceu-me quase impossível seria habitar o meu país e ser lá feliz ou o que é muito mais importante fazer a felicidade de outra pessoa". Ele não tinha como aceder. A diplomacia era fila de espera. Nabuco de Araújo o faria candidato de novo nas próximas eleições, independentemente do ponto do mundo em que estivesse e das aspirações que alimentasse. Tornava o impasse. Enquanto pensavam, namoravam. Ela propôs um encontro na Normandia. Ele adiou a ida para os Estados Unidos.

Não sendo de bom-tom uma moça solteira viajar a sós com um cavalheiro, ela quis levar a irmã. Ele se acabrunhou. Via em Chiquinha uma inimiga. Acusou Eufrásia de temer o que ela de fato temia: perder a reputação. Ela retorquiu altiva, ainda em julho: "Quando é que acreditei que o Sr. tivesse falado de mim e quando mostrei temor que me comprometesse? As minhas cartas são a prova do contrário". Ele, pela terceira vez, a pediu em casamento.

Eufrásia entrou em angústias. Medo de reatar o noivado para outra vez rompê-lo — para uma moça de família, uma vez bastava. Consumia-se em dúvidas acerca do preço a pagar, a briga com a parentela, a perda da autonomia. Não disse nem sim, nem não. Ainda em julho: "Estou em um estado de alma o mais aflitivo possível, não posso agora discernir bem os meus sentimentos. Eu lhe escreverei aos Estados Unidos".

Ele não quis partir meio casado, meio solteiro. Em Grosvenor Gardens tentava desanuviar. Mas não desanuviou. Demandou-lhe a decisão. Ela disse: "Se temos de nos dizer adeus para sempre, como deseja, é porque já nos fizemos bastante mal um ao outro, tenho muito que me fazer perdoar, quanto a mim se tive alguma coisa a perdoar a [sic] muito tempo está feito". Em 22 de julho de 1876, Quincas partiu de Liverpool para os Estados Unidos pelo vapor *Germanic*. Descomprometido. Nabuco de Araújo, que tudo acompanhava, em 28 de setembro, o acusou de pôr os pés pelas mãos: "Deixas uma moça bela, rica e inteligente".

De imediato, ficou feliz com o fardão diplomático e os rituais do ofício: "Hoje é o maior dia da minha vida: copiei meu primeiro despacho", contou a Salvador de Mendonça, em 7 de agosto. Logo a tarefa ficou maçante. Não gostou de Washington. Como o escritório brasileiro entrasse nas férias de verão, foi para Nova York, em companhia do capitão-tenente Luís Filipe Saldanha da Gama, em missão naval nos Estados Unidos. Em Nova York reencontrou Salvador de Mendonça, cônsul da Monarquia, mas signatário do Manifesto Republicano. Era um Penedo das Américas — a mesma elegância, o mesmo gosto pelo grande mundo e o mesmo tino para negócios e acordos políticos. Outro conhecido era José Carlos Rodrigues, que produzia jornais modernos: primeiro o *Novo Mundo*, depois o *The Rio News*, noticiando a vida ianque para a corte. Essa turma bem preparada, cosmopolita, tinha circulação livre na alta sociedade americana.

Quincas se juntou a eles. Fixou-se no hotel Buckingham, então na Quinta Avenida, defronte da catedral de Saint Patrick. E foi ficando. Com a tolerância do ministro do Brasil nos Estados Unidos, o conselheiro Antonio Pedro de Carvalho Borges, enviava seus despachos de Nova York. Em Manhattam, estava em seu elemento: "A sociedade é para mim nada mais nada menos do que o vinho", confessou em 11 de janeiro de 1877. Os programas sociais tomavam-lhe as noites e boa parte dos dias, quando era obrigatório passear pelo recém-inaugurado Central Park, um "delicioso lugar para a flirtation", observou em 25 de junho. Ia a Jerome Park ver as corridas. E não perdia exposições de cães.

Uma rotina floreada por mulheres. Flertou com as misses Hamilton, Astor, Livingstone, Wolfe, Lanier, Rutherfurd, Dana,

Tell. "Vive-se entre moças bonitas aqui e em nenhuma parte é tão fácil encontrá-las sempre", alegrou-se, em 23 de março. Admirou-se com a liberalidade americana, que permitia às moças andarem sozinhas com os rapazes — coisa inaceitável na maior parte da Europa e no Brasil. Mas foi surpreendido pela fidelidade inflexível das casadas — nisso também opostas às européias e brasileiras: "Aqui não há liasons de ordem alguma [...]. Fora do casamento não há nada aqui", lamentou em 9 de janeiro. Bem que tentou achar uma balzaquiana entre as senhoras Hewitt, Place, Wilson, Hitchcock, Blood, Leavitt, Barlow e Crugger. Nenhuma delas o recepcionou como a condessa Mosczenska. Teve de buscar outro aconchego, em 14 de maio: "Eu encontrei ontem uma rapariga [...]" — "[...] de vida livre".

Dentre as gélidas americanas, cativou-o Emma Lazarus, poeta interessada em política, e Minnie Stevens, que comparou a uma sereia. Fanny Work a eclipsou. Moradora do número 13 da já elegante Madison Square, tinha dezenove anos e pareceu-lhe, diz seu diário em 21 de janeiro, "a mais bela que tenho visto", com cabelo "louro cendré" em ondas e olhos "de uma vida amortecida mas profunda, de uma luz de pérola". Ficou enfeitiçado. A fixação foi tal que pôs miss Stevens enciumada.

Então Fanny perdeu a mãe. O namorado reconfortou-a, comovido. Para em seguida se chocar, ele que nunca esquecera a Madrinha, com a rápida assimilação da perda pelos americanos. Em uma semana, os Work não mencionavam mais a morta. A decepção abriu a temporada de idas e vindas que já vivera com Eufrásia. Fanny se cansou dos versos nos quais ele dava elevação a um relacionamento fundado na atração física, conforme esclareceu em 31 de março: "It is only this: I am good looking and you like to look at me, and you are good looking and I like to look at you". Quincas aspirava mais. Lia muito, queria escrever, tinha ambições intelectuais. Seu ideal eram as aristocratas cultas. Gostaria de fundir a beleza de

Fanny com o cérebro de George Sand. Porque nesse segundo quesito, admitia, Fanny não pontificava.

Boa americana, ela era prática e direta. Queria um marido bonito, saudável, capaz de suprir a casa de renda e filhos. Abandonou a veneração do brasileiro por um americano mais "congenial", dedicado a "dançar o bóston e jogar o pólo", anotou um Quincas picado de ciúme, em 24 de junho. Ele ainda a rondou, à espera de reviravoltas como as de Eufrásia. Miss Work, porém, tinha um coração simples e logo se tornou Mrs. Roche.

Depois de um ano de vida americana, Quincas estava desenxabido e enjoado. Gostava de conviver com aristocratas, mas na democracia da América eram figuras raras, de decoração. As pessoas relevantes eram as endinheiradas. E, no país da ética protestante, os prazeres eram frugais e os interesses convergiam para o trabalho. Tudo isso o desgostou. Escreveu ao pai reclamando do caipirismo, da insipidez da conversação e da monotonia culinária dos ianques — não suportava *"milk rolls, omelette aux rognons e black tea"* todas as manhãs. Pedia licença. Nabuco de Araújo arranjou-a em fins de junho de 1877: seis meses sem vencimentos.

Pôs o pé na estrada. Foi a Saratoga Springs. Viu as cataratas do Niágara. E lá se deixou, extasiado. Gostou do ar britânico de Boston. Planejou conhecer Montreal e Quebec, sem muito método: "Tenho prazer em alterar meu itinerário cada dia", escreveu ao chefe, em 8 de julho.

Refletia sobre os amores americanos em aforismos sobre ciúme, sofrimento dos amantes, viuvez. Pesou flertes e compromissos, lendo *As afinidades eletivas*. Provavelmente não passou por Henry James, mas ruminava suas temáticas: o casamento por dinheiro; o romance entre o aristocrata europeu e a americana rica. Casar ou não casar, eis a questão. Vinte e nove menções filosofantes ao assunto em seu diário de 1877 frisam as vantagens de permanecer solteiro — sem prole, com liberdade e individualidade. Só o casamento podia dar, contudo, respeitabilidade e estabilidade social. Seria um antídoto, pensou em 2 de setembro, contra o desgaste afetivo das relações passageiras: "É no casamento que o amor se deposita [...] do único modo por que ele não se dissipa".

Tinha saudades de casa. Sentia-se só, assaltado por vago misticismo, entre a religião e a astrologia, divagando sobre a morte e o suicídio. "Posso eu no fundo ser inteiramente outro do que pareço quando na sociedade? — inquiriu-se em 7 de setembro. A minha natureza pode ser melancólica sem que os que vivem comigo o saibam pelo simples fato que a presença deles afugenta o homem solitário."

As introspecções o encaminharam para o estudo. Leu clássicos, a *Antígona*, de Sófocles, Aristófanes e tentou os *Diálogos* de Platão. Leu cientistas em alta, Darwin, Spencer, Renan. Foi às biografias, de Goethe e de Alexandre, aos romances seriados da *Revista Dois Mundos*, que circulava na América e na Europa. E aos poetas, Lamartine, Musset, Victor Hugo e Carlyle.

As leituras e a observação da vida americana lhe deram comichões de escrever. Aspirou virar escritor reflexivo, ao estilo de Renan, tomando notas sobre a vida americana, para um livro de viagens, à maneira do que Taine fizera sobre a Inglaterra. O tom era um misto de admiração e crítica aristocrática à sociedade capitalista em ebulição: "O homem aqui é uma máquina de ganhar dinheiro [...] não há nação para a qual o passado tenha menos prestígio" — escreveu em 10 de março de 1877. Pensou nuns *Portraits New-Yorkais*, numa comédia e em dois contos, inspirados um em Eufrásia, outro em Fanny. Nada passou de devaneio. Desconfiava que Alencar estivesse certo sobre seu talento para as letras: "As mulheres [...] não têm fé no meu drama" — anotou em 30 de julho — "Nem eu".

Depois de catorze meses estava cansado da América e descorçoado de voltar ao trabalho: "A minha natureza repugna inteiramente e intimamente ao emprego público. Para mim a questão não é permanecer nele, mas deixá-lo", resmungou ao diário, em 19 de julho de 1877. Quando os jornais noticiaram o fim da tolerância do secretário de Estado norte-americano à residência de diplomatas estrangeiros em Nova York, voltou à cidade apenas para empacotar os pertences. Não poria mais os pés nos Estados Unidos nos próximos 28 anos.

Seu saldo de vida americana, julgava, era pequeno: "Eu cometi um grande erro vindo a este país; em vez de estudá-lo [...] quis divertir-me com as mulheres...", lamentou-se a Salvador de Mendonça, em 1º de agosto. Mas, verdade seja dita, fizera mais que namorar. A situação de diplomata o obrigara a se inteirar da conjuntura política. Teve contato freqüente com jornalistas, como Charles Dana, que dera cara moderna ao *New York Sun*. Por conta do ofício, conversara com gente como o governador de Maryland e Charles Adams Jr., membro de uma família de proeminentes políticos americanos. Nessa convivência, tomara pé da agenda local.

O interesse se aguçou quando os americanos se conflagraram na eleição presidencial de 1876. Dois governadores, Rutherford B. Hayes, republicano de Ohio, e Samuel J. Tilden, democrata de Nova York, disputavam. Acompanhou, num misto de horror e fascínio, a florescente democracia de massas em exercício. Atentou para a estratégia de propaganda dos candidatos, ainda inusitada no Brasil: os comícios. Seguiu os debates em torno dos efeitos da Guerra de Secessão e da herança escravista. E viu que nos Estados Unidos, como no Brasil, o Executivo manejava resultados eleitorais.

Foi ao Congresso ver a apuração disputadíssima. Quando Hayes foi proclamado presidente, apesar das acusações de fraudes, admirou o sacrifício do perdedor, que abdicou de contestar o resultado, temendo nova guerra civil. A festa da posse, em 5 de março, exasperou seu gosto refinado: "[...] em si ridícula como todas as manifestações políticas do país", por sua "absoluta falta de gosto". Coluna social à parte, a eleição despertou seu interesse pela política.

Embora mais tarde, em sua autobiografia, tivesse localizado a raiz de suas convicções políticas no velho mundo, seu diário leva a crer que foi nessa temporada americana que forjou suas primeiras opiniões próprias. Em terra pátria as posições estavam dadas: bastava repetir a plataforma do pai. A cena americana o pôs a pensar comparativamente. Adquiriu o hábito de acompanhar geopolítica. Atentou para os efeitos da desagregação do Império Otomano, cujo espólio era disputado por Áustria, Rússia e Inglaterra. Pesou as lideranças políticas da França e da Inglaterra, admirando tanto Thiers, um político *ancient régime*, quanto Willian Gladstone, desde aí seu herói modernizador. Identificou as desvantagens da República, sobretudo sua instabilidade, frente à Monarquia. Como Tocqueville, que ainda não lera, ficou incomodado, com a força das massas — "barbaridade da mob [populacho] americana" — e dos conflitos daí advindos: "A crise do capital e do trabalho é uma das conseqüências inevitáveis da democracia ou antes do progresso [...]. A questão mesma não promete ter outra solução senão a da força e do número, se o capital, a inteligência, a educação, que serão sempre a exceção, não se submeterem ao direito que têm as massas de governar" — refletiu em 23 de julho. Pouco antes, em 13 de junho, se perguntava sobre as chances de um regime desses no Brasil: "Deve o povo ou não fazer política? [...] pelas condições especiais em que nos achamos, de território, de população, de trabalho escravo e de distribuição de propriedade".

Observações sobre a vida pública agora competiam em pé de igualdade com os nomes femininos em seu diário. Voltava os olhos para a conjuntura brasileira. O pai nunca a deixou sair do seu horizonte. Nas cartas contava as articulações que fazia. Sancho mandava jornais. Já a sociedade norte-americana oferecia um parâmetro de desenvolvimento social e gestão de conflitos políticos diverso do padrão europeu da elite política brasileira. Até por suas conversas com o antenadíssimo Salvador de Mendonça, entusiasta da república e do capitalismo americanos, deu-se conta de que o Brasil andava atrás do que era moderno e civilizado. Recriminou o imperador em viagem, em abril: "[...] uma triste figura procurando por astrônomos e geógrafos quando a Europa está a arder". D. Pedro passava pelo vexame de ouvir o clamor de Victor Hugo para que decretasse o fim da escravidão. O filho de Nabuco de Araújo se sentiu ele próprio humilhado. Seu país não estava à altura do século, asseverou em 17 de junho de 1877: "É preciso destruir essa nódoa que nos envergonha aos olhos do mundo".

Voltava o tema da escravidão, que suscitara sua atenção no começo da década e seria sua predileção doravante. Não era uma escolha aleatória. A questão permanecia em debate no Brasil, ainda que em fogo brando, desde a Lei do Ventre Livre, e era um tópico de simpatia do pai. Seu abolicionismo, contudo, até então se dera em arroubos, sem seguimento. Em 1877, decantou-se nele como matéria de reflexão: "A escravidão é a ruína do Brasil, que está edificado sobre ela", anotou em 28 de julho — e como base para uma carreira.

FIM DE FESTA

"Vinte e oito anos. Antigamente a cada 19 de agosto eu fazia um novo plano de vida e pretendia uma reforma radical. Hoje limito-me a desejar que eu possa [...] fixar-me sobre a língua em que devo pensar, sobre a profissão que devo seguir [...], enfim fazer alguma coisa, em vez de planejar muitas." Esse desejo de aniversário de 1877 era uma angústia familiar. Nessa idade, os homens do século XIX eram pais de família, estabelecidos em profissões e negócios. Os irmãos estavam encaminhados: Sizenando fazia carreira como advogado de júri, "sempre atarefado com causas de 50 mil réis para cima". Vitor se ajeitava com negócios relativos à imigração, no Paraná, "conseguindo ajuntar em pecúlio de alguns contos de réis". Até o amigo Sancho virara professor do Pedro II, segundo lhe contavam, em 21 de março e 30 de junho, cartas do médico Hilário de Gouvêa, noivo de sua irmã Iaiá. Quincas precisava também se assentar.

Seus movimentos eram, entretanto, contraditórios. Em vez de agarrar o único emprego obtido, queria vida na Europa, onde contava efetivar carreira e casamento.

Nenhuma dessas decisões dependia de si exclusivamente. A ocupação dos postos oscilava ao sabor das trocas de gabinetes. Quincas se tomou de ansiedade na substituição do ministro de Estrangeiros. O novo titular era o barão de Cotegipe. Meio caminho andado. Nabuco de Araújo podia cobrar préstimos dos tempos de Partido Conservador. Mas Londres, objeto de desejo de Quincas, era concorridíssima. Todos a demandavam, inclusive Arthur Carvalho Moreira. O chefe da legação inglesa afirmava-se isento, em 16 de maio: "Muito sinto saber pelo Arthur que v. parece não acreditar na realização dos seus projetos. Refiro-me à sua vinda a Londres. Se dependesse de mim v. os veria realizados". Mas, amicíssimo de Cotegipe, Penedo garantiu a nomeação do filho nos bastidores, conforme Viana Lima, do serviço diplomático, delatara a Quincas em 16 de abril: "[...] o Cotegipe o protege muito [a Arthur], reservou-lhe o lugar de Londres [...]". Consta que d. Ana Benigna, indignada, tomou satisfações de Cotegipe, freqüentador de seu salão. Fosse para não desgostar o adversário político, fosse para prestar favor à dama, o ministro propôs Portugal como consolação. Os Nabuco recusaram.

A diplomacia não era desejo de Nabuco de Araújo. Queria fazer do filho o mesmo que os viscondes de Rio Branco e do Uruguai, que Souza Dantas e Afonso Celso faziam dos seus: um continuador. Por isso, cuidava da candidatura ao Parlamento. Supondo o apoio de Vila Bela, contava fazer dois ou três deputados na família — pois Hilário, recém-casado com Iaiá, também seria lançado. Vila Bela, porém, sofria pressões de outras tantas famílias liberais. Precisava ser bem cortejado. Por isso, toda vez que passava por Pernambuco, Quincas cumpria o dever de visitá-lo. Esses afagos tinham seu efeito. Mas cada eleição era uma, e toda vez Nabuco de Araújo tinha de insistir para incluir seus mancebos em lugar de gente mais graúda da província. Em 1876, Aprígio Guimarães, liderança consolidada no Recife, se opôs a isso, clamando para si a candidatura. Vila Bela pediu a Nabuco de Araújo que recusasse, em 16 de agosto: "Eu mesmo, que me julgo com direito a aspirar uma cadeira na Câmara temporária, assentei em não solicitar tão subida honra [...]. Nestes termos exijo que você me diga com sinceridade de amigo se julga conveniente a apresentação do seu Quinquim pelo partido...".

Nabuco de Araújo persistiu. O próprio Quincas tratava de seus interesses, desancando o adversário, antes seu professor da Faculdade de Direito, em cartas ao benfeitor. Mas falava de longe, enquanto Aprígio cochichava no ouvido. Perdeu. Em agosto, o pai conseguiu candidatá-lo por Pernambuco, mas não havia chance de vitória. Os conservadores seguiam controlando o gabinete e as eleições. A insistência nas candidaturas visava estabelecer os filhos no partido, dar-lhes visibilidade. Nabuco de Araújo preparava o futuro. Dada a disputa renhida dos liberais entre si, era de bom alvitre não se fazer esquecer, daí a recomendação do cunhado, em 21 de março: "[...] lamento muito dizer-te que aqui não estejas tomando parte na luta política, ao menos através da imprensa. O teu talento não deve morrer na diplomacia".

Pessoalmente, resistia. Tivesse aberto caminhos próprios, como Vitor, que enveredara pelos negócios, teria mais liberdade de escolha. Mas era dependente do pai e, embora ficasse às vezes desconfortável, sabia de sua predestinação para a política. Tratava apenas de adiar a estréia. Em Londres. Lá chegou em 21 de outubro, sem saber para onde voltaria. Podia ganhar a posição de adido no Velho Mundo ou voltar para casa de mãos abanando. Hilário obliquamente incentivara o reatamento com Eufrásia, em 30 de junho: "[...] esperamos todos que destine ao menos uma pequena parte desse tempo a vir ver-nos, ainda que já casado com uma mulher bonita e rica. [...]. Aqui está o teu amigo [Sancho] [...] apaixonado por uma rapariga com quem o pai não quer que ele se case. [...]; o que falta é que te aconteças o mesmo!".

Curado de Fanny, ouviu o conselho. Foi ultimar seus negócios amorosos. Escreveu a Eufrásia, queria mostrar-lhe *L'Option*. Ela respondeu a 28 de agosto, que o aguardava em casa, na rua d'Albe, número 1: "Ouviremos com muito prazer o seu drama e as suas impressões sobre os Estados Unidos. Não tema nos aborrecer". Entretanto, aportando em Grosvenor Gardens, onde se hospedou, deu de cara com a sereia Minnie Stevens. Preferiu ler para ela a sua peça e lhe deu de presente *O livro da felicidade*.

Eufrásia enfureceu-se. Ao saber da vinda dele, encurtara o inverno na Suíça — o que lhe valera birras de Chiquinha. Disse-lhe isso depois de mais de um mês de espera em Paris, em 23 de novembro: "[...] não o vendo chegar até agora, penso que mudou de idéia. [...] e como desejo vê-lo, espero que me mandará dizer o que resolveu". Ele vivia a boa-vida em casa de Penedo e planejava percorrer o sul da Alemanha. Nada fez.

No início de 1878, contudo, a situação mudava. Caíam os conservadores. Empregos seriam redistribuídos. Quincas aspirava a uma posição em Londres, contando agora efetivamente com as graças de Penedo, totalmente encantado de si. Assentando-se na carreira, se desinteressava do casamento. Eufrásia reclamava, em 30 de janeiro: "Esperei outro mês pela sua resposta, não a recebendo [...]. Não sabendo o Sr. o que vai fazer [...] qualquer combinação dificilmente terá algum resultado". Estava magoada, mas ainda o aguardava em Madri. Ele não foi. Mesmo que fosse, dificilmente concretizariam o casamento. Seguiam de pé todas as barreiras, a baixa disposição dele de abandonar os flertes, a disparidade econômica, a oposição dos Teixeira Leite: "É um erro dizer-se como tantas vezes se ouve: 'Eu não caso com o pai, não caso com a mãe; caso com ela'. Casa-se até com os avós", anotou em 23 de novembro. Os namorados continuavam cerceados pelas respectivas lógicas familiares.

Depois de uma década de ostracismo, o Partido Liberal voltava ao poder. Todas as portas se abriam. A 23 de fevereiro de 1878, Vila Bela, empossado ministro dos Estrangeiros, realizou o desejo de Quincas, que se tornava adido de legação em Londres. Estabeleceu-se, então, nas vizinhanças dos Penedo, na Half-Moon Street, em Westminster, pertinho de Picadilly e do Green Park. Nas nuvens.

O sonho durou um mês. Daí Correa lhe deu a notícia fatídica. A 20 de março de 1878, Nabuco de Araújo morreu de febre biliosa e desgosto político.

É que o retorno dos liberais ao poder não fora tão alvissareiro para o pai quanto para o filho. O Rio de Janeiro fervilhara, conchavando o nome do novo chefe. Narra Tobias Monteiro: "Os mais graduados corriam à casa de Nabuco de Araújo, que era o 'sacerdote magnus' da grei. Morto Zacarias, [...], ninguém lhe disputava a primazia". Para surpresa geral, d. Pedro chamou Cansansão de Sinimbu. Nabuco de Araújo já vira se fecharem para si as mesmas portas antes. Mas então perdera para o incontestável Zacarias. Desta feita, fora ofuscado por uma estrela de segunda grandeza, que, acintosamente, quebrara a praxe de lhe pedir a benção: "[...] não se realizou a esperada visita à praia do Flamengo. A roda foi pouco e pouco deixando escapar o ressentimento desse abandono [...]", segue Tobias Monteiro. Envergou sob o peso da humilhação e não saiu mais de casa até morrer.

Sem pai, Quincas se libertava das amarras do mundo tradicional. Mas ficava prisioneiro da necessidade de ganhar o pão e fazer a vida. O cunhado, em 23 de março, relatava a preocupação de Nabuco de Araújo no leito de morte com o futuro de seus rebentos: "Quando eu perguntava a razão dos gemidos dizia-me que bem sabia que ele tinha os filhos desarranjados!". A morte desorganizava a família. Hilário procurava reordená-la, pedindo que retornasse "para onde chamam-te a tua honra, o grande valor de teu pai, que via a ti como o seu natural sucessor e continuador das suas gloriosas tradições, e a tua devotada família [...]". Evocava os valores primordiais do mundo aristocrático. A honra, a tradição e a família abalroavam o projeto individual de viver na Inglaterra como diplomata.

A morte do pai encerrava a juventude despreocupada e desocupada de Quincas, assim como a de Brás Cubas, que seu amigo logo poria em circulação. A orfandade assegurara a independência para Eufrásia. Para Quincas significou, ao contrário, a incerteza financeira, a precariedade mesma das posições já obtidas. Num mundo em que os pais legavam propriedades e prestígio, agenciavam empregos e casamentos, seu único legado era o nome. Da noite para o dia, perdia o protetorado que garantira sua vida dissipada. A herança, Hilário advertia, incluía "sacrifícios, amarguras de toda espécie", obrigando a "modificar profundamente todos os seus hábitos, o teu caráter franco e altivo, terá de fazer uma modificação radical".

De fato. Em 9 de abril, embarcou outro homem. O Quincas, dândi, *bon vivant*, que nunca buscara emprego e esnobara um bom partido para casar, ficava em Londres. No Brasil, ia desembarcar o sucessor de Nabuco de Araújo. Não podendo mais contar com o pai, foi fazer-se a si mesmo.

2. A sombra do pai

Chegavam de tílburi. Em cores escuras, alguns com grã-cruzes e condecorações; os militares em fardas bordadas; os velhos, de suíças e casacas, os moços, nunca menores dos 25 exigidos, de terno e bigode. Às 10 horas — conta um deles, Alfredo Taunay — atravessaram os curiosos à volta da Capela Imperial. Dentro, os esperava o imperador, num manto de papo de tucano, que suscitava espanto nos estreantes e escárnio nos escolados. Finda a missa, os 124 deputados eleitos foram chamados, um a um. Mão direita sobre a Bíblia, juraram defender o Império e a religião católica.

Quincas, tão afeito a rituais, não estava lá. A campanha eleitoral e uma recaída da febre tifóide o prostravam. A 10 de janeiro de 1879, teve sua posse atrasada. Fez-se notar pelo ousado terno de casimira branca com calças largas. Chegava desalentado, como disse a Penedo, no dia 22: "No outro dia fui tomar assento na Câmara, eis tudo. A política inspira-me pouquíssimo interesse". E, no entanto, pouco depois ia enfrentar o próprio chefe do gabinete.

Sofria sua metamorfose. A posse introduzia Quincas na vida adulta. O apelido não convinha ao deputado. O costume eram sobrenomes compostos, como os dos amigos Carvalho Moreira e Silveira da Mota, ou a repetição do nome do pai, caso dos dois Afonsos Celsos, o original e o júnior. Por essa regra, e excluído o Aurélio — sem peso depois da morte do padrinho — deveria ter ficado Joaquim Nabuco de Araújo. Mas, desde os escritos adolescentes, buscava simultaneamente a identificação e a diferenciação em relação ao pai. Às vésperas dos trinta anos, precisava de identidade própria. Esmerou-se em produzir uma persona pública que conciliasse o valioso legado político de Nabuco de Araújo com sua ânsia de singularidade. Queria repetir no Parlamento seu desempenho nos salões, queria luz própria. Insistiu em ser Joaquim Nabuco. E ficou sendo.

A HERANÇA

Na escala do navio em Portugal, leu os jornais brasileiros, dando a "infausta notícia". O *Diário de Pernambuco* de 21 de março lamentava a perda das "luzes desse eminente cidadão". A *Reforma*, no dia anterior, falava da "triste orfandade" da nação, "confundidas a dor de uma família e a dor de um povo". A imprensa liberal resumia a carreira de Nabuco de Araújo em meio a loas. O filho viu assomar uma figura grandiosa, idealizada: um estadista do Império. Orgulhou-se da origem. E se comoveu. Nos longos 21 dias no mar, envergou o luto familiar e a melancolia que o acometera na perda da madrinha.

Apreendeu o sentido mais relevante do status de órfão: perdia o protetorado indispensável para fazer a vida na sociedade tradicional. Até então, suas decisões de monta tinham sido tomadas com o pai, quase sempre pelo pai. Seu desaparecimento instaurava inédita autonomia em par com terrível desamparo. Ficava livre para ter sonhos, mas não tinha quem os realizasse.

O homem que chegava ao Brasil em 1º de maio era charmoso, cosmopolita, com conversa para entreter senhoras e impressionar senhores. Mas à atividade comezinha, pagadora de contas, era avesso. Não tinha paciência para o trabalho continuado. Até então investira apenas na literatura, "ocupação ligeira" que não configurava carreira própria. Para o escritório de advocacia, não tinha gosto nem treino. Sizenando, mais inclinado, se incumbira dele. Restava a carreira pública, com seus ápices parlamentares e seus ostracismos diplomáticos.

O legado era uma teia de vínculos políticos. Em casa foi informado da candidatura a deputado arranjada pelo pai. Não gostou, como segredou a Salvador de Mendonça, em 4 de junho, dizendo que se "houvesse meio para mim de ter uma certa independência, uma vida intelectual e artística [...], não é por vontade própria que eu entraria na política". Todavia, d. Ana Benigna e o cunhado Hilário, elevado a chefe da família, esclareceram que não se tratava de escolha. Era uma necessidade.

Na rua da Princesa, faziam-se contas. Nabuco de Araújo fora, como Teixeira de Freitas, jurista-mor do Império. A advocacia lhe garantira rendimentos razoáveis. Mas, ao ascender ao Conselho de Estado, em 1866, ficara impedido de advogar questões que por lá passassem. Em 1871, incumbido do anteprojeto do Código Civil, interrompeu de vez a advocacia, em troca de 120 contos adiantados pelo governo ao longo de cinco anos. Isso cobria mal as contas de uma gente acostumada ao bem viver. De modo que a viúva, contou Hilário, em 23 de março, "ficou sem coisa alguma".

Joaquim teve, pela primeira vez na vida, de encarar situação adversa e rever seus planos. Contou a Penedo, em 7 de maio: "Vou apresentar-me candidato por Pernambuco e suponho ter bons elementos, pelo menos a amizade do presidente [da província]. Uma vez na Câmara tratarei de advogar e de ganhar dinheiro, o que me é imposto pela necessidade como primeira obrigação [...]". O dândi submergia em favor do filho estóico: "Como Alexandre eu sacrifico tudo e dou tudo, mas guardo a esperança!".

Havia uma questão de honra. Joaquim foi encarregado de achar o projeto do Código Civil em meio à papelada do pai. Nabuco de Araújo nada entregara, depois de anos de atraso. Correligionários, como Homem de Mello, e inimigos políticos o pediam à família. Hilário dissera, em 23 de março: "O código civil ainda não está pronto, mas creio que o esboço já o está". Enganava-se. Joaquim pôs o escritório de pernas para o ar e achou só notas esparsas.

O fato era grave para a honra e desastroso para as finanças. Francisco Octaviano e Fernão Lobo, aliados de Nabuco de Araújo, demandavam ao Estado pensão para a viúva. Tarefa inglória diante da inadimplência do morto. Os conservadores queriam o Código ou a admissão pública do vexame. O chefe de gabinete não se condoía.

Cansansão de Sinimbu assumira no início de 1878, depois do colapso da dominação conservadora. Ao longo dela, os liberais denunciaram o controle do processo eleitoral pelo executivo, via corrupção e patronagem, e pediam mudanças. Os conservadores cederam reformas eleitorais, que dilatavam um pouco as instituições políticas para os adversários, mas nunca a ponto de dar caráter competitivo às eleições. Os liberais só saíram do ostracismo porque, desde o Ventre Livre, os conservadores se trituravam em brigas internas. O imperador aproveitou para se reconciliar com seus críticos liberais, dando-lhes a prerrogativa de fazer a reforma eleitoral.

Machado de Assis se lembrava de Sinimbu, senhor de engenho das Alagoas, como homem a quem "[...] não apaixonava o debate, mas era simples, claro, interessante, e fisicamente, não perdia a linha". Nabuco, em *Um estadista do Império*, o definiria, azedamente, como "politicamente um neutro, um indiferente" e "intelectualmente inerte". De fato, não tinha envergadura para a posição, talvez por isso a tenha obtido. O sistema político obrigava o chefe de gabinete a ouvir o Poder Moderador, mas não a lhe seguir os alvitres. Diante de líderes fortes, como Rio Branco e Zacarias, d. Pedro via-se como a rainha da Inglaterra, à margem das decisões. Alçando Sinimbu a um status superior ao seu prestígio efetivo, o imperador garantia um gabinete grato e obsequioso.

Ao compor o ministério, Sinimbu foi matreiro na administração do mosaico de liberais. Negligenciou Nabuco de Araújo, mas agradou os históricos, como Martinho Campos e Francisco Octaviano, e fez Vila Bela ministro de Estrangeiros. Tranqüilizou os liberais radicais, escalando Silveira Martins para a Fazenda e Leôncio de Carvalho para a pasta do Império. Minou os republicanos, que a bem da verdade não tinham ainda decolado, dando a um deles, Lafayette Rodrigues Pereira, a Justiça. Esvaziadas as oposições, dissolveu a Câmara conservadora e chamou eleições.

Os Nabuco, como todas as famílias liberais, lançaram suas candidaturas: Sizenando e Hilário pela corte, sob os auspícios de Octaviano, Joaquim, pelo Recife, com a palavra empenhada de Vila Bela. Colegas de faculdade, Sancho, Rui, Rodolfo, se apresentaram. Ao contrário deles, Joaquim e Sizenando sobranceiramente se escusaram de pedir apoio ao gabinete. Nabuco de Araújo sofrera sua desfeita: "Cansansão de Sinimbu rejeitou seu pai quando doente e foi assistir a uma festa no dia do seu enterro", contara Hilário, em 23 de março. Os herdeiros guardaram rancor tenaz e se fecharam em sua trincheira, distante de Sinimbu, contra Sinimbu.

A honradez tinha preço. Quem bancaria a eleição dos

Nabuco à revelia do gabinete? Desaparecido o chefe do clã, caducavam os acordos, resumiu Sousa Carvalho, um dos potentados liberais: "Finda a causa, cessa o efeito".

CANDIDATO

"O *Jornal do Comércio* publicou a chapa liberal de Pernambuco, na qual, com dolorosa surpresa não vejo o teu nome." Sancho lamentava, em 30 de agosto, a oposição cerrada que o amigo sofria no Recife, aonde chegara a 9, para garantir a candidatura. Falou a três presidentes de província: seu ex-professor Homem de Mello, na Bahia, Francisco de Carvalho Soares Brandão, em Sergipe, e Adolfo Barros, já em Pernambuco. Em Salvador estivera com Manuel da Souza Dantas, o pai de Rodolfo e chefe em ascensão, e visitara os Acioli, a oligarquia de Vitória. A romaria acabou em Vila Bela, um dos políticos provinciais que garantiam votos às sumidades nacionais como Nabuco de Araújo. Joaquim vinha pedir que honrasse o compromisso firmado com seu pai.

Uma candidatura só se viabilizava se prestigiada desde o centro, pelo gabinete, ou calçada numa base local. Já imiscuído nessa lida, Sancho aconselhava Joaquim, em 5 de julho, a pedir amparo a Sinimbu. "Em política, o to be or not to be é ser homem prático ou não ser [...]. Quem isola-se, inutiliza-se." E exibia os bons resultados dessa filosofia: "[...] a bela posição de presidente do Piauí". Mas a honra, central no etos aristocrático, predominou sobre o interesse, e Joaquim manteve a birra com Sinimbu, chegando a azedar as amizades paternais com Penedo e Homem de Mello, alinhados com o gabinete.

Preferiu pedir o favor a Vila Bela, que não lhe tinha nem ódios, nem amores. Antes o acolhera, mas agora as coisas não eram tão simples. Um lugar na lista partidária equivalia à diplomação como deputado. O processo eleitoral ratificava acordos previamente firmados entre grupos. Esse caráter ritual das eleições jogava a competição efetiva para dentro dos partidos. Os liberais pernambucanos se engalfinhavam. Dar vaga a Joaquim implicava desalojar outro pretendente, o mesmo Aprígio Guimarães, popular entre seus alunos da faculdade de direito, que bradava pelo Recife: Vila Bela pretendia impor um filhote da corte sobre liderança local. O barão estava desconfortável, como confessou a outro liberal, Luís Filipe de Souza Leão, em 8 de julho: "Quanto a Nabuco [...] é uma carga enorme [...]".

Acrescia que Joaquim era praticamente estrangeiro no Recife. Nos últimos oito anos estivera lá apenas de passagem. As candidaturas anteriores, a cargo do pai, não lhe custaram visita ao eleitorado. Na política local, não conhecia ninguém, não tinha raízes, nem compromissos. De modo que também não contava com apoio.

Jornais republicanos denunciaram seu estrangeirismo. Uma caricatura de O Diabo a Quatro, em agosto, apresentava "o menino britânico" no colo de Vila Bela. Os conservadores, em O Tempo, no dia 20, ironizaram o vexame do Código Civil não entregue ("o manuscrito") e apelidaram "Quincas, o belo, o formoso", de "candidato da pulseira". Foi ainda chamado de pedante, vagabundo, ocupado apenas em viajar e escrever dramas. A província se vingava do cosmopolita.

A hostilidade aberta veio dos partidários de Aprígio Guimarães, que organizaram, no teatro Santa Isabel, uma "sessão literária" em seu desagravo, em 11 de agosto. Aprígio presidiu os trabalhos e deu cartas de alforria, praxe em ocasiões festivas. Joaquim, acolhido no camarote do presidente da província, se inscreveu para falar. Foi posto no fim da lista. A certa altura, estudantes deram vivas à República. Joaquim quis retrucar, como em seus artigos de A Reforma, contra a "ilusão republicana". Foi calado por vozerio e banda de música. Em seu diário, registrou: "Sessão no teatro Santa Isabel — pateado". Seu início de discurso foi ridicularizado pelo *O Diabo a Quatro*: "Nhô Quim:/ Rim-Pim!/ Entrou.../ Falou.../ Tão ruim!/ Tão ruim!/ Qu'enfim.../ Tomou/ Um xô!/ xô!xô!/ Nhô Quim!".

Cogitara fazer um "meeting", no estilo dos vistos nos Estados Unidos. Desistiu. Mas, altaneiro, não acusou o golpe: "Perante o eleitorado político do Recife compareço sem constrangimento". O panfletismo juvenil, de crítica, era sua única bagagem. Agora precisava de palavras de apelo. Não as inventou. Acolheu a fórmula convencional em sua primeira circular eleitoral, redigida ainda no navio, a 7 de agosto. Apelava para os correligionários, exortando-os a não serem "intolerantes e injustos" a ponto de "proscrever sistematicamente aqueles pernambucanos que lutaram pelo partido fora da província". Não era o seu caso, mas era o do pai: "Meu programa [...] está feito e assinado pelos nossos chefes do Centro Liberal, Nabuco, Souza Franco, Zacarias, Furtado e Ottoni". E concluía: "Eu confio, senhores eleitores, que não recusareis os vossos votos, o que seria para mim um verdadeiro ostracismo".

Hilário mandava alento, como em 27 de agosto: "Meu caro Quinquim, [...] Apesar da guerra torpe que se moveu a V. aí, ainda há toda a esperança de V. obter um lugar [...]". Em nova circular eleitoral, de meia página, saída no *Jornal do Recife*, a 22 de agosto, reapresentou seu "humilde nome". "Pernambucano de origem, sou-o também de coração. [...]. Foi a nossa província que abriu a meu pai as portas do Parlamento. Se tiver a honra de receber o mesmo mandato que ele, não poderei desempenhá-lo com o mesmo brilho, mas hei de inspirar-me sempre no seu espírito".

Os jornais deram de ombro, ironizando as roupas e sobretudo a pulseira de ouro de Nabuco — "coisas de senhora".

Apesar da oposição de meio Recife, entrou na lista partidária — em último lugar. Vila Bela honrou a palavra dada, com 993 votos ganhos na "cabalagem" do interior da província. Virou deputado, informou o *Jornal do Recife*, de 28 de setembro: "Nabuquinho está contente/ Porque sempre conseguiu/ Falando inglês tão-somente".

Melhor sorte que o resto do clã. Embora muito prestativos, os amigos de Nabuco de Araújo tinham cada qual sua cota própria de filhos e afilhados a defender. Octaviano prometeu, mas não mexeu uma palha por Sizenando e Hilário. O ministro Gaspar Silveira Martins fez campanha ostensiva contra eles, narra o cunhado, estarrecido, em 27 de agosto. "A mulher de Gaspar mandou chamar os chefes de todas as paróquias e prometeu-lhes tudo o que a cupidez desses espectadores pode sonhar". Sizenando teve 53 votos apenas.

Joaquim não podia lamentar a sorte em casa, o fez a Penedo em 12 de setembro: "Eis-me afinal eleito deputado. Ao entrar na vida política sinto-me antes triste e desanimado do que alegre e cheio de esperança. Preferia achar-me descansado [...], gozando da excelente companhia de sua casa". Partiu sem humores de comemoração, enquanto *O Diabo a Quatro*, em 16 de setembro, insistia na assuada:

> Lá se foi o Nabuquinho,
> Lá se foi Nabuco amado;
> E... nem sequer "adeusinho!"
> E... nem sequer "obrigado!"

INDECISÕES

Esse 1878 fechou com opacidade uma juventude cintilante. Ano de aprendizado. Viu-se desprezado por aduladores do pai, vaiado por correligionários. Teve de fazer reverências, pedir favores, reconhecer superioridades.

Pessoalmente, a crueza do processo eleitoral foi uma hecatombe. No fim do ano, arriou, pego pela segunda febre tifóide. Sob o pretexto de tratar dela se refugiou com o velho Julião, em Palmeiras, praia meio deserta. Fugia do Parlamento, onde recepção calorosa não o esperava, e da casa paterna, onde se lamentavam as derrotas do resto dos Nabuco. E o luto — a etiqueta mandava guardar um ano — fechava ao dândi seus salões.

Na solidão, deu vazão a sentimentos represados na lida eleitoral: raiva, desânimo, exasperação com as corriolas. Seu caráter altivo não conjuminava com o jogo baixo. Sabia, contudo, que as carreiras se faziam acomodando os princípios às circunstâncias. Por isso, antes de entrar no Parlamento, cogitou desistir dele.

Mas como? Amealhava dívidas, não pagava — "na espera de melhor câmbio" — nem a assinatura dos jornais ingleses que Penedo enviava. Correa aconselharia, em 23 de janeiro de 1880: "Case com alguma rica fazendeira e então tudo lhe será facílimo". Sancho dera o exemplo, constituindo num único ato família e patrimônio. Para um mancebo garboso, não custaria carregar ao altar uma portentosa herdeira. A única que interessava, porém, estava cada vez mais longínqua. Enquanto Joaquim se encaminhava para a profissionalização como político, Eufrásia desabrochava como mulher de negócios.

Depositou seus 14 mil contos no Bank of London & South América Ltd. Em Londres, conheceu os Rothschild e se associou a eles em ações beneméritas e transações de papéis. Começou a jogar na bolsa. Rapidamente se embrenhou no mercado de títulos e passou a operar ela própria, comprando e vendendo ações não só em Paris, mas sobretudo na pátria do capitalismo do século XIX, que era Londres. Pelos jornais, pelo telégrafo, estava atenta à movimentação financeira mundial, de que era analista perspicaz, como prova sua extensa correspondência com banqueiros. Diversificava investimentos e ousava, com negócios de vulto, nas capitais européias, em Tóquio e na África. Tomou gosto pela coisa e, ao longo da década de 1880, duplicou seu patrimônio.

Com o afinco com que ganhava, gastava. Tinha modelos exclusivos dos estilistas de renome, como Jacques Doucet, e ficou cativa do inglês Charles Frederic Worth, que inventava a alta-costura e punha as aristocratas em polvorosa. Eufrásia amava os chapéus, e a criada Cecília revelou a Catharino que, quando ela ia às "reuniões com a alta aristocracia francesa, ficava trancada [...] durante cerca de duas horas para que fossem costuradas na roupa e nos cabelos as valiosíssimas jóias que possuía [...]". Os parisienses a chamavam "dama dos diamantes negros".

Exibia nos salões sua beleza e suas sólidas opiniões sobre política e economia. Avançava rumo à profissionalização capitalista e à estabilização social como grande senhora. Também lhe convinha casar. Era admirada e cortejada. Mas, ao que parece, só se interessava em desposar o antigo noivo.

Ele cogitava ir à Europa. O pretexto era imprimir *L'Option*, mas a literatura lhe fechou as portas. A *Revista dos Dois Mundos* não aceitou seu drama. Com Eufrásia, não sobraram cartas desses anos, mas o fato de ela ficar milionária enquanto ele se endividava dificultava mais o casamento.

Não querendo dinheiro pela aliança matrimonial, nem se dobrar às miudezas da política, restava a diplomacia. Hilário pediu a Vila Bela uma promoção e a prorrogação da licença com que viera ao Brasil. Em 20 de dezembro, dava o resultado; Vila Bela afirmou "não ter precedentes uma promoção sem vaga". Já garantira o deputado, nada faria pelo adido.

Em 18 de outubro, Sancho o animava à política: "Deves a ti mesmo e ao nome que trazes [...], ser tudo que neste país se pode ser". Na família, não se esperava outra coisa. Brigados com Sinimbu, os Nabuco buscaram amparo em d. Pedro: "É, pois, possível que o Sizenando obtenha agora uma compensação da derrota política", contava Hilário, em 20 de dezembro, pois, explicara em 9 de setembro, "até o imperador [...] achou admirável que os liberais [...] incluindo tanta gente, excluíram o filho do meu grande chefe". Sizenando tentava ser professor de filosofia no Pedro II ou tabelião de hipotecas. Tivesse ele sido eleito, e Joaquim, derrotado, a história seria outra. O primogênito faria a carreira do Império, o caçula teria alvará para tornar à Europa. Mas coube a ele honrar o nome e ganhar o salário de seis contos no Parlamento.

Condoído de si, rendeu-se à política. Pediu a Penedo o envio da bagagem. O cunhado exortava, em 27 de agosto: "Meu caro Quinquim, [...]. Peço a V. que não desanime, [...], que marche de olhos fechados para a frente a ocupar o lugar a que o teu nome, os seus talentos, a sua energia e a sua mocidade reservam a V. na história deste país". A família o empurrava para a maioridade. O próprio apelido sumiria das cartas daí por diante.

Quando arribou da febre, tinha adquirido consciência, pela falta, de quanto capital social e político seu pai tivera de mobilizar para manter o status da família. Assentavam-se nele as constrições da nova situação socioeconômica e as regras do novo metiê. Deu fé, enfim, que sua herança era a política e nela morava seu futuro. Então vestiu uma roupa nova e foi ser o deputado Nabuco.

QUESTÕES DE FORMA

"Ah! Quem viu então!" "na tribuna, era como um Cruzado", "o fogo das pupilas, gestos da elevação elegante das grandes aves", "clara, alta e vibrante voz, soando como um clarim" — assim o estudante Graça Aranha fascinou-se pelo deputado Nabuco.

O Parlamento tinha sua etiqueta e guardava solenidade. "A mesa presidencial achava-se colocada sobre o alto estrado, em face das bancadas em hemiciclo, debaixo de majestoso docel, semelhante ao de um trono", lembrava-se Afonso Celso Jr. Os trabalhos eram cerimoniosos e os deputados se fardavam para a anual Fala do Trono. Dividiam-se por províncias e em facções, já que a corrupção eleitoral garantia as "câmaras unânimes" ao partido na chefia do gabinete. Apesar disso, conta Alfredo Taunay, "a posição de deputado era sobremaneira brilhante e invejada".

Nabuco foi atraído pelas liturgias do cargo. A teoria do medalhão de Machado de Assis não andava longe das regras consuetudinárias de atuação parlamentar: assiduidade, cair nas graças dos líderes e decorar o regimento. A estréia era decisiva. Já veterano, Taunay sugeria: "[...] discuta qualquer ponto que lhe pareça transgressão de disposição ou praxe parlamentar; se se achar com algum sangue-frio, finja indignação, levante a voz, faça calar o zunzum das conversas: isto produz logo bom efeito e dá certo gás à oratória dos calouros". Energia e autocontrole. Jamais levar desaforo para casa, mas muita violência podia ser desastroso. E um fracasso de início nunca mais se remendava.

Discurso "de menos de duas horas, não prestava", comenta Afonso Celso Jr. Citava-se sempre e muito: políticos estrangeiros e brasileiros mortos, clássicos da literatura e da filosofia, jornais e revistas, livros e documentos. Celebrava-se a retórica, seus exórdios e perorações, as frases de efeito. Os discursos eram teatrais, completados por gestos e dialogados, com apartes e manifestações da galeria — o público que, proibido de participar, participava religiosamente. Sangue-frio e desembaraço eram condição para não se perder o eixo.

Os grandes parlamentares, como Zacarias de Góes e Bonifácio, o Moço, fizeram reputação por conta do talento cênico. Nessa área, Nabuco de Araújo fora um apagado. Falava sentado, monocórdio, cerebrino. O filho não o secundaria. Os salões o formaram para o Parlamento. Chegou vistoso, de terno claro, sapato inglês, pulseira de ouro e chapéu de palha. Não podia ser maior o contraste com as sobrecasacas pretas e as cartolas dominantes no recinto. A contestação estética gerou piadas e insinuações sobre as preferências sexuais do novo deputado. Mas surtiu o efeito que fazia nas festas: não puderam ignorá-lo.

Perdera vinte sessões, inclusive o debate solene da fala do trono e a momentosa apresentação da agenda do gabinete. Na sessão de 13 de fevereiro, sobre a lei de locação de serviços, baseada em projeto de seu pai, chegou atrasado. Nas quatro seguintes, não abriu a boca. Em 19 de fevereiro engatou para não mais parar: 31 discursos, quatro interpelações, cinco requerimentos, cinco questões de ordem. Nas 232 sessões parlamentares de 1879, tomou a palavra 87 vezes. Nada mau para um estreante.

Seu magnetismo pessoal foi reconhecido pelos pares, conta Afonso Celso Jr., desde sua primeira vez na tribuna: "[...] olhos magníficos, expressão, a um tempo, meiga e viril, nobre conjunto de força e graça, delicado gigante [...], desses que a natureza parece fabricar para modelo, com cuidado e amor".

Dominou o cânon. A fala enfeitada era o "plus ultra", marca de excelência. A geração 1870 quebrava esse padrão, adotando a linguagem nova da "política científica". Nabuco ficou na transição entre os dois estilos. Usava novidades e polia a tradição. Explorando o tom e a cadência, auferia efeitos novos de fórmulas surradas, do classicismo, da mitologia e da história religiosa. Incorporou o rococó do tempo: figuras de linguagem, torneios retóricos, e abusava de alegorias e metáforas. Ao criticar o poder pessoal em 4 de julho, por exemplo, disse: "Esse trono que é a fonte de todo o poder entre nós, é muito parecido com a figura mitológica do deus Jano [...] que tem em uma das mãos a chave que abre e fecha tudo".

Desenvolveu uma estrutura para seus discursos. Abrasava os ouvintes com apelos aos sentimentos ou à moral. Ganhava atenção total. Historiava o assunto, ia às discussões anteriores pelo legislativo e às opiniões de estadistas, mormente o pai. Referia façanhas de líderes europeus, Gladstone na Inglaterra, Gambetta na França, Bismarck, na Alemanha, Alexandre, na Rússia. Traçava paralelismos com a história antiga, a Europa, os Estados Unidos e, vez ou outra, o resto das Américas. Com parcimônia, mencionava estatísticas — a que não era muito afeito. Entendera a regra, que enunciou em 7 de agosto: "É preciso que se cite, é preciso que o que se diz, ainda que seja claro como a luz do sol, se apóie em alguma autoridade acatada [...]". Daí se abria para apartes. Por fim retomava as rédeas. Declarando-se "fatigado", calava o plenário. Num crescendo dramático, galopava as palavras até o final grandiloqüente, numa hipérbole. Quando acabava, tinha o público rendido, pronto para o aplauso.

"Eloqüência das mais perfeitas", julgou José Veríssimo. Esse domínio imediato da tribuna o destacou na leva de estreantes. Rui Barbosa, por exemplo, era erudito, mas fazia dormitar a audiência. Apreciado, Nabuco começou a apreciar a vida de deputado. Ainda mais em companhia de Sancho e Rodolfo e de novos amigos, seus arcanjos na década seguinte, Joaquim Serra, jornalista maranhense, conhecido no jornal *A Reforma*, José Mariano Carneiro da Cunha, editor de *A Província*, do Recife, Marcolino Moura, da Bahia, Gusmão Lobo, do *Jornal do Comércio*. Ia com gosto à Câmara: "Não há deputado mais assíduo do que eu [...]; volta-se para casa com a cabeça cheia do que se viu, ouviu, ou fez [...]", contava a Penedo, em 8 de maio.

Formava opiniões nos assuntos frios: iluminação pública; criação de cavalos; matadouros; abertura de estradas de ferro; qualidade dos navios; contratos para limpeza das ruas; sociedades anônimas; orçamento das forças armadas, conflitos na Escola Politécnica. Falou seis vezes sobre o regimento interno da Câmara, apresentou projeto para suspender o indulto a crimes cometidos em situações extremas e defendeu seu interesse, resistindo a projeto que extinguia algumas legações no estrangeiro. Elogiou seus protetores: o professor Homem de Mello, o barão de Penedo, endossando sua crítica aos bispos na questão religiosa; o barão de Vila Bela, a quem exprimiu "profunda gratidão" pelo "favor político". Homenagens ao pai eram diárias. Fez-se guardião de sua memória, revirando atas em busca de argumentos dele, para repeti-los.

Treinava a embocadura, mas ainda se perdia em digressões e nos meandros da oratória. Jamais treinado para o trabalho metódico, não tinha a disciplina de tomar notas para os discursos. A forma e o conteúdo às vezes brigavam, e não vencia os apartes. Sabia pouco das questões substantivas. Então estudou. As obras dos políticos do Império, os anais do Parlamento e do conselho de Estado viraram leitura de cabeceira. Fez contatos políticos, apurou o estilo. Aluno mediano na escola, fez devidamente a lição de casa na política.

Nabuco de Araújo tinha um herdeiro. Bela figura empertigada no alto da tribuna. Nesse primeiro ano de deputado, assenhoreou-se de sua herança política. Temperou as idéias do pai — desde aí um alter ego — com seu talento para o palco e um desejo de encantar que efetivamente encantava. Era inteligente, culto, persuasivo — até os inimigos admitiam. O porte e a voz, a simpatia e os gestos, os contemporâneos identificaram de diversas maneiras a raiz do carisma que transformou o dândi Quincas num político respeitável em 1879. Talvez sua vanglória ampliasse demais essas qualidades, mas o fato é que as possuía. Seu amigo Rodolfo disse então que ele herdara do inflamado Bonifácio, o Moço, o coração do público.

VENDETA

Na ausência do pai, Nabuco recebeu, em 7 de novembro de 1878, conselhos do padrinho Penedo às portas do Parlamento: "Eis uma nova era que começa [...]. Não pense mais [...] nas traições, ingratidões e resistências que V. encontrou para a eleição. [...]. Ao encetar uma carreira como a política cheia de dificuldades, de emulações e invejas nada há pior do que olhar para trás!".
Não pôde ouvi-lo. A educação recebida, seu senso moral e a tradição aristocrática o obrigavam a honrar o nome. Tinha dívidas de sangue a acertar com Sinimbu. Assim, embora o governo fosse de seu partido, respondeu a Penedo, em 8 de maio de 1879: "Estou na oposição".

Encontrou andando a agenda política aberta na década de 1860: modernização econômica e reforma política. No gabinete Rio Branco, os conservadores moderados tinham enfrentado o primeiro tópico, com investimentos na infra-estrutura para a expansão econômica e, no pacote, aprovaram a Lei do Ventre Livre. Mudanças no sistema político, visando garantir a competição eleitoral e a representação das minorias, eram o pilar da plataforma liberal, parcialmente atendida pela Lei do Terço, de 1875, que não extinguira a possibilidade de o governo manejar resultados eleitorais. Daí por que continuava a grita por reforma eleitoral.

Sinimbu tinha posições moderadas nas duas questões. Para substituir a escravidão, chamada pelo eufemismo "questão servil", defendia um sucedâneo: imigração chinesa em massa em regime de semi-servidão — proposta corrente no meio político e implantada no Peru. Já sua reforma eleitoral restringia o eleitorado, excluindo analfabetos e votantes de baixa renda. Como era mudança de vulto, Sinimbu pensava, como o imperador, em fazê-la por reforma constitucional. Uma Constituinte tinha a vantagem de manter os debates na

Câmara temporária, a dos deputados, sem dar satisfações à vitalícia, o Senado, onde os conservadores eram maioria.

Ambos os projetos motivaram dissidência. Agigantavam-se novos líderes liberais, como Saraiva e Dantas, divididos entre reformar por lei ordinária ou por Constituinte. Os liberais radicais malhavam o gabinete, defendendo a primeira alternativa. Mesmo em casa, o presidente do conselho tinha problemas. Dois de seus ministros, Silveira Martins e Vila Bela, queriam incluir a elegibilidade dos não-católicos na reforma eleitoral, ponto em que Sinimbu não contava tocar. Contra a Constituinte, Bonifácio, o Moço, fez um discurso arrasa-quarteirão, abrindo a primeira sangria desatada do gabinete.

Nabuco não se aventurou no duelo dos titãs. Começou pelas frentes secundárias do programa ministerial. Falou duas vezes sobre reforma judiciária. Na do ensino, eivado do espírito científico de sua geração, defendeu autonomia para as faculdades estatais e uma carreira para o ensino, apartada da política. Seu liberalismo econômico apareceu no combate ao pacote de novos impostos, à política cambial e emissionista do gabinete. Defendeu o equilíbrio fiscal por 24 vezes em 1879.

Nos debates sobre a secularização do Estado, começou o revide dos Nabuco a Sinimbu. A discussão tinha relevo num império católico, por bloquear candidaturas de membros de outras seitas, bem como afastar a imigração de protestantes europeus. Nessa conversa, Vila Bela era soldado raso e Saldanha Marinho, general. Nabuco se alistou. Como toda a sua geração, queria, além de liberdade de culto e direitos para os não-católicos, separar religião e Estado, secularizando o ensino e os registros de nascimento, casamento e óbito, e suprimindo o juramento católico dos deputados. Era o programa do Clube da Reforma, que defendeu nas cinco vezes em que tratou do assunto. Em 30 de setembro, atacou a Igreja católica como instituição, apontando sua intolerância e sua política de restrição da liberdade de crença. E causou furor ao propor repetidamente a taxação sobre os conventos.

Não eram idéias novas. Deputados experimentados denunciavam o novato e se divertiam em impertinências com ele. Já na estréia, sofreu um calor do plenário: apartes e chacotas. Cochichavam sobre suas roupas e a brilhantina nos bigodes. Viram nele um presunçoso, pronto a mencionar lugares e notabilidades que conhecera no estrangeiro. Reconheciam sua eloqüência, mas julgavam que não atinava para a substância do que se discutia, conforme exprimiu César Zama, em 19 de fevereiro: "Muito bom, mas não conhece o país que habita. (oh!oh!)".

No genuíno coração da pauta, a hiperinflação de discursos fechava espaço. Os liberais se dividiam quanto ao grau de limitação do Poder Moderador, eletividade ou não do Senado e, sobretudo, quanto ao direito de voto. Nesse quesito, não havia unanimidade em parte alguma. Sinimbu, como Stuart Mill, defendia o "regime de capacidades": o eleitor ideal era proprietário e alfabetizado, dotado assim de independência econômica e intelectual para formar opiniões. Seu projeto de eleições diretas excluía o estrato mais baixo do eleitorado: os analfabetos, agregados e dependentes, que eram até então "votantes", isto é, habilitados a eleger os "eleitores", com renda mínima ou propriedades para se candidatarem e votarem nos deputados. A regra nova resolvia o problema endêmico das fraudes, suprimindo os votantes. Assim, dizia-se, se restringiria a força do voto rural, eliminando os "fósforos" (eleitores fantasmas), e a "cabalagem", os inúmeros macetes para falsificação de resultados. Para outros poucos, e Nabuco se alinhou com eles, a exclusão contrariava o espírito do liberalismo: "[...] esse projeto vai tirar o primeiro dos direitos do cidadão brasileiro, o direito de voto", disse em 22 de abril. O país andava — prosseguiu — de costas para a civilização. Na França o bloqueio à participação popular desandara em revolução, enquanto a monarquia inglesa garantira sua estabilidade com a ampliação gradual do eleitorado. Num discurso de improviso, em 27 de maio, por ausência dos grandes oradores da oposição, Nabuco defendeu a transformação de todos os votantes em eleitores. Era a "generalização" do sufrágio, pois mulheres, escravos e gente sem renda contavam-se fora: "Não estamos hoje no terreno do sufrágio universal". Ainda assim era a extrema esquerda no Parlamento, como se vê pelo tom inflamado contra a "reforma aristocrática censitária", para delírio da platéia: "[...] vós tendes confiança no censo, [...] temos esperança no povo. (Bravos das galerias)".

De mal do ministério, Nabuco tinha as mãos atadas para propor, daí se especializar em obstruir. Aprendeu todos os macetes de um oposicionista para azucrinar a vida do governo. Pedia a palavra sem estar inscrito. Fazia objeções regimentais, propunha ampliar as prerrogativas da minoria e, em questões impopulares, como nos impostos, transformar o voto secreto em nominal, para constranger os governistas. Nas votações, pedia extensão do prazo para debate ou verificação de quórum. Não as obtendo, discutia com o presidente da mesa. Quando outros oposicionistas se atrasavam, tomava a palavra para manter a sessão aberta. Fez, em decorrência, alguns discursos sem eixo, repetitivos, alongados até a chegada dos aliados ao plenário. Em todas essas técnicas, se mirava nos parlamentares ingleses do momento.

Tais artimanhas irritavam os ministros e o presidente da mesa, Moreira Barros. Afonso Celso Jr. se lembra dele como um baixinho dado a rompantes, que "não ficava quieto um momento, interrompendo freqüentemente os oradores". Calar Nabuco era uma proeza. Quando tentavam coibir suas digressões, ele crescia teatralmente, bradando pelo direito à expressão. Em questões de relevo, seu tom era dramático; nas de pouca monta, engraçadinho, ridicularizando o governo. Sua estratégia mais ousada era a interpelação aos ministros. Era um debate a dois, que líderes reivindicavam em situações solenes. Nabuco usou o recurso para importunar o ministro do Império, Leôncio de Carvalho, membro de sua geração, em doze discursos. Depois de metralhar seu projeto de reforma do ensino, o que Nabuco não fez sozinho, mas de que também não foi coadjuvante, o ministro se demitiu. Nabuco então foi à tribuna saudá-lo por abandonar Sinimbu e convidá-lo a engrossar a oposição. Nessas diatribes, fazia alianças circunstanciais, tanto à esquerda, com os republicanos da casa, como Saldanha Marinho, quanto com a direita liberal, em dupla com Martinho Campos na tarefa de levar os governistas a perderem a cabeça.

Essas táticas lhe deram nomeada e apreço do público. Em fins de maio, ganhou seus primeiros vivas dos assistentes. Moreira Barros, em represália, mandou policiais à paisana identificá-los e prendê-los.

Já treinado nos ardis da casa, foi combater o gabinete na outra metade de sua pauta, a questão do trabalho. Em meio aos debates da reforma eleitoral, em março de 1879, decidiu se concentrar na "questão servil".

Não iniciava a conversa. A emancipação dos escravos era idéia tão velha quanto a nação, como os textos de José Bonifácio provam. Viera à agenda política duas vezes no Segundo Reinado. A Lei Eusébio de Queirós secara a fonte, impedindo a entrada de africanos no país. Nos anos 1860, voltou ao debate para não mais sair, fermentada pelo dominó abolicionista internacional. Colônias portuguesas, francesas e dinamarquesas tinham libertado seus escravos. A guerra civil nos Estados Unidos tivera o mesmo resultado, e a servidão na Rússia se extinguiu em 1861. O imperador, assolado por manifesto de pensadores franceses, em 1867, declarara que a abolição era mera "questão de forma e de oportunidade". Nessa década, havia vários emancipacionistas graduais no Conselho de Estado, caso de Nabuco de Araújo, que, emendando propostas de São Vicente, defendera o nascimento livre, um fundo para manumissões anuais e a servidão de gleba: os libertos se restringiriam às zonas rurais, obrigados a trabalhar para seus antigos donos, deixando as cidades para os imigrantes. Havia posições mais extremadas, como a de Montezuma, que propôs a abolição total da escravatura dentro de quinze anos e sem indenização. Tavares Bastos, em 1866, apresentou projeto de libertação dos escravos do governo e a concessão de terras, equipamento e gado. Depois propôs um imposto territorial visando à divisão da grande propriedade agrícola. O Manifesto do Centro Liberal, de 1869, também falava, mais vagamente, de alforria gradual. Os efeitos da imigração de famílias de colonos ou de proletários avulsos para a lavoura também tinham sido exaustivamente discutidos. Os discursos emancipacionistas eram tradicionalmente dos liberais, mas o passo foi dos conservadores moderados, que fizeram o Ventre Livre, em 1871, acabando com a reprodução da escravaria. O resultado foi a ira dos conservadores emperrados e o levante de uma ala liberal. Por isso mesmo, os gabinetes seguintes gastaram-se em acomodações, sem mexer muito em nada.

A retomada da questão no Parlamento aconteceu pouco depois da lei espanhola marcando para 1880 a abolição em Cuba. Sob essa inspiração, um deputado meio obscuro, Jerônimo Sodré, professor da Faculdade de Medicina da Bahia, proclamou, em 5 de março de 1879: "A sociedade brasileira encontra-se sobre um vulcão. [...] apelo para a extinção total e rápida da escravatura".

Sinimbu pensava doutra maneira. Queria trocar a escravidão dos africanos pela servidão voluntária dos chineses. Uma forma de perpetuar a exploração extrema da mão-de-obra sob um regime de liberdade formal. Tinha contra si metade dos liberais e quase toda a opinião pública da corte.

Esse cenário estava montado, quando Nabuco entrou em cena, em 22 de março. Sinimbu viera à Câmara para discutir o orçamento. Nabuco falou da questão servil. Criticou a atração de imigrantes chineses, prova do compromisso do gabinete com a grande propriedade agrícola. Retomou teses dos liberais radicais, propondo proibição do tráfico interprovincial de escravos e criação de imposto territorial sobre as propriedades nas margens das estradas de ferro para cedê-las à imigração espontânea de colonização. Defendeu a aplicação do Fundo de Emancipação, criado com o Ventre Livre e nunca posto em prática. Alertou para os efeitos da escravidão sobre a opinião pública internacional, citando a Anti-Slavery Society inglesa, e para o desdobramento da questão nos Estados Unidos em guerra civil, requentando o clássico argumento da elite imperial da reforma moderada como meio de evitar a explosão dos conflitos. Seu fulcro era a emancipação gradual e indenizada dos escravos. Nisso tudo seguia o pai: "O Senador Nabuco [...] sem querer a emancipação imediata [...] entendia que o partido liberal devia apressar pelos meios ao seu alcance, sem abalo, e sem transtorno, o dia da emancipação [...]".

O chefe de gabinete respondeu secamente, encerrando o debate: "Declaro ao nobre deputado que [...] por minha parte, não concorreria para que se apressasse este termo fatal".

Nabuco voltou à carga em 14 de abril, numa crítica ao conjunto do programa do ministério. Em 10 de setembro, detalhou suas objeções. A preponderância de chineses traria os males de uma civilização decadente, a "mongolização" do país, acachapando a influência desejável, a da modernidade européia. Os debates sobre raça e cultura não tinham ainda se apartado nessa hora e Nabuco tratava a miscigenação como sobreposição de fenótipos e estilos de vida. O argumento de fundo é que a imigração chinesa era a camuflagem para manter a escravidão sob nova base racial: "[...] teremos promovido um verdadeiro tráfico de asiáticos para constituir, no meio da escravatura existente, uma escravidão pior que a dos africanos".

Em 8 de outubro, reiterou tudo isso. Já então uma "missão" do gabinete à China negociava a vinda de imigrantes. Nabuco descreveu incidentes em Cuba, no Peru, na Califórnia e na Austrália, lugares de grande afluência de chineses, como prova de incompatibilidade cultural. Reapresentou idéia muito ventilada nos anos 1860, e aplicada na Rússia, "tornando a escravidão em uma espécie de colonato, vinculando os escravos atuais ao solo, tornando-o meramente um servo da gleba, durante a transição que seria curta [...]". Era o projeto do pai. Conclamava os fazendeiros a encampá-lo: "Por que não hão de ser esses negros aproveitados durante o regime de liberdade, como o foram durante o do cativeiro? [...] Eles lá ficariam nas fazendas [...]". Atingiriam o status de cidadãos plenos quando "[...] tiverem um salário eqüitativo nas fazendas, quando formarem uma família tão legítima como a do branco, quando vierem os filhos educados e iguais perante a lei, quando tiverem uma pequena propriedade".

A pequena propriedade se faria pelo imposto territorial e atrairia imigrantes com pecúlio próprio. Nada para já. Respeitava a propriedade constituída, admitindo, em 22 de março, a indenização dos proprietários de escravos: "[...] a emancipação imediata seria a suspensão repentina de todo o trabalho no país, o estancamento de todas as nossas fontes de renda, mas, por outro lado, quero que fique bem claro o meu protesto, de que não acompanho o movimento para fazer a emancipação recuar num passo".

Tratou da escravidão também motivado por denúncia. Em 26 de agosto, chegou-lhe notícia sobre a Companhia do Morro Velho, empresa de mineração de capital inglês, instalada em São João Del Rei. O contrato de concessão, de 1858, rezava que os 385 escravos empregados nas minas seriam libertados depois de catorze anos de trabalho. O prazo expirara há sete. Nabuco pediu ao governo a libertação dos cerca de duzentos sobreviventes e a punição dos infratores da lei. A repercussão no Parlamento foi mixa. No fim de setembro, reclamou da falta de providências. Contudo, ao abraçar esse caso, mudaria sua trajetória. Envolvendo a maior potência econômica oitocentista, o episódio reverberou para o exterior. Noticiado na *Revue des Deux Mondes* e no *The Rio News*. Deu notoriedade a Nabuco em Londres. A British and Foreign Anti-Slavery Society agradeceu seus esforços, em 14 de fevereiro de 1880. Ele respondeu, lisonjeado. Desde aí nunca mais cessou sua relação com os abolicionistas ingleses.

Nessa primeira incursão pelo tema que o consagraria, Nabuco estava longe do radicalismo. Andava mesmo atrás de parte de sua geração, que falava em abolição imediata e sem indenização. Sua posição era de centro-esquerda. Arrojada para o Parlamento, mas moderada diante da grita da nova opinião pública. Era um moderado. Digno continuador de seu pai.

Os amigos de Nabuco de Araújo se orgulharam por ele. Reconhecendo o empenho do filho em secundá-lo e vingá-lo. O pai teria talvez transigido aqui e ali com Sinimbu. O filho jamais o fez. Seu primeiro ano como deputado foi todo dedicado a espicaçar o gabinete.

A vendeta era insuficiente para mantê-lo deputado. "A experiência que fiz da política desgostou-me profundamente desta vida; só tenho um desejo apenas entrado é o de sair", lamentou-se a Penedo, em 8 de outubro. No encerramento do ano legislativo, estava entediado com a rotina parlamentar e com a vida social provinciana. Pedia a Penedo melhor posição na Inglaterra.

Alçado ao posto de pai substituto, que com gosto aceitou, Penedo tentava era garantir-lhe o lugar que tinha, periclitante com seus golpes diários ao gabinete. Em 23 de novembro disse-lhe que tivera de escrever ao governo, "dizendo-lhe quanto desejado era que V. aqui ficasse nesta Legação". A postura parlamentar de Nabuco e o emprego como adido eram incompatíveis. Se isso não era óbvio para ele, não passou despercebido ao chefe do gabinete: "[...] Sinimbu propôs, em despacho, a minha demissão ao Imperador e só não a lavrou porque este lhe fez algumas objeções" — contaria a Homem de Mello, já em 28 de novembro de 1882.

Nabuco não estava sozinho. A independência, quando não a oposição, a Sinimbu caracterizou a atuação parlamentar de metade dos liberais. O gabinete perdeu ministros. A saída mais estrepitosa foi a de Silveira Martins, insatisfeito com o encaminhamento da elegibilidade dos católicos. Vila Bela se retirara cedo, com menos alarde e por razões similares. Leôncio de Carvalho sucumbira com sua reforma do ensino. A oposição na Câmara foi se tornando barulhenta. No Senado nunca houvera apoio sólido. De maneira que Sinimbu contou com uma oposição que ultrapassava em força e reputação o filho de Nabuco de Araújo. Mas ele seguramente contribuiu para a desmoralização do gabinete.

A gota d'água foi o imposto de um vintém sobre a passagem de bonde, com que Sinimbu tentava sanar as sangrias financeiras do estado. A população da corte, insuflada pela imprensa oposicionista, saiu arrancando trilhos e enfrentando a polícia. A desordem pública nocauteou Sinimbu, que caiu como as laranjas maduras.

Nabuco festejou fazendo o epitáfio do ministério: "Soube morrer o que viver não soube". Mas a vingança tinha preço. Vila Bela morreu em 1879 e, com ele, a única ponte de Nabuco com o partido. Ao bater-se frontalmente contra o chefe de gabinete, estabeleceu ruptura sem volta. Antes que Sinimbu caísse, achou que lhe daria a demissão do posto de adido. Adiantou-se, pedindo-a, em 23 de dezembro de 1879. Lavar a honra custou o emprego.

OPORTUNIDADE

No início de 1880 subiu Antônio Saraiva, o grande nome liberal da década final do Império. Influente em seu partido, respeitado pelo adversário, convidado pelo imperador a assumir o poder em todas as crises. "Saraiva", descreve Afonso Celso Jr., "possuía o dom supremo, [...] o dom da autoridade. Sabia inspirar confiança e dedicações. Achavam tão natural que ele mandasse, que obedecer-lhe não diminuía a ninguém."

Do alto dessa reputação, desatou o nó da reforma eleitoral. Optou por fazê-la sem reforma constitucional e rebaixar pela metade os quatrocentos réis de renda exigidos por Sinimbu para a qualificação do eleitor e ceder voto para os não-católicos e estrangeiros naturalizados. Assim converteu a oposição a Sinimbu em base situacionista.

Os liberais se pacificaram. Nabuco dentre eles. Correu até que seria chamado para o Ministério de Estrangeiros. Era improvável, mas ficou lisonjeado. No novo debate da reforma eleitoral, comemorou a inclusão da elegibilidade dos não-católicos, que o deixava "felizmente desembaraçado" para apoiar Saraiva. Mas, em 7 de junho, criticou as restrições do eleitorado, por renda ou escolaridade, que tinham caído na gíria política como censos "pecuniário" e "literário": "Ficar-se-há colocado entre duas aristocracias: a dos títulos e a do capital; o eleitorado será muito pequeno". Mas não fez barulho, contentou-se com a simplificação do alistamento eleitoral, exigindo-se somente comprovação do pagamento de aluguel de cem réis anuais ou de ter sido votante em eleição anterior. E se persuadiu de que o projeto de Saraiva não era ótimo, mas era "a aproximação de um ideal", disse em 18 de maio. Sossegara porque o demônio familiar Sinimbu estava afastado, seu protetor Homem de Mello era ministro do Império e os liberais estavam mais coesos, sem espaço para dissidências escancaradas. Havia uma razão pessoal para abrandar a verve: quando Saraiva chamasse eleições, o retorno à Câmara, aprendera no ano anterior, dependeria de seu beneplácito. As graças do chefe de gabinete renderam benefícios: virou relator da Comissão de Diplomacia, em maio de 1880. Posição influente na indicação de terceiros e facilitadora de sua recolocação em posição melhor que a de adido. Um tino de sobrevivência política germinava em Nabuco.

A Câmara, depois que a eleição direta seguiu para o Senado, ficou sem agenda, às moscas. Nabuco aproveitou para dominar a tribuna com questões perfunctórias e aparecer no Diário Oficial. Seus discursos se sofisticaram. Apurou o uso de citações e imagens. Sempre mencionando o pai, fez o necrológio de um colega de faculdade, defendeu pensão para órfãs de oficiais da Marinha e se opôs à subvenção estatal aos vapores da linha Brasil-Estados Unidos e ao monopólio do barão de Capanema na venda de veneno contra as saúvas. A intervenção do Estado, dizia, devia se restringir à promoção das condições jurídico-políticas para os negócios, nunca ir aos negócios eles mesmos. Contraditoriamente, combateu a privatização da administração do Passeio Público da corte. Discutiu o orçamento da agricultura, voltou à reforma do ensino e propôs moção para incluir a Câmara nas comemorações do terceiro centenário de Camões.

Estava politicamente confortável. Sua atuação vinha sendo louvada e o encaminhava para a carreira convencional: novo mandato de deputado, presidência de província pequena, um ministério. Todavia, para vôos altos, o Senado, a chefia de gabinete, o conselho de Estado, era preciso se diferenciar. Nabuco sabia, tendo acompanhado o pai, que se especializar num assunto era o que garantia destaque e liderança. Assim fora com José Bonifácio, na Independência, com Eusébio de Queirós, contra o tráfico negreiro, com Tavares Bastos, pela autonomia das províncias. Cada um identificando a questão mais apta a galvanizar as atenções e dominar a agenda. Os "oportunistas", como Emile Littré, na França, e Teófilo Braga, em Portugal, e os "possibilistas", como Emílio Castellar, na Espanha, pregavam justamente isso. Evolucionistas à la Comte, viam os costumes precedendo as leis. As prioridades políticas deviam ser escolhidas não por seu valor em si, mas por suas chances de aceitação pela opinião pública. Toda a geração 1870 brasileira incorporou o oportunismo, hierarquizando a agenda. A maioria viu nas seguidas crises partidárias a oportunidade para mudar o regime de governo e priorizou a república. Formado pelo pai na convicção da supremacia da monarquia constitucional, Nabuco agarrou a outra questão oportuna, a abolição da escravidão. Avaliou que, efetivada a reforma eleitoral, ela voltaria com força. Vislumbrou aí a chance rara: assenhorear-se de uma bandeira.

Saraiva nem tocara na questão, que ia retornando ao seu habitual estado dormitivo, quando Nabuco a chamou para si em treze discursos. No primeiro, em 22 de abril, a reapresentou dramaticamente: "[...] uma grande desigualdade existe em nossa sociedade [...] nesse sol há uma grande mancha que o tolda, que ainda há escravos no Brasil". A escravidão, disse, punha o país na lanterninha da civilização, de par com a Turquia. Fez profissão de fé abolicionista: "[...] devo desde já anunciar o solene compromisso que tenho de, enquanto ocupar um lugar de representação nacional, procurar por todos os meios apressar a hora da emancipação dos escravos". Pedia a Saraiva que, se não endossasse o projeto, que ao menos "não ponha estorvos diante dele!".

Agia por vias heterodoxas. Problema dessa monta se discutia nas ante-salas do Senado e no conselho de Estado, não na tribuna da Câmara. O desmazelo com a hierarquia, sangue das sociedades aristocráticas, o privou da possibilidade, ainda que remota, de influenciar Saraiva na surdina.

Martinho Campos, líder da maioria e fazendeiro, retrucou que Nabuco era irresponsável e inconveniente, levantando assunto tão melindroso, sem ter "meios de dar fim à escravidão". Na imprensa, artigos anônimos — provavelmente do deputado Freitas Coutinho — o caracterizaram como "incendiário". Incomodaram-se os proprietários, sustentáculo dos partidos.

Saraiva "não cogitava" falar nisso. Seria outro trauma nos partidos combalidos pela defecção republicana e pelo Ventre Livre. Evitar o debate era a maneira usual de postergar reformas. As bases do Segundo Reinado se preservaram enquanto estiveram inominadas — sua força dependendo de sua invisibilidade. Por isso mesmo, Nabuco insistiu, em 18 de maio de 1880, em pôr a escravidão na agenda: "[...] assim como o nobre presidente do conselho está no seu papel de governo dizendo: o governo por ora não cogita desta idéia, eu também estou no meu papel de liberal promovendo dentro do partido a formação de uma consciência emancipadora".

No teor era moderado. Extinguia a escravidão em uma década. Mas o tom ficou exaltado, quando se adensaram os antagonistas. "Acaso ninguém está comigo?" Contra a maioria da Câmara e o gabinete, evocou, em 18 de maio, São Vicente, Souza Franco e seu pai: "É possível que os vivos não me acompanhem; mas acompanham-me os mortos". Recebeu, registram os anais, "estrondosa e prolongada salva de palmas".

Saraiva respondeu que a abolição era consenso nacional. O dissenso estava na "oportunidade". Em questão grave, "o governo tem a obrigação de não agitá-la, de não dizer que vai resolver hoje ou amanhã, porque o governo deve dizê-lo somente no momento em que tiver de fazê-lo". Elencava então seus efeitos maléficos — a desorganização do trabalho, a baixa da arrecadação, a perda de crédito internacional. E ponto final.

Insistir era romper com o gabinete e sacrificar a reeleição. Nabuco bem sabia. Declarou-se "membro independente do partido liberal", mas aguardou a sanção da reforma eleitoral para, três meses mais tarde, voltar à carga. Em 10 de agosto, propôs um "acordo de todos" em torno de "medidas indiretas, que, sem ofender o atual uti possidetis sejam grandes medidas emancipadoras". Disse que a abolição era programa do Partido Liberal e ressuscitou a idéia da servidão de gleba e o projeto dos liberais radicais de acabar com o tráfico de escravos entre as províncias. Fez propostas originais. Umas eram simbólicas: títulos de nobreza aos proprietários que concedessem alforrias e proibição de anúncios de venda de escravos nos jornais. Outra incidia sobre a lógica da escravidão, como o fim da pena de açoites, principal instrumento de coação da ordem escravista. Ainda reclamou providências para o caso Morro Velho e pediu lisura no uso do Fundo de Emancipação — gasto para tapar déficits.

Em geral moderado, não resistiu a um final de impacto: "Esta questão não deve ser resolvida sem os fazendeiros, e Deus permita que nunca seja resolvida contra eles, mas não pode ser resolvida só por fazendeiros. [...] Não! O Brasil é alguma coisa mais do que grande mercado de café!". Assim abriu distância intransponível em relação ao governo e ao grosso dos eleitores, proprietários de terra e de escravos.

Os políticos eram, em graus variados, beneficiários do estado de coisas que criticavam: a fraude eleitoral, a economia escravista. Tinham em casa seus escravos de servir e, nas capelas, onde as eleições se faziam, seus escravos de votar. A abolição ameaçava um estilo de vida: iam erodir a maneira de reproduzir patrimônios e consolidar reputações.

Por isso, Nabuco se inspirava no líder do abolicionismo inglês, William Wilberforce: formar uma coalizão abolicionista na Câmara, gradualmente engrossada, até obter maioria. "O projeto não será convertido em lei esse ano, mas apresentado em todas as sessões [...]. crescendo cada vez em votos, ele triunfará ao final." Isso dizia, em 8 de abril, a Charles Allen, "daria tempo aos fazendeiros para se prepararem [...]. Eu sei que um período tão longo é um compromisso, mas é necessário".

Aproveitando o esvaziamento da Câmara, Nabuco apresentou, em 24 de agosto, um projeto de abolição gradual, com indenização. A data-limite seria 1º de janeiro de 1890. Declaradamente inspirado em propostas liberais anteriores, coibia o tráfico ilegal e fixava os escravos à terra. Era o mesmo que suprimir o mercado de escravos, o bom negócio dos decadentes donos de engenho do Norte, que vendiam para os afluentes cafeicultores do Oeste paulista. Praticamente abolia a escravidão urbana, ao proibir posse de cativos pelo Estado e extinguir o "escravo de ganho". Constrangia a escravidão doméstica, criando proteção social para escravos com mais de sessenta anos ou com doenças congênitas ou incuráveis. Proibia a separação entre mãe e filho até oito anos e previa domicílio próprio para a família escrava. Criava educação primária para os escravos, liberando-os do trabalho num dia da semana, e proibia castigos corporais. Ampliava o controle estatal sobre os proprietários, instituindo juntas de emancipação provinciais para fiscalizar o registro de escravos, a aplicação do Ventre Livre e administrar poupanças e sorteios anuais para alforria. Criava uma estatística pública anual da escravaria. Liberava a alforria compulsória por terceiros, desde que pago o preço do escravo, e previa subsídio do Estado a associações emancipadoras. Para financiar tudo isso, taxava conventos, contratos do governo e espólios sem herdeiros e criava o imposto territorial —idéia de Tavares Bastos— e outro sobre a renda proveniente de títulos da dívida pública. E, para não ser acusado de produzir o caos, punia fugas de escravos com dilatação do prazo para alforria.

A apresentação tinha um quê de arrojado. Rompia uma regra de ouro da política imperial: suplantava a liderança estabelecida. Rio Branco, autor do Ventre Livre, se tornara o maior reformador do Segundo Reinado já maduro, encimando uma carreira política longa e exitosa. Nabuco era um aspirante lançando-se no vácuo.

Pediu à Câmara urgência para a discussão da "completa extinção da escravidão no Brasil". Ausentes ministros e líderes governistas, o requerimento foi à votação, sem ter quem o obstruísse. A base de Saraiva se aturdiu. César Zama reclamou verificação de quórum por duas vezes. Com 38 votos a favor, a urgência foi aprovada. O gabinete cochilou e Nabuco ganhou o primeiro round.

Até então Saraiva deixara falar. Diante da manobra, reagiu contundente. Negou quórum à sessão seguinte e anunciou nos bastidores que deixaria o poder se a urgência fosse mesmo concedida. Elevava a teima com Nabuco a questão de confiança. Ao dar-lhe essa importância, Saraiva o brindou com uma relevância que ele ainda não tinha.

Duelaram na tribuna. Eram dois homens altos, eretos, bonitos. Saraiva era frio, seco. Nabuco estava sangüíneo. A Câmara parou para ver onde ia dar a impertinência do estreante contra o político mais respeitado do Império.

Nabuco, em 30 de agosto, reportou boatos de que o governo tramava derrubar a urgência em sessão parlamentar secreta: "Desejo, pois, saber se o Governo pretende, pela primeira vez, talvez, neste reinado, intervir para abafar a liberdade dos debates do Parlamento". O taquígrafo registrou o efeito sobre a platéia boquiaberta: "Sensação; apoiados e reclamações". Tinha vestido a camisa de agitador. Moreira de Barros o obstou. Ele se enfureceu: "Vejo-me peado a cada passo por essas tricas do regimento. [...] Não é muito fácil a minha posição nesta tribuna [...] desde que sou apresentado como um inimigo dos proprietários agrícolas do meu país, sendo, por assim dizer, indicado ao ódio de todos [...]".

O projeto repercutiu. Apoiado pela *Gazeta de Notícias*, malhado no tradicional *Jornal do Comércio*. Lá um conservador fluminense, Manuel Peixoto de Lacerda Werneck, disse que Nabuco queria notoriedade "perante o juízo efêmero das multidões". *O País*, do Maranhão, acusava a "ambição de glória", e de "ser aplaudido do estrangeiro". *O Corsário*, em 4 de dezembro, ia mais longe: a busca da fama era o meio de curar "desapontamentos pessoais e políticos, incluindo seu fracasso em casar com uma mulher rica".

Nabuco voltou à tribuna. Queria ser uma ponte de bom senso entre os extremos, disse, e prometia retirar seu projeto, se o governo insistisse na questão de confiança. Esse comedimento durou dois dias; no terceiro, estava arrebatado. Tinha se apaixonado pela idéia de ser a encarnação de uma causa.

Interpelou Saraiva, em 2 de setembro, que explicasse suas ameaças de deixar o gabinete. "Tem-se dito que S. Ex. referiu-se a diversas tentativas feitas na Câmara como meras brincadeiras, ou dizendo — que com este assunto não se brinca [...]. S. Ex. enganou-se, porque não podia ser mera brincadeira uma questão que impõe a alguns de seus amigos o sacrifício de separar-se de S. Ex." Estava, outra vez, na oposição.

Saraiva respondeu ao estilo imperial: "[...] estou maravilhado do talento com que o nobre deputado fez de uma questão simples uma questão complicada". Repôs o deputado em sua inferioridade geracional, lembrando que aconselhara seu pai "que inserisse no programa liberal a emancipação do elemento servil". Mas entre manifesto de oposição e política de Estado ia larga distância: "S. Ex. é um membro do Parlamento sem a responsabilidade do governo [...] pode arriscar perante a Câmara as idéias que julgue boas ou úteis; mas o ministro que dirige a política do Império não tem o direito de enunciar um pensamento que não se ache em harmonia com o pensamento da nação". Repetia o usual argumento da anarquia para manter o imobilismo. E para não deixar dúvida sobre as chances do desafiante, arrematou: "Seguramente o nobre deputado não poderá, hoje, com o juízo e ilustração que tem, submeter à Câmara um projeto, contra o qual ele sabe antecipadamente que a Câmara há de votar". A Câmara, de fato, ratificou Saraiva, tirando o projeto de discussão por 77 votos contra dezoito.

A "excomunhão prévia" de Saraiva serviu-lhe de fermento. Reagiu com a tenacidade prometida a Allen. Desmembrou o projeto e enviou, em 4 de setembro, oito aditivos para as discussões do orçamento. Falou com virulência: "[...] as pretensões dos possuidores de escravos são as mais arrogantes e as mais intransigentes", e "o Estado não quer ir além das porteiras das fazendas. O Estado não tem força para penetrar ali [...]".

Martinho Campos respondeu que, se o Estado avançasse, os proprietários deveriam reagir, "como se defende a bolsa dos ataques do salteador — a revólver". Era nesse campo minado que Nabuco desfilava. Moreira Barros interpôs impedimentos formais aos aditivos. Nabuco esperneou, em 15 de novembro: "Porque é que esse regimento [...] só começa a ser assim interpretado no momento em que se precisa calar a boca dos abolicionistas?". Falava em nome de um grupo: Barros Pimentel; José Mariano; Joaquim Serra, Marcolino de Moura, da Bahia, que também fazia incisivos discursos pela emancipação. Dos dezoito deputados que apoiaram seu projeto, catorze eram do norte (sete de Pernambuco); dois do Rio de Janeiro, um de Minas Gerais, outro do Rio Grande do Sul. Construía facção própria — ainda nisso seguia o pai. Ela o sustentou contra o presidente da Câmara, que, para encerrar a sessão e a conversa, disse que os aditivos iriam a debate. Não foram.

Quando o ano parlamentar acabou, o saldo de Nabuco era uma bandeira. Entendera os dois limites do liberalismo à brasileira. Como outros liberais e conservadores antes de si, como seu pai e Rio Branco, Tavares Bastos e o visconde de Uruguai, deu-se conta de que faltava ao sistema político um povo e de que a economia requeria modernização. Como eles, identificou a razão nas bases escravistas sobre as quais a sociedade se edificara. Sua argúcia não está nessa descoberta, mas no destino que deu a ela. Os estadistas prescreviam extrema cautela na mera tematização desse pilar do mundo imperial. Nabuco arriscou-se a enunciá-los em alto e bom som.

Isso significou queimar os navios na política institucional. No Brasil imperial, como em toda parte, a política era feita de conexões e hierarquias, não só de causas. Nabuco de Araújo não teve tempo de ensinar isso ao filho. A orfandade foi uma faca de dois gumes. Vivo, o pai teria brecado seu ataque a Saraiva, como repreendera seus arroubos contra Zacarias. Ele mesmo o reconheceu em *Minha formação*: "[...] se ao entrar eu para a Câmara em 1879 ele vivesse ainda, [...] modificaria em muita coisa a minha liberdade de ação". O pai o impediria de inviabilizar sua reeleição num levante inútil contra um chefe partidário e promovido a reconciliação ou o regresso à diplomacia. A desvantagem é que o molho de chaves ficaria em seu bolso. Morto, Nabuco de Araújo deu ao filho um presente raro para os jovens do século XIX: a autonomia. Claro que ela não era plena — havia irmãos, cunhado, aliados e apaniguados de Nabuco de Araújo para zelar por seu nome. Era, porém, suficiente para que decidisse sozinho a parcela mais substanciosa de seu futuro.

Em 1880, Nabuco tomou seu rumo. "Abolicionista" — disse em 15 de novembro —, "em vista do que houve, eu tinha que dirigir-me à opinião pública, buscar força nela para fazer a Câmara reconsiderar o seu voto, mas não tinha mais que fazer por enquanto nesta Câmara."

A POLÍTICA DAS RUAS

A política se fazia também pelas ruas do Rio de Janeiro. Ruas, aliás, não muito asseadas. Tendo visto já tanta sujeira pelas avenidas londrinas, Nabuco perturbava-se com ela em casa: "Define-se bem, senhores" — disse aos deputados em 7 de agosto de 1879 — "o serviço da limpeza de uma capital populosa como esta, quando se diz que ele é feito pelos urubus". A cidade vinha melhorando sua apresentação, mas as ruas seguiam misturando senhoras em modelitos europeus com a escravaria descalça, ambas disputando espaço com tipóias, caleças e tílburis.

Desde os anos 1870, o Rio de Janeiro pulsava com o "progresso industrial", com novas empresas, muitas inglesas ou de capital misto, em torno das ferrovias, do fornecimento de gás, dos bondes de burro, do Jardim Botânico. A imprensa cresceu graças ao barateamento da importação de máquinas. O uso do telégrafo permitiu certa democratização na produção de informações. Surgiram muitos jornais pequenos e independentes, em contraponto ao sisudo e situacionista *Jornal do Comércio*.

A maioria deles ficava na rua do Ouvidor, onde se colhiam e lançavam boatos financeiros e modas parisienses, entre a compra de um vestido e o arranjo de um casamento. Vida intelectual e política estavam misturadas; falava-se de literatura, negócios e gabinetes. Na Livraria Garnier, por exemplo, entre bengalas, charutos e remédios, deputados e homens de imprensa discutiam a agenda parlamentar.

A agitação cultural e o burburinho político aconteciam nas faculdades, na imprensa, em clubes e sociedades que se multiplicavam no Recife, em São Paulo, Porto Alegre e sobretudo na corte. Era desdobramento da radicalização dos liberais nos anos 1860, mas a ultrapassava em muito, constituindo um verdadeiro espaço público paralelo à vida parlamentar.

Nele opinava gente não nascida na elite, nem abrigada nos partidos imperiais. Parte deles resultava das reformas de Rio Branco. Preocupado em qualificar a mão-de-obra livre, para acompanhar o crescimento, investira numa reforma do ensino superior, abrindo as faculdades para jovens malnascidos. Inadvertidamente franqueou-lhes também acesso ao debate público. Esse era o caso do grupo de positivistas abolicionistas que se formou na corte, no Recife e em São Paulo, agregando gente como Miguel Lemos, Aníbal Falcão e Silva Jardim, que demandavam ampliação da carreira pública. Em jornais próprios, A Federação e A Província de São Paulo, organizaram-se os federalistas positivistas do Rio Grande do Sul, aglutinados por Júlio de Castilhos e Assis Brasil, e os federalistas científicos de São Paulo, caso dos irmãos Campos e Alberto Sales, dois grupos cujos negócios eram asfixiados pela centralização monárquica. Havia já os liberais republicanos de Quintino Bocaiúva, albergados no Partido Republicano da Corte, que comandavam A República e, um pouco mais tarde, O País.

Todos esses grupos da geração 1870 eram marginalizados pelo sistema político imperial. Nabuco e outros filhos ou afilhados de líderes liberais em oposição ao gabinete, seus amigos Sancho e Rodolfo Dantas, seus colegas de faculdade, Rui Barbosa e José Mariano, e André Rebouças, também se uniram em protesto, proclamando-se "novos liberais".

Ao longo dos anos 1880, esses grupos, sozinhos ou em coalizões, deram a espinha dorsal do movimento reformista. Produziram, com eventos e escritos, campanhas de contestação político-cultural às instituições políticas e à tradição imperial — o catolicismo, o indianismo e o liberalismo estamental. Em numerosos panfletos se posicionaram sobre todos os temas da agenda parlamentar, clamando por reformas. Sobretudo a abolição da escravidão e, em maioria, a república.

Essa contestação aparecia sobretudo na imprensa independente. A irreverente A Revista Ilustrada, onde pontificava Angelo Agostini, e a revista Novo Mundo e o The Rio News, que noticiavam os Estados Unidos no Brasil, eram jornais modernos em apresentação e idéias, de linha editorial antiescravista. Nesse campo, a figura central era José do Patrocínio. Líder popular, virulento e impulsivo, o "Zé do Pato" era mulato, filho de lavadeira, que entrara para a faculdade de medicina como estudante de farmácia. O casamento assegurou-lhe o patrimônio que torrou na campanha abolicionista. Primeiro, como articulista da *Gazeta de Notícias*, entre 1877 e 1881, e, em seguida, na direção da *Gazeta da Tarde*, inaugurou a imprensa abolicionista. Seu tom agressivo fica patente nos "aforismos" escravocratas que publicou em 1881, parafraseando discursos parlamentares e lançando impropérios aos proprietários de escravo, "compradores de furto".

Tanto A *Gazeta de Notícias* quanto o *The Rio News* publicaram e subscreveram o projeto de emancipação de Nabuco. Por essa porta chegou aos políticos que não tinham esperanças de ingressar na Câmara e que, em conseqüência, tampouco tinham papas na língua.

Os reformistas criaram, ao longo da década de 1880, centenas de associações em prol da abolição, da secularização do Estado, da expansão do ensino, da difusão da ciência, bem como partidos republicanos — na corte, em 1870, em São Paulo, em 1873, no Rio Grande do Sul, em 1880. A estratégia era fazer volume, com novos agrupamentos surgindo pela reorganização dos antigos. A maioria em torno da república e/ou da abolição. Especificamente abolicionistas eram a Perseverança e Porvir, que apareceu em Fortaleza, em 1879. No ano seguinte, congêneres, surgiram as dos alunos da Escola Militar, no Rio, e da faculdade de direito de São Paulo. A maior delas era a Associação Central Emancipadora, nascida em agosto de 1880, graças a André Rebouças e Vicente de Souza, professores da Escola Politécnica. Daí em diante foi uma cascata.

As associações e a imprensa rotinizaram as conferências públicas. Eram banquetes, jantares, chás, saraus, óperas, representações dramáticas, declamações de versos e até bailes e quermesses para propagandear suas idéias. Convidavam as mulheres, sem direito de voto, assim como trabalhadores urbanos e libertos. A democratização da política que Nabuco vira nos Estados Unidos fazia-se em casa. Seu cenário eram os teatros, onde os republicanos Bocaiúva e Salvador de Mendonça lançaram a moda. Os abolicionistas faziam eventos descontraídos, com salvas de pétalas de rosas nos oradores, uso ostensivo de bandeiras e retratos e inusitadas formas de arrecadação de fundos, como as rifas.

Em São Paulo, Luiz Gama fazia barulho por dentro das instituições. Conhecido por seus versos satíricos, era um dos liberais radicais que formaram o Partido Republicano na província. Notabilizou-se por explorar as brechas da regulamentação jurídica da escravidão, impetrando processos de alforria por maus-tratos de senhores e defendendo réus escravos em todo gênero de crime. Estava então no auge de seu prestígio, entusiasmando um séqüito de jovens.

Esse mundo fervia fora do Parlamento, enquanto Nabuco incomodava Saraiva.

Os grupos reformistas exerciam pressão difusa sobre o Parlamento. Vicejavam na sociedade porque não conseguiam adentrar o sistema político. Por isso, protestavam. Por mais barulhentos que fossem, não viabilizavam candidaturas. Nabuco viu aí chances de construir sua própria base de apoio. Órfão do pai e do padrinho político Vila Bela, rompido com duas facções do Partido Liberal, a de Sinimbu e a de Saraiva, não tinha muito a esperar do sistema partidário. Em meados de 1880, decidiu conquistar a nova opinião pública.

Era sua travessia da política aristocrática, urdida como conclave de elites, para a política democrática dos tempos modernos, que supunha novo elemento: o povo. O predomínio da maioria popular nos Estados Unidos o assustara. A participação ampla não podia significar — anotara em seu diário, a 23 de julho de 1877 — a equalização das capacidades diferenciadas. A supremacia não precisava ser a do nome, nem a da propriedade, mas também não podia ser a do número. Sua solução, a meio caminho, era preservar o regime de notabilidades, mas controlá-lo mediante a participação política de todos os cidadãos. O modelo não era a república francesa de Gambetta, que entusiasmava a maioria dos reformistas de sua geração. Era a Inglaterra. Lá as prerrogativas dos nobres eram limitadas, e os direitos da plebe, ampliados, sem supressão da hierarquia. Gladstone era o artífice da mudança, feita por meio de estratégia arriscada: falar diretamente aos cidadãos, persuadi-los, e, calçado neles, forçar os lordes a ceder seus anéis, com a promessa de lhes garantir os dedos. The British and Foreign Anti-Slavery Society usava o mesmo recurso em prol da abolição da escravidão nas colônias inglesas. A abolição na própria Inglaterra resultara da combinação de proposição regular de legislação no Parlamento com *meetings* de persuasão da sociedade civil. Nabuco quis repetir a fórmula no Brasil.

Tendo passado os últimos anos fora do país, não pegara a mobilização do movimento reformista no começo. Era um bonde andando. Para tomá-lo, precisava de alguém que, como Vila Bela na política institucional, aplainasse o caminho. Seu guia foi André Rebouças. Mulato, mas filho do estadista liberal Antônio Pereira Rebouças, não tinha *physique du rôle* para deputado: era tímido, inseguro. Seria um grande articulador, mas precisava de uma persona para o palco, alguém com o dom da palavra e o gosto do público. De modo que foi quase uma epifania seu encontro com Nabuco em 19 de julho de 1880.

A aliança, que Nabuco comparou com um casamento, tinha tudo para dar certo. Nabuco era a face pública que faltava a Rebouças. Tinha as qualidades do gentleman de primeira linha do mundo aristocrático: sabia falar, se vestir, agradar. Sobretudo tinha aquela superioridade natural do lorde, o ar sobranceiro dos independentes. Rebouças, por sua vez, era um labutador, hábil tecedor de contatos na elite política, na corte do imperador, na imprensa independente. Gostava de economia, dominava detalhes e tecnicidades sempre enfadonhas para Nabuco. Elaborara já um projeto de imposto territorial aplicado à emancipação dos escravos, que vinha divulgando no *Jornal do Comércio* e na *Gazeta da Tarde*. Juntos, maximizariam seus talentos numa associação para propaganda junto à opinião pública e pressão sobre o sistema político.

A Sociedade Brasileira Contra a Escravidão (SBCE) nasceu, em 1880, no aniversário da Independência, num jantar em casa dos Nabuco. Um retrato de Lincoln, em destaque na sala, dava a inspiração. Era a versão brasileira da The British and Foreign Anti-Slavery Society, que, logo comunicada, ficou de madrinha. Charles Allen propôs troca de publicações e de informações. A SBCE era, pois, de saída, cosmopolita. Seu manifesto saiu no *The Rio News* e no *Messager du Brésil*, nos Estados Unidos e na França, respectivamente. A idéia era estabelecer uma rede política internacional que pressionasse o governo brasileiro.

Rebouças e Nabuco atraíram para o salão de d. Ana Benigna políticos consagrados: Saldanha Marinho, o visconde de Beaurepaire Rohan, Moniz Barreto, Nicolau Moreira e deram o título de sócio honorário ao visconde de Rio Branco, já agonizante. Assim avalizavam a iniciativa dos poucos e efetivos artífices do grupo, basicamente o bloco de Nabuco no Parlamento — Adolfo de Barros, Marcolino de Moura e Joaquim Serra —, somado a relações anteriores de Rebouças, os jornalistas José Américo dos Santos e José Carlos de Carvalho. Os iniciadores da SBCE dividiram o trabalho de acordo com suas personalidades: Rebouças ficou tesoureiro e agenciador das "comunicações" do grupo. Nabuco fez-se redator e presidente.

D. Ana Benigna deve ter exultado ao ver de novo a casa cheia de política. Mas a família se preocupava com o lado prático, para o qual o Quincas não costumava atentar. A SBCE minava as pazes com Saraiva. Por isso, não empolgou a gente de casa. Nem Sizenando, nem Hilário assinaram a ata de presentes. E o apoio dos presidentes honorários se extinguiu na sobremesa. Depois de beijarem a mão da dona da casa, nunca mais deram as caras. A SBCE se resumiu a Rebouças, Nabuco, Serra e Gusmão Lobo, deputado conservador que prontamente aderiu.

O quarteto alugou um escritório na rua do Carmo, 47, junto à rua do Ouvidor. Lá Nabuco redigiu o Manifesto da Sociedade Brasileira Contra a Escravidão. Retomava tópicos de A *escravidão*, como a condenação moral da escravidão doméstica. Mas o argumento central era novo: a escravidão era o fulcro da herança colonial — "a chaga ainda aberta da velha colonização Portuguesa". A abolição era indispensável para completar a modernização e a autonomia política.

O Manifesto calava acerca do prejuízo dos fazendeiros, pedindo seu apoio e advertindo-os: "[...] se constituirdes uma barreira insuperável [...] a culpa será somente vossa, quando a lei [...] tiver de proceder convosco, como Lincoln para com os proprietários do Sul da União".

Quem os afrontaria? Não seriam os partidos, que tinham obstruído seu projeto no Parlamento, comandados por Saraiva, "o cliente submisso da grande propriedade rural, o agente dos interesses do territorialismo estacionado". O apelo era ao Poder Moderador, para que destruísse os "privilégios feudais", e à nova sociedade, desde os republicanos até os "homens obscuros do povo".

O Manifesto saiu em 28 de setembro de 1880, aniversário de nove anos do Ventre Livre. Mas a SBCE só começou a propaganda no recesso parlamentar, quando Nabuco investiu nela como meio de garantir uma candidatura autônoma para as próximas eleições. Em 1º de novembro apareceu O *Abolicionista* — órgão da Sociedade Brasileira Contra a Escravidão, que circulou mensalmente até dezembro de 1881. No primeiro editorial — A Nossa Missão —, Nabuco, açulado por Rebouças, associava escravidão e situação fundiária: "[...] o trabalho escravo é a causa única do atraso industrial e econômico do país. O nosso território está coberto de latifúndios, onde da casa senhorial saem as ordens para o governo das centenas de animais humanos que enriquecem o proprietário. Ali, nem religião, nem instrução, nem moralidade, nem família!".

O *Abolicionista* era quase obra exclusiva de Nabuco, e nele ia um pouco de tudo: denúncias; comentários sobre a questão no Parlamento — com destaque para sua atuação; louvação de alforrias, notícia de associações abolicionistas; transcrições de textos antiescravistas estrangeiros. Amealhando citações esparsas, o jornal edificava uma tradição nacional abolicionista, unindo liberais, conservadores e a família imperial. Para o que contribuiu a morte do visconde de Rio Branco, alçado a precursor do abolicionismo. A SBCE tentou até fazer do velório um *meeting* — de pronto obstada pelos conservadores.

O mais momentoso evento da SBCE foi um banquete ao ministro plenipotenciário dos Estados Unidos no Brasil. O republicano Henry Washington Hilliard lutara em favor do Sul na guerra civil norte-americana, mas, depois, apoiou os abolicionistas no Congresso. Suas opiniões tinham o peso de seu país. Pensando nisso, Nabuco pediu, em 19 de outubro, "sua esclarecida opinião sobre os resultados, que a substituição imediata e total do trabalho escravo pelo trabalho livre produziu, e promete ainda produzir, nos Estados do Sul da União".

Hilliard não se fez de rogado. Em sua longuíssima resposta de 25 de outubro, narrou a implantação e erradicação da escravidão em seu país, destacando os esforços de Lincoln, a guerra civil, e atribuindo à medida a prosperidade que os Estados Unidos então viviam. Entusiasmado, confraternizou com a SBCE e não se pejou de estabelecer a própria data da abolição no Brasil: 28 de setembro de 1887. Recordando subitamente sua posição de diplomata estrangeiro, arrematou com um passo atrás: "Devemos fazer os maiores esforços [...] porém o resultado, esse entrega-se a Providência".

Era mais que o esperado. A SBCE amplificou o presente. Gusmão Lobo publicou as cartas no *Jornal do Comércio*. Rebouças fez delas um panfleto e organizou, em 20 de novembro, banquete com cinqüenta abolicionistas em honra do americano no elegante Hotel dos Estrangeiros, no Catete. No salão, onde pendia retrato de Lincoln, um Hilliard desvanecido falou pela emancipação e virou membro honorário da SBCE.

A repercussão foi grande. Dois dias depois, Moreira de Barros declarou, em nome da Câmara, inaceitável a ingerência do americano numa "questão nossa inteiramente doméstica". Nabuco quis responder. Pedido negado. Saraiva desinflou o incidente, a 24, vendo nele apenas "opiniões pessoais" do ministro americano. No dia seguinte, Nabuco conseguiu a palavra: "O partido abolicionista não é tão louco nem tão pouco patriota que chamasse em seu auxílio intervenção estrangeira [...]". Por via das dúvidas, Saraiva obteve do governo americano a transferência de Hilliard. Nabuco estava satisfeito, como disse em *O Abolicionista*, de 1º de janeiro de 1881: "[...] nenhuma outra manifestação produziu tanta celeuma no campo escravista".

Desde aí, Nabuco investiu nos *meetings*, adensando a movimentação de outros grupos reformistas. Foi em 1880 que a campanha abolicionista deslanchou. Iniciativas até então dispersas convergiram. A SBCE se juntou a outras associações em séries de eventos, como as dezenove "conferências emancipadoras", que Rebouças e Vicente de Souza organizaram no teatro São Luiz, sempre com cobertura da *Gazeta da Tarde*. Nabuco fez a nona, em 19 de setembro. Nelas falavam desde políticos republicanos, como Lopes Trovão e Ubaldino do Amaral, até artistas, como o maestro Carlos Gomes.

Eventos literários tinham cor política. Os reformistas usaram, por exemplo, o tricentenário de Camões, em junho de 1880, para acentuar a continuidade cultural com a metrópole européia e manifestar seu desdém pelo indianismo romântico, a marca do Segundo Reinado. Todo mundo fez o seu Camões nessa chave. Variava a forma: discursos, poemas, livros e até estátuas. Mas só Nabuco conseguiu ser o orador oficial da efeméride conjunta dos governos brasileiro e português no Gabinete Português de Leitura. Estavam lá a família real e a gente de bem do Rio de Janeiro. Para eles, afirmou: "O Brasil e os *Lusíadas* são as duas maiores obras de Portugal". Foi um arraso. Homem de Mello, orgulhoso do antigo pupilo, ofereceu-lhe jantar, onde foi brindado como talento político e literário. Sob esse incentivo, publicou o seu Camões e os poemas "Soneto" e "Ignez e Catharina", no número especial da *Revista Brasileira*, de junho.

Essa movimentação encaminhava Nabuco para o radicalismo e para a popularidade. O projeto de emancipação moderada de seu pai ia sendo solapado pelas fórmulas contundentes dos reformistas. Os positivistas abolicionistas, por exemplo, lançaram manifesto pela abolição imediata. Rebouças, em dezembro, escrevia na *Gazeta da Tarde* em prol da "democracia rural", isto é, uma reforma agrária para gerar pequenas propriedades agrícolas cuja produção seria processada conjuntamente em engenhos centrais. Era uma radicalização das teses de Tavares Bastos porque atacava frontalmente os "landlords". Tudo isso puxava Nabuco para a esquerda.

Rebouças, contudo, nem sempre assinava seus artigos. Já Nabuco buscava a tribuna onde ela se apresentasse. Fincou um pé no sistema político, outro, na sociedade civil. Transitando entre os pólos fez-se pivô, elo entre a velha política aristocrática, dos salões fechados do Parlamento, e a nova política democrática das ruas. Esse caráter anfíbio deu-lhe projeção nacional. A elite política o respeitava por vocalizar um clamor não contemplado pelas instituições. E fez sucesso entre as associações civis porque podia influir sobre o sistema político. Ganhou, assim, amor e ódio dos dois lados. Os abolicionistas radicais o achavam muito moderado, mas não tinham remédio senão apoiá-lo. Os partidos não podiam ignorá-lo, vendo nele um desses radicais incendiários, com os quais era melhor conversar antes que fizessem revoluções como as da América Espanhola.

OUTRA EUROPA

Nabuco vinha se imbuindo de novo etos. O dândi fora modificado pela idade, pelos apertos financeiros, pelo sarcasmo alheio e, sobretudo, pela descoberta de uma causa. Estava fascinado consigo mesmo, com sua capacidade de suscitar amor do público. Entretanto, não conseguia se fixar. Fez com a abolição o que fazia já com Eufrásia: nem vivia sem ela, tampouco só com ela.

Em meio à fama crescente, contou a Penedo, em 8 de maio de 1880, que planejava "com o meu colega de Câmara Rodolfo Dantas irmos passar uns 6 meses em Londres, ele para estudar a Inglaterra, eu para primeiro matar saudades". Em dezembro, com o recesso parlamentar e a febre amarela, a corte debandando para Petrópolis, marcou bilhete para a Europa. Ia dar uso político ao seu cosmopolitismo, investindo em mobilizar a opinião pública internacional contra a elite política brasileira.

Rebouças, provavelmente um dos financiadores da viagem, entusiasmou-se com a "missão abolicionista". Outros correligionários, porém, falavam à boca pequena o que os adversários davam nos jornais: a frivolidade era a pele de Nabuco. Em vez de costurar alianças no Brasil, ia passear por cinco meses, abandonando a SBCE, que mal completara três.

Em carta aberta a seu vice na SBCE, Adolfo de Barros, em *O Abolicionista*, de 1º de janeiro, respondeu que era um abnegado da abolição: "[...] só tenho atualmente uma tarefa, uma aspiração, um fim na vida: libertar o nosso povo da escravidão". Resumiu sua atuação em 1880, valorizando a experiência parlamentar. Reconhecia, ao cabo, o limite dessa opção, pois "os nossos adversários não querem mais nada. Eles rejeitam igualmente tudo o que possa diminuir de um dia a escravidão".

O coro de Patrocínio e Luiz Gama engrossava dia a dia. A campanha tomava a corte, com os *meetings*, avançava até às províncias, pelos jornais reformistas, e se fazia por dentro da própria ordem, com as Ações de Liberdade nos tribunais. Perdidos os vínculos com o Partido Liberal, Nabuco declarou aliança com os radicais.

Mas zarpou em 15 de dezembro. "Vou ver a escravidão de longe, de fora da sua atmosfera empestada." Ia num figurino bem diverso do que trouxera dois anos antes. Tinha se tornado um político.

O charme antes gasto em sedução nos salões foi deslocado para a conquista de apoios nos parlamentos. Empenhado na costura política, foi até negligente com as moças.

Em Lisboa se misturou à elite político-intelectual local, graças a um conhecido do Brasil, o caricaturista português Rafael Bordalo Pinheiro, que o levou às sumidades locais, como Ramalho Ortigão, o crítico literário. Em 4 de janeiro, Nabuco pôs-se em evidência, comparecendo à galeria dos jornalistas na Câmara dos Deputados. O eloqüente Antônio Cândido convidou-o ao plenário. Acomodado junto ao presidente da mesa, ouviu menções a si em vários discursos. Júlio de Vilhena o descreveu como "o homem que mais tem batalhado para fazer desaparecer do Império do Brasil os últimos vestígios da escravidão" e comemorou sua presença propondo abolir do exército português o castigo das varadas. A praxe o impediu de discursar, mas Nabuco arranjou de falar do modo como mais sabia, em pequenas rodas. Fascinou. A cena do garboso deputado brasileiro atravessando o recinto, distribuindo cumprimentos e sorrisos, foi noticiada por todos os jornais portugueses. As folhas ilustradas deram seu retrato.

A partir daí as portas lisboetas se abriram. Esteve uma noite na Associação dos Escritores e Jornalistas Portugueses. Daí saíram convites para todas as outras. Surtia sempre igual efeito. O *Jornal da Noite*, de 8 de janeiro, o achou "simpático", "elegante", de "inteligência tão vigorosa e tão amplamente dotada", "uma das glórias do Império do Brasil". O visconde de Benalcanfor, em suas *Cartas Lisbonenses*, o equiparou a Wilberforce e Lincoln. O *Comércio de Portugal*, de 9 de fevereiro, arrematou: "[...] sua extrema delicadeza conquistam-lhe, apenas aparece na tribuna, a atenção do público, que ele de pronto subjuga". Tanto o apreciaram que lhe perdoaram o sotaque. Para o *Diário Popular* era "a pronúncia de um europeu setentrional", não a "de um filho dos trópicos".

Nabuco ajudava, não enunciando o calcanhar-de-aquiles expresso no Manifesto da SBCE: a associação entre o escravismo e o colonizador. Disso o acusaram no Brasil. É que modulava o discurso conforme a platéia. Apresentou-se em Portugal como o antiindianista da polêmica contra Alencar. Os jornais todos publicaram, encantados, sua fórmula sobre Camões no Gabinete Português de Leitura, repetida nos agradecimentos ao Parlamento e à imprensa portugueses.

Mas foram justo teses sobre a colonização seu maior aprendizado português. Conheceu os grandes pensadores locais do momento. O republicano positivista Teófilo Braga, crítico literário e teórico do "oportunismo", e o cérebro rival, Oliveira Martins, historiador e propagandista da monarquia. Enquanto Braga via Portugal em processo evolutivo ascendente, Oliveira Martins detectava traços de degeneração. No seu grande sucesso, *O Brasil e as colônias portuguesas*, saído nesse 1880, identificava nas opções históricas dos governos as raízes da decadência portuguesa, mal hereditário, transmitido ao Brasil durante a colonização.

Seu lado melancólico, sua vivência infantil do mundo colonial em desagregação, a formação cortesã, sua recente experiência política, tudo em si contribuía para dar mais eco às idéias de Oliveira Martins que às de Teófilo Braga. De modo que a viagem teve efeitos além dos planejados. Fora buscar respaldo político, saiu com a mala cheia de idéias.

Gastou quase um mês, dos quatro que tinha, em Lisboa. Os portugueses o adoraram e continuavam a louvá-lo. A imprensa brasileira amplificava tudo. Ramalho Ortigão o mencionou em suas Cartas de Portugal, enviadas à *Gazeta de Notícias*, e Júlio César Machado escreveu no *Jornal do Comércio*, em 11 de fevereiro: "[...] o mundo se maravilha mais quando admira o talento de um belo homem [...] e as senhoras pareciam dispostas de ânimo a proporem-se a galanteria de o escravizarem a ele mesmo".

A recepção no resto da Europa foi menos calorosa. Em Portugal, era um filho da ex-colônia tornando à pátria mãe. Na Espanha, na França, na Inglaterra, não havia nada disso. Não conseguiu assento no Parlamento, não foi louvado pela intelectualidade, nem pela elite política. Mas solidificou vínculos com a rede internacional de abolicionistas.

Em Madri, a política andava quente, desde as idas e vindas entre a monarquia e a república. Emílio Castellar era o reformador do momento. Nabuco não o conheceu. Entabulou conversa com cubanos engajados em libertar a última colônia espanhola escravista. Repetiu para eles seu proselitismo, saudado por tantos aplausos, que se viu compelido a retomar a palavra. Virou sócio benemérito da Sociedade Abolicionista Espanhola, onde historiou a causa e explorou sua universalidade: a "[...] emancipação não é a de um povo só, mas de todos os povos". Angariou elogios pela oratória e a fina estampa. Para *El Democrata*, de 23 de janeiro: "Sua eloqüência é destacada por dons naturais. Uma figura imponente, uma expressão simpática, uma boa voz e a frescura da juventude [...]". Mereceu a dedicatória de peça abolicionista exibida no teatro do Príncipe Real: O demônio negro, de Souza Bastos.

Daí, Paris. Arthur Carvalho Moreira o esperava. Pouco parou. Talvez porque lá estivesse encastelada a sua Rapunzel. Se trocaram cartas nesse período, nada se salvou. O mais provável é que ele tenha se furtado de a encontrar, o político emergente deixando adormecida a brasa do romântico.

O fulgurante debate político e intelectual francês não lhe abriu as portas. Encontrou apenas Victor Schoelcher, que abolira a escravidão nas colônias francesas, em 1848. Não viu nenhum outro dos homens célebres que avistara na década anterior. Os "ancien régime" estavam de férias e os "oportunistas", ocupados consolidando a Terceira República.

Com Arthur foi para sua outra casa, a dos Penedo. Sua adoção afetiva por eles se expressa nas tentativas da família de conciliar as férias no sul da França com a recepção ao viajante. Aflito, Penedo escrevia em 9 de janeiro: "[...] por meus pecados não estarei em Londres", franqueava-lhe a casa e "apresso-me a convidá-lo a vir para cá". Empenhado em sua "missão", recusou, no dia 27: "Em Londres posso fazer mais pela causa do que sob os laranjais do Mediterrâneo".

E fez. De 4 de fevereiro a 9 de abril imergiu em contatos políticos. Na grande política pontificava Gladstone, com seus discursos longos e inspirados. Nabuco viu seu ídolo das galerias. Seu anfitrião foi Charles Allen e sua British and Foreign Anti-Slavery Society. Na sede dela, em Brighton, conheceu o grupo todo: Samuel Guarney, Joseph Cooper, Sand Grownsly, Joseph Sturge e Thomas Fowel Buxton, o neto. Relatou-lhes a campanha pela emancipação no Brasil. Em retribuição, ganhou, em 23 de março, um almoço no Charing Cross Hotel. Cento e cinqüenta presentes, inclusive quinze parlamentares. Gente mais graduada fora convidada: o embaixador americano, o prefeito, lideranças dos dois partidos, o próprio Gladstone. Mas não foram.

Nabuco discursou no pouco inglês que então sabia para um público de gentlemen e senhoras. Platéia a seu gosto. Repetiu o discurso que fazia em toda parte: história e conjuntura brasileiras, comparação com outros países, destacando a Rússia, pela similitude com o Brasil: uma casa dinástica capaz de influir na política parlamentar. Apresentava-se como líder de um grupo maior do que de fato representava: um "partido abolicionista", em nome do qual dizia: "[...] necessitamos do apoio estrangeiro por falta de base em nossa pátria".

Modulava o conteúdo ao público. Se em Portugal falou de Camões, fez menções a Deus para os protestantes. Fez paralelos entre o abolicionismo brasileiro e o inglês: "Estamos combatendo no Brasil, como outrora na Inglaterra Sharpe e Clarkson, Wilberforce e Buxton". *The Evening Standard*, jornalzinho da esquerda, deu a repercussão: aplausos e elogios. Tudo com a fleuma britânica, sem os arroubos portugueses.

Allen publicou a fala no *Anti-Slavery Reporter* e conseguiu que o *Welcome* desse tradução do discurso de Madri mais uma fotografia. E, o melhor de tudo, o *Times*, de 24 de fevereiro, reconheceu-o como "o líder parlamentar do Partido Anti-Escravidão no Brasil". No exterior conseguia o que em casa não estava assegurado: a posição de chefe de partido.

Estava cumprida a "missão Nabuco". Aí começou a viagem do Quinquim. Com Arthur, fez o circuito mundano. Num concerto, contou em 27 de janeiro ao ausente Penedo, tornou a admirar a princesa Alexandra "em toda a sua beleza". Correa o levou à casa de Alfred Rothschild, onde conheceu o príncipe de Gales. Caiu na rotina chique, como seguia dizendo a Penedo, em 26 de fevereiro: "[...] à noite jantamos no Club e vamos a um teatro qualquer. Amanhã sábado é a vez de irmos à Gaiety. Londres como vê é sempre o mesmo". Apreciava as futricas de salão, por exemplo, saboreando o caso de uma senhora da corte maltratada em público pelo amante.

Trombou com flertes antigos, inclusive a americana que lhe partira o coração: "[...] encontrei a bela Mrs. Roche que se prepara para ser a beleza da season e que é a mesma Miss Work", seguia narrando a Penedo. As misses tinham virado ladies, enquanto seu galanteador envelhecia solteiro. Então talvez tenha cogitado rever Eufrásia. Mas as férias se esgotavam e o Parlamento esperava o deputado. Esticou a estadia o quanto pôde até avistar Penedo. Depois tomou o vapor Gironde em Bordéus.

Embora no Brasil fosse acusado de "petroleiro", na Europa não tocou a campainha dos extremados. Ignorou os movimentos de esquerda que pululavam por toda parte. Jamais mencionou os fabianos ingleses, socialistas, ou os *communards* franceses. Nabuco solidificava sua opção por padrões reformistas de pensamento e ação política. Preferiu a maneira inglesa: forçar os renitentes a negociar e implantar as leis pactuadas, jogando sobre eles a opinião pública.

Penedo plantou no *Jornal do Comércio* uma nota sobre esse tom moderado, "sem ofender os interesses agrícolas". Em O *Abolicionista*, de 1º de dezembro de 1881, Rebouças dava a maratona européia de um estadista cosmopolita, pronto para liderar a campanha nacional pelo fim da escravidão. Os adversários liam o périplo na chave do dandismo. A *América Ilustrada*, de 1º de janeiro de 1882, o acusava de ter "batido a bela plumagem em busca de ovações européias". De uma maneira ou de outra, a notoriedade estava garantida. Era tudo o que Nabuco queria.

ÔNUS

Nabuco chegou retumbante. Rebouças preparou banquete no Hotel dos Estrangeiros para o "nosso muito amado presidente". Com a Sociedade Central Emancipadora, fez um "festival abolicionista" no teatro São Pedro, com Weber, Liszt e a "1ª Grande Marcha Saudação Abolicionista". Na parada do navio em Recife, já fora festejado com banda de música e tudo. Sancho se ufanava, em 31 de maio: "Que resposta soubeste dar àqueles epilépticos da Câmara!". O efeito esperado da viagem era esse mesmo. Nabuco julgava que a boa recepção européia ia se cristalizar em reputação no meio político brasileiro, dando-lhe força para afrontar a maioria antiabolicionista no Parlamento e o próprio chefe de gabinete. Sonhava retornar à tribuna consagrado.

Acontece que a política local seguia sua rota costumeira. Saraiva anunciou que deixaria o poder e marcou eleições para 31 de outubro. Nabuco preparara-se para se catapultar a líder da oposição de um longo governo. O novo cenário tirou-lhe o chão.

A eleição ia ser quente. Saraiva prometia honrar sua lei eleitoral, garantindo à oposição conservadora chances efetivas de obter a terça parte da representação parlamentar. Abria-se a temporada de luta por candidaturas. Nabuco planejava havia tempos a reeleição. Mas não contava fazer campanha rompido com o gabinete e sem ter consolidado o partido abolicionista. Depois da bonança, estava outra vez sob a tempestade.

Pessoalmente, as eleições eram um golpe na ordenação da vida. A situação liberal garantira à mãe uma pensão do Estado, em outubro de 1881, e, a Hilário, o cargo, de prestígio e boa paga, de professor de oftalmologia da faculdade de medicina do Rio de Janeiro — já Sizenando demorava a se assentar na carreira jurídica. O salário de deputado libertara Nabuco das questiúnculas materiais que tanto o desagradavam. Afligiu-se, escrevendo a Penedo em 22 de maio: "Se não for reeleito abre-se para mim um grande mar de incertezas no qual talvez naufrague [...] talvez então não veja diante de mim outra coisa a fazer senão emigrar [...] para o que talvez lhe peça uma carta para a Austrália ou para a Nova Zelândia". Exagerava. Queria de Penedo, a quem escreveu insistentemente, uma alternativa em Londres, para o caso de malogro.

Entrou no processo eleitoral ensanduichado entre o dever e o desejo. O compromisso de honra com a causa e os correligionários personificava-se na paixão de Rebouças por sua candidatura. O desejo era dar curso ao hedonismo, evadindo-se para a Europa. Dividido entre dois sentimentos potentes, ficou paralisado, sem apetite para os afazeres da campanha eleitoral.

Rigorosamente não havia candidatura. Em fevereiro de 1881, sondou as praças em que podia concorrer. Sem Vila Bela, Pernambuco era virtualmente impossível. Os liberais estavam em pé de guerra por lá, disputando a chefia vaga. Luís Filipe de Souza Leão era ameaçado por José Mariano Carneiro da Cunha. Aguerrido, destemido, destemperado, era "o povo pernambucano feito homem, com os seus ímpetos, o seu arrojo", como Nabuco disse dele em *O País*, de 20 de maio de 1886. Tinham se aliado no Parlamento. Nabuco não queria nem podia afrontá-lo.

Na corte, os liberais estavam igualmente conflagrados. Hilário, contudo, articulou a candidatura do cunhado pelo 1º distrito. Graças à proteção de Francisco Octaviano, que disse aos jornais que estava "fazendo-se eleger por um dos seus distritos na pessoa do Sr. Joaquim Nabuco". O outro concorrente liberal era o ex-ministro Leôncio de Carvalho, que todos — mesmo Nabuco — julgavam favorito.

A campanha eleitoral podia, contudo, virar o jogo. A reforma de Saraiva era antidemocrática por restringir o eleitorado, mas, de outro lado, abria espaço para a atividade eminentemente democrática de persuasão dos eleitores. "Passamos por uma transição que impõe ao candidato a penosa condição de pedir votos a um por um [...]", resumiu Sancho, em 4 de outubro. Isso animou os reformistas, até então fora das competições, a lançar candidaturas e as divulgar de porta em porta e em comícios. Os manifestos e circulares eleitorais proliferaram, com explicitações do programa de reformas. Inaugurava-se a campanha eleitoral no Brasil.

Rebouças pôs a candidatura de Nabuco na rua. Entre julho de 1880 e julho de 1881, organizara com a Associação Central Emancipadora 43 conferências abolicionistas. Polemizara com Sílvio Romero, que chamara Nabuco de "pedantocrata", e formalizara os vínculos que Nabuco estabelecera na Europa. Sobretudo ampliara alianças à esquerda. Rebouças fez Luiz Gama sócio benemérito da SBCE e colunista de *O Abolicionista*. Estava distribuindo o título de sócio honorário sem parcimônia, para qualquer simpatizante. Expandido o grupo, deu-lhe nova sede: duas salas na rua do Ouvidor, que passaram a chamar de "Novo Club". Rebouças pôs toda a rede de aliados na campanha eleitoral, caso de José Carlos Rodrigues, que pediu voto para Nabuco e Silveira da Mota, candidato pelo 2º distrito, na *Gazeta de Notícias*, em 27 de agosto. Um número especial de *O Abolicionista*, em 28 de setembro, republicava os artigos europeus sobre a "missão Nabuco" e súmulas de seus discursos. Em 24 de outubro, todos os membros da SBCE assinaram carta de apoio.

O candidato estava cético. Em 9 de julho, confessava ao diário: "Vi provas de minha circular. Ao passo que escrevo pedindo votos, estou pensando em redigir a minha despedida". A circular eleitoral saiu em *O Abolicionista*, de 1º de agosto, no contrafluxo de sua geração. Não faria *meetings*: "[...] não empreenderei uma campanha eleitoral de solicitações ainda mais importunas para o eleitor do que para o candidato". Desfiava a plataforma liberal: liberdade de comércio, de indústria, de associação; descentralização administrativa; transferência de atribuições do Poder Moderador para o gabinete e do Senado para a Câmara. Em nota mais pessoal, depois de duas rupturas com chefes de gabinete, queria esvaziar suas atribuições "autocráticas".

Mas, como já não podia mais deixar de ser, o eixo era a abolição — "a primeira de todas na hierarquia das grandes reformas nacionais". Resumia seu projeto gorado e apelava aos eleitores para fazer a abolição pelos caminhos legais. A conseqüência, num tempo em que o federalismo corria de boca em boca, seria matar o "germe do desmembramento do Império". Reafirmava sua independência partidária, sem citar nenhuma liderança liberal, afora o "nome que represento". A candidatura era movida por um etos: "Não tenho ambição política; [...] cumpro um dever de honra sujeitando-me aos vossos sufrágios".

Era um texto burocrático, sem a alma dos discursos no Parlamento e na Europa. E acabava em desânimo: "Se porém não for eleito, deixarei sem pesar a vida política". Os amigos todos mandaram parabéns, encorajadores. Os adversários desabonaram o uso eleitoreiro da abolição.

Respondeu em nova circular, alentada, em *O Abolicionista*, de 28 de outubro. Construía a própria lenda. A abolição era sua vocação. Estrada de sacrifício, "sem compensação alguma", "a renúncia do presente e do futuro". Mirava-se nos estadistas ingleses, americanos e nos primeiros liberais brasileiros. A causa estava acima da pessoa: "[...] representa não uma individualidade, mas uma política".

A circular sedimentava sua interpretação da escravidão a partir do que lera e vira no Brasil e no estrangeiro. "Fábrica inteiriça da colonização portuguesa", deixara marcas na sociedade e na economia: "a população afastada do trabalho", "a imigração afastada do nosso país", "a esterilização do solo", "a promiscuidade à família"; "um eleitorado agrícola solidário, que só representa os que possuem o solo e não os que o cultivam". Estava dando cada vez mais amplitude ao fenômeno, vendo sua influência em toda parte. A abolição romperia com esse legado colonial: "A emancipação é hoje o que era a independência em 1822".

Apesar de ter fundado associação civil e estar imerso numa rede de *meetings*, insistia: "É no Parlamento que a emancipação deve ser decidida — e não na praça pública". Oscilava entre a ação política mobilizadora, em ascensão nos países que visitara, e a reverência às estruturas aristocráticas de seu mundo de origem. Sua ambição era usar a praça para arejar o Parlamento, nunca para desfazê-lo. Mas, rezando a dois senhores, não agradava a nenhum. Nem conseguiu uma campanha popular por sua candidatura, nem o valimento dos chefes partidários. É verdade que Rebouças tocava a propaganda e Octaviano se esforçava, lançando circular em seu favor às vésperas da eleição, mas não havia esperanças.

Fechada a carreira pública, cogitava virar advogado. Escreveu a um espanhol com banca em Londres, conhecido da casa de Penedo, perguntando como se estabelecer por lá. O mundo jurídico londrino não era bolinho. Por isso pedia os préstimos do ministro brasileiro, em 8 de junho: "Suponho que se eu abrisse um escritório de advocacia tanto para informação sobre a legislação brasileira como para ocasionalmente tratar em Londres de questões do Brasil e se tivesse o seu apoio e o seu auxílio — além do de seus amigos e das Companhias aí estabelecidas — faria dinheiro para viver [...]". Do viável pulava ao impossível, um jornal próprio no exterior compatibilizado com a vida de deputado, "dividindo então o meu tempo entre a Inglaterra e o Rio". Admitia: "[...] minha ambição é grande".

Tudo isso pedia a Penedo como se pede ao pai. Todo articulado na aristocracia e na alta burguesia inglesas, podia bem amparar o pupilo. Ajudava, mas desaconselhava, como em 23 de julho: "[...] não vejo cousa alguma que lhe sirva de base segura e suficiente para ter V. aqui o mínimo arbitrado para subsistir". Politicamente, seria: "[...] um ostracismo voluntário e um suicídio político". Todos os ângulos "militam contra a sua idéia". Franco e paternal, mandava não ir: "A V. falo como falaria ao Arthur — e por isso aceite como tal este apelo arrazoado".

Fosse Nabuco de Araújo falando, talvez assentisse. Com o pai postiço, teimou, numa intensa troca de cartas ao longo do segundo semestre de 1881. Contra-argumentava que justamente para manter a posição política no Brasil precisava sair. Rompido com Saraiva, via-se obrigado a rechaçar ofertas do gabinete ou compensações da sociedade de corte: "[...] não poderia aceitar emprego público — sem perder a minha liberdade de ação". Paradoxalmente, o princípio aristocrático da honra o encaminhava para a trilha burguesa, como resumiu a Penedo em 31 de julho: "Resta-me, pois, tentar a vida pelo trabalho".

Pensava, à maneira dos teóricos liberais, que abertas as oportunidades, prevaleceria o talento. As admoestações de Penedo, contudo, não caíram no vazio. Em vez de jornal próprio, foi sondar os estabelecidos. Na *Gazeta da Tarde*, Patrocínio talvez quisesse um correspondente abolicionista. Jornais na América do Sul se interessariam, julgava — tinha contatos no Chile.

Sensibilizava Penedo, freqüentador de estações de cura, com a insalubridade do clima tropical. Em 23 de agosto, ele se deu por vencido: "Bem ou malsucedido na eleição que posso eu mais dizer-lhe que V. não saiba e de que não esteja convencido? Hei de fazer o que for possível, e conte com isso".

Cumpriu a palavra. Pouco antes da eleição morria subitamente o correspondente do *Jornal do Comércio* em Londres, seu velho amigo Clark. No mesmo dia, telegrafou a seu protegido que pedisse a vaga a Júlio Constâncio de Villeneuve, o dono do *Jornal*. "Mas, como Picot é tudo do jornal, escrevi-lhe logo e hoje estamos entendidos ele e eu, que se V. não for reeleito o lugar será seu" — explicava, em 8 de outubro. Tanto Villeneuve quanto Francisco Picot, diretor do *Jornal* na Europa, eram amigos de longa data do barão, que continuou: "O pobre Clark tinha também vários lugares nos diretórios de algumas companhias de estradas de ferro brasileiras e do telégrafo submarino. Vou tratar de pedir esses lugares para V".

Pragmático, Nabuco praticou privadamente a política dos favores que evitava no mundo público. Falou a Villeneuve e pediu a Gusmão Lobo, funcionário do *Jornal*, que também o fizesse. A Correa pediu que viabilizasse a advocacia em Londres. Em 9 de outubro, o amigo acenou com "boas ocasiões de dar consultas lucrativas". Em retribuição, ganhou um cachimbo do Pará.

Com esse caminho andado, recebeu a notícia da derrota. As eleições de 1881 entraram para a história do Império pela lisura inédita. Mesmo Homem de Mello, ministro de Saraiva, não conseguiu cadeira. A oposição conservadora fez um terço da Câmara, sacramentando os "leões" Paulino Soares de Sousa, no Sul, e João Alfredo Correia de Oliveira, no Norte, como as grandes lideranças daí até o fim do regime. Moreira de Barros, que tanto bloqueara Nabuco, se reelegeu. Naufragaram novos liberais — Rui Barbosa, Joaquim Serra, Barros Pimentel — e republicanos — Quintino Bocaiúva, Saldanha Marinho. Nabuco gabou-se de, apesar de tudo, ganhar o voto do chefe de gabinete — o que é bem duvidoso. Não acumulou muitos outros: noventa num total de 1911. Desde a fundação do Império, era a primeira vez que um Nabuco não ia ao Parlamento.

O malogro chegou de braço com o emprego. "Um grande sonho da minha vida vai ser realizado — o de viver em Londres livremente sem prazo de residência, sem medo de remoção", escreveu agradecido a Penedo, em 8 de novembro. No mesmo dia, declarou a Sancho a desistência da carreira política: "Decididamente não fui feito para o que chamam entre nós política [...]. O caráter, o escrúpulo, a independência, o patriotismo, tudo isso não vale nada — não tem curso entre os eleitores. [...]. Triste e infeliz nação — onde a escravidão tem triunfos aos quais todo mundo se associa com alegria selvagem!".

Isso, privadamente. Para os muitos correligionários que o acusavam de abandonar o navio abolicionista, reafirmou o compromisso em carta manifesto, que saiu em O *Abolicionista* no dia da partida: "Sinto não poder servir a emancipação de outra forma senão renunciando a tudo o que a escravidão atualmente oferece aos que transigem com ela: as posições políticas, a estima social, o respeito público". Ao dar as costas aos arranjos conciliatórios da política imperial, completava sua diferenciação em relação ao pai. A orfandade, a instabilidade financeira, o isolamento no Partido Liberal, tudo somado consolidou as bases para a independência de Nabuco como político.

Só não teria chances de exibi-la. Os adversários da *América Ilustrada* comemoraram no primeiro dia de 1882: "O Sr. Joaquim Nabuco bateu a sua brilhante plumagem". "O frio picante de Londres deve fazer bem a um viçoso utopista, que anda atacado de abrasadora febre abolicionista." Não terá lido esse despique. Já estava em mar aberto. O preço da independência era o ostracismo político e a incursão no mundo do trabalho. Ia, pela primeira vez na vida, suar sua bela camisa.

3. A experiência inglesa

IMIGRANTE

"Entre a vida que sempre levei e a nova carreira em que eu conto entrar há grande diferença", disse Nabuco a Penedo, ainda em 14 de julho de 1881. Por isso, hesitou, adiou o embarque. Aportando em Londres, em fins de dezembro, encontrou a vida cara. Para viver bem, como Penedo, o desembolso era, nas contas de Taine, em suas *Notes sur L'Anglaterre*, de 1871, da ordem de 670 libras mensais. Juca Paranhos inflara seu otimismo, especulando que o *Jornal do Comércio* não pagaria menos de seiscentos. E, continuava sua carta de 4 de outubro, acabaria herdando todas as consultorias de Clark para ingleses com negócios no Brasil. "Se V. mostrar-se homem prático, poderá em pouco tempo conquistar pequena fortuna." Acontece que Clark era uma instituição da City, lá onde ninguém ouvira falar de Nabuco. O *Jornal do Comércio* decidiu pagar-lhe trinta libras por mês.

Mesmo assim foi morar em Mayfair, dentre a gente de bem, que se acumulava em West End, com seus museus e o novo memorial em homenagem ao príncipe Albert. Instalou-se no número 19 da Brook Street, no triângulo com a Oxford e a Regent Street, as ruas do comércio de luxo. Dali a um ano, foi para o 20 A da Maddox Street, perto da Hanover Square, depois, para Westminster, no 33, da Davies Street, na Berkeley Square. Nessas áreas, o aluguel de uma casa girava em torno de dez libras. Acrescendo um criado e os gastos pessoais, o salário ia-se.

Sem bases econômicas para a vida de cortesão, teve de se comedir. Freqüentava os Penedo e seu circuito, mas deu preferência ao pessoal menos exuberante da Anti-Slavery, ficando amigo de Charles Allen. E decidiu ser estóico, vendo "meu ostracismo como tempo de trabalho e não de divertimento. É o que devo fazer: trabalhar, estudar e aprender", anunciou a Penedo, em 2 de janeiro. Ostracismo que prometia ser longo. O escravocrata Martinho Campos era o sucessor de Saraiva. Sem perspectiva de candidatura ou emprego no Brasil, a estadia inglesa ganhou o estatuto de "exílio voluntário".

COM O SUOR DO ROSTO

"Aqui estou ganhando a vida com o suor do meu rosto", contou a Salvador de Mendonça, em 9 de fevereiro. Vivia situação inédita. Seu único emprego, na legação brasileira nos Estados Unidos, tinha sido quase que férias longas. Transferido para Londres, não se assentara, por conta da morte do pai. Então, a correspondência para o *Jornal do Comércio* era, rigorosamente, sua estréia no mundo do trabalho.

Cheia, pois, de novidades. O cargo era no mundo privado, onde havia prazos, regras claras e possibilidades de demissão. O independente Nabuco, cuja soberba impedira de aceitar as lideranças de dois chefes de gabinete, ganhava um patrão. Francisco Picot, diretor do *Jornal do Comércio* na Europa por 25 anos, era um francês naturalizado brasileiro muito inteligente, de estilo refinado e humor sardônico. Despachando de Paris, onde vivia, tratou o novo correspondente com distância e reserva. Nabuco se surpreendeu com o tom profissional, impessoal, de seu superior, que agia com ele como com qualquer iniciante, sem nunca mencionar seu nome de família, sem se fascinar pelo charme que costumeiramente amaciava suas relações. Picot era infenso a tudo que não fosse a boa ordem do trabalho. Demandava tão-somente eficiência. Nabuco conheceu assim, na pele, a condição de trabalhador, vendo seccionada sua pessoa, tão primorosamente construída, do texto, produto de seu trabalho.

Não estava preparado para Picot. Esperava um chefe indulgente e protetor. E planejava logo pedir, filialmente, melhorias no salário, muito baixo para seu estilo de vida, e dilatações dos prazos, muito apertados para quem não tinha o hábito de escrever seguidamente, conforme reclamou a Penedo, em 2 de janeiro: "Realmente é muito pouco o que eles me pagam para o trabalho que vou ter".

O novo jornalista não tinha noção do ofício. Durante o mandato de deputado, escrevera para o *Jornal* alguns perfis de mulheres sob o pseudônimo de Freischutz. O posto que assumia tinha, bem ao contrário, uma sisudez forçada. O *Jornal do Comércio* era o mais antigo e mais bem estabelecido periódico brasileiro, respeitado pelos políticos e pela boa sociedade, por ele noticiados. Cobria política, economia, vida cultural e social. Dava as novidades, mas se concentrava em informar e transmitir opiniões moderadas. Era um jornal cosmopolita, com colunistas não só na Europa, como nos Estados Unidos. A correspondência de Londres, muito em acordo com a linha editorial, cobria política doméstica inglesa e geopolítica, mas, até por conta do perfil de Clark, um homem de negócios, enfatizava as questões econômicas.

Os desencontros entre as exigências do *Jornal* e as expectativas de Nabuco foram imediatos. Não houve lua-de-mel. Picot deixou claro que não gostara de substituir um experimentado jornalista por um moçoilo sem méritos demonstrados e que só o fazia por pressão de Penedo, seu velho amigo. Não que tenha usado todas essas letras, mas transmitiu seguidas vezes a mensagem. Em sua primeira carta, de 2 de janeiro, tirou de Nabuco o palco. Avisou que a correspondência de Londres seria publicada "sem introdução, programa ou apresentação", de tal sorte que era quase como se Clark a seguisse escrevendo. Para as de Berlim e de Viena, que também teria de assumir, Picot permitia uma abertura, mas versando sobre os temas do artigo, não sobre a pessoa do correspondente. E arrematava estabelecendo prazos.

A coluna não era assinada, trazia simplesmente o título "Exterior. Correspondência do *Jornal do Comércio*". Por isso, durante bastante tempo, mesmo amigos próximos não sabiam da autoria. "Escreves para o *Jornal do Comércio* ou não? — perguntou Joaquim Serra, em 30 de abril. — Aqui isso é um mistério que ninguém conhece. O que existe de tão tenebroso neste negócio, para que façam dele uma questão inquisitorial?" O *Jornal do Comércio* tendeu sempre a apoiar os governos, de preferência os conservadores, mas sem fustigar muito os liberais. Por isso, causava mal-estar abrigar o oposicionista mais em evidência na véspera. Era um favor pessoal, um emprego, o que Penedo obtivera. Não era de modo algum, logo se viu, um palanque político.

Nabuco se incomodou com isso e com o ritmo de um artigo para cada praça a cada dez dias, ou nove correspondências por mês. Se estava infeliz, Picot mais ainda. O primeiro artigo — que, por conta do tempo de transporte, sairia apenas a

3 de fevereiro — não ficou ao seu gosto, conforme fez saber minuciosamente, em 12 de janeiro. Picot ensinava o ofício, basicamente resumir o noticiário inglês dos dias antecedentes: "[...] o correspondente passa rápido os olhos pelos periódicos, sem precisar ler tudo de fio a pavio, conhece, como que pelo faro, o que pode interessá-lo". O melhor sistema era o do antecessor, dizia em 11 de novembro de 1883: "O nosso Clark escrevia aos poucos. Cosia depois os diversos pedaços, e reservava para o último dia o princípio da correspondência. [...] E quando acontecia ocorrer de tarde alguma cousa de importância, escrevia um P.S.". A tônica devia ser econômica, insistia, e espicaçava, nisso "o nosso pobre Clark era um gigante". Seu crivo inclemente se abateu sobre os artigos seguintes: "As 7 primeiras laudas da carta de Londres não tinham um só parágrafo". Isso em 20 de janeiro, quando cortava suas asas opinativas: "[...] peço que se limite ao que poderá interessar ao público brasileiro".

Como que arrependido de tanta dureza, Picot abrandou, em 12 de janeiro: "Todos os começos são difíceis [...]. Fique certo que daqui a algum tempo o trabalho há de correr suave e naturalmente". Foi o bastante para que Nabuco reclamasse: os artigos lhe custavam o "suor do rosto". O mau humor de Picot azedou em fúria, em 12 de fevereiro: "V. Sra. fala do 'suor de seu rosto'. Sublinhado". Se "acha a carga mais pesada do que supunha e estimaria largá-la [...] procuraremos dar-lhe substituto".

Nabuco aconselhou-se com Penedo. O barão viu a artimanha do amigo, que aproveitava a ocasião para demitir logo um funcionário que nunca quisera ter. Aconselhou, em 21 de fevereiro: "Você [...] não devia ir mais longe, recebendo o bote em cheio, [...], e espero que não haverá mais colisão, Amém". Entregue a Deus, Nabuco respondeu a Picot: "Sirva-se do meu rosto".

O chefe seguiu implicando, enviando lembretes e ordens, reclamando dos atrasos, como em 12 de abril: "[...] recebi a lauda que faltava 'just in time to be too late'". Achava superficial a cobertura de economia, mandando que traduzisse as notícias do *Times* sobre as companhias — de gás, água, açúcar, ferrovias etc. — com negócios no Brasil. Mesmo em política, dava sua regra: devia replicar a imprensa européia, em lugar de constituir opiniões próprias. Tinha a pachorra de mandar pelo correio recortes de artigos a serem incluídos. Até no estilo, caro a um aspirante a literato, intervinha. Acusava desleixo com a estrutura do texto, erros de grafia e pontuação. "Havia num lugar palavras repetidas e noutro palavras de menos", resmungou em 20 de fevereiro e, em 2 de abril, imiscuiu-se até no lacre do envelope: "[...] vou recomendar-lhe que molhe bem molhado a goma que fecha a capa das suas cartas".

Picot era um editor obsessivo, compulsivo, enfrentando um Nabuco relapso, desacostumado à rotina. Escrevia às pressas, na última hora, sem tomar notas. Em 11 de novembro de 1883, o chefe martelava: "Isto de deixar tudo para o fim quando aperta o tempo, e a hora fatal esporeia a pena e o espírito, é mau sistema". Aos poucos, porém, os preciosismos de Picot lhe incutiram vontade de aprender política européia e um pouco de economia, de ajustar o estilo, cortando derramamentos. E, eventualmente, respeitar prazos. A seu modo, entrava nos eixos.

A coluna tratava dos temas da semana, cinco em média, em ordem de relevância. Discorria longamente sobre os dois primeiros, gastava um pouco de tinta no terceiro e apenas registrava os dois últimos. Usualmente começava pela dinâmica parlamentar local, passava à política externa inglesa, focalizava um assunto palpitante do dia, para concluir numa resenha da vida de corte, ao seu gosto, e em notinhas econômicas, ao gosto de Picot.

Cobria as lideranças e os debates parlamentares, dando o resumo da agenda. Pela riqueza de detalhes, é certo que ia em pessoa à Câmara dos Comuns. Valia a pena. Gladstone, em segundo mandato como primeiro-ministro, se consolidava como modelo de novo liberalismo. Tinha ímpeto executivo, tematizava e equacionava questões cruciais, que havia tempos dividiam os partidos. Propunha uma reforma eleitoral de sentido contrário da que Saraiva implementara: a extensão do voto. Na espinhosa questão irlandesa, queria uma reforma agrária e a diminuição do poderio da Igreja. Enfrentava a resistência dos conservadores, as demandas da bancada irlandesa moderada e os ataques terroristas dos extremistas, que tinham explodido uma bomba em Victoria Station e tentaram repetir o feito em Charing Cross e Paddington, as grandes estações de trem metropolitanas. Nabuco acompanhou essa "Conspiração da Dinamite", a prisão dos culpados, a reação da opinião pública. A política andava de mãos dadas com a violência. Nabuco não gostava. Condenou o terrorismo, então chamado "nihilismo", em 3 de setembro de 1884: "O assassinato político é um meio ignóbil e infame de conseguir um certo fim [...]". Essas questões agitavam os ingleses, galvanizados pelos grandes duelos parlamentares em torno do pacote reformista do gabinete. Conservadores, liberais e radicais alardeavam suas posições sobre as reformas: a política transbordava do Parlamento para as ruas.

Nabuco resenhava a imprensa, conforme o chefe ordenava. Dava as gradações da política inglesa, com Disraeli à direita, Chamberlain à esquerda, liderando os radicais. Mas era seletivo no que publicava. Reproduzia longos trechos do *Standard* — pelo qual Picot não nutria simpatias —, que sustentava o primeiro-ministro. Estava maravilhado com sua capacidade de transformar carisma em ações concretas de mudança: "Neste momento o nome de William Ewart Gladstone é a maior força nacional, a única que não se poderia substituir" — escreveu em 18 de janeiro de 1883.

A Inglaterra se despedia de seus áureos tempos imperiais, potência naval vigiando a ordem, casa dinástica impondo a civilização ao redor do mundo. Nabuco noticiava a desagregação do grande Império Britânico: desavenças dos súditos canadenses, escaramuças na Índia, em Madagáscar, no Afeganistão, na Austrália. Na África, os ingleses tentavam reanexar a Zululândia enquanto colonos holandeses se rebelavam no Transvaal — conflitos que originariam mais tarde a África do Sul. Tratava também das disputas, ora diplomáticas, ora sanguinolentas, entre os impérios. Portugueses contra ingleses, no Congo, ingleses contra franceses, no Egito, franceses contra alemães, na Alsácia-Lorena — o tema de seu *L'Option*.

Opinar muito, Picot não deixava. Mas aqui e ali suas inclinações transpareciam. Embora condenasse o expansionismo alemão de Bismarck, em seu artigo de 24 de agosto de 1883, sustentava o inglês em situações similares. Quase sempre apoiava a Inglaterra em suas invectivas contra os bárbaros. Nisso iam juntas sua crença na superioridade da civilização ocidental e sua admiração por Gladstone. Contudo, quando viu o efeito da ocupação inglesa no Egito foi mudando de opinião. A Inglaterra promoveu o conflito ao melhor estilo colonial: ia garantir a civilização e a democracia e logo se retirar, como Nabuco explicou, em 17 de fevereiro de 1883: "[...] a guerra teve por fim impedir uma explosão do fanatismo mahometano em todo o Oriente". Mas desandou. Nabuco lamentou, com a opinião pública inglesa, a destruição de Alexandria, a carnificina, a cólera, a miséria, o rastro sujo do militarismo inglês. Em 18 de janeiro de 1884, desgostoso: "O estado do Egito é na verdade lamentável. A Inglaterra invadiu o país a mão armada, destruiu-o [...], estabeleceu o seu predomínio ou protetorado". Coisas de que Eça de Queirós, correspondente da *Gazeta de Notícias* pouco antes, relatava desabridamente todo santo dia.

Nabuco descansava nos assuntos frívolos. Resenhava o fulgor da vida social inglesa, eventos culturais, como peças de Shakespeare, em moda, e performances das divas líricas, como a Ristori. Dava os leilões de arte, que freqüentava na companhia de Manuel de Oliveira Lima, do serviço diplomático, e os banquetes diplomáticos e bailes de Penedo. Contava a rotina da família real, como o gosto do príncipe de Gales por arqueologia, a morte do mordomo da rainha e o lançamento de sua autobiografia. Comentava mexericos da corte, divórcios e obituário de famosos. E fazia crônica de variedades: um pastor pregando no parque, um adivinho de números, a modernização de locomotivas, uma estátua para o poeta Longfellow, as profecias suscitadas pela proximidade de Vênus com a Terra. Seguia casos momentosos, um incêndio de teatro, um acidente em Victoria Falls, o estelionato de um banco inglês, a explosão do vulcão Krakatoa.

Na sessão a que Picot o obrigava, dava notinhas burocráticas sobre negócios ingleses no Brasil e vice-versa. Destaque para as companhias de capital misto, anglo-brasileiras, numerosas depois de uma mudança na legislação brasileira no setor. Eram, por exemplo, empresas de navegação e de produção de açúcar. Nabuco noticiou a criação de uma delas: a Central Sugar Factories of Brazil Ltd., que prometia construir cinco engenhos no Brasil. Comentava questões financeiras de interesse no Brasil, como a entrada do café no mercado europeu. Tudo isso taquigraficamente, quase sem comentários.

Apesar do cabresto curto de Picot, de vez em quando tratava de política brasileira. Criticou a retomada do plano de imigração chinesa, em 1º de maio de 1883, e, em contraponto, elogiou, em 18 de agosto, projetos de Rebouças. Registrou trocas de gabinete e seguiu falando do caso do Morro Velho. Graças à Anti-Slavery, a questão chegara ao Parlamento inglês. Um deputado pediu providências, mas, em meio à momentosa agenda de Gladstone, ficou tudo por isso mesmo. Nesse uso discreto da coluna para a propaganda abolicionista, foi precavido, pedindo antes licença a Picot. O chefe, quando afagado, cedia — ainda que a contragosto.

Escreveu 58 artigos durante sua vida de correspondente. As orientações de Picot foram em parte negligenciadas: a ênfase econômica de Clark se deslocou para a política. Mas o apuro do estilo, como na impressionante descrição visual de Alexandria em chamas, sem os rompantes alegóricos que usava no Parlamento, são efeitos da tesoura do chefe. Entretanto, sempre atrasado, os artigos descambam no final, com seqüência aleatória de assuntos secundários, passagem truncada de um a outro. Raros têm fecho. Alguns simplesmente transcreviam longos trechos de discursos parlamentares ou artigos de jornais.

No Brasil, os artigos mantinham presente o ausente. À boca pequena disseminava-se a autoria — serviço de Rebouças e Hilário. Repercutiam bem, apresentando um Nabuco graduado, tratando de assuntos graves, próprios de homens de Estado. Para os amigos, era um desvanecimento. "Tenho lido e aplaudido as suas correspondências", dizia Machado de Assis, em 29 de maio de 1882. "É a minha opinião, creio que é a de todos." Para auferir prestígio junto ao chefe, Nabuco lhe encaminhou a carta do literato que se afamava. Mais tarde, em 6 de março de 1883, o próprio Picot reconhecia a boa recepção da coluna na imprensa brasileira, inclusive na área que lhe era mais ingrata: como analista econômico.

O aprendizado metódico e o trabalho continuado, todavia, estafavam Nabuco. Males do corpo e do espírito foram sistematicamente comunicados ao chefe como escusas para insucessos repetidos: perda de prazos, negligência na redação, lacunas na cobertura dos assuntos do dia. Picot entendeu as doenças como esforços do funcionário para atingir suas altas expectativas. Os reclamos foram amolecendo sua alma empedernida.

Fosse por ver o funcionário macambúzio ou porque começasse a gostar do que lia, se pôs, parcimoniosamente, a distribuir elogios: "[...] bato palmas com ambas as mãos [é verdade não poder bater de outra maneira]", dizia em 4 de agosto de 1882. Passou a perdoar lapsos e ficou mais cordial. A convivência os aproximava: "Como voa o tempo! Já há um ano que o amigo está nesta quitanda!". O resultado, admitia em 4 de janeiro de 1883: "[...] minha viva simpatia que vai crescendo dia a dia para com a sua pessoa". Explorando essas brechas, Nabuco encaminhou pedidos: receber os jornais brasileiros, mandar de graça suas cartas pessoais para o Brasil — serviço caro. Por fim, conseguiu reajustar as datas de entrega dos artigos.

Apesar desses afagos, seguiu sob a pressão contínua de um chefe exigente. Essa relação profissional com Picot teve muitos efeitos sobre Nabuco. O ofício imprimiu nele uma disciplina intelectual. Adquiriu penosamente o etos do trabalho. Picot o compeliu a outros aprendizados. Circulando por muitos assuntos, teve de conhecer de fato o que apregoava saber. Seu instintivo interesse pelas pessoas e lugares, pelas artes plásticas, pelas letras e por temas leves da cultura foi deslocado forçosamente para a economia e a política mundial, fulcro de sua nova agenda de leituras. Teve de se inteirar das dimensões estruturais dos problemas sociais e políticos, para as quais até então pouco atentara. Seu cosmopolitismo que era, por assim dizer, um verniz de salão, ganhou densidade. Teve de estudar conjunturas de diferentes países, sistematizar suas idéias sobre o Brasil e colocá-las sob perspectiva comparada. E, não menos importante, Picot o ensinou a escrever. Os devaneios românticos dos versos e o tom pomposo dos discursos foram impiedosamente decepados. Os cortes de seu editor fizeram com que chegasse a um estilo mais sequinho, mais incisivo. Desse conjunto de aprimoramentos nasceu O *abolicionismo*.

NO MUNDO DOS NEGÓCIOS

Parte da estafa era resultado da condição de multitarefas. Para manter seu estilo de vida em Londres, Nabuco teve de buscar outras ocupações.

O lugar natural para procurar dinheiro era a City, coração do dinamismo econômico e financeiro inglês. Ali estavam as sociedades por ação, entrelaçadas pela Royal Exchange, a bolsa de comércio e os escritórios do Lloyd's, centro internacional do comércio marítimo. O Banco da Inglaterra, cúpula do sistema bancário mundial, pontificava sobre muitos outros, todos em prédios adornados com o mogno das colônias. Pelo entorno, bancas de advogados, contadores, sociedades comerciais, firmas particulares, lojas e edifícios públicos, o *Standart*, o *Daily Telegraph* e o *Times*.

Os "city men" eram homens de negócios que, pelo casamento com nobres decaídas avançavam sobre a política. A ética capitalista dos burgueses e o refinamento aristocrático encontraram seu equilíbrio no reinado de Vitória. Os Rothschild bem o provam: grandes capitalistas, metidos em todo gênero de negócios europeus e benquistos em todos os salões.

Por eles, Nabuco chegou aos negócios. Penedo, grande costurador de acordos econômicos entre europeus e brasileiros, era bem relacionadíssimo, incontrastável em poder nesse campo e colocou Nabuco na roda de influência dos Rothschild, por meio de Alfred, assíduo do Grosvenor Gardens, e abriu portas nas companhias inglesas operando no Brasil. Todas recorriam a consultores para deslindar a legislação brasileira. A posição dependia de reputação. Nabuco era recém-chegado, sem domínio do mundo financeiro inglês. Mas Penedo recomendava, dizendo, talvez, uma meia-verdade: que praticara a advocacia no Brasil, no escritório do pai, grande jurista do Império. Seja como for, em julho de 1882, Nabuco virou consultor da Central Sugar Factories, que instalava engenhos centrais em Pernambuco.

Incumbia-se de pareceres sobre questões atinentes a investimentos ingleses no Brasil. Esclarecia pontos obscuros de contratos, destrinchava leis. Em pareceres e reuniões, foi instado, por exemplo, a relacionar conseqüências da quebra de contrato com plantadores brasileiros de cana. Em 11 de novembro de 1882, Douglas Morris lhe perguntou o que aconteceria "se a concessão vier a não se realizar por causa de algum acidente, como por exemplo — para dar um caso altamente provável — a impossibilidade de completar o trabalho no prazo estipulado".

Opinou sobre aspectos legais referentes à posse de terras em que a companhia se instalaria no Brasil. Nesse ponto, não hesitou em apresentar idéias assemelhadas às de Gladstone para a Irlanda e que Rebouças vinha sistematizando sob a rubrica de "democracia rural". Argumentou com Douglas Morris, em 23 de setembro, que o parcelamento da terra incrementaria a economia açucareira, e o maior número de proprietários de terra livraria a empresa do oligopólio de senhores de engenho: "A ação da Central Sugar Factories deve ser o parcelamento da terra, a divisão da atual plantation, e o fomento de uma nova classe de plantadores ou pequenos proprietários". Também emitiu pareceres sobre obrigações e penhores previstos em contratos para plantações de cana em Pernambuco.

Não era trabalho prazeroso. Por isso o adiava. Em novembro de 1883, lamentou a Penedo não poder segui-lo para as praias de Brighton por conta de relatórios atrasados para o *board* da companhia. Era, contudo, gratificante. Ganhava cinco vezes mais do que no *Jornal do Comércio*. Em dezembro de 1882, por exemplo, recebeu 157 libras da Central Sugar Factories.

Graças às conexões sociais, conseguiu assessorar outras empresas, como The City Bank Limited e a Botanical Garden

Rail Road Company, que geria o serviço de bondes no Rio de Janeiro. Infrutiferamente, tentou o caminho inverso, ajudando brasileiros em assuntos ingleses — como numa consulta do visconde de Desterro sobre os requisitos para naturalização inglesa. Esforços pequenos, honorários, idem: quinze libras, em média, cada.

Não fazia segredo dessas ocupações, mas não se orgulhava delas. Rebouças, em 5 de março de 1882, surpreendeu-se ao descobri-las: "Disseram-me que eras diretor da 'Central Sugar Factories'". Não teceu juízos. Fazia serviços parecidos para a Conde d'El Rey Co. Tratou de usar a conexão: "Você [...] fará todo o possível para que venha quanto antes uma petição para Engenhos Centrais, na Paraíba do Norte". Nabuco fez questão de esclarecer, em 6 de junho: "Não é exato que eu seja Diretor da Sugar Factories".

Esses afazeres eram esporádicos e pingavam de quando em vez; não davam o salário que Picot pagava religiosamente. Por isso pediu a Salvador de Mendonça, em 9 de fevereiro de 1882: "Como homem de imprensa ou como advogado tudo o que possa achar que me ajude na luta pela vida escrevendo ou procurando eu em Londres para os Estados Unidos virá muito a propósito". A Charles Allen rogou, no dia 21, que o recomendasse a um tal "Mister Kingdon" para ser o comprador de "materiais de impressão" para o Brasil.

Trabalho fixo veio do aproveitamento dos artigos do *Jornal do Comércio* pelo *La Razón* de Montevidéu. Era um jornal de oposição, circulava bem, e o dono, Carlos Maria Ramirez, era um conhecido de Petrópolis, que, em 5 de setembro de 1883, pediu-lhe dois artigos mensais sobre "política inglesa, movimento científico, literário ou o que você preferir, com referência ao Império Britânico". Nabuco era adequado por ser "conhecido de fama" no Prata. Do mês seguinte até ao menos agosto de 1884, enviou artigos em português — Ramirez os vertia para o espanhol — ganhando dez libras. Nesse caso, as delongas eram do patrão — no pagamento.

Escrevia para o *La Razón* cartas assinadas e dirigidas ao diretor do jornal. Nisso diferiam dos do *Jornal do Comércio*. No teor, eram similares. Temas e mesmo trechos inteiros eram reproduzidos, embora desse mais ênfase a questões americanas, como o conflito entre Chile e Peru, e vazão à simpatia por Gladstone. Em 13 de dezembro disse que sua política "oportunista", a das reformas possíveis, eram um marco na história inglesa. Apoiava a intervenção sobre a propriedade da terra na Irlanda, porque a limitação dos direitos de uma classe no interesse da coletividade constituiria, "por assim dizer, uma necessidade histórica".

Embora o *La Razón* fosse um jornal de província, suas notícias chegavam à capital cultural do mundo. Picot leu e não gostou. Nabuco se explicou, em 23 de fevereiro de 1884: "Essas cartas são diversas das que escrevo para o *Jornal* no sentido que nas últimas dou conta de todos os fatos importantes ocorridos na Inglaterra e de quantos dizem respeito ao Brasil [...] e nas primeiras limito-me a um assunto inglês ou europeu [...]". Se assim era, por que não notificara o chefe? "Não lhe comuniquei esse fato até hoje pela incerteza em que estava e estou ainda quanto ao valor, duração e estabilidade de compromissos de imprensa em Montevidéu [...]." E porque não via "incompatibilidade alguma nem inconveniente de qualquer ordem para o *Jornal* nessa acumulação [...]".

Nabuco estava certo, os artigos tinham outro tom. Picot, porém, não estava errado em ver neles mais que um ar de família. Em 27 de fevereiro julgou o ato ilícito. Em vez de perdoar, esperança de Nabuco, submeteu o caso à direção do *Jornal* no Rio. Penedo, de quem Nabuco se socorreu, deu a situação por arruinada em abril: "V. pôs o carro adiante dos bois". Picot "está nos horrores da sua correspondência quinzenal".

A BOA VIDA

Londres era a cidade dos sonhos. Nabuco gostava imensamente dela, de passear pelo Hyde Park, onde a nobreza se exibia, de manhã a cavalo, de tarde em carruagem. Ia a pé à City e à Anti-Slavery Society, que ficava na New Broad Street, pertinho do London Wall. Circulava pelo *embankment* — o calçadão na beira do Tâmisa perto do Parlamento —, pelas ruas comerciais, preferindo a Oxford Street. Ia à National Gallery, às vezes corria, e adotou um dos esportes primaveris da nobreza: o remo.

A noite era para a corte. Via muito os Penedo, e por intermédio deles, umas tantas boas famílias inglesas. Eventualmente ia à opera e ao teatro, "prazeres de luxo", requisitando apuro. A roupa acompanhava os gostos políticos. Os realistas honravam o marido da rainha com a meia capa "Albert", enquanto os reformistas envergavam o "Gladstone", sobretudo curto, com abotoamento duplo. Nos clubes, os ingleses se igualavam na casaca simples, o *dinner jacket*.

A família real irradiava as modas. A partir dos anos 1860, com o luto fechado da rainha, após a morte do marido, o príncipe de Gales e a princesa Alexandra viraram o centro da sociedade de corte. Abrilhantavam partidas de críquete e corridas de cavalo, concertos e bailes c promoviam grandes festas e pequenos escândalos. Nabuco se encantava, em companhia dos amigos Arthur, e seu irmão Alfredo, Correa, José Carlos Rodrigues, conhecido de Nova York, e Richard Shannon, diplomata americano de carreira, que servira no Brasil. O grupo vivia pelos clubes, e, provavelmente, pelos numerosos bordéis em moda à roda dos teatros.

Como toda a boa sociedade londrina, veraneava em Brighton. Na primavera, Paris seria o desejável, o glamoroso. Mas não havia fundos. Uma ocasião, aproveitou a passagem paga pela Anti-Slavery para representá-la em Milão e foi até o lago Como, lembrar-se de Eufrásia. Passou pela Alsácia, por Bâle, Estrasburgo e Bruxelas.

Os gostos eram os da juventude, mas a meia-idade mandava casar. A pressão da família era cíclica e ineficaz. Seguia galanteador, com flertes ocasionais. O reencontro com Fanny Work teve seu impacto. Casada, podia ter virado amante. Mas as americanas não eram dadas a isso. E Nabuco nunca a perdoou por ter ficado aos pés dela, sem que ela caísse em seus braços. O romance de duração, tomado a sério pela família, era com a filha dos Schlesinger, amigos de Penedo, cortejada na década anterior. Mary era bonita, espirituosa e afável, sem ser derretida. A convivência compulsória em Grosvenor Gardens consolidou um compromisso informal.

Mas Nabuco escapuliu de pedir-lhe a mão, dizendo que ia visitar a mãe. A notícia correu com outro sentido, como ele narrou a Penedo, em 22 de março de 1883: "Mme. De Martino [...] foi-me logo dizendo que ouvira a alguém que eu ia ao Brasil para casar. Ela teve a bondade de não dizer-me todo o seu pensamento: que eu ia procurar casamento".

"Sou muito inconstante como sabes", confessara antes a Sancho, em 2 de janeiro. Na verdade, rodopiava em torno de um ponto fixo. Os flertes iam e vinham, mas paixão exasperadora, pela vida toda, só teve por Eufrásia. Não restam cartas entre eles da virada da década de 1870 para a de 80; contudo, terão ouvido notícias um do outro, sopradas pela pequena corte brasileira na Europa. Em inícios de 1884, quando a correspondência voltou a regular, Eufrásia o provocava posando para um pintor francês. No retrato, está altiva e bela, num vestido princesa azul-cobalto. Nabuco teve ciúme. Teve saudades. Encontraram-se. Achou-a envelhecida, aos 34 anos, com cabelos brancos. Ela retrucou, em 20 de abril: "[...] devia ter achado ainda maior a mudança no meu espírito que no meu físico". Retomaram o namoro. A fofoca de madame De Martino tinha fundamento. Nabuco andava em vias de casar.

A CONEXÃO REFORMISTA

Esses anos de Nabuco em Londres foram politicamente bem animados. Entre 1880 e 1885, Gladstone imprimiu sua cunha na política inglesa, aprofundando reformas modernizadoras e democratizando o sistema político. Nabuco noticiava, admirado. O Parlamento se agitava, com grandes discursos em horários absurdos. A platéia os aplaudia ou tossia em reprovação. A imprensa fervilhava com artigos de bom nível analítico. *The Economist*, por exemplo, era dirigido por Walter Bagehot.

Nabuco ficou contaminado. Vidrou em Gladstone. Conheceu um de seus filhos por meio da Anti-Slavery Society. Ali cavou relações estreitas. Era uma associação de raiz protestante. Os quacres Thomas Clarkson e Granville Sharp foram os pioneiros, combatendo o tráfico negreiro. O evangélico William Wilberforce propôs regularmente legislação abolicionista no Parlamento e fez *meetings* pelo país até o fim da escravidão, em 1833. A Anti-Slavery só se formalizou em 1839, visando erradicar a prática nas colônias britânicas. Uma campanha decisiva para a abolição nas Índias Ocidentais a internacionalizou. Nos anos 1870, fez campanhas vigorosas na África, Oceania, Egito e Turquia.

Nabuco soubera disso lendo o *Anti-Slavery Reporter* para o pai. A recepção calorosa de Charles Allen em 1880 abriu uma colaboração. Allen o ajudou, em janeiro de 1882, a compor a peça jurídica em favor dos escravos ilegais da Companhia do Morro Velho, sob responsabilidade do advogado Jacinto Dias da Silva. O *Anti-Slavery Reporter* noticiou sua derrota eleitoral e reproduziu sua carta aos abolicionistas escrita antes do "exílio forçado". Era apresentado como o líder do movimento abolicionista no Brasil, vitimado por um "temporary check" dos adversários. Ganhava status de asilado político empunhando uma bandeira. A Anti-Slavery o acolheu como "membro correspondente", convidado para todas as atividades, até para a foto coletiva do álbum da associação.

Ficou à vontade escrevendo para o *Anti-Slavery Reporter*, opinando nas reuniões e discursando em eventos públicos, como num *meeting* pela abolição no Egito. Foi encarregado de uma resolução abolicionista para um congresso jurídico internacional. Perdeu o prazo. Em 28 de agosto, informava a mr. Sturge: "[...] é melhor adiá-lo para o encontro do ano que vem. Enquanto isso eu aumentarei o artigo que estava escrevendo para torná-lo mais completo". No ano seguinte, de fato representou a Anti-Slavery Society, junto com Allen, na 11ª Conferência da Associação para a Reforma do Direito das Gentes em Milão. Propôs acordos internacionais impedindo o tráfico de escravos e proibindo cidades de países signatários de os possuir. A idéia virou resolução da Conferência. E a sua performance teve o efeito habitual, como se ufanou Rebouças, em 13 de outubro de 1883: "Estamos nadando em júbilo pelo seu esplêndido triunfo em Milão [...]".

Por conta da Anti-Slavery Society, Nabuco e Rebouças tinham passado o verão de 1882 em Brighton. A cidade abrigava a sede da associação. Nabuco ciceroneou o amigo e soube por ele do lento andar da carruagem abolicionista no Brasil. Por meio da Anti-Slavery Society tentou angariar o apoio da rede de abolicionistas em Londres para a causa brasileira. Escrevia para associações, como a Alliance, braço feminino do movimento abolicionista inglês, na Park Lane. Ganhou de Lizzie Moris a simpatia e *Sezame and Lillies*, livro de John Ruskin tratando de problemas sociais. A Imperance Mission foi mais receptiva, convidando-o a mandar texto a ser lido em reunião. Mesmo os namoricos se deslocaram para esse plano, caso de uma certa senhora Raikes, que ele chamava de "Diana Transparente".

Com os abolicionistas cubanos na Europa, especialmente Rafael Labra, conhecido na viagem anterior, trocou documentos e impressões sobre a escravidão nas Américas. E acabou por emplacar correligionários da SBCE, como Joaquim Serra, no comitê da Abolicionista Espanhola, que Labra dirigia.

Esses contatos mantiveram a questão escrava na agenda de Nabuco. Conheceu um leque de exemplos, alternativas jurídicas, estratégias parlamentares, formas de ação e mesmo temas e argumentos para a redação de panfletos abolicionistas. Foi um incentivo para escrever sobre o assunto e manter seu ativismo no Brasil.

E também para atentar para a parte menos nobre da sociedade inglesa. A situação da classe trabalhadora inglesa, que Engels pouco antes descrevera, o chocou: "indo de Westminster para Victoria Station" — contou no *Jornal do Comércio*, de 3 de setembro de 1882 — "perdi-me num labirinto de ruas em que pululava uma população cuja miséria não posso descrever". Nem explicar. Logo transpôs a pergunta sobre como se relacionavam a alta sociedade e o proletariado industrial para o Brasil e ficou meditando sobre as conexões entre a escravidão e a aristocracia fundiária.

PERDENDO O BONDE

Nabuco não perdeu de vista a política brasileira durante seu "exílio". Razões não faltavam. A situação profissional era instável, dado o caráter fugidio das consultorias e a relação tempestuosa com Picot. Era prudente manter aberta a porta da política — os amigos, familiares e correligionários de SBCE não deixariam mesmo que ela se fechasse. E havia as ambições pessoais, confessadas a Sancho, em 18 de março de 1883: "[...] custa-me renunciar à influência que eu poderia exercer sobre a opinião de meu país".

O gabinete Martinho Campos, que se autodefinira "escravocrata da gema", agradou os conservadores e, contava Hilário, em 30 de abril de 1882, obrigou "todos os liberais, que se têm manifestado em oposição, a fazerem profissão de fé abolicionista". Não mais que isso. O fechamento do sistema político impulsionava os abolicionistas para a propaganda à sociedade civil, onde Patrocínio crescia e aparecia, em combate sem peias aos donos de escravos. Rebouças se aproximou dele, e Joaquim Serra assumiu, em fevereiro de 1882, a direção de sua *Gazeta da Tarde*. Franqueado esse jornal de grande circulação na corte, os companheiros de Nabuco — Rebouças o informou, em 16 de abril — decidiram usá-lo como seu porta-voz, pondo fim a *O Abolicionista*. A SBCE se esvaziou, sem atividades, sem publicações, visível apenas nas ocasiões em que convinha listar apoiadores. Rebouças se desdobrava, articulando várias associações, usando ora o nome de uma, ora de outra na promoção da causa e se concentrava em *meetings* de propaganda, sempre com Patrocínio, de quem virara até compadre.

Nabuco ficou descontente com o fascínio de Patrocínio sobre os correligionários. A aliança era um fortalecimento e uma radicalização: indicava a opção pela política das ruas em detrimento da negociação parlamentar. Arvorou-se em sua posição de presidente da SBCE; exigiu contas de seus liderados. Andava na direção oposta a eles, escrevia petições e moções para os aliados encaminharem ao sistema político. Em 6 de junho de 1882, disse a Rebouças: "[...] pretendo redigir representações para diversas Assembléias Provinciais". E queria um deputado disposto a ajudar em cada província. Enquanto isso buscaria apoio na Espanha, na França e nos Estados Unidos.

Rebouças atendeu ao chamado, exibindo sua rede de contatos com pequenas associações emancipacionistas locais — no Ceará, no Rio Grande do Sul, no Amazonas. Em geral, porém, os abolicionistas não estavam nas assembléias. Rebouças achava que convinham mais as iniciativas extraparlamentares.

Nabuco insistiu. Escreveu uma petição à Câmara e adicionou a assinatura do barão de Ladário, vice-almirante lotado no serviço diplomático brasileiro na Inglaterra. Pedia que a SBCE a subscrevesse e um deputado a encaminhasse. Isso no começo de junho. Em 7 de julho, Rebouças garantiu: "A Representação está assinada pelos fiéis e será apresentada ao Parlamento na próxima semana". Era falso; nem ele assinara. Serra, no dia 15, se justificava: "De que servia querer eu, o Rebouças, ou outro assinar [...]? Este entendia que [...] ficava desvirado figurando em uma petição vinda de Londres, quando não fez nenhuma aqui". Os correligionários não endossavam sua estratégia, vendo-se supérfluos, mesmo humilhados, por seguir uma liderança ausente. Nabuco custou a perceber. Pediu a Silveira da Mota que instasse o pai, senador, a apresentar a moção ao Senado. A desculpa agora era que o pai adoecera. A moção girou em falso, sem apoiadores no Parlamento, sem campanha fora dele, enterrando-se por fim na poeira dos arquivos.

Seus planos eram sistematicamente desencorajados pelos correligionários. Rebouças escrevia dando tarefas mais que tomando ordens — caso da inviável missão de conseguir do primeiro-ministro inglês uma recomendação para apressar a abolição no Brasil. Por isso, em novembro de 1882, Nabuco segredou a Sizenando a idéia de abrir jornal próprio para unir propaganda abolicionista como meio de vida. Seria O *Século*. Os amigos jogaram contra: "Falas-me em um jornal aqui [...]" — escreveu-lhe Serra em 15 de julho. — "Meu caro amigo, isso não é meio de vida". Em 28 de novembro confessou-se resignado a Homem de Mello: "[...] a minha única ambição seria fundar e dirigir um jornal [...] liberal de idéias não de partido [...], porém faltam-me para seguir a minha vocação todos os recursos e devo contentar-me com o que tenho".

Assim, todas as suas tentativas de assumir as rédeas do movimento abolicionista desde Londres malograram diante de ativistas mais dispostos ao combate das ruas que ao lengalenga do Parlamento. E, sobretudo, porque estava lá, ao vivo e em cores, uma liderança concorrente. Patrocínio não tinha o charme de Nabuco, mas era um orador visceral e um combatente destemido. E, à sua maneira, também tinha tino para o espetáculo.

O ativismo abolicionista se atiçou com a queda de Martinho Campos em julho de 1882. Outro liberal o substituiu, o visconde de Paranaguá, prometendo ampliar o fundo de emancipação, criar imposto sobre as vendas de escravos e proibir o tráfico entre as províncias: "[...] seu programa é limitado, mas [...] os escravocratas da câmara estão furiosos [...]", contou Serra, em 15 de julho.

Diante do novo quadro, Nabuco quis sacudir a pasmaceira da SBCE e incutir-lhe os procedimentos da Anti-Slavery Society, com reuniões rotineiras e publicação das atas na *Gazeta de Notícias*. Em 17 de novembro mandou a Adolfo de Barros o script: "[...] os fatos relativos à escravidão durante o mês devem ser trazidos à luz, a correspondência com as associações análogas resumida [...]". Mandava publicações e discursos de políticos ingleses para que Sancho os divulgasse. Pedia empenho a Rebouças, Serra e Gusmão Lobo.

De longe, restava-lhe um único púlpito: o *Jornal do Comércio*. Pediu o assentimento de Picot para falar da escravidão. Em tom comedido, denunciou a venda de escravos nascidos depois da Lei do Ventre Livre. Conseguiu a atenção do chefe de gabinete, que, em novembro de 1882, prometeu providências. Nada mais que isso. A imprensa brasileira não se dispôs a estampar sua tréplica.

Nabuco estava caudatário do movimento, perdia a liderança das ações. Restava operar no plano das idéias. Não podendo discursar no Parlamento, nem nos *meetings*, restava-lhe o panfleto. Resolveu sintetizar num livro o que matutava sobre a escravidão em seu tempo de Inglaterra.

O LIVRO DE NABUCO

Como centro comercial da Europa, Londres atraía gente de toda parte. Esse cosmopolitismo, por sua vez, era um chamariz para intelectuais, dândis, poetas e pintores experimentais, já que Paris, capital cultural do século XIX, vivia as convulsões políticas e sociais do início da Terceira República. Enquanto isso, a vida intelectual desabrochava em Londres.

Os mundos político e intelectual ingleses eram completamente misturados. Líderes partidários eram também autores de livros de sucesso. Essa indissociação modulava o estilo dos discursos políticos. A agitação cultural corria em vários focos, interligados e exuberantes. George Eliot trabalhava na *Westminster Review*; Dickens vivia na Tavistock Square; Carlyle no Chelsea e Henry James em Mayfair. Eram certos os debates nos cafés e *pubs* da Fleet Street, onde se podia topar com Oscar Wilde. Havia numerosos salões e sociedades literárias. Nos clubes, como o Athenaeum, as bibliotecas eram enormes e havia assinaturas de revistas do mundo todo. O famoso Traveller's Club, aonde Nabuco ia sempre, era o melhor deles, refinado, discreto.

A sala de leitura do British Museum era perfeita para o trabalho intelectual. Para freqüentar era preciso carta de apresentação. Nabuco entregou a sua com publicações próprias e do pai. Lá de dentro avistou o que George Gissing descreveu em seu *New Grub Street*, de 1891, como um "teto em forma de cúpula, circular, semelhante a uma espécie de inferno, no qual as escrivaninhas figuram uma série de círculos infernais". O caráter diabólico era reforçado pela ausência de janelas. Mas também lá se encontrava o paraíso, em versão borgiana: 600 mil livros. Taine contava admirado: por toda parte "livros de referência, dicionários, coleções de biografias, clássicos de todos os gêneros [...]. Cada lugar é isolado: não se tem diante de si senão a madeira de sua escrivaninha". Nessa solidão, Nabuco não terá notado um senhor desalinhado, afogado em livros. Era Karl Marx tentando acabar *O capital*.

Compelido a aprender a galope política internacional e finanças, para atender a Picot, confinou-se à biblioteca, como contou a Sancho, em 18 de março de 1883: "Eu leio muito agora quando não trabalho". O British Museum virou paisagem cotidiana, onde pôs em prática o plano de estudar economia, política e literatura.

Pensou em estudar inglês para virar literato. Cogitou limpar a honra do pai, publicando suas obras e uma biografia. Projetos adiados pelas urgências de Picot. Em 1882, vendo que perdia o pé na propaganda abolicionista, concebeu plano ambicioso, coletivo: "[...] publicar obras abolicionistas, traduções de livros, como *A cabana do Pai Tomás* — essa Bíblia da emancipação dos escravos —, vidas de abolicionistas célebres, poesias como o "Poema dos escravos" de Castro Alves e edições de livros como os *Herdeiros de Caramuru* [...] e documentos de nossa história como os papéis do tráfico". Mas, reconhecia, nessa carta a Domingos Jaguaribe, de 16 de novembro, que não havia entusiasmo no "partido abolicionista" para tanto.

Circunscreveu limites mais realistas. Reuniu documentos e estatísticas sobre a escravidão no Brasil e começou a escrever. Era para ser um panfleto, ao estilo dos libelos da Regência, com justificativa lógica e histórica da abolição. Mas o contato com novas idéias o fez descer ao plano estrutural.

Quis explicar a escravidão. Educado no mundo aristocrático, ocupou um ângulo invejável para analisar a sociedade tradicional: o de dentro.

O *abolicionismo* deve muito aos vários aprendizados de Nabuco ao longo de suas incursões européias. Da viagem de proselitismo de 1881 vieram as teses de Oliveira Martins sobre o processo de colonização, sobretudo a idéia da decadência como cerne da herança ibérica. A convivência com os protestantes da Anti-Slavery Society reavivou sua religiosidade caseira. Desse abolicionismo inglês veio o matiz cristão. Somam-se o domínio da conjuntura político-econômica mundial e um estilo limpo, sem circunlóquios, nem rococós — os ensinamentos de Picot. Todos os escritos políticos de juventude, seus discursos parlamentares, o manifesto da SBCE, sua memória para o congresso de Milão, foram exercícios de lapidação de argumentos que organizam *O abolicionismo*. Nesse sentido, o livro é uma condensação de todas as suas experiências intelectuais até esse tempo.

Nele se combinam, numa teoria antiescravista, argumentos do repertório político-intelectual europeu e da tradição brasileira. O apoio para *O abolicionismo* vem de toda parte. De romances, versos e da *Bíblia*. De panfletos, ensaios políticos, análises econômicas, artigos de jornal e discursos parlamentares. Usou tudo o que encontrou na Inglaterra mais a bagagem trazida de casa. Essa variedade ora corrobora, ora ilustra a argumentação ancorada nas teorias sócio-históricas, a coqueluche do XIX.

O livro de Nabuco, como todos os da geração brasileira de 1870, interpreta a história brasileira como uma progressão de estágios civilizatórios. Amparado em Oliveira Martins, reconstrói o processo de formação do Estado nacional. Nervosamente investiga cada traço da colonização — o regime econômico, o povoamento, a composição do povo, a sociabilidade — para identificar em tudo a marca deletéria de uma metrópole decadente. O fulcro da herança colonial estaria no tripé grande propriedade, Estado centralizado, mão-de-obra escrava. Aí se localiza a gênese de todos os problemas nacionais, o fundamento obstando a formação de uma sociedade genuinamente nova. A conjuntura é vista como crise de decadência das bases coloniais, incompatíveis com a civilização moderna. Para avançar, na economia como na política, o Brasil precisaria removê-las, abolindo a escravidão, fonte de todo o resto. Sua utopia, como a de todos os novos liberais, era a generalização da pequena propriedade e a atração de imigrantes europeus de classe média, reproduzindo o modelo norte-americano. Abandonara a idéia paterna de transformar os escravos em servos de gleba e apostava em reformas socioeconômicas profundas, que alterassem toda a base produtiva, não apenas a força de trabalho.

Nabuco, todavia, não tirava toda a conseqüência do que dizia. Ao contrário da maioria dos reformistas, não punha a monarquia no pacote. Nesse comedimento se aproximava da tradição imperial. Pensava para o Brasil o que via na Inglaterra: a monarquia reformando-se a si mesma. Como perdera o elo com os liberais, pedia ao imperador que fizesse a reforma, amparado numa espécie de pacto nacional. Por isso concedia o que boa parte dos abolicionistas já negava: a indenização aos proprietários de escravos.

Tudo isso foi tecido ao longo do inverno de 1882. No calor, seguiu o êxodo londrino para o litoral, onde a Anti-Slavery lhe deu condições excepcionais para escrever: "Acho-me em Brighton" — conta a Penedo, em 4 de outubro — "desejoso de terminar na paz deste isolamento e com o auxílio da biblioteca desta cidade [...] um trabalho que encetei sobre o abolicionismo no Brasil". A redação se estendeu até abril. Em agosto, estava pronto O abolicionismo.

A publicação pela Abraham Kingdom custou dois contos. Caro. Havia opções mais em conta, mas era afeito à qualidade gráfica, disse a Penedo, em 2 de setembro: "[...] a edição é bonita, e a impressão perfeita". Contava com o futuro para pagá-la: "Interesse-se para que a venda seja um sucesso. — conclamou a Hilário, em 11 de outubro — devo tirar pelo menos as despesas da impressão".

Queria que o livro fosse o primeiro da série Reformas Nacionais. Designou um assunto da agenda liberal para cada um dos novos liberais. A Sancho, em 31 de agosto de 1883, pedia "que escrevesses sobre a descentralização administrativa ou sobre a reforma da representação e que o Rui fizesse o volume sobre a liberdade religiosa e o Rodolfo, o da instrução. [...]. Eu escreverei ainda sobre a reconstrução financeira e as relações exteriores".

DÍVIDAS E SAUDADES

Apesar de atolado em trabalhos diversos, Nabuco vivia em meio a problemas financeiros, que lhe valeram, contou ao chefe, em 27 de fevereiro de 1884, a "expulsão de um club, licença e dívidas". Num retrospecto a Juca Paranhos, já em 3 de abril de 1886, resumiu: "[...] eu ganhava em Londres 30 libras do *Jornal*, 50 libras por trimestre [...] da Central Sugar, 10 libras da *Razón de Montevidéu*, e de consultas de advocacia — digamos 10 libras porque eu tive diversas que me foram pagas a 50 libras. Isso é, tirei perto de 70 libras por mês com uma perspectiva de muito mais. E, mesmo assim, eu em Londres tinha uma pequena dívida [...]". Em fins de 1883 — quando cem réis valiam mais ou menos 1,36 libras —, devia a Hilário quinhentos réis, dois contos a Sinhazinha, 167 libras ao amigo Marcondes. Sonhava liquidá-las com as vendas de *O abolicionismo*, mas todo o lucro seria pouco para amortizar a maior das dívidas, com Arthur.

Na meia-idade, os homens oitocentistas sustentavam famílias extensas. Nabuco continuava dependendo da sua.

Cujos ganhos estavam sob ameaça. Desde a concessão, em 1881, o Parlamento discutia revogar pensões de viúvas de políticos. A questão, contara a Penedo em 4 de outubro de 1882, "tem-me incomodado muito, desde que minha mãe perde metade da sua pequena renda". Conservadores faziam fogo particular aos Nabuco, ainda por conta do Código Civil. Sizenando foi à imprensa salvaguardar a honra com uma meia-verdade; o pai teria deixado o trabalho quase pronto em livros de notas. Andrade Figueira, conservador catimbento, exigiu que a família os entregasse ou iria "aos tribunais". Nabuco ficou enfurecido com "a infâmia de um advogado de 4ª Ordem" que seria, como Sinimbu, outro inimigo paterno que tomaria para si. Não obstante, reconheceu, em 15 de abril de 1882: "Não temos nada mais a entregar. As outras notas valiam tanto que eu entreguei ao Teixeira de Freitas alguns volumes alfabéticos e não teria dúvida em queimá-los todos". Hilário, com seu tino prático, pediu ajuda, no campo adversário, ao conservador Ferreira Vianna, a quem mostrou os "livros de notas". Esse *tête-à-tête* abrandou o combate, mas, no final de 1883, veio o desdobramento impiedoso para o orçamento dos Nabuco. As pensões foram suspensas.

O arrimo de família era Hilário, que não nadava em ouro, mas ia melhor que os cunhados, como informara em 30 de abril de 1882: "O Victor ainda não está empregado, apesar das promessas do Martinho [Campos] e do Rodolfo [Dantas]. O Sizenando continua o trabalho em Juiz de Fora, e diz-me que está ganhando bastante e pagando as dívidas [...]". Hilário tentava empregos para todos junto ao governo. Estimulado por reclamações, saudades e dívidas do cunhado, falou a Rodolfo Dantas, que era do Ministério do Império do gabinete Martinho Campos.

Pediu um posto politicamente anódino: bibliotecário da Biblioteca Nacional. Era um dos muitos cargos intelectuais em que os políticos aguardavam vaga no Parlamento e dificilmente seria ocupado sem beneplácito do imperador. Tudo isso, Hilário garantira. Faltava apenas o o.k. do chefe de gabinete. Aí é que a coisa podia engripar. Por isso, em 20 de maio de 1882: "Dirigi-me incontinente ao Martinho [Campos], prevenindo-o das disposições do Rodolfo, e aquele manifestou-me [...] ele interferiria o quanto pudesse para que fosses o nomeado. Então, fui ter com José Caetano [o genro de Penedo], a quem pedi que fosse conversar com o Imperador [...]. Disse o Imperador a José Caetano que [...] se comprometia a dar-te um lugar [...]". Todo o terreno estava aplainado.

Hilário vivia longe da ingenuidade. Sabia dos brios oposicionistas do cunhado, do constrangimento de um emprego vindo do "escravocrata da gema" Martinho Campos. Garantia, por isso, a suavidade do trânsito da oposição à situação: o emprego viria com salário e férias antecipadas para Nabuco circular uns seis meses na Europa. Enquanto isso, Hilário sabiamente vaticinava, cairia o gabinete. Também por isso o retorno era indicado: haveria eleições.

Nada disso demoveu Nabuco. Estava em conta a honra e a causa. Associara sua carreira à abolição; por isso, respondeu, em 18 de junho de 1882: "[...] me seria impossível aceitar a nomeação para esse ou qualquer outro lugar que o Martinho e o Rodolfo se prestassem a dar-me. [...]". Não que a burocracia de Estado lhe fosse proibitiva; concedia aceitar um "lugar de lente que eu tirasse por concurso ou para o qual fosse espontaneamente designado". Professor concursado, sim — apesar da usual burla dos concursos —, mas era impossível um cargo que "não é menos político do que o lugar de adido de legação". Seco, encerrava o assunto: "Nada, pois, de empregos públicos".

Era tarde demais. No mundinho carioca as notícias privadas ficavam imediatamente públicas. A potencial nomeação se estampara em O Globo. Por isso, Nabuco, na mesma carta, exigia uma retratação: "[...] torne bem claro que você pediu esse emprego [...] por iniciativa própria e não por delegação minha [...]". Hilário, magoado, logo o fez. Falou aos ministros, jornais e amigos. Vendo em jogo a reputação, Nabuco publicou ele próprio um desmentido na *Gazeta da Tarde*. Disse que já trabalhava para "uma biblioteca de 1200 volumes — os escravos — em que estava estudando a vergonha da pátria". Nabuco ficou com sua honra; Homem de Mello, com o lugar de bibliotecário.

Os amigos louvaram a sobranceria. Por conta dela, Silveira da Mota recusou, sem prévia consulta, outro cargo oferecido pelo ministro da Agricultura, como narrou em 22 de julho: "Respondi-lhe [...] o Ministério Martinho Campos não tem emprego, comissão ou graça que o Nabuco possa aceitar".

A família e os correligionários empurravam Nabuco em direções opostas. Os abolicionistas queriam que pensasse só na causa. Hilário o pressionava para arcar com compromissos privados e não perdia oportunidade de desabonar seus companheiros de quimeras públicas, como em 19 de agosto: "Serra e o Patrocínio chegaram a qualificar de infâmia o meu ato, mas [...] esses tipos nunca me mereceram conceito algum razoável [...]. [...] não creio que te pudesse ficar mal aceitar um lugar de diretor de biblioteca, onde ficarias tão independente quanto se pode ser [...]. Os teus melhores e verdadeiros amigos também pensavam assim".

A diferença entre os cunhados estava no realismo do "quanto se pode ser". Cuidando diligentemente da própria vida, Hilário logrou, em março de 1883, a posição que almejava na faculdade de medicina. Nabuco preferia permanecer em Londres como modesto estrangeiro, sem holofotes, a regressar humilhado ao Brasil, onde era um fidalgo com nome e causa, mas sem trabalho. Vivia o dilema, reportado a Sancho, em 18 de março de 1883: "Não quero habituar-me a viver fora do Brasil e não sei como posso viver aí".

No plano afetivo, também vivia dividido. Com Eufrásia, os problemas de costume. Sua condição de mulher independente, sem necessidade social de se casar, simultaneamente o atraía e repelia. Havia a intolerância de Chiquinha, que via nele o caça-dotes. Nabuco não a suportava. E havia o finca-pé de Eufrásia de não se rebaixar de mulher de negócios em Paris a sinhá no Rio de Janeiro. Beco sem saída. Morara por dois anos em Londres, podiam ter se casado e morado na Europa, como ela desejava. Mas não se procuraram. Justo quando ele planejava a volta, ela ressurgiu. Empacaram no mesmo ponto. Ela lhe escreveu, numa carta datada de 1884: "Tenho consciência [...] de que deixei-lhe muito má impressão. [...]. Que triste foi esse rápido encontro que nos perturbou sem nos satisfazer".

Brigaram. Ele se abalou. No primeiro rompimento, era um jovem dândi com o destino à frente. Seguira incólume. Agora, a autoconfiança tinha sido aplacada pelos dissabores profissionais, financeiros, políticos. Diante do impasse, o casamento rico, que o consolidaria jornalista na Europa, e a volta, sem bases financeiras nem afetivas, à política doméstica, adoeceu.

Foi derrubado por duas epidemias do século: a melancolia e a apoplexia. Reclamou vagos "incômodos" a Picot, ainda em 1882. Efeitos colaterais do trabalho num homem criado no ócio. O estresse avultou em fins do ano seguinte, justo no reencontro com Eufrásia. Aos Penedo reportou, assustado, umas tonturas, em novembro. O experiente barão diagnosticou o fundo nervoso da doença e receitou, em 9 de novembro: "Dê um passeio a Brighton, venha passar o domingo comigo — e verá se sente mais cousa alguma". Picot foi na mesma direção, dois dias mais tarde: "Vertigem em rapaz da sua idade não é perigosa. É resultado de excesso qualquer. O único remédio é descanso".

Foi ver um especialista, que não lhe viu nada. Estava indisposto, a ponto de perder a festa do ano, o aniversário de Penedo, no dia de Natal. Tinha palpitações. Outro médico outra vez o achou bom. Colheu diagnósticos divergentes, registrados em seu diário: "[...] tive uma pequena tonteira. Queixei-me ao dr. Allingham e ele explicou-a logo pelas hemorróidas. O dr. Weber, pela dispepsia, o dr. Braine por anemia. [...]. Pode, porém, não restar-me dinheiro, nem paciência, nem confiança, para consultar [...] outros". Resvalou para a automedicação, a partir do *Dictionary of Medicine*, de Doctor Guaiz: "[...] tomou 3º purgantes num mês! [...]. Se quer ir para a cova antes do tempo, continua a fazer do seu estômago [...] botica. [...] Pois o meu Amigo que é tão inteligente e sabido não vê que tanto remédio há de acabar por lhe estragar o sistema?". O intrometido era Picot, em 23 de março de 1884.

Os sintomas eram a face visível da inquietação pessoal. Queria sempre estar noutra parte, levar outra vida, insatisfeito com os resultados de suas escolhas. No Brasil, reclamava do calor; na Inglaterra, do frio. As atribulações do trabalho fizeram da amada Londres um campo hostil, sobretudo nos dias curtos, chuvosos. Palco de um "ostracismo forçado"; "o que me pesa são as saudades dos meus e dos amigos", escreveu compungido a Homem de Mello, em 28 de novembro. O gosto pela vida, os mexericos, as modas, os passeios — assuntos corriqueiros — sumiram de suas cartas. Mesmo a coqueteria foi invadida pela morbidez: escreveu o necrológio de uma mulher quase desconhecida; teceu comentários lúgubres sobre Anne Partridge, uma de suas ex-pretendentes. Impressionou-se com o suicídio de um conhecido distante e acompanhou o enterro de Darwin.

Em contraponto, idealizava a vida no Rio: ir de bonde até Laranjeiras, andar pela rua do Ouvidor. A infância em Pernambuco, à qual até então nunca se reportava, saltou da memória recoberta por uma tristeza doce. "Há no desapontamento pessoal muita coisa que provém da educação que tivemos, dos pequenos reis que fomos em criança, da falta de atritos desagradáveis e choques no período em que a consciência se forma

[...]", cogitou seu diário em 17 de janeiro de 1884. Nele evocava também o aniversário de Julião, que o levara do Massangano à casa paterna. A Penedo, em novembro de 1883, resumiu: "Eu creio-me mesmo literalmente doente de saudade".

Indeciso entre ficar e partir, a solidão ou Eufrásia, o jornalismo ou a política, prensado entre mundos igualmente desejáveis, mas nenhum plenamente satisfatório, afundou-se na melancolia. "Sou, meu caro amigo" — disse a Sancho, em 18 de março de 1883 —, "uma árvore com as raízes no ar. Não posso tardar muito a secar."

PREPARANDO A VOLTA

Sancho aconselhou, em 30 de abril: "Les absentes ont toujours tort, e se a tua estada em Londres não te faz dar um passo na tua carreira aqui, melhor será vir hoje do que amanhã".

Ainda mais que perdia espaço. Na Câmara, em 31 de maio, Andrade Figueira — que Penedo chamava de "veneno ofídico" — o acusou de viver em Londres às custas de uma gratificação do governo, dado o "caráter semi-oficial" da correspondência para o *Jornal do Comércio*. "Haverá quem acredite nessa infâmia?", perguntou indignado a Sancho, em 23 de junho. Foi quando quebrou seu compromisso de anonimato com Picot, usando sua coluna, no dia 25, para negar as acusações.

Mas retrucava de longe. Ao vivo, outros abolicionistas brilhavam. O movimento crescera. Clubes antiescravistas surgiam em praticamente todas as províncias: a Abolicionista Cearense, a Libertadora Pernambucana, a Abolicionista Espírito-Santense, a Sociedade Libertadora Sul-Rio-Grandense. Rebouças, participante de tudo, revitalizou até a SBCE e se aliou a Alfredo Taunay, do Partido Conservador, para criar a Sociedade Central de Imigração.

A produção de panfletos, manifestos, jornais, livros, conferências abolicionistas entrava em ritmo vertiginoso, com tiragens de milhares de exemplares. O ponto culminante dessa mobilização foi a Confederação Abolicionista, reunião de treze pequenas associações, obra de Patrocínio e Rebouças. Nabuco não pôs fé, mas em três meses dezessete clubes em cinco províncias tinham se associado.

Patrocínio se estabelecia como o abolicionista radical da corte. Em sua *Gazeta da Tarde* publicou, a partir de fevereiro de 1883, paródias dos anúncios de escravos fugidos. Descrevia os senhores na linguagem usualmente aplicada aos escravos, reduzindo-os à condição animalesca que sustentavam. Esteve também no epicentro da "libertação do Ceará". Iniciativas combinadas do presidente liberal da província e de abolicionistas agregados pela Sociedade Cearense Libertadora, de José do Amaral, suspenderam o desembarque de escravos em Fortaleza. Seguiram-se manifestações de apoio, inclusive de jangadeiros. Patrocínio foi engrossar o caldo em outubro de 1882, em companhia de Rebouças. Foi recebido por um cortejo de jangadas e assumiu a liderança da campanha, que, nos três meses seguintes, libertou ruas, bairros, vilas, municípios e, por fim, a província, a 24 de março de 1883.

Desfecho possível porque o Ceará era tanto econômica quanto politicamente marginal no Segundo Reinado, com contingente pequeno de escravos. Pelas mesmas razões, campanhas semelhantes avançaram no Amazonas e no Rio Grande do Sul. Em fevereiro de 1883, a dupla Patrocínio-Rebouças promoveu celebrações da emancipação do Ceará no Rio de Janeiro. Duraram três dias, com execuções do Hino Nacional, de *O guarani*, de Carlos Gomes, e da *Marselha do escravo*, de Cardoso de Menezes. Somaram-se representações dramáticas e até um *show* de tango. Nabuco participava como podia. Enviou carta a ser lida nos eventos, organizou um jantar abolicionista com brasileiros residentes em Londres e publicou trechos do discurso que então proferiu no *Times*.

Patrocínio avançava para o centro nevrálgico: a corte. Com Rebouças, fazia eventos culturais, banquetes políticos, peças teatrais, quermesses, feiras. Repetiu a estratégia de libertação de quarteirões, irradiada a partir das imediações de seu jornal. Estudantes a reproduziam em São Paulo. O dinheiro para a emancipação era conseguido inventivamente, por exemplo, com rifas para encher "caixas emancipadoras" com nome dos abolicionistas mais vistosos — inclusive uma "Joaquim Nabuco". Com suas manobras ousadas e o tom inflamado de seu jornal, Patrocínio se tornava líder inconteste nas ruas, a voz e a cara do movimento.

Em São Paulo, essa agressividade respondia pelo nome de Antonio Bento. Substituía Luiz Gama, morto em 1882, na liderança dos abolicionistas locais. Os métodos legais, a libertação pelos tribunais, iniciada por Gama, fora já disseminada. Antonio Bento honrava seu nome numa pregação católica, que comparava os martírios dos escravos com os de Cristo. Investiu na manifestação cênica de grande apelo emocional, como as procissões. Um de seus sequazes, Raul Pompéia, o descreveu, em 27 de agosto de 1888, como "magro, estreitado, de tornozelo à orelha, no longo capote como num tubo, chapéu alto, [...] rijo cavanhaque de arame, o olhar disfarçado nos óculos azuis como uma lâmina no estojo". Fundou uma associação de "caifazes", referência ao sacerdote que profetizou que Jesus seria o redentor do povo. Faziam propaganda, arrecadavam fundos para alforrias e, com assemelhados, acoitavam escravos fugidos no Quilombo do Jabaquara. As fugas e rebeliões escravas cresciam. O emancipacionismo gradual do Parlamento perdia terreno para abolicionismo imediato da sociedade civil.

De longe, Nabuco só podia escrever. *O abolicionismo* era seu trunfo, seu diferencial em relação ao ativismo menos reflexivo de Patrocínio. O livro chegou ao Brasil quando Lafayette Rodrigues Pereira assumia o gabinete, em maio de 1883, prometendo o fim do tráfico interprovincial. Como nada fez, em setembro, Leopoldo de Bulhões, deputado por Goiás, apresentou à Câmara um projeto de abolição imediata. "Este fato parece de feliz coincidência", disse Nabuco a Penedo, no dia 2. Suscitaria o interesse pelo livro, além de "mitigar os golpes que se apressarem a dar-lhe os seus adversários".

A raposa Penedo pôs compressas frias nesse entusiasmo. Advertiu, nesse 2 de setembro: é "muito provável que os seus oponentes recebam o seu livro nas pontas das lanças, e o antagonismo o denuncie como um facho incendiário atirado de longe no seio do país [...]". Enfronhado na dinâmica do Partido Liberal, Sancho, em 6 de agosto, prevenira para a estigmatização do livro, se fosse identificado com o radicalismo de Patrocínio. Assim alertado, escreveu a Hilário, em 11 de outubro: "Tenho medo, isto muito entre nós dois, somente que o *Jornal* se pronuncie contra o meu livro". Pedia que assuntasse a possibilidade de correspondência na *Gazeta de Notícia*, se viesse a demissão.

Nabuco estava nesse fogo. Se não radicalizasse, perderia a liderança das ruas. Mas se o fizesse fecharia de vez as portas do sistema político — e perderia o emprego.

Tentou se garantir nos dois planos. Divulgou o livro na *Gazeta da Tarde* e na *Gazeta de Notícias* e emplacou, em dezembro, uma resenha no *Jornal do Comércio*. Pediu ao livreiro liberal Leuzinger que fizesse as vendas e arregimentou um exército de divulgadores entre amigos e correligionários. Rebouças deu conta em 24 de setembro de um panfleto com elogios ao livro distribuído gratuitamente e avisou que a Confederação Abolicionista compraria cem exemplares para enviar aos jornais provinciais. E pedia mais "uns 500 para o Ceará".

O livro, porém, circulou pouco, comparativamente. Dois opúsculos republicanos, um lançado dois anos antes, outro dois anos depois, venderam como água: *A República Federal*, de Assis Brasil, esgotou seis edições antes do fim do regime; o *Catecismo republicano*, de Alberto Sales, atingiu 10 mil exemplares no ano de lançamento. Nabuco não conseguiu o suficiente nem para pagar os custos da edição.

Isso porque *O abolicionismo* não rompera o dique da indenização. Desse ângulo, nasceu velho. O movimento não considerava mais a compensação financeira aos donos de escravos. *O Manifesto da Confederação Abolicionista*, escrito por Rebouças e Patrocínio — e lido no teatro Pedro II para 2 mil presentes, em agosto —, pedia abolição imediata e sem indenização. Os positivistas abolicionistas do Rio de Janeiro, idem. Rebouças dava um passo adiante, vinculando o novo regime de trabalho com a nova situação fundiária, como escreveu a Nabuco, em 24 de setembro: "Agora cumpre tratar de eliminar os Latifundiários. [...] dividi-los em lotes e colocar neles imigrantes que produzam seda, vinho, e trigo". Era a "democracia rural".

O movimento pendera à esquerda. No início de 1884, Nabuco também. Assumiu a idéia de Rebouças da "nacionalização do solo". Falara disso em *O abolicionismo*, mas só lhe deu destaque em seus artigos sobre Henry George. O norte-americano publicara, em 1877, *Progress and Poverty*, que vendeu a marca, incrível para o século XIX, de 2 milhões de exemplares. A tese estava no título: o desenvolvimento aprofundava a desigualdade. George era crítico do capitalismo de seu país e, em 1884, de braço com socialistas ingleses, excursionava entre radicais europeus para relançar *Progress and Poverty* e uma reiteração das mesmas teses para o caso da Irlanda, *The Irish Land Question*. Defendia um imposto único sobre a terra, que progressivamente aboliria a propriedade privada. Nabuco, no *Jornal do Comércio*, em 18 de janeiro, noticiou um *meeting* de George num lotado Saint James Hall e comentou suas idéias.

Embora concordasse com a associação entre distribuição desigual da terra e produção de miséria, não aprovava o remédio. A "nacionalização", julgava, "aumentaria o tamanho do Estado" e a corrupção criaria "classes parasitas". E "Não há nada na propriedade da terra que a torne imoral, ilegítima e criminosa para ser ela assim tirada aos que empregarão nela os seus capitais [...]". Era mais moderado. "Por meio de leis de sucessão, de taxação e outras a pequena propriedade tenderá a suceder ao atual regime territorial aristocrático [...]." Usava a resenha para fundamentar idéias próprias: a abolição em par com a pequena propriedade, o aumento do imposto territorial e a diminuição de tarifas protecionistas. É o que se lê em seu panfleto *Henry George*. Naturalização do solo, apreciação da propaganda para abolição do monopólio territorial na Inglaterra. Rebouças o pôs para circular em março, numa tiragem de 3 mil exemplares.

Nabuco animou-se. Ideou um congresso internacional. Rebouças fez o programa: abolição; nacionalização do solo pelo imposto territorial; imigração; liberdade de consciência, imigração, democracia rural. E uma lista irrealista de convidados: Henry George, Rafael Labra, Becker Stowe, membros da Anti-Slavery e participantes do Congresso de Milão. Nabuco queria também uma conferência nacional, com maçonaria, clero, instituições literárias e científicas, câmaras municipais, representantes provinciais, deputados, senadores, ministros, o próprio imperador.

Visava assim unir a movimentação da sociedade com as instituições políticas. Na política oficial, as coisas estavam difíceis. Voltar ao Partido Liberal impunha recompor relações esgarçadas. As portas tinham se fechado no rompimento com Saraiva. Só sua chave as reabriria. Saraiva continuava a estrela liberal; primeiro consultado nas trocas de gabinete. Por isso, o tom de Nabuco foi para as antípodas da insolência de seus discursos parlamentares. Remeteu-lhe, em 4 de outubro de 1883, um exemplar de O *abolicionismo*, onde "faço um apelo pessoal a V. Ex.", ensaiou umas desculpas e reconheceu sua chefia: "Eu quisera voltar ao Brasil, mas levantei contra mim uma série tal de obstáculos [...] Espero porém combater ainda ao seu lado e sob as suas ordens". Foi o suficiente para Saraiva ficar "entusiástico", conta Rebouças em 10 de março. Reabria o espaço entre os liberais, convidado até a representar o governo na Exposição Internacional de Saúde em Londres. Não aceitou porque estava de partida.

Em 31 de março de 1884, Nabuco segredou a Charles Allen: "[...] o movimento abolicionista lá está ficando cada dia mais forte [...]. Parece-me ter chegado o momento para algum tipo enérgico de ação". Chegavam também as eleições. Mas ir ao Brasil sem perder o emprego era um tento. Ainda mais na seqüência do imbróglio com o *La Razón*. Penedo pedira clemência a Picot, ao passo que Nabuco apresentava suas doenças e saudades da família como motivo para uma licença de quatro meses. Tentando segurar o posto, indicava um amigo para substituí-lo: José Carlos Rodrigues, jornalista experimentado que fizera o *The Rio News*, em Nova York, nos anos 1870. Picot não acolheu o nome: "Não conheço este senhor". Conhecia por demais. Rodrigues era republicano, inadequado para o quase conservador *Jornal do Comércio*. Picot tinha sua própria cesta de opções, com a desvantagem óbvia para Nabuco de não controlá-la.

Quanto à licença, Picot, que não era bobo nem nada, tinha noção das motivações políticas da viagem e punha óbices. Implicante e controlador, palpitava sobre o navio a tomar, o conforto, o preço e a qualidade da comida de cada um dos vapores.

Com a Central Sugar Factories não havia vínculo empregatício formal, de modo que a viagem significou o desligamento. Perdia essa renda e, suspeitava em seu diário, ainda em março, que não duraria muito a outra: "Dizem que em Montevidéu o estado político é muito precário e que espera-se um pronunciamento. O que será da Razón e das minhas correspondências?".

O desconforto com o chefe Nabuco resolveu, jogando charme ao vivo. O resultado, contou-lhe Penedo, em abril: "[...] ele não está menos que namorado de V". Picot concordou com a volta em fins de agosto. Era o tempo necessário para concorrer à eleição. Deu a licença, mas suspendeu os vencimentos.

Em Paris, hospedado com Juca Paranhos, matou saudades da cidade, foi ao teatro com Correa, visitou os Estrela. Todos por ali na primavera, assim como Eufrásia. Diante dele ela se desarmou, como admitiu em 20 de abril: "A espécie de entorpecimento que causou-me sua presença tirou-me todos os meios, não soube o que dizer, o que fazer". O novelo do romance mais uma vez se desenrolava.

Nabuco então queria ficar, mas tinha de partir. O retorno fazia sentido diante do vácuo de liderança. Quanto mais se avolumavam, menos os abolicionistas se entendiam. A personalidade explosiva de Patrocínio não contribuía para consolidá-lo. Um a um os acólitos se afastavam dele. Em 19 de setembro de 1882, Serra lamentava: "Saí da *Gazeta* por incompatibilidade absoluta com o Patrocínio, que há de perder a nossa causa".

Assim se abria espaço para Nabuco. Faltava um líder que coordenasse as mobilizações que corriam pela sociedade. Na política institucional, com a esperada ascensão de um gabinete reformista, faltava um bom orador que o defendesse nos debates. Nabuco em seu primeiro mandato angariara fama nessa área. Essa posição de elo entre a sociedade e o Parlamento — que tentara quatro anos antes — se afigurava agora. Tanto a SBCE quanto correligionários do Partido Liberal viram nele a persona capaz de exprimir em si mesmo todo o movimento por reformas: "Penso, meu Joaquim", insistiu Silveira da Mota, em 10 de junho de 1883, "que a questão abolicionista tendo entrado no período de ação, tu que a agitaste não deves continuar longe da pátria [...]". "Sua presença no Rio de Janeiro agora é mais que urgente", engrossou José Corrêa do Amaral, em 9 de maio de 1884. Estava sendo chamado de volta. Passava de dispensável a imprescindível.

Quando deliberou partir, Rebouças, ciente de sua penúria, enviou, em nome da SBCE, o dinheiro da passagem. Nabuco ainda não sabia ao certo o caráter da viagem. Estava enredado com Picot e com Eufrásia. Em 24 de abril de 1884, zarpou de Southampton, pelo Tamar. Deixou para trás roupas, livros, objetos. Ia angustiado, dividido. Como em 1878, contava voltar logo, mas só residiria de novo na Inglaterra seis anos mais tarde. Nesse intervalo, ia conhecer a glória.

4. No olho do furacão

"Ave, César!" — assim Paulino Soares de Souza, filho do visconde do Uruguai, recebeu Nabuco no salão nobre do Senado. Eram dois perfeitos cavalheiros. Separava-os, porém, um fosso enorme. Paulino era um *landlord*, como o chamava Rebouças, da aristocracia fundiária do Vale do Paraíba. Amante de todos os tradicionalismos, coerentemente defendeu a escravidão até seu último minuto. Zelava para que o Estado não se intrometesse em seus negócios nem destruísse seu estilo de vida. Toda a sina de gente como Nabuco, dependente da carreira pública, residia no contrário, em ampliar sua influência, expandindo o poder do Estado sobre os grandes proprietários. Por isso, consistentemente, atacou o latifúndio escravista. Entretanto, como Paulino bem o sabia e Nabuco mesmo escrevera, as instituições políticas imperiais, bem como a sociedade de corte, se assentavam sobre a escravidão. Paulino era uma Cassandra anunciando: ao aboli-la Nabuco se faria o César do momento, mas destruiria seu próprio futuro.

PIVÔ

"É justo que você pronuncie o Ômega como pronunciou o Alfa na Abolição", escreveu-lhe Rebouças, em 4 de março de 1884. Distante das rusgas entre facções do movimento reformista, no Brasil, onde não pisava há dois anos e meio, Nabuco era uma imagem fosforescente, pairava na lembrança como a face pública ideal da causa: afável, bem-falante, aglutinador e o único com chances efetivas de operar tanto nas praças como no Parlamento. Não fora chamado para liderar a campanha, que crescia por geração espontânea, mas para reassumir a posição de pivô entre a política aristocrática do Parlamento e a agitação da nova opinião pública. Vinha a ser uma ponte.

Os concorrentes ao posto de abolicionista-mor não eram muitos. Luiz Gama morrera; Rebouças era muito tímido; Patrocínio, briguento. Eram, sobretudo, mulatos. A sociedade imperial os abrigava individualmente, mas não tinham trânsito nas instituições políticas. Mesmo Rebouças, tão benquisto em toda parte, não conseguia valsar com moças bem-nascidas. Reformistas brancos de fora da elite eram também marginalizados, como o extremado Antonio Bento, como o republicano Quintino Bocaiúva, que sempre se candidatava e jamais se elegia. Nabuco herdara o nome que dava acesso às instituições imperiais e desenvolvera a qualidade de atrair séqüitos e solidificar simpatias. Esse talhe o credenciou a corporificar o abolicionismo. Até a polícia sabia disso: proibiu manifestações de rua no seu desembarque.

A volta tinha de ser toda alinhavada para que ele ressurgisse como o interlocutor da teia de associações civis no sistema político. Precisava azeitar as dobradiças que o prendiam aos dois lados.

Encontrou a campanha reformista a todo vapor. Livros, manifestos, jornais, comícios, manifestações culturais de contestação tinham virado notícia cotidiana. O brado era por reformas estruturais, abolição e república. O teatro Politeama era o quartel-general abolicionista, decorado com flores e bandeiras. Discursavam José Mariano, Patrocínio, João Clapp. Ameaçavam os vivos, amparados nos mortos — Ferreira de Menezes, Luiz Gama, o visconde de Rio Branco — alçados a heróis da causa.

Os mais radicais, como os caifazes de Antonio Bento, em São Paulo, aliciavam escravos, incitando levantes e açoitando os fugitivos. Insurreições prosperavam, espalhando indignação entre chefes de partido e proprietários. A lavoura cafeeira de exportação era o epicentro do problema, concentrando perigosamente a propriedade escrava no Vale do Paraíba, na Zona da Mata mineira e no Oeste paulista. Parte dos fazendeiros cogitava substituir a escravaria por imigrantes. Outra parte, cuja voz parlamentar eram conservadores emperrados, como Paulino, formava Clubes da Lavoura, em defesa de sua propriedade. Que era ainda vultosa: segundo Conrad, havia 1 240 806 escravos em 1884.

Quando Nabuco chegou, a 17 de maio, encontrou o país dividido entre a ação abolicionista e a reação escravocrata. Era impossível conter o dique, mas ninguém se dispunha a abrir as comportas.

Patrocínio comandava a agitação no Rio de Janeiro. Nabuco compreendeu que ali estava um rival intransponível e um aliado indispensável. Tentou concomitantemente ligar-se a grupos menores, locais, populares. Rebouças fazia os contatos. Essas alianças, seus escritos e a teia de contatos pessoais que manejava à maestria trouxe Nabuco de volta às páginas dos jornais. Obteve dos correligionários o "mandato tácito" que demandara aos escravos em *O abolicionismo*. Ainda em ausência fora incluído na lista da Confederação Abolicionista para as eleições de 12 de maio na corte. Eram candidaturas simbólicas.

Mas era dessa auréola de emblema do abolicionismo das ruas que Nabuco precisava para se afirmar no sistema político.

Uma candidatura para valer dependia de um dos partidos oficiais. Foi a Saraiva, no começo de junho, quando se especulava sobre sua volta ao gabinete. Sonhando com um ministério, Nabuco se dispôs a transigir, como contou a Penedo, em 23 de maio: "Hei de ser muito moderado e prático".

Tiro n'água. Saraiva disse a d. Pedro que a agenda obrigatória era a questão servil e que ela dividiria seu partido. Deixou a tarefa para um baiano mais jovem, mais à esquerda, antes ministro e presidente de província. Era Manuel de Souza Dantas, homem sorridente, pródigo na distribuição de abraços. Com esse jeito bonachão, ateou fogo no paiol escravista. Em 9 de junho, prometeu: "Neste assunto nem retroceder, nem parar, nem precipitar".

Seu programa era novidadeiro no foco: libertar escravos com mais de sessenta anos — medida testada noutros países. De resto, repetia projetos anteriores, inclusive o de Nabuco: registro nacional de escravos; fim do tráfico interprovincial; preço limite para negociação de escravos e um imposto para alimentar o fundo de emancipação. Cogitava ainda transformar a escravidão rural num regime próximo à servidão de gleba, que Nabuco e outros tinham apregoado. Abria, do outro lado, uma brecha para converter libertos em donos das terras onde trabalhassem.

Dantas entusiasmou os reformistas. Como resumiu Patrocínio, na *Gazeta da Tarde*, em 19 de julho: "Sem tratar de apurar se o projeto é bom ou mau, registremos com prazer o ódio da oligarquia agrícola contra ele". Nabuco aderiu — até por força da amizade com o filho de Dantas, Rodolfo. O chefe de gabinete retribuía com elogios aos reformistas, mas cargos só deu aos novos liberais com vínculos partidários firmes, como Sancho e Rui Barbosa.

Fora do Parlamento, Nabuco pensou em participar do debate escrevendo num jornal diário. Na *Gazeta da Tarde* seria visto como segundo de Patrocínio pelos abolicionistas e como petroleiro pelos líderes partidários. Para falar ao *establishment* era melhor avançar por dentro dele, continuando no *Jornal do Comércio*.

Só que uma coisa era ser correspondente anônimo na Europa; outra, assinar coluna como agitador local. Não foi bem-vindo. Gusmão Lobo abrira aos correligionários da SBCE a sessão do leitor do *Jornal*, chamada "A Pedidos". Entre junho de 1884 e abril de 1885, se revezaram em apoio ao gabinete. Para os adversários, eram "os ingleses do Sr. Dantas", por conta dos pseudônimos evocando abolicionistas da Inglaterra: Lobo era Thomas Clarkson, Sancho era John Bill, Rui, o conde Grey. Recorreram a outros ícones — William Wilberforce, conde de Chatham, Thomas Buxton, Abraham Lincoln — para dar impressão de volume. O inglês de Nabuco era um americano, William Lloyd Garrison, presidente da sociedade antiescravista, disfarce usado eventualmente por Lobo. Rebouças negociou sua entrada a 10 de junho, "com muita dificuldade". Pela segunda vez, o *Jornal do Comércio* abria suas páginas a Nabuco sob a condição de ocultar seu nome.

Vestido de Garrison, escreveu pelo menos 26 artigos, até outubro de 1884. O tema, claro, era a abolição, tratada ora a partir da dinâmica parlamentar, ora da movimentação na sociedade. Usou aí as lições de Picot sobre estilo. Textos curtos, incisivos, fluentes, assaltavam o coração da questão, sem rodeios. Irônicos e chistosos à inglesa, ressuscitavam as metáforas — a abolição era o Nilo transbordando — e o tempero radical que seu chefe desaprovaria. Ecoavam os panfletos da Regência, apaixonados.

Em 12 de junho, tomou satisfações de Saraiva, por ele não se alçar, à feição de Bismarck, a líder da "maior reforma nacional". Achava Dantas menos preparado. Mas ao vê-lo avançar sobre a resistência do Parlamento, chamou-o "discípulo de Gladstone" e, no dia 19, se alinhou: "Os abolicionistas confessam que vêem com a mais simpática surpresa a atitude assumida pelo ilustre senador baiano. [...] Isso, sim, é um programa digno de um estadista [...]".

Aí, como nos dez artigos sobre "o movimento abolicionista", Nabuco se lançou chefe de um "partido abolicionista", sem se pôr para fora do Liberal. Comemorava cada adesão a Dantas, como as declarações recalcitrantes de Cristiano Ottoni e de Saraiva, e os exortava a usar a abolição para refundar o partido. Chamava os adversários para a briga. Acusava-os de salvaguardar o escravismo no silêncio e exigia declarações de voto. Fustigava particularmente Sinimbu e Andrade Figueira, os inimigos do pai.

A opinião pública era majoritariamente pró-Dantas. O Parlamento se partia ao meio. Acirravam-se os ânimos. Teria sido uma hora magnífica para um Nabuco deputado: a Câmara lotada, as galerias ávidas por combate. Quem discursava era Dantas. Restrito ao jornal, Nabuco tinha de ser mais contundente para causar impacto. Subiu o tom, em 16 de julho: "[...] não é possível mais parar, nem retroceder, é possível, sim, precipitar, se a resistência for cega". Maltratou os proprietários de escravo, não à maneira galhofeira de Patrocínio, mas no seu estilo dramático, dividindo o país, em 22 de julho, em "duas falanges": "a pirataria e a civilização".

A sustentação a Dantas se fazia nas ruas. Embebidos do "oportunismo" europeu, os reformistas se concentravam na bandeira de maior chance de implementação imediata. O republicanismo quase se calou, submergido no abolicionismo. Daí o pico de eventos, novas associações, *meetings*. Aos domingos, a Banda Alemã tocava na porta da *Gazeta da Tarde*, atraindo o povo. Patrocínio discursava. Saía a passeata, uma bandeira à frente, até o Politeama ou o Recreio Dramático. Na porta, moças de branco, com faixa verde e amarela, recolhiam doações para a causa. Vinham os oradores: Nicolau Moreira, Vicente de Souza, João Clapp, Patrocínio de novo. No fim, música de câmara, poemas ou peças, sempre abolicionistas. Em 22 de junho, no Politeama, Nabuco vestiu a camisa de exaltado. Resumiu O abolicionismo: a escravidão, instituição social basilar, transformara a sociedade em sua "clientela" e colonizara o Estado, em benefício dos fazendeiros. Sobrou para o imperador, "principal baluarte da escravidão neste país". A libertação dos sexagenários era "uma concessão muito pequena", e a servidão de gleba, que antes propalara, estava fora de propósito: "Ninguém pretende que o escravo liberto continue a trabalhar como escravo ao próprio lugar a que estão associadas todas as suas recordações da escravidão [...]".

Esse arrojo era a ameaça de arrombar a porta para conseguir mais facilmente as chaves. Radicalizava a crítica, mas não se envolvia nas rebeliões escravas — "não queremos revolução, nem os escravos podem fazer revolução". Punha-se de Gladstone na questão irlandesa: firme, afrontando interesses econômicos, mas pacífico e ordeiro: "A missão do governo é fazer por política o que a revolução faria pela força". Por isso, sua candidatura era tão necessária: "[...] os abolicionistas devem procurar influenciar o governo e o Parlamento". Andava no meio-fio, mantendo a moderação requisitada para voltar ao sistema político.

O alvoroço dos grandes centros urbanos e o endosso do imperador eram as frágeis bases de Dantas. Nas cidades, os escravos pareciam mais facilmente substituíveis por mão-de-obra livre, e as alforrias espontâneas cresciam. A resistência era pequena nas províncias sem café, onde a abolição já se fizera: Ceará e Amazonas, ou quase — o Rio Grande do Sul. Mas a reação da direita era feroz. A apresentação do projeto derrubara preços de escravos e terras. Paulino, em nome de associações de proprietários de Minas, Pernambuco, Rio de Janeiro, pedia repressão aos abolicionistas, mais degradantes para a civilização, julgava, que o açoite nos escravos.

O projeto chegou à Câmara nesse clima, em 15 de julho de 1884, depois de manifestação contrária do Conselho do Estado. O presidente da Câmara — sempre Moreira Barros — se demitiu, para não levá-lo à discussão. Moção de desconfiança contra o ministério. Na votação, a Câmara lotou. Dantas entrou solene, com o decreto de dissolução assinado pelo imperador. Nabuco exultou, em 31 de julho: "[...] que esplêndido caminho o do sr. Dantas [...] até parece outro homem!". Explicitou, no dia seguinte, o sentido embutido no ato de d. Pedro: "É ele o chefe do abolicionismo [...] o comunista de nova espécie, um comunista coroado!".

Havia eleições. Nabuco era candidato. Era a hora de operar como pivô. Contava, no sistema político, com Saraiva e Dantas e, na opinião pública, galvanizava todo o abolicionismo. Na campanha eleitoral definitivamente conectaria a arena político-eleitoral e o movimento reformista. E, assim, ganharia o centro da cena.

A ESTRELA SOBE

Entre 1884 e 1885, Nabuco virou a abolição. Sua transformação de pessoa controversa em símbolo invulnerável aconteceu ao longo da campanha eleitoral mais memorável do Segundo Reinado.

Não era uma eleição qualquer, dada a exaltação no Parlamento e nas ruas, e todos os participantes se comportaram como se aí se decidisse o futuro de cada um e do próprio regime. O movimento reformista se desdobrou em comícios, passeatas, panfletos e manifestos. A *Província de São Paulo*, *A Federação*, *A Gazeta da Tarde* e *O País* divulgavam passo a passo a campanha e promoviam uma coalizão de candidaturas de apoio a Dantas: Patrocínio e Bocaiúva, na corte, Rui e Rodolfo, na Bahia, Júlio de Castilhos, no Rio Grande do Sul, José Mariano, em Pernambuco, Prudente de Morais e Campos Sales em São Paulo.

Nabuco pensou em se lançar por Pernambuco, a corte ou o Ceará, emblemático da abolição. As eleições diretas tinham aumentado o peso relativo do eleitorado urbano, simpático ao abolicionismo. Nabuco agora achava o máximo a reforma que combatera: "Que revolução meu amigo a da lei Saraiva! Estamos num país onde em muitos pontos, em províncias inteiras, a eleição é mais livre do que na Itália, na Espanha e em Portugal", comentou, entusiasmado, com Penedo, a 1º de setembro. Julgava possível prescindir de um chefe partidário local. Mais experiente, Sancho alertava, ainda em 6 de agosto do ano anterior: "A reforma eleitoral que elevou umas coisas abateu outras. [...] eu receio bem que nessa época ainda não possa um homem da tua ordem reunir mais de 100 votos".

De fato, na hora das definições, Nabuco pagou o preço de ter um pé na canoa partidária e outro na da sociedade. Perscrutando sua candidatura pelo Ceará, recebera, ainda em julho de 1883, a negativa da Sociedade Cearense Libertadora. Insistiu com seu líder José Correa do Amaral, mas para a "província libertada" o programa de abolição progressiva era muito pouco. E era um pouco demais para a inexpressiva Goiás. O presidente do Clube Liberal de lá oferecera o 1º distrito um ano antes. Recuou depois de seus artigos de 1884. Então tentou São Paulo, onde falou em eventos abolicionistas, e redigiu uma circular ao eleitorado da corte. Eram praças já tomadas. Na província cafeeira, os federalistas republicanos, como Campos Sales e Prudente de Morais, se impunham. Na capital, Patrocínio e Bocaiúva, respectivamente, a liderança abolicionista e republicana mais consolidada, se apresentavam. A porta restante era a terra natal. Estava aberta. Sancho era presidente de Pernambuco e José Mariano tinha base eleitoral. A 24 de setembro, seguiu para o Recife, candidato pelo 1º distrito. Contava, pela primeira vez, com apoio partidário próprio, não mais herança do pai, e com a solidariedade dos positivistas abolicionistas de Aníbal Falcão — os mesmos que o azucrinaram em 1879. O oponente também era o usual, o chefe conservador Machado Portela.

A partida foi um evento. Os abolicionistas, Patrocínio e Rebouças à frente, foram embarcá-lo. A *Gazeta da Tarde* publicou uma "seleta abolicionista" extraída de escritos seus. O presidente do gabinete o prestigiou, indo ao cais na escala do navio na Bahia. A chegada foi grandiosa: associações abolicionistas em desfile, com banda de música.

Noutros tempos, a campanha se resumiria à circular eleitoral e a uma ou duas conferências. Mas as eleições de 1884 eram um plebiscito sobre a abolição. Partidos rachados, o chefe de gabinete em perigo. O debate era dramático. Os resistentes em conluios, os reformistas falando à maneira inglesa, em *meetings* ao ar livre. Nabuco só se consolidaria se dominasse esse veículo. Orador eloqüente, sabia encantar o público a portas fechadas. Entre setembro e novembro de 1884, foi testar seu talento nas ruas.

Sacou então o figurino longamente preparado, o de Gladstone, que praticamente inventou os comícios. Para respaldar suas reformas, viajara pelo país de trem, falando diretamente aos cidadãos comuns, em *meetings* a céu aberto. Contrapondo esse respaldo popular aos lordes, voltou a primeiro-ministro e foi aclamado ídolo mundial dos progressistas. Nabuco aspirava a ser, à sua maneira, a figura encarnando a causa.

Em vez dos chefes liberais, visitou seus 2 mil potenciais eleitores, de braço com o candidato pelo 2º distrito, José Mariano, que era uma força da natureza, armada — reconheceria em 18 de agosto de 1885 — "com a energia que o caracteriza, e com a veemência que muitas vezes não pode dominar". Graças a esse abre-alas, não repetiria a via-crúcis de 1879. Foi sempre bem acolhido.

Fez dois périplos. No centro, entre os ricos e ilustrados; nos bairros pobres conheceu um Brasil que não cabia no seu cosmopolitismo. Fez oito conferências no principal teatro local, o Santa Isabel, e uma no Santo Antônio. Discursou no Monte-Pio Pernambucano e no Liceu de Artes e Ofícios. Os comícios foram no pátio de Santa Cruz e no da igreja de São José de Ribamar; nos largos da Boa Vista, do Corpo Santo e da Paz, no Campo da Princesa. Fez um *meeting* no Peres, outro na Passagem da Madalena. Por duas vezes desfilou a pé pelo Recife. Dezenove discursos entre outubro e novembro de 1884. Cada vez mais público, estimado em milhares de pessoas. Resumiu a Penedo, em 14 de novembro, sem falsa modéstia: "Tem sido uma campanha sem exemplo no país. Vivo a falar nos teatros e na praça pública".

Falava a um público novo. A "opinião" brasileira visada pela elite imperial era formada por funcionários públicos, comerciantes e proprietários de terra. O movimento reformista foi além: a dos profissionais liberais e trabalhadores manuais urbanos, a dos libertos e pequenos lavradores. Nabuco falou aos empregados de repartição e do comércio, aos tipógrafos, artesãos e operários. Mesmo sem voto, as mulheres ganharam destaque, com camarotes reservados no Santa Isabel para ver Quincas, o Belo de perto. Ele retribuiu em conferência exclusiva para as abolicionistas, congregadas na associação Ave Libertas.

A agenda era extenuante, com até três comícios diários, como no dia de Finados, quando do Santa Isabel seguiu para o Santo Antônio e dali para um comício em Afogados. Nesse moto contínuo, disse a Penedo, em 28 de outubro, as doenças londrinas sumiram: "[...] neste mês de 11 tenho de visitar 1500 eleitores, fazer 15 discursos e tratar de 100 negócios diferentes. Santo Deus! Onde vai minha dispepsia! Mas cousa estranha a minha saúde [...] nunca foi tão boa [...]".

Nessa campanha, Nabuco dobrou seu cabo da Boa Esperança. Lançou-se no radicalismo. O tom era afeito à hora, que não era de tergiversações, como avisou aos eleitores, em 12 de outubro, instados a escolher entre a "política do governo livre" e a "outra, a do chicote".

Repetia e aprofundava O *abolicionismo*. A escravidão, disse em 1º de novembro, era um "sistema agrícola e territorial", base de "um país de algumas famílias transitoriamente ricas e de dez milhões de proletários". O ataque transbordava a propriedade escrava, atingindo em cheio seus beneficiários, preocupados, vociferava no dia 16, apenas "dos seus interesses de classe, de manter o jugo férreo dos seus monopólios desumanos".

Abolição com indenização era agora "uma tolice". O Estado deveria avançar sobre o latifúndio, com imposto territorial e desapropriação de "toda a imensa extensão de terras que o monopólio escravista não cultiva nem deixa cultivar". Associava escravidão, latifúndio e monocultura, em 30 de novembro; por isso falara, no dia 11, em instituir de um só golpe trabalho livre, pequena propriedade e diversificação econômica: "[...] não separarei mais as duas questões — a da emancipação dos escravos e da democratização do solo"; isto é, a facilitação do acesso a lotes de terra a libertos e colonos europeus. A reforma agrária, disse a 5 de novembro, seria "tão extensa, tão larga e tão profunda, que se possa chamar de Revolução".

Esse tom é o dos discursos publicados. Machado Portela o acusava de subir os decibéis ao vivo. Todos os reformistas falavam coisas parecidas. Miguel Lemos, no jargão positivista, em frases monótonas, recheadas de conceitos de Comte. Patrocínio vociferava à queima-roupa. Nabuco tinha estilo. Forma e conteúdo se equilibravam, avançando em compasso. Conforme as idéias se radicalizavam, a dramaticidade crescia. Metáforas e alegorias faziam o adensamento. Três em média, uma na abertura, outra no cume do discurso, a última preparando o final bombástico. A escravidão era o Inferno de Dante, o "Moloch americano". O abolicionismo eram as cataratas do Niágara, abrindo caminho "pelo granito de resistências seculares", vencendo os escravistas, serpentes da cabeça da Medusa. A conjuntura era a travessia de Moisés pelo deserto e o esforço de "transfiguração do Brasil", equiparável à construção dos jardins da Babilônia. Essa imagética arrebatava a audiência. Nabuco sabia disso e a ajustava aos ouvintes: alegorias bíblicas para o povo, referências eruditas e à história antiga para jornalistas e homens de letras, literatura e sentimentalismo para as mulheres. Era senhor de sua cena. O final era uma explosão: "[...] eu denuncio essa escravidão maldita como fratricídio de uma raça, como o parricídio de uma nação!".

Gerava catarse. Aníbal Falcão registrou, em 1885, "o profundo efeito que elas produziam naquelas assembléias de milhares de homens". Eram "tempestuosos aplausos". O auditório, de pé, o aclamava longamente. Chapéus para o alto, flores aos seus pés. Saía da tribuna carregado, vitoriado, pelas ruas, seguido até outro púlpito por um séqüito de gente enfeitiçada. A multidão amava Nabuco.

Era odiado na mesmíssima medida. A resistência difusa da alta sociedade recifense se fez sentir na negativa da Associação Comercial em sediar uma de suas falas. Para os jornais inimigos, era um oportunista, indo a Pernambuco só em períodos eleitorais. Niilista, socialista. O *Tempo*, em 7 de novembro, indignava-se com sua "promessa de lei agrária", "que pode mais tarde chegar ao comunismo". Foram ao extremo de acusar o abolicionista de escravocrata. Teria custeado sua estadia em Londres com subvenção do governo liberal e rendas da venda de escravos herdados da madrinha. Por isso o *Diário de Pernambuco*, a 30 de setembro, exortava: "Eleitores do 1º distrito, cerrai fileiras contra o moço leviano e inexperiente, que mais nos tem deprimido e vilipendiado no estrangeiro, seduzido por uma falsa glória de brilho e renome afagado".

Nabuco se defendeu na imprensa amiga, republicana. No *Jornal do Recife*, em 27 de setembro, refutou a calúnia: "Em mim não há ponto algum de mercenário". E foi peremptório no *Jornal do Comércio*, em 30 de outubro: "Se alguém conseguisse provar que eu algum dia vendi um escravo, ter-me-ia inutilizado, de um só golpe, para a campanha abolicionista, desmoralizando tudo o que eu tenho dito, escrito e feito nestes últimos 14 anos. [...] em minha vida eu não exerci um minuto de poder jurídico sobre escravo algum [...]. No meu abolicionismo, pelo menos, eu sou invulnerável".

O tom exasperado de Nabuco encheu de cismas o Partido Liberal pernambucano, que quis tirá-lo do páreo. Sancho bateu o pé e garantiu o amigo.

O clima era de tempestade. Recife repercutia conflitos da corte e acalentava seus próprios. Liberais arredios, conservadores belicosos, abolicionistas intrépidos. No rito eleitoral, ninguém se surpreendeu com a chuva de raios. No final da votação, em 1º de dezembro, circulou o boato da vitória de Portela, definida na matriz de São José. Nabuco teria tido apenas 76 votos nessa zona tradicionalmente liberal. José Mariano e seus acólitos correram exaltados para lá, dando vivas a Nabuco. Os mesários trancafiaram-se com a urna. A multidão liberal derrubou a porta da igreja e constatou a fraude. Daí, Nabuco narrou a Penedo, em 7 de janeiro, "a excitação popular que tocou ao seu auge quando Bodé, um célebre cabo de guerra dos conservadores, disparou à queima-roupa 2 tiros sobre o José Mariano que estava desarmado". Bodé foi morto. Liberais e conservadores se engalfinharam. Feridos de parte a parte e outro conservador sem vida.

    O episódio repercutiu pelo país. Jornais liberais acusaram a fraude conservadora; os conservadores, como O *Tempo*, de 8 de janeiro, denunciaram a barbárie liberal:

> A *matança em S. José*,
> *Dará a Nabuco a Vitória?*
> *Com cacetes, punhais e facas,*
> *Mariano é nossa glória?*
> *O Dantas, Sancho e Ventura,*
> *Fizeram a eleição a punhal;*
> *Para, então, cantarem em coro,*
> *Nabuco é nosso fanal!*

    Portela e Nabuco se declararam eleitos. Não havia ata. O presidente de Pernambuco ficou em posição difícil. Optou por não incriminar nem defender José Mariano. A junta eleitoral, dominada por outra facção liberal, impugnou a eleição. Sancho acatou. Nabuco, irritado, acusou o amigo de, ao se isentar, favorecer o candidato conservador e rompeu relações. A resposta áspera, de 19 de janeiro: "Nunca estive no teu caminho, e espero, por amarga experiência, que não tenha jamais sequer pretexto para crê-lo".

    Em meio à controvérsia, uma ala liberal quis manobrar os resultados. Nabuco não deixou prosperar. O segundo escrutínio, marcado para a véspera do Natal, foi adiado para 9 de janeiro. Portela se negava a participar, e Nabuco cogitou defender o mandato diretamente na Câmara.

    Sua candidatura virou campanha nacional dos abolicionistas. Seu rosto estampado em lenços e tecidos, em garrafas de cerveja, rótulos de charuto e pacotes de fumo. Nabuco resplandeceu no seu maior palco: o teatro Santa Isabel. Lá, em 6 de janeiro, disse: "O Recife nunca viu semelhante espetáculo, novo também no Brasil: o de uma eleição disputada como nos Estados Unidos ou na Inglaterra, na praça pública, em grandes *meetings*". Venceu com folga: 890 votos, mais da maioria dos válidos. Voltou ao Santa Isabel, no dia 18, em agradecimento: "[...] a minha eleição foi antes de tudo a Vitória de uma idéia, a Vitória da Revolução que, por meio da lei se quiserem e senão pelos próprios acontecimentos, está fatalmente resolvida na consciência pública".

O incidente no Recife consolidou sua reputação. Chefes partidários reconheceram sua hombridade, sua honradez, sua coragem — valores fundamentais do código político aristocrático. Ganhou a confiança dos abolicionistas, que viram nele o proselitista infatigável, o orador apaixonado, o propagandista audacioso. As duas chancelas se somaram para elevá-lo a estrela maior do firmamento reformista, que ofuscou tanto o concorrente Patrocínio como o líder Dantas. Erigiu-se assim, disse Falcão, em 1885, em "chefe real do abolicionismo".

Agora sim seria ministro — se o gabinete sobrevivesse. Mas as eleições não renderam a Dantas as ovações de Nabuco. Naufragaram os reformistas, dois ministros, o afilhado e o filho do chefe de gabinete. Sancho perdeu em sua terra, Sergipe. Prudente de Morais e Campos Sales foram mais felizes, mas seu programa era a abolição por província. Em contrapartida, voltaram os leões conservadores Andrade Figueira, Paulino, João Alfredo e a dissidência liberal, encabeçada por Moreira de Barros.

A suada vitória de Nabuco no Recife adquiria, nesse cenário, uma auréola. Emblema das reformas abortadas e do denodo dos reformistas em consumá-la. Seu desembarque no Rio, na manhã de 24, foi uma celebração ecumênica. Vários barcos cercaram o vapor *Patagônia*, cujo capitão fez uma despedida solene. No porto, Bocaiúva o recebeu com flores. As sociedades abolicionistas traziam bandeiras e banda de música. Os estudantes gritavam seu nome. "Desde então, o numeroso cortejo popular apoderou-se do jovem tribuno, que foi obrigado a tomar a palavra várias vezes", narrava *O País* no dia seguinte. Houve festa na *Gazeta da Tarde*. Até os inimigos de *O Tempo* admitiram, em 29 de janeiro:

> A gente do Patrocínio
> Desta vez perdeu o tino! [...]
> O Nabuco lá na Corte
> teve foguetes e sino
> Cinco mil pessoas teve [...]
> Acompanhando o menino...

O mandato, contudo, precisava ser reconhecido pela Câmara. Nabuco, por isso, reabriu as portas da casa paterna à grande política imperial. D. Ana Benigna, finalmente orgulhosa desse filho, provia os quitutes para um banquete a José Mariano, num dia, e para uma reunião de deputados liberais na noite seguinte.

Nabuco encurralara-se entre muito renome e pouco dinheiro. A campanha sepultou o compromisso com Picot. O *Jornal do Comércio* era crítico da libertação dos sexagenários sem indenização. Reportava a campanha abolicionista o mínimo indispensável. Sobre sua efusiva recepção na corte não deu palavra. Ficava difícil voltar à correspondência em Londres. O tino político e o econômico se uniram na reedição da idéia de *O Século*: "Sem jornal próprio não se é nada aqui e vive-se de favor alheio", disse a Penedo, em 29 de janeiro. Seria o redator, com 50% dos lucros. O capital necessário era uma pequena fortuna, que pedia aos Dantas: "Se me expulsarem da Câmara ficarei assim no meu posto e com a mesma força para sustentar o gabinete". Silveira da Mota e Clapp deram força e

Rodolfo prometeu comprar ações. Mas os financiadores não se avolumaram e até Rebouças achou melhor uma revista mensal. José Mariano matou o projeto, "o grande culpado de [você] não ter a subscrição para O *Século*", delatou seu cabo eleitoral Antônio Carlos, em 5 de maio. Um jornal era projeto demorado. A sustentação do gabinete era tarefa imediata.

O ministério agonizava. Nabuco privava da intimidade dos Dantas, era influente e retribuía os favores de Penedo, tentando colocação para Arthur. Essa proximidade era também ruinosa. Dantas transmitia sua fragilidade, pesando contra na confirmação do mandato: "A situação política é má, o Dantas mais do que ameaçado e meu reconhecimento ultraproblemático", reportou a Penedo, em 9 de março.

Repetiu-se a situação pré-eleitoral na Câmara. A oposição apresentou moção de desconfiança. Na votação, cinqüenta a cinqüenta. Numa segunda moção, o gabinete perdeu por dois votos. Dantas pediu a dissolução a d. Pedro, mas ele, ao seu hábito, chamou Saraiva.

Nabuco ficou em maus lençóis. No dia em que Saraiva reapresentou o projeto dos sexagenários totalmente modificado, a Câmara deliberou sobre diplomas em duplicata. Nabuco tentou discursar. Foi posto para fora do recinto — a tréplica do filho de Sinimbu contra o de Nabuco de Araújo. Saraiva perdoara os excessos nabuquistas de 1882, mas não os esquecera. Não moveu uma palha. Por 58 votos a 51, Nabuco foi "degolado".

Sob as ordens de José Mariano, a reação foi outra vez violenta em Pernambuco, com apedrejamento de O *Tempo*. Bem nessa hora, abriu-se, por óbito, uma eleição extemporânea na província, no 5º distrito, formado pelos municípios de Nazaré e Bom Jardim. Para concorrer nela, em 7 de junho, Nabuco tomou duas providências. Reconciliou-se com Sancho — embora nunca mais tenham tido a mesma intimidade. E recorreu ao cacique que fazia sombra a José Mariano, Luís Filipe. Ficou acertada sua candidatura, substituindo Ermírio César Coutinho e Joaquim Francisco de Melo Cavalcanti, que desistiram em seu nome. Era terra liberal, eleição líquida e certa.

Inseguro, ativou os contatos em Londres. Enviou para o *Anti-Slavery Reporter* resenha da biografia de seu pseudônimo, William Lloyd Garrison. Conseguiu que Allen e Penedo insuflassem o príncipe de Gales a lamentar a escravidão brasileira enquanto lord Granville, o ministro de Estrangeiros, elogiava a abolição no Ceará e no Amazonas. E o *Times* deu a anulação de sua eleição. A Penedo, em 17 de maio, rogou ajuda para voltar à Central Sugar e ao *Jornal do Comércio*. Alternativamente, cogitou viver no Recife, como consultor de empresas inglesas e investindo em sua consolidação local: "Residindo 1, 2 ou 3 anos em Pernambuco eu fundaria ali uma séria e verdadeira influência política". Era uma subversão de seu idealismo e o reconhecimento do funcionamento prático da política, que vira de perto.

Entre receios e devaneios, não se moveu. Não houve campanha. Fez plantão no telégrafo, com Rebouças e Silveira da Mota. Vieram as boas notícias. Em 8 de junho, registrou: "Eleito. Bravo! Maioria 110 votos". Chuva de telegramas, ovação na Câmara, festa no hotel dos Estrangeiros. A multidão foi saudá-lo na porta de casa. "Jamais outro deputado penetrou no Parlamento com mais força moral e com maior prestígio", resumiu *O País*, no dia 8.

Foi agradecer aos pernambucanos. Na parada na Bahia, adendou a bandeira federativa, cerne da pauta republicana, ao seu programa: "Abolição, Federação, Paz". Aportou herói no Recife. *O Rebate* deu a primeira página inteira, de 17 de junho, ao "chefe dos abolicionistas brasileiros", conclamando a cidade a recebê-lo no cais.

"A recepção excede tudo o que podia imaginar", anotou em 18 de junho. Conferência no Santa Isabel, seguida de espetáculo *Glória a Nabuco*, declamada por uma atriz. A Ave Libertas fabricou cigarros com seu nome e foto sua. Em Nazareth, no domingo 23, uma passeata com música foi buscá-lo na estação de trem. Entre girândolas e bandeiras, conta A *Tribuna* de 24 de junho, alguns negros "[...] caíam-lhe aos pés e outros saudavam-no com flores e folhas". Na Câmara municipal, recebeu seu diploma. Teve banquete. Falou de uma janela ao povo aglomerado, que só o deixou à noitinha, no trem para o Recife. Lá o esperava outra multidão, que iluminou a rua 28 de Setembro [a data do Ventre Livre] com tochas para que ele passasse. No retorno à corte, mais vivas, passeatas e discursos. Nabuco adentrou o estado de graça — como relatou a Penedo, exultante, no dia 24: "Nunca homem algum recebeu do povo o que ele me acaba de dar".

Nas duas campanhas do Recife, sua figura pública se expandiu. Adquiriu as feições de herói romanesco. Readquiriu vigor e autoconfiança, assentados na crença na causa coletiva. Finalmente usufruía na arena pública uma reputação do quilate que o charme lhe garantia na vida privada. Virava um ícone. Em 3 de julho, sem contestações, tomou posse na Câmara sob sua primeira chuva de flores.

Lá estava Eufrásia.

UM ROMANCE NA TIJUCA

Os bons ventos sopravam na vida pessoal. Sua *reentrée* nos salões brasileiros esteve à altura da campanha para deputado. Em Petrópolis, onde Rebouças o hospedava, ou no Rio, usufruía da companhia de diplomatas, como o novo amigo russo, o conde de Prozor, banqueiros, políticos e senhoras de renome. Nesse meio, exibia seu apuro, caso de umas vistosas botinas londrinas.

Chique, viajado, famoso, arrancava suspiros. Sua vida social tinha agora, contudo, traços caseiros. Ia a saraus bem-comportados com amigos casados. Outros tantos noivavam, caso de Arthur Carvalho Moreira, de namoro com Evelina Soares Ribeiro, um bom dote carioca.

Nabuco suspirou a Penedo, em 1º de setembro, suas saudades de Mary e da "bela Mrs. Schlesinger". Mas não pensava em entrar para a família. Sua eterna pretendente aportara no Rio não muito depois dele. Eufrásia vinha escudada pela inseparável Chiquinha. E não escondeu o motivo da tão adiada vinda ao Brasil: "Não sei que influência tem na sua vida a viagem do Chimbarazo. Eu por certo sem ela não estaria aqui [...]", escreveu a Nabuco, em 27 de novembro.

Vestida pelos grandes costureiros, altiva e decidida, Eufrásia se exibia nos salões conservadores e privava da casa da princesa Isabel. Nesse terreno, os namorados se igualavam: cobiçados, sedutores. Embora vivessem tão bem a vida pública isoladamente, tinham pejos de se exibir como casal. Se no princípio de tudo a filiação a um chefe liberal suscitara contrariedade nos Teixeira Leite, imagine-se o efeito da campanha abolicionista: "Suas opiniões, dizia Eufrásia em 27 de novembro, são tão diversas das dos que me rodeiam [...] e infelizmente não posso responder nada". Diante da animosidade de seu círculo, ela se acovardava: "Peço-lhe ainda uma vez que não diga nada a ninguém da nossa correspondência. [...]. Nos é tão difícil entendermo-nos, o que seria se nisso se metessem pessoas que não a podem compreender".

Nabuco também não queria publicidade. Sua ascensão no terreno liberal exigia cuidados para não se ver associado aos conservadores. Já sofria chacotas e charges por se enredar com uma herdeira do principal pólo escravocrata do país. No *Jornal do Comércio*, de 14 de julho de 1886, se lia: "[...] esse Narciso desventurado, que vive a namorar-se de si mesmo, [...]

tem no cérebro projeto de casamento rico". Nabuco achava que a maledicência corria por conta de uma prima de Eufrásia, esposa de Francisco Belisário, do Partido Conservador, e dona de um dos salões da corte. Eufrásia ficou brava, em 27 de novembro de 1884: "Nunca pronunciei o seu nome diante da Mme. Belisário, nunca diante de mim falou-me de si".

Muxoxos e rusgas eram o sal desse Romeu-e-Julieta oitocentista. Apimentada pela impossibilidade política, a paixão reacendeu. Encontros furtivos se sucederam nas solidões da floresta da Tijuca. Lá Eufrásia se hospedara no chiquérrimo hotel White, conhecido como dos Estrangeiros, por atrair diplomatas e turistas. Faziam longos passeios até a Vista Chinesa. O idílio corria nos moldes usuais: "[...] passamos todo o dia a arranjar a cesta de flores e por isso não brigamos, no dia seguinte começamos bem, do meio dia às duas estivemos mal, depois fizemos as pazes", rememorava ela em 8 de dezembro. Foram interrompidos brevemente por uma febre palustre, que prostrou o moço e pelas idas e vindas da campanha abolicionista. Mas, mesmo extenuado, ele coroava sempre seus dias no hotel White.

Talvez tenham se acertado porque estavam mais maduros. Ela virara uma balzaquiana. Ele próprio se sentia um senhor. Tudo corria tão bem que tentaram, aos poucos, escancarar o namoro. Mas, para casar, era preciso persuadir Chiquinha. Como ela não se derretia com seu charme, Nabuco lançou mão do dândi-mor, Arthur Carvalho Moreira. E para dar respeitabilidade, um amigo de meia-idade, casado, o barão de Estrela, os acompanhava em longos passeios.

Nesse clima de romance e compromisso, Nabuco falava aos seus botões, em 2 de abril de 1885: "Ninguém acreditaria que não quisesse casar comigo". E Eufrásia se declarava abertamente, em 8 de dezembro: "Eu te amo de todo o meu coração".

VITÓRIAS DE PIRRO

Saraiva desatou o impasse legado por Dantas. Refez o projeto, elevando o preço das alforrias, postergando a libertação dos escravos para os 65 anos e instituindo repressão e multas para quem ajudasse os fugidos. Assim, converteu os opositores de Dantas em base de apoio. O inverso aconteceu nas ruas. Os abolicionistas bateram forte. Nabuco queria repetir a campanha do Recife na corte. Fez dois *meetings*, no teatro Pedro II e no Centro Abolicionista da Escola Politécnica, com João Clapp e Rebouças. A defesa mais enfática do "patriótico ministério Dantas" coube, entretanto, a Rui Barbosa, no Politeama.

Dantas bombardeava o projeto no Senado. O empenho de reatamento com Saraiva foi para o ralo. Nabuco voltou à Câmara no ponto em que saíra quatro anos antes, na oposição a ele. Organizou frente de catorze deputados, o Grupo Parlamentar Abolicionista, e fez dezoito discursos acerbos. Valia-se de suas artimanhas usuais: reclamar do regimento, burlar inscrições, fazer requerimentos, interpelações, emendas, desmembrar e desfigurar o projeto do governo. Fez até acordo com os conservadores emperrados para obstruir a votação.

Dava, assim, seqüência a dois movimentos. Para os abolicionistas sem mandato, acirrava o discurso, com críticas violentas ao status quo. Insinuou que Saraiva era um títere dos plantadores de açúcar, em 8 de julho: "[...] uma lei feita por um senhor de engenho para senhores de engenhos". Sobrara já para os cafeicultores, cinco dias antes: "Não há país no mundo em que uma pequena classe, que parece um sindicato, domine como os comissários de café dominam este". No dia 6, inflamado, pediu abolição imediata, declarando: "[...] pertenço à escola revolucionária".

Mas pedia "a revolução das leis", necessariamente gradual. Como em 30 de julho: "Não lhe peço que acabe com a escravidão, deixe-a por 20, 30 anos ainda se não se pode extingui-la, mas, enquanto ela existir, ajeite-a ao rigor das leis". Por isso, negociava. Lacerda Werneck acusou-o, em 8 de agosto, de palpitar na surdina sobre o projeto que combatia em público. Insistira com o ministro Antonio Prado em voltar a libertação para os sessenta anos, libertar irmãos dos nascidos pós-Ventre Livre, proteger escravas contra abusos de senhores, abolir castigos corporais, proibir compra e venda de escravos. Eram partes de seu projeto de 1880. Essa oscilação entre bloquear e influir sobre o projeto levou César Zama a chamá-lo de incoerente.

Em 24 de julho, encerrou-se a tramitação dos Sexagenários na Câmara. Nabuco discursou, ao seu gosto, com sua contundência e suas metáforas: "[...] esta Câmara já foi convertida em um mercado de escravos, em que V. Exa, Sr. presidente fez o papel de pregoeiro marroquino". Foi interrompido por aplausos das galerias, apartes dos adversários, gritos de apoio de correligionários e pedidos de ordem do presidente da mesa. Enfim, o show, como sabia fazer.

Saraiva respondeu grave: "V. Exa é que se afastou de mim; dantes conversávamos". Nabuco retorquiu que Saraiva é que passara de "homem da nação" a "homem de uma classe". Pela terceira vez, rompia com o presidente do gabinete de seu partido. Sabia a conseqüência: "[...] sou eu que levanto estas ondas encapeladas [...], pronto a ser lançado fora do Partido Liberal [...]". Nabuco se consolidava como liderança, mas do lado de fora do sistema político imperial.

A Lei dos Sexagenários passou apertada a 13 de agosto. Saraiva calculou resistência expressiva no Senado, onde Dantas se preparava para tudo. No dia 19, seu aniversário de 36 anos, Nabuco ganhou dois presentes: um finíssimo alfinete de gravata de Eufrásia e a queda do gabinete.

Esse céu de estrelas cedo veio abaixo. Na vida privada, como na pública, por razões aparentadas.

Desunidos os liberais, voltaram os conservadores, na pessoa do experimentado barão de Cotegipe, fazendeiro refratário à abolição. Ganhou uma das maiores metralhadas oposicionistas do Segundo Reinado, comandada por José Mariano. Nabuco fez suas contas. A abolição seria outra vez bloqueada e o movimento reformista penderia para a outra questão da agenda: a república. Outro item comum aos reformistas era a federação. Nabuco apostou nela como modo de preservar a monarquia. O Poder Moderador serviria melhor à nação reduzido a funções litúrgicas, como as da rainha da Inglaterra. Porque, afinal, disse em 24 de agosto: "Nos 45 anos que tem durado o presente Reinado, o mundo tem passado por uma transformação de tal ordem [...]; e, entretanto nada disto sugeriu ao Imperador a idéia sequer [da abolição]".

Em 14 de setembro, apresentou à Câmara projeto de monarquia federativa. Como o Manifesto Republicano de 1870, celebrava a federação como "a forma americana", que se espalhava pelo mundo e a definia vagamente: o estado central ficava com defesa, impostos gerais e "instituições necessárias". Território grande e diversidade de interesse entre as províncias faziam dela uma necessidade brasileira. O lema fora enunciado no Recife: "Abolição, federação, paz". O último item era um freio na radicalização de 1884. Tudo entre frases de efeito, metáforas e alegorias greco-romanas.

Reconhecido chefe do abolicionismo, queria liderar a campanha federalista, convidando os republicanos, que havia mais de uma década batalhavam por ela, a subscreverem sua idéia de uma "união democrática federal". Convenceu 38 deputados liberais, de dezesseis províncias. Andrade Figueira, de bate-pronto, tascou: "É uma patacoada eleitoral".

É que Cotegipe já aprovara os Sexagenários no Senado e dissolvera a Câmara, marcando eleição para 15 de janeiro de

1886. Os abolicionistas se candidatavam. Nabuco saía outra vez pelo Recife.

A política teve efeito colateral sobre a vida afetiva. Para fazer campanha, o liberal tinha de deixar para trás a herdeira conservadora. Protelou o quanto pôde a viagem a Pernambuco, adiada de outubro para novembro. Partiu só em 10 de dezembro, depois de acompanhar Eufrásia à estação de trem. Ela o esperaria em Petrópolis.

Nabuco hesitava porque antevia a pressão sobre a noiva em sua ausência. Ela o apoiara durante a situação liberal. Agora a eleição era contra os conservadores, depois de ele ter atacado o próprio imperador. A devoção tradicionalista dos Teixeira Leite coagiu Eufrásia, como ela contou, em 1º de agosto de 1886: "[...] os que ataca atacam-no também e sou eu o instrumento, eu o pretexto de tudo o que dizem a seu respeito. Deus sabe o horror que esta política me causa [...] de dever ser sua adversária [...]".

No Recife, Nabuco desembarcou candidato pelo 1º distrito, com a federação debaixo do braço. João Mariano apoiava. Chegada sem festa. Os conservadores não brincavam com eleições. O novo presidente da província proibira banda de música e ameaçara demitir funcionários públicos que fossem a *meetings*. O gabinete mandara força policial e a própria Marinha de guerra.

Escaldados com o sangue da eleição anterior, Nabuco e José Mariano fizeram campanha comportada, reduzida quase que a um *meeting* no teatro Variedades e à criação de mais uma associação, a Abolicionistas e União Federal de Pernambuco. A circular eleitoral saiu em cima da hora, no dia de Natal. Propalava "a dupla cruzada nacional da Libertação dos Escravos e da Independência Federativa das províncias" e denunciava manobras conservadoras para "marcar os eleitores com o estigma de vassalos do voto".

Comandando a máquina estatal, os conservadores controlavam o voto dos "empregados públicos, que formam grande parte do pequeno eleitorado desta cidade", lamentava Nabuco, em 15 de dezembro. E os "grandes senhores de escravos obrigavam a todos que dele dependessem a votar contra mim". Viu a sorte perdida.

Os conservadores controlavam também o coração de Eufrásia. Em vez de encontrá-la em Petrópolis depois da eleição, Nabuco foi surpreendido com sua súbita aparição no Recife, na escala do navio para a Europa. Eufrásia desertava. Mal puderam conversar, dado o sigilo do vínculo e a presença impertinente de um conhecido, que não os deixou a sós um só instante. Ela lhe escreveu, em 8 de dezembro: "Eu espero que apesar de tudo vença a sua eleição, eu não me consolaria de ter sido a causa de sua demora e portanto de não ser eleito [...]".

Nabuco perdeu o chão. As decepções política e amorosa depois do apogeu reavivaram a antiga melancolia: "Eu vou muito desanimado lutando sempre", reportou a Penedo, em 21 de dezembro.

Os conservadores não primaram pela lisura e Cotegipe ganhou uma Câmara sua. Os poucos liberais eleitos eram os anti-Dantas. Nabuco amargou a derrota: "Se me tivessem apresentado pelo 5º distrito que era o meu na Legislatura passada estaria eleito [...]", reclamou a Salvador de Mendonça, já em 1887. Talvez não. José Mariano revivera seu drama do ano anterior: eleito, mas degolado.

A campanha abolicionista dava a glória a preço alto: empregos, amores e finanças soçobraram. Em seu declive de 1886, a 3 de abril, segredou a Juca Paranhos: "a política me arrastou", "pus de lado os meus interesses materiais completamente" e "fortes afeições". Seguidor de seu pai, nunca equilibrava receita e despesa: "[...] recebi 2 meses de subsídio na Câmara. Foi tudo. Desde 04 de 1884 tenho estado a gastar dinheiro sem dinheiro. [...]. Tive 4 eleições em um ano! Viagens repetidas dispendiosas [...] fui endividando-me e hoje acho-me colocado em uma posição difícil".

O casamento com Eufrásia reverteria a situação, garantindo a independência política — um jornal de propaganda e um esquema eleitoral em Pernambuco. Talvez tenha sido esse subsídio ao liberal que os Teixeira Leite quiseram obstar. A rivalidade política era profunda. As duas famílias tinham se enfrentado diretamente quando Nabuco de Araújo, ministro da Justiça, tentara uma reforma judiciária, em 1854. Joaquim Teixeira Leite então assinara o Manifesto de Vassouras, um movimento de proprietários que barrou o projeto. Agora Nabuco liderava o abolicionismo, atacando o "escravagismo fluminense". Não podia ser bem-visto pelos Teixeira Leite, que se enquadravam perfeitamente na definição.

Por isso Eufrásia fugira, carregada pela irmã, como a contragosto admitia, em 22 de janeiro de 1886: "É verdade que ela fez todo o possível para separar-nos e para trazer-me para aqui [...]". A derrota eleitoral, Nabuco a creditava à noiva, porque se demorara em companhia dela quando devia fazer campanha, porque ela o abandonara na hora decisiva. Acusou-a de flanar por Paris, enquanto ele penava no Brasil.

"Como se engana pensando que, enquanto sofre, eu estou indiferente [...]. Que se estiver triste tenho a Ópera, o País, o mundo para me consolar e distrair; mas não fui a nenhum desses lugares", ela respondeu, em 14 de janeiro. "Tenho mil saudades, nem penso em outra cousa senão na Tijuca, no hotel dos Estrangeiros e em tudo o que se passou". Uma semana depois, narrava seu rompimento com Chiquinha, e, em 13 de fevereiro, insistia: "Minha irmã tentou mas não ganhou a partida [...]. E se pouco nos falávamos, agora estou muda absolutamente [...]". Escrevendo novas cartas antes de receber resposta das anteriores, Eufrásia se pôs humilde e queixosa: "Não imagina que tristeza, que saudade e que arrependimento de ter deixado o Brasil", dizia em 14 de janeiro. Um mês depois: "[...] desculpe-me tudo o que pude dizer ou fazer que o contrariasse. Tudo o que involuntariamente o fiz sofrer". Mas deixava claro, em 4 de fevereiro, seu objetivo de afastá-lo do campo que obstava a união: "Não digo que não se ocupe de política, mas não deve se agitar e se exasperar por ela. Ela não vale isso".

Indisposições familiares, diferenças de patrimônio, de inserção social e de filiação política os afastavam. Os obstáculos, contudo, sempre foram bom combustível para os amores românticos. Acabrunhado com a política, Nabuco concentrou-se nos afetos. Pôs a soberba de lado em fins de janeiro de 1886. Enviou uma foto e flores incrustadas numa carta. Era um novo pedido de casamento.

Agora se dispunha a pagar o preço, como disse a Paranhos, em 3 de abril: "[...] ficar na política é arruinar-me [...] serei um nômade de espírito e de instalação entre o Norte e o Sul, entre Pernambuco e o Rio". Bastava um sim de Eufrásia para embarcar no primeiro vapor. Disposição casadoira assim só treze anos antes, no começo do romance. Ele abdicava da política, ao menos nos moldes que a praticava, sonhando com uma carreira européia na diplomacia, com base em Paris.

Mas mademoiselle Teixeira Leite titubeava em se tornar madame Nabuco. Espremida entre o amor e as obrigações, escrevia reticente em 14 de janeiro: "[...] compreendo bem todas as dificuldades que teria em vir, sou a primeira a não querer, a pedir-lhe se for preciso que não se condene a uma posição secundária no estrangeiro quando pode e deve ter a primeira no nosso país. [...] Sou eu que devo ir ao seu encontro [...]. Creia que se não lhe digo 'venha' não são saudades nem desejo de vê-lo que me faltam". Eram óbices familiares que sobravam.

Eufrásia foi retida por eles. Lamentando a decisão dele de só a ir encontrar quando "estiver resolutamente decidida a casar", ela defendeu a separação entre paixão e compromisso: "[...] casar-me logo, isso infelizmente não lhe posso dizer, apesar de saber, de sentir que esse adiamento não convém. Mas, de outro lado, não me disse sempre que era o amor e não o casamento que importava?", argumentou em 22 de janeiro. Temendo que ele embarcasse antes de ler a carta, telegrafou que não fosse. Resignava-se ante à impossibilidade social do casamento e assumia a culpa: "Eu que não pude tomar uma resolução que devia me fazer feliz [...] tenho de sofrer, mas sobretudo de fazer sofrer a quem só desejaria todo o bem possível".

Ao longo do mês seguinte, ele guardou silêncio. Ela se corroeu de ansiedade, escrevendo apelos em nome da longa história comum: "Desde que viemos juntos à Europa, vivi deste sentimento por si; não tive, não quis outro, nunca pensei ter outro, nele se passaram os meus bons anos, por ele continuei a minha vida. [...] e por ele tenho sofrido tudo o que se pode sofrer [...]", historiou dramática, em 13 de fevereiro. Ele, por fim, engatou uma carta atrás da outra, reiterando: não voltaria a vê-la se não fosse para casar.

Já não esperava bom desfecho. Deprimiu: "[...] não tenho literalmente visto ninguém, vivo só em casa [...] não fui uma vez a Petrópolis. Tenho passado 3 meses de verdadeiro desânimo e solidão e vou perdendo o gosto de tudo", contou a ela, em 18 de abril, sofrendo "a ausência de certas pessoas, ou antes de certa pessoa", continuava a Penedo, em 4 de março. Arthur, depois de um escândalo de jogo, conseguira com o governo conservador o que Nabuco não obtivera do liberal: um posto diplomático em Londres. A mãe e a irmã solteira, Sinhazinha, estavam na chácara que Hilário adquirira nos arrabaldes da cidade. Ia lá eventualmente para longos passeios a pé com Sizenando.

Nesse isolamento, deliberou contra Eufrásia: "Eu tenho em meu poder diversos papéis, cartas e lembranças suas. Considere tudo isso como propriedade sua e não se julgue em momento nenhum de sua vida ligada por nada que me diga respeito. Não deixe tampouco dominá-la em relação a mim a pena que uma vez me exprimiu como sendo um obstáculo ao nosso casamento de magoar com a sua preferência a outros pretendentes". E pôs o ponto final, nesse 18 de abril de 1886: "[...] considero-me perfeitamente livre de qualquer compromisso". "Eu sinto que tudo acabou entre nós."

NAMORANDO O INIMIGO

Em 23 de janeiro Nabuco escrevera a Allen: "O futuro é de fato sombrio. O descrédito das eleições diretas significa a queda da última barreira entre a dinastia e a república. [...] os Liberais estão sendo fortemente levados em duas direções diferentes: uns sentem que é inútil lutar [...]; outros têm fé em se juntar aos republicanos [...]".

Os reformistas reagiram ao retrocesso de Cotegipe com duas subversões. Os republicanos pararam de falar manso. O destemido Silva Jardim eclodiu como figura nacional, usando a língua positivista para apontar o caminho da Revolução Francesa: a mudança pela violência. Dentre os abolicionistas houve uma fortificação da posição antes minoritária. Caifazes, em São Paulo, conta Raul Pompéia, na *Gazeta de Notícias*, de 27 de agosto de 1888, "sem nome, sem residência, sem profissão, disciplinados, resolutos, esquivos, impalpáveis", roubavam escravos e os embarcavam para a corte com uma camélia branca, que sinalizava sua condição. Um abolicionista o escondia no Quilombo do Leblon ou em casa até dar-lhe passagem para o Ceará. O Clube do Cupim fazia o mesmo em Pernambuco.

Era uma associação secreta, formada em fins de 1884, por usuais aliados de Nabuco, incluído José Mariano.

Esses grupos se multiplicavam em nível local, gerando conflito aberto em Santos, em Campos e no interior de São Paulo. Insurreições de escravos se somavam a homicídios de senhores e feitores. A ordem escravocrata sangrava.

Sem mandato, Nabuco não podia mais funcionar como pivô entre essa movimentação civil e os líderes partidários. Só podia avançar no terreno em que era mais forte que Patrocínio, que os caifazes e os cupins: na pena.

Em 1886, fez como o pai nos anos 1860: atacou o Poder Moderador. Quando se viu tão bloqueado quanto os demais reformistas, responsabilizou d. Pedro pela guinada à direita do regime. Disse isso em *O erro do imperador*, que inaugurou uma série de opúsculos, balão de ensaio para o projeto nunca abandonado do jornal próprio. Aí historiava a conjuntura Dantas-Saraiva-Cotegipe como ação, reação e capitulação. Acusava o imperador de se mancomunar com os dois últimos para derrubar o primeiro. E o conclamava a abandoná-los e "exercer o governo pessoal" para realizar os "grandes fins nacionais", encarnando um "déspota civilizador", que rompesse "as ficções de um Parlamentarismo fraudulento, como ele sabe que é o nosso, para procurar o povo nas suas senzalas ou nos seus mocambos".

O eclipse do abolicionismo era o que o governo conservador conseguira — não seu "ocaso". Cabia a d. Pedro descobrir o sol, ousando transpor "a linha divisória entre a soberania do Estado e a soberania da escravidão" e promover a abolição "sem abalo nem legados de ódios entre raças e classes".

Eleições liberais e eleições conservadoras narrava as disputas eleitorais de 1884 e 1885, elogiando os candidatos de Dantas e detratando os conservadores, como Paulino e João Alfredo. Dava sua versão do tumulto na igreja de São José e reportava eventos similares emplacados pelos conservadores — "um Partido, cujas eleições de sangue não têm conta".

Os três opúsculos se inspiravam nos panfletos da Regência: escrita ríspida e dramática, lotada de referências cristãs e greco-romanas. O quarto volume era um longo poema bilíngüe [francês-português] inspirado num filósofo romano: *Escravos! Versos franceses a Epicteto*. Como *O abolicionismo*, apontava a difusão viciosa da escravidão por toda a vida social: "Perto do trono, no senado, nos tribunais, na igreja, os Negreiros, em toda a parte levantaram os seus talhos. É o mercado de um povo em proveito de uma casta". Era para ser seu "Navio negreiro". Mas, produzido às carreiras para um banquete abolicionista, seu autor reconhecia, não tinha "forma prosódica definitiva".

Inimigos retrucaram com paródia apócrifa: *Erro do Sr. Joaquim Nabuco, o eclipse do patriotismo*. Reconhecia Nabuco como "chefe de propaganda, cujas idéias têm peso na opinião", mas acusava a "contradição patente": "O Imperador é o culpado de tudo, [...] e o Imperador é [...] a suprema esperança [...]".

Os ataques ao imperador foram vistos como expressão da mágoa antiga em torno do emprego de bibliotecário. Na época correra o assentimento de d. Pedro; a *Gazeta da Tarde* agora dava versão contrária. Nabuco negou que tivesse "o mínimo ressentimento pessoal de S. M.". E afirmou, a Patrocínio, em 3 de maio, que só se indispunha com ele porque "esta é a situação de todos os bons liberais, que ainda não têm fé na República e perderam a fé na monarquia".

Em 1886, anunciou ainda A *prostituição eleitoral*, A *perseguição dos escravos*, *Porque continuo a ser liberal*, A *nova Câmara*. Mas não os escreveu. Os panfletos eram pilotos do jornal. Traziam um "registro político" de eventos reformistas, com agrado aos amigos e agravo aos inimigos, e anunciavam:

"A aparecer proximamente: *O Século* — órgão liberal democrático. Redator — Joaquim Nabuco". Pôs anúncio na imprensa, em 3 de fevereiro, pedindo subscrições para "uma folha independente, ao mesmo tempo de combate, de propaganda". Recebeu promessas. Rebouças julgava "tomarmos a '*Gazeta da Tarde*'" opção "mais econômica e a mais rápida". Sobretudo diante da profusão de periódicos reformistas na década de 1880, que, concluía em 9 de fevereiro, "embaraçarão o caminho ao '*Século*'". Penedo foi cético, no 5 de maio: "Eu não creio em capitais prometidos para *O Século*". Eles efetivamente não vieram.

Outros abolicionistas tiveram êxito no intento. Antonio Bento montou *A Redenção*, em São Paulo e, com subvenção do sogro, Patrocínio estreou o *Cidade do Rio*. Assim desocupava lugar na *Gazeta da Tarde*. Nabuco tentou virar seu correspondente em Londres ou da *Gazeta de Notícias*, ainda que, dizia a Paranhos, em 10 de abril, fosse "para mim a renúncia de um grande futuro voltar a tornar-me um cronista da política européia". *O Jornal do Comércio* se fechara em definitivo. "Picot diz-me que hoje depois de tão longa interrupção não pode desmanchar os arranjos que tem feito para voltar a sua cooperação", informou Penedo, em 23 de abril. Tampouco pôde reaver as consultorias. Tinha apenas a colaboração esporádica para o *La Razón*, fora da cena política e com pagamento incerto.

Então caiu nos braços do inimigo. Os republicanos há tempos o cobiçavam. Em abril de 1886, com a mediação e os auspícios de Hilário, ingressou em *O País*. Ficava sob ordens de Quintino Bocaiúva, que Machado de Assis definiu como "republicano de convicção e aristocrata de temperamento". Nabuco o admirara na adolescência e conviviam bem desde a campanha de 1884. Era bom arranjo, que durou.

Trabalho de repórter. Fazia a "Crônica Parlamentar"

uma vez por semana. Assim pôde participar ativamente do debate parlamentar mesmo sem mandato. Exortava os liberais a refundar o partido, pedia apoio ao seu projeto de federação e a Dantas, que propunha no Senado a abolição para 1890. Mandava todos se mirarem em Gladstone. Contestou um livro do bispo do Pará em resposta a outro de Penedo. Transcreveu sua fala — muito aclamada — no enterro de José Bonifácio, o Moço. Mas, sobretudo, fez fogo ao gabinete. Um humor meio inglês, pendendo para a troça. A primeira vítima foi João Alfredo, "leão do Norte", comandante dos conservadores de Pernambuco e, por tabela, da resistência às suas candidaturas. Acusou-o de cabala eleitoral em favor do filho, em 5 de novembro. Fez chacota da fraude eleitoral num apólogo, à maneira dos burros de bonde de Machado de Assis, com o imperador e os ministros decidindo as degolas. Não retomou seu ar dramático nem quando a água bateu no pescoço de José Mariano. O relator das depurações, o padre João Manuel, respondeu no *Jornal do Comércio*, em 14 de julho: "[...] sem meio de vida conhecido, como um verdadeiro vagabundo. Sempre o considerei eminentemente desfrutável, piramidalmente pedante e colossalmente ridículo".

Nabuco não se intimidou. Bateu na política econômica conservadora, baseada no endividamento externo. Picot deve ter vibrado com o tom jocoso das estocadas em Cotegipe, que fazia corpo mole para aplicar os Sexagenários, no clericalismo do ministro do Império e as chicotadas diárias em Andrade Figueira e Paulino. Desancou até Ferreira Viana, acostumado a desancar o próximo: "Conservador por acaso, ultramontano por fantasia, escravista por amizade e inimigo do governo pessoal por acessos", tascou em 6 de outubro.

A radicalização abolicionista chegava ao auge. Patrocínio deflagrara campanha similar à do Ceará em Santos, "libertando" a cidade em 1886. Multiplicavam-se *meetings* contra o "regulamento negro" do ministro Antonio Prado, que considerou a proibição do tráfico interprovincial, prevista na Lei dos Sexagenários, não aplicável à corte. Nabuco o atacou diante de 2 mil pessoas, em 29 de junho, no Politeama. Falavam Bocaiúva, José Mariano, João Clapp e Patrocínio, candidato à vereança do Rio. A campanha reformista em seu favor deu-lhe maioria em quase todos os distritos eleitorais, para delírio dos abolicionistas.

Já Antonio Bento fizera procissão, com toda a liturgia católica, levando um escravo açoitado no lugar de cristo. A Confederação Abolicionista fez o mesmo com duas escravas deformadas pelo sadismo de sua dona. Sizenando, que ia se notabilizando como advogado, tomou a causa. Nabuco chamou a si o assunto; criticou duramente o uso da pena de açoites e clamou por sua suspensão. Seus artigos repercutiram noutros jornais e no Parlamento, ganhando amplo apoio. A questão subiu ao Senado, onde os açoites foram abolidos em outubro, quase por unanimidade.

O episódio vinculou Nabuco ao abolicionismo popular. Embora publicamente não os apoiasse, sua proximidade com o Clube do Cupim era patente e as ligações com José Mariano o levaram até a abrigar escravos fugidos, como prova seu diário, em 1º de novembro: "Aparece Cassiano, 19 anos, sinais de ferro ao pescoço e todo o corpo. Acoito-o [...]". Dava o braço à extrema esquerda. A imagem chegou a Londres. No *Times*, Goldwin Smith, sumidade intelectual do momento, caracterizou os abolicionistas brasileiros como comunistas atrás de apoio estrangeiro para atacar a soberania nacional. Nabuco reclamou do estereótipo ao editor do jornal, em 18 de abril. Preocupada, Eufrásia rompeu o silêncio, em 1º de julho. Pedia "que não fosse tão extremo"; "por que esta guerra contra o imperador, [...] por que pôr-se assim em revolucionário, em republicano?".

FIM DE CASO

Um fato novo veio amornar a radicalização de Nabuco. O velho imperador, seguidamente acometido de achaques, teve um mal-estar público em fevereiro de 1887 e, correu a notícia, zarparia para tratamento na Europa. Isabel seria regente. O comportamento de seu marido, libertando os escravos paraguaios, ao fim da guerra que o Brasil lhes moveu, avivava os abolicionistas. *O País*, sequioso de dar em primeira mão a morte de d. Pedro, escalou o viajado Nabuco para ir ao seu encalço.

Ele hesitou. Seria bom ir. O espaço para o abolicionismo bem-comportado diminuíra. Cotegipe não tinha leniência. Policiais à paisana e mercenários, os "capoeiras", desbaratavam os *meetings* reformistas a porrete. "[...] eu estou ansioso por sair durante algum tempo pelo menos desta atmosfera mefítica". Seria bom ficar, para não "quebrar esses laços, retirar-me do movimento no instante para mim mais interessante e momentoso e ainda uma vez abandonar uma carreira feita pelo desconhecido de posições precárias e subalternas e por um novo provisório como se me figura ser a vida no estrangeiro [...]", dizia a Paranhos, em 3 de abril. Dilacerou-se: "A minha única salvação está em ser coagido pela necessidade a fazer uma coisa ou outra... porque a escolha definitiva é superior à minha deliberação [...]".

A dúvida foi estampada em *O País* de 3 de fevereiro. "O pessimismo em política" no título resumia a decisão: "Lutar politicamente é destruir-se a si mesmo". Foi chamado de desertor, como em 1882. Tal qual antes, explicou-se em carta-aberta no dia 16: "[...] é preciso que eu me resigne e retire-me temporariamente para o estrangeiro, onde por circunstâncias especiais encontro melhores vantagens para a profissão que exerço". Partiu.

Raul Pompéia, abolicionista e republicano aguerrido, disse no *Jornal do Comércio* do dia seguinte que Nabuco se ausentava demais. "S. Sa coloca o seu eu acima da sua causa, e, atrás da notoriedade, [...] querendo passar no estrangeiro como o chefe dos abolicionistas no Brasil [...]", em "passeios exibitórios". Na escala em Pernambuco, frieza: "[...] os diretores oficiosos do partido liberal têm queixas da minha atitude na imprensa", registrou em O *País*, em 24 de março. Pensando nas eleições futuras, deixou-se estar por um mês, com *meetings* no Variedades, no Santa Isabel, em Palmares. Numa conferência dos republicanos, falou da federação. Com José Mariano, fundou a Sociedade Pernambucana contra a Escravidão e foi à Escada, encontrar Tobias Barreto. Os três pediram aos proprietários locais a alforria de seus escravos e denunciaram o uso de açoites — agora ilegal — ao presidente da província.

Nabuco gostava dessa vida. Era expansivo nas conversas de rua, caloroso. Pensou em ficar. Antônio Carlos, seu valoroso cabo eleitoral, tinha capital para comprar o *Jornal do Recife* ou *A Província*. Podia finalmente dirigir um jornal. Mas isso tudo tinha cara republicana, a cara de Aníbal Falcão, o positivista que desde 1884 o ajudava em tudo em Pernambuco. Somando essa força aos canhões de José Mariano, Nabuco ficaria virtualmente imbatível no Recife. Custava um passo largo em direção à república.

Bocaiúva, que esperava compassivo porque d. Pedro tampouco zarpara, deu ultimato. Que seguisse para Paris, acompanhar Isabel, ainda lá. Em 21 de março, no alto-mar, Nabuco já se arrependia: "Sinto o vazio em torno de mim. É muito difícil passar de uma vida como tive este último mês para a quietação absoluta de a bordo".

Apesar dos artigos contra d. Pedro, seguira a vida da corte, indo até a um baile da família imperial. Em 1887, caiu no Carnaval do Recife e se aventurou com "uma mascote espanhola". Antes flertara com a estrela do momento, Sarah Bernhardt, que encenava a *Fedra* no Rio. Provavelmente se conheciam de Londres. Em 1885, Nabuco enviara-lhe *L'Option*. Na resposta, de 20 de setembro, Sarah dizia ter "grande esperança de a encenar". Com ela no Rio, ele enviou flores e versos e a enalteceu no *La Razón* e em *O País*, em janeiro de 1886, como embaixadora da cultura francesa, encantado com uma atriz "da qual se pode dizer que a cabeça esteve sempre em febre, e o coração sempre em delírio". A Bernhardt, que era uma mulher livre, escreveu-lhe seguidamente, de julho a setembro de 1886, exprimindo seu desejo de revê-lo e reclamando de suas demoras.

A Europa reabria a arena matrimonial. Tinha lá duas pendências afetivas. Desde o último rompimento com Eufrásia, se inclinara para Mary. Animada com cartas e fotos, a moça viajara ao Brasil, em abril de 1886, com os pais e a irmã, a ver se casava com Nabuco. Esperando talvez a reviravolta com Eufrásia, ele manteve Mary em banho-maria. Quando ela voltou, em vez do pedido de casamento, ganhou um papagaio.

Em Paris, hospedou-se no 56 do Boulevard St. Michel, na casa da viscondessa de Rio Branco, mãe de Juca Paranhos que, embora cônsul em Liverpool, vivia por ali. Na Place Vendôme, encontrou o barão e a baronesa de Estrela. Achou-a "vaporosa". Ficou amigo do dândi de rendas polpudas, oriundas do café novo de São Paulo, Eduardo Prado. Tinha círculo próprio, de intelectuais e artistas, como Eça de Queirós, e vivia nababescamente, proporcionando boa comida e diversões picantes. "Como vê é do melhor mundo, ou para falar corretamente, c'est du meilleur monde" — escreveu a Penedo em maio. E como prosseguisse com maledicências sobre a família real, concluiu: "Veja como estou má língua!".

Os amigos, contudo, viviam sua vida ordinária, com prazeres e afazeres. Nabuco se sentiu isolado num quartinho do Grand Hotel, a léguas do alto padrão a que se habituara: "[...] o uso da vassoura e a utilidade da água quente não correspondem às Anglo-Saxônias [...], e este hotel é um verdadeiro gueto", resmungou a Penedo em 12 de abril.

Estrela, testemunha do idílio da Tijuca, achou que eram saudades de Eufrásia. Fez a ponte. Ela própria escrevera saudosa. E ir a Paris e não encontrá-la era como ir a Roma e não ver o papa. As Teixeira Leite residiam numa casa imponente na rua Bassano, 40, pertinho do Arco do Triunfo. Eufrásia enviou um bilhete no seu desembarque. Ele negaceou por quatro dias; no quinto, anotou: "Janto na rua Bassano". Voltaram às boas. Passeios pela cidade, pelos museus; aos cafés e aos teatros. Viram *Hamlet*. No dia 15: "Com a E[ufrásia] ao Louvre. Mando-lhe uma mandolina de flores".

Enquanto isso, avivava articulações políticas. Encontrou-se com Lopes Trovão, um sucedâneo de Patrocínio na campanha republicana, vocacionado para a praça pública. Fez a usual peregrinação por eminências estrangeiras. Escreveu para *O País* impressões da cidade e comentou o avanço simultâneo da militarização e da democracia na Europa. Colhia notícias da família imperial, o que era fácil sendo Eufrásia próxima da princesa. D. Pedro, temendo deixar vago o trono em tempos republicanos, só partiu em junho, com Isabel já no Rio. Nesse ínterim, a situação de Nabuco era meio absurda: um correspondente sem ter o que corresponder.

Cansou-se. "Paris pesa-me como pesa a ociosidade e a solidão. [...] sinto-me verdadeiramente muito solitário." Isso porque a montanha-russa amorosa com Eufrásia nunca se estabilizava. O amor de primavera em Paris não anunciava casamento. Decidiu seguir a vida. Em Londres.

Mandou vir do Brasil seu criado, o forro Hermenegildo Miguel. Não abria mão desse hábito aristocrático. Para residir, tampouco se apequenava. Pediu a Penedo, em abril, a "minha casa de Lower Belgrave Street. Peço a Carlotinha que não a deixe alugar a outro, nem que me dê o segundo andar pelo primeiro". Queria para si o lugar que a filha recém-enviuvada de Penedo desocupava em Westminster. Entretanto, o melhor dos hotéis era a casa do barão. Em 16 de abril, quando desceu de manhãzinha em Charing Cross, lá se instalou.

Integrou-se à rotina aristocrática. Foi ao "drawing room", a reunião mais importante da sociedade de corte. Viu corridas no Derby. Escreveu para O País, em julho, uma narrativa do jubileu do reinado de Vitória, a decoração, os presentes, a reação das ruas. Reencontrou Mary Schlensinger, que não deixava de marcar presença. A mãe escrevia por ela, convidando-o a freqüentar a casa. Ele não ia, entretido com "Diana Transparente" e outros amores de passagem, como a americana Eleanore Berly. Mary pediu que não a esquecesse e se pôs, oitocentistamente, doente de amores.

Nesse junho, Nabuco realizou um de seus sonhos. Apertou a mão da "mais nobre figura da história desse século", como narrou, deslumbrado, em O País, de 11 de agosto. Allen o levara a uma *garden-party* na casa de Gladstone. Na conversa rápida, Nabuco falou-lhe da escravidão brasileira. Ouviu incentivos. Ficou extasiado. Admirava essas duas metades da laranja inglesa, que se odiavam mutuamente: o plebeu reformista e a rainha decorativa. Era o que cogitava para o Brasil: modernização com resguardo da tradição aristocrática.

Na Anti-Slavery, propôs moção para a reunião da Associação de Direito Internacional, que acontecia em maio. Falou disso em O País. Sem o chicote de Picot, nem mencionava economia, só tratava de política européia e da dinâmica parlamentar inglesa. Cobriu entusiasticamente a tramitação da reforma agrária de Gladstone para a Irlanda, em oito artigos, apontando similitudes com a conjuntura brasileira e comemorando o "fim do landlordismo", que morria "coberto de crimes, tendo semeado a desgraça e a miséria", conforme disse em 22 de agosto.

A agitação encobria suas chagas abertas: dívidas financeiras e dúvidas amorosas. O País não dava dinheiro bastante para a Londres caríssima, a única que interessava. Penedo recuperou-lhe as consultorias jurídicas, com pagamentos polpudos, graças à sua notoriedade como abolicionista. A especialização dos trabalhos, entretanto, o obrigou a repassar parte deles. Os pequenos ganhos ficavam aquém dos grandes gastos nabuquianos. Sem ter saldado as dívidas anteriores, acumulava novas. Por isso, aproveitou a partida de um amigo para o Brasil e despachou o criado: "O ponto negro na minha existência é agora o Chevalier Hermenegildo Miguel. [...]. O que eu não quero é que o homem perca esta ocasião de partir para o Brasil free of charge", disse a Penedo em maio.

As bodas com Eufrásia foram mais uma vez aventadas. Entretanto, como ela dissera, casamento e amor eram coisas separadas na sociedade aristocrática — o mundo burguês pujante do século XIX estava lentamente a uni-las. Eufrásia queria o amante, não o marido. Nabuco demandava independência política e compromisso amoroso. A saída, matutou ela, seria um arranjo que distribuísse o patrimônio, sem oficializar a união. Sua proposta ousada e algo estabanada foi dar diretamente o que o casamento daria por vias tortas: dinheiro. Disse-o por carta, em 16 de abril, temerosa da reação dele ao vivo. Era empréstimo ou sociedade para montar negócio na Europa, como o tão sonhado jornal: "[...] me é muito mais agradável emprestar a si do que a um desconhecido".

Nabuco ficou ofendido. No seu afeto, que entre tantas pretendentes depositava apenas nela. Na sua honradez, que não se dobrara nem a um chefe de gabinete. Na sua virilidade, rebaixado da obrigação de provedor para o lugar feminino por excelência, de dependente. Nessa inversão de papéis, viu pela primeira vez a noiva sem o véu romântico. Reconheceu a bem-sucedida mulher de negócios, preocupada em fazer dinheiro de dinheiro, pondo tudo em termos práticos, sem arroubos de ternura. A situação descortinava a superioridade material dela e escancarava o problema econômico que ele escamoteava. E era a maneira tortuosa de ela dizer um não rotundo ao único arranjo, difícil, mas possível: o casamento.

Assim o dinheiro envenenou a paixão. Seu longo e penoso romance, com tantas voltas e reviravoltas, Nabuco o extinguiu em silêncio, sem cartas, nem encontros. Leu, bem a propósito, *What will he do with it?*, de Edward Bulwer-Lytton, e parafraseou uma de suas máximas, em 24 de abril: "Debaixo de toda terra corre água, debaixo de cada vida corre o luto".

Londres perdeu a graça. Os Schlesinger bem que tentaram casá-lo com a filha. Mas ele não foi nem visitá-los. Já o imperador arribava, tornando supérflua a presença do correspondente, que fora cobrir sua morte e, no Brasil, Isabel ameaçava derrubar o gabinete. Era hora de voltar.

CONSAGRAÇÃO

Nabuco embarcou ao ouvir a sineta eleitoral. O inimigo das eleições anteriores, Machado Portela, nomeado ministro do Império, tinha de ser confirmado por seu colégio eleitoral, o 1º distrito do Recife. A eleição era só praxe, mas os abolicionistas lançaram Nabuco como símbolo da oposição nacional a Cotegipe.

Em 26 de agosto, chegou ao Recife com circular eleitoral contra "o julgo do landlordismo escravista". O arco-íris no céu serviu de halo ao príncipe dos abolicionistas. Recepção na Associação Comercial, passeata com paradas nas sociedades e jornais reformistas. Discurso no Variedades para 2 mil pessoas. O ano de 1887 repetia os de 1884 e 1885. O mesmo adversário, os mesmos correligionários, as mesmas acusações. José Mariano estaria comprando votos, tendo até empenhado as jóias da mulher para auferir fundos. O "Narciso" era, no *Diário de Pernambuco*, de 11 de setembro, um "ilustre candidato inglês" e, mais ao ponto, o "Gladstone-mirim".

Sua popularidade, contudo, seguia inalterada. O gabinete proibiu *meetings*. Chegando às vésperas da eleição, Nabuco não pretendia fazê-los. Mas houve um, no largo da Paz, em Afogados, reduto de Portela. O candidato nem foi ao local. Um viva a seu nome no meio da aglomeração desencadeou a pancadaria. A polícia a pé e a cavalo bateu em quem viu. Matou por engano um simpatizante dos conservadores. O enterro virou ato político. Nabuco e José Mariano, a contragosto da família, carregaram o caixão. Iam mais cerca de mil partidários liberais e republicanos, escoltados pela polícia conservadora.

Era a terceira morte numa campanha sua no Recife. Nabuco temeu. No Manifesto ao Povo Pernambucano, a 6 de setembro, defendeu os *meetings*, prática de "todos os países civilizados", mas conclamou os eleitores à moderação: "Ao povo do Recife peço que não dê o mínimo pretexto ao governo". Mandou telegrama à regente, protestando contra a perseguição à sua candidatura. O gabinete respondeu enviando navio de guerra para "restabelecer a ordem". Muito a propósito, o *Imperial marinheiro* naufragou.

Em 14 de setembro, Portela também. "Esplêndida vitória!", contou a Penedo no dia seguinte. Teve 1407 votos, 137 mais que o concorrente. "Não há meio de anular a minha eleição e a essa hora o ministério entra em nova crise por causa dela." Machado Portela renunciou ao ministério. Era uma proeza vencer no terreno dos conservadores, depois de eles literalmente descarregarem as armas. "É um delírio a cidade a esta hora. Fizemos história!" Outra vez a festa na rua, os versos e artigos de jornal, toneladas de telegramas — de amigos, correligionários e até de Gladstone, que o felicitou por meio de Allen.

Era o auge da popularidade. Virou tema de enfeites de carnaval e um fabricante de chapéus criou o modelo O Abolicionista, com seu retrato. Nas paradas do vapor rumo à corte, foi ganhando mostras de reconhecimento de sua liderança. Grande recepção na Bahia, em 26 de setembro. Avalanche de manifestações ao vivo e na imprensa da corte. A rua do Ouvidor era toda vivas, flores e bandeiras. O *País* definiu a festa como "principesca".

A epopéia findou com a posse em 5 de outubro. Voltou exaltado contra os conservadores, mas fez apenas uma interpelação e quatro discursos sobre o imperador, os militares, o orçamento e a federação.

O gabinete ainda reagiu. Alunos da Escola Militar que saudaram Nabuco no cais Pharoux foram punidos com vinte dias de prisão. Ele usou a deixa para chamar a si os militares, que andavam em seguidos litígios com a Monarquia. O positivismo os empurrara para a abolição e a república. Nabuco — como outros reformistas — os incitou a não mais capturar escravos fugidos. A supressão da pena de açoites e o negaceio dos militares em reprimir escravos virtualmente extinguiu o controle social sobre a escravidão. Sem coerção, o regime desmoronava. Fugas e rebeliões amiúde. Grupos radicais faziam do Quilombo do Jabaquara a cidade dos acoitados, alimentada continuamente de fugitivos. Cresciam apelos à abolição imediata e sem indenização. Esse era o lema de Antonio Bento, em *A Redenção*. Por causa disso tudo, e depois de duas eleições violentas, Nabuco houve por bem declarar à Câmara, em 8 de outubro, que não compactuava com a quebra da legalidade: "[...] essa parte do abolicionismo, que nós, os abolicionistas sinceros, repelimos, que é indigna de estar em nosso seio". Ninguém acreditava nessa moderação.

Dentro do sistema político, mesmo na seara conservadora, já se falava abertamente em abolição. A duras penas, Cotegipe empurrava a questão candente, que o conde d'Eu e sua mulher queriam pôr na agenda, para quando retornasse o imperador. Os paulistas do Oeste, mais endinheirados, escaldados com insurreições nas fazendas e o letargo do governo central, importavam por conta própria imigrantes europeus. O Vale do Paraíba, pátria dos conservadores emperrados, de terras esgotadas, resistia. Contudo, o sistema declinava. A Lei dos Sexagenários e as alforrias espontâneas reduziram a escravaria, Conrad estima, em 36%. Ainda assim, em 1887, restavam 723 419 escravos.

Encerrado o ano parlamentar, Nabuco voltou ao Recife. A cidade adquirira um inusitado sentido de lar: "Chegada a Pernambuco. Em casa", reza seu diário em 29 de outubro. Agradeceu seus eleitores no Variedades. O calor da gente simples nas campanhas e a retumbante vitória recente reavivaram a idéia de se fazer chefe político no Recife. Suas relações estreitas com José Mariano e Aníbal Falcão e amistosas com Luís Filipe davam-lhe um inédito capital político. A residência em Pernambuco afirmaria essa personalidade política própria.

Somava-se a ausência de casa na corte. D. Ana Benigna e Sinhazinha abandonavam por fim a rua da Princesa, que o orçamento familiar não podia bancar, instalando-se em Paquetá. Exausto do nomadismo, com pertences espalhados entre o Rio e Londres, pediu a Penedo, em 24 de setembro, que expedisse para o Recife tudo de seu. Decidira viver lá, onde fincara os pés na glória.

IR A ROMA E VER O PAPA

Depois da euforia, o vazio. O recesso parlamentar punha Nabuco na coxia. Não tinha o que fazer no Recife. Escrevia a *O País*, mas nada havia de momentoso, afora a passagem de Ramalho Ortigão pela cidade.

Politicamente era hora de estar no Rio. Todos os indícios eram de queda iminente de Cotegipe. Alvoroço de militares, abolicionistas e republicanos. A corte pulsava. Nela, poderia ser a ponte entre as instituições políticas e os reformistas e avançar alianças para outras reformas, como a federação, que paulistas e gaúchos exigiam em seus jornais. Ou em torno do perfil da mão-de-obra depois da abolição. Nabuco e Rebouças viam a reforma agrária como modo de dar oportunidades aos ex-escravos mas também de atrair famílias européias de estratos médios, potenciais multiplicadoras dos costumes civilizados. Era o meio-termo das discussões entre imigrantistas, como Taunay, e defensores exclusivamente do trabalhador nacional, como os positivistas.

Com esse debate em mente, Nabuco resolveu "ver com os meus olhos os efeitos da escravidão e o estado social dos negros das diversas nacionalidades", contou a Salvador de Mendonça, em 27 de dezembro de 1887. O plano englobava países pós-escravistas, São Tomé ou Barbados, o sul dos Estados Unidos, Cuba, Jamaica e Antilhas francesas, exemplos de experiências de administração do rescaldo escravista. Ia colher exemplos de aproveitamento de ex-escravos, como no Haiti, e dos que investiram em imigração em massa, à maneira da Argentina.

Em dezembro voltava às águas, depois de menos de quatro meses de terra firme. Triangulava a viagem pela Europa, repetindo a viagem de 1881 de propaganda à opinião internacional. A recepção foi bem diversa. Reencontrou apenas Oliveira Martins. Os Penedo fugiam do inverno. Teve de tomar quarto em Londres, no 122 da Ebury Street, perto do Palácio de Buckingham. E lá ficou tão desolado quanto no Recife. O Parlamento em férias, a vida de corte parada, o frio inclemente. Quase em reclusão, leu a correspondência de Flaubert, a *História das idéias republicanas em Portugal*, de Teófilo Braga, e a *Triumphant Democracy*, de Andrew Carnegie, uma avaliação da

O grandioso mausoléu de Nabuco reflete e cria
a imagem do político que teria tomado a libertação
dos escravos como objeto maior.
[ACERVO FUNDAÇÃO JOAQUIM NABUCO – RECIFE]

Joaquim Nabuco aos quinze anos.
[ACERVO FUNDAÇÃO JOAQUIM NABUCO – RECIFE]

José Thomas, o pai de Nabuco
e sua grande inspiração.
[ACERVO FUNDAÇÃO JOAQUIM NABUCO – RECIFE]

Ana Benigna, mãe.
[ACERVO FUNDAÇÃO JOAQUIM NABUCO – RECIFE]

Rua do Aterro da Boa Vista, no Recife, hoje Rua da Imperatriz, lugar onde Joaquim Nabuco nasceu.
[ACERVO FUNDAÇÃO JOAQUIM NABUCO – RECIFE]

Engenho Massangana, onde Nabuco passou parte da infância.
[ACERVO FUNDAÇÃO JOAQUIM NABUCO – RECIFE]

D. Pedro II
[ACERVO ICONOGRAPHIA]

Barão do Rio Branco
[ACERVO ICONOGRAPHIA]

Visconde de Ouro
[ACERVO ICONOGRAPHIA]

Francisco Picot
[INSTITUTO HISTÓRICO
E GEOGRÁFICO BRASILEIRO]

Sancho de Barros Pimentel
[ACERVO FUNDAÇÃO
CASA DE RUI BARBOSA]

Rodolfo Dantas
[ACERVO FUNDAÇÃO
JOAQUIM NABUCO – RECIFE]

Machado de Assis
[ACERVO ICONOGRAPHIA]

José Antonio Saraiva
[ACERVO ICONOGRAPHIA]

J. C. Rodrigues
[INSTITUTO HISTÓRICO
E GEOGRÁFICO BRASILEIRO]

Rua do Ouvidor,
Rio de Janeiro.
[ACERVO ICONOGRAPHIA]

Joaquim Nabuco já estudante de
direito em Recife, em foto de 1868.
[ACERVO FUNDAÇÃO JOAQUIM NABUCO – RECIFE]

Joaquim Nabuco eleito deputado
em Pernambuco, 1885.
[ACERVO FUNDAÇÃO JOAQUIM NABUCO – RECIFE]

Barão de Penedo, o grande amigo
e incentivador.
[INSTITUTO HISTÓRICO E GEOGRÁFICO BRASILEIRO]

Eufrásia Teixeira Leite, duradoura
paixão de Joaquim Nabuco.
[LAWLIS DURAY, MUSEU DA CHÁCARA DA HERA, 1887]

Carta de Eufrásia a Nabuco.
[ACERVO FUNDAÇÃO JOAQUIM NABUCO – RECIFE]

Ex-libris, de Joaquim Nabuco.
[ACERVO FUNDAÇÃO JOAQUIM NABUCO – RECIFE]

Evelina Nabuco, esposa e mãe de seus cinco filhos.
[COLEÇÃO DA FAMÍLIA NABUCO]

Os filhos Maurício, Carolina e Joaquim no quintal da casa da rua Marquês de Olinda, em Botafogo, em 1896.
[COLEÇÃO DA FAMÍLIA NABUCO]

Manuscrito de Joaquim Nabuco defendendo a abolição.
[ACERVO FUNDAÇÃO JOAQUIM NABUCO – RECIFE]

A popularidade de Nabuco levou-o a figurar em inúmeras marcas de produtos. No caso, trata-se de um rótulo de cerveja.
[ACERVO FUNDAÇÃO JOAQUIM NABUCO – RECIFE]

Theodore Roosevelt
[CORBIS]

Sarah Bernhardt
[CORBIS]

André Rebouças
[MUSEU AFRO-BRASILEIRO/REPRODUÇÃO]

William Gladstone
[CORBIS]

William Wilbeforce
[GETTY IMAGES]

José do Patrocínio
[ACERVO ICONOGRAPHIA]

Jornal da Anti-Slavery Society de Londres, no qual Nabuco participava ativamente.
[ACERVO FUNDAÇÃO JOAQUIM NABUCO – RECIFE]

emanário carioca
binóculo registra a ida
Nabuco a Londres.

eeting da Anti-Slavery
ciety no Exeter Hall,
Londres.

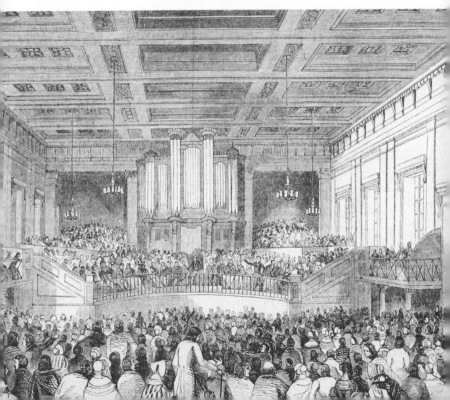

13 de maio de 1888. O povo, em frente ao Paço, saúda a assinatura da lei Áurea...
[ACERVO ICONOGRAPHIA/REPRODUÇÃO]

Nabuco (atrás, de dedo em riste) aparece como
deputado abolicionista em charge de Angelo Agostini.
[ACERVO ICONOGRAPHIA]

...ias depois, junto da família imperial, celebra missa da Abolição no campo de São Cristóvão.
[O ICONOGRAPHIA/REPRODUÇÃO]

...meira edição de
abolicionismo (1883),
...de seus livros
...is importantes.
[ACERVO FUNDAÇÃO
JOAQUIM NABUCO – RECIFE]

Nabuco no varejo, agora em caixa de cigarros.
[ACERVO FUNDAÇÃO JOAQUIM NABUCO – RECIFE]

Em Roma, no ano 1904, como diplomata da jovem República; Joaquim Nabuco lida com a polêmica Questão da Guiana.
[ACERVO FUNDAÇÃO JOAQUIM NABUCO – RECIFE]

Retrato da III Conferência Pan-americana (1906) assinado pelos participantes.
[ACERVO FUNDAÇÃO JOAQUIM NABUCO – RECIFE]

quim Nabuco
filho Maurício.
m Beach, 1909.
RVO FUNDAÇÃO
JIM NABUCO – RECIFE]

ima foto de Joaquim
buco. Washington,
eiro de 1910.
RVO FUNDAÇÃO
QUIM NABUCO – RECIFE]

Nabuco, o embaixador do Brasil nos Estados Unidos, 1905.
[COLEÇÃO DA FAMÍLIA NABUCO]

[ACERVO ICONOGRAPHIA]

prosperidade norte-americana. Em três artigos para O *País* fez balanços da política inglesa e dos rumores de guerra na Europa. Reviu a gente da Anti-Slavery e os Schlesinger. Mary, esperançosa, deu-lhe uma foto. O tradicional jantar de Natal no aniversário do barão não se fez. Nabuco enviou-lhe um relógio e uma biografia de Napoleão. Achou um amor eventual, Dora, na Baker Street. Ocioso e angustiado, perguntava, a seu diário, em dezembro: "Que vim eu cá fazer?", pedindo a si mesmo: "Calme-toi, mon être!".

Decidido a não encontrar Eufrásia, fechou as portas de Paris. Os amigos Correa — transferido para a Legação Brasileira da Itália —, Arthur e Rodolfo, de férias, zanzavam em Roma. O pretexto era sacro: o jubileu do papa Leão XIII. Mas a tríade se dedicava ao circuito profano. Instaram que fosse. Nabuco resistiu. A idéia, afinal de contas, era visitar as Américas. Depois se persuadiu de que Roma, que afugentaria a depressão, era imprescindível à causa abolicionista.

Tinha lógica. Depois da dificuldade de reproduzir a linhagem dos Bragança, Isabel creditara o filho varão afinal gerado a um milagre. Fez-se beata. Daí por que o ardil de Nabuco fazia sentido: uma condenação formal do papa à escravidão soaria como uma ordem para a princesa.

"Para o abolicionismo seria um imenso auxílio se o Papa [...] recomendasse [...] aos católicos a extinção completa do cativeiro [...]", disse a Correa, em 14 de dezembro. Seus correligionários não teriam pedido o favor. Todo reformismo era laico. Nabuco foi ao papa porque nunca chegou aos extremos do cientificismo de sua geração, que proclamava religiões civis, como o positivismo. Acomodou o espiritualismo de Renan ao catolicismo litúrgico de seu pai e ao sentimentalismo religioso de d. Ana Rosa. Por isso a relação com os protestantes da Anti-Slavery dava tão certo. Eles conseguiram para Nabuco uma audiência com o cardeal Manning, da Igreja britânica, que lhe abriu as portas de Roma. Por lá, Correa, representante oficial do Brasil, achou lugar na agenda do cardeal Rampolla, secretário do papa. O caminho levava a Roma. Nabuco foi.

A Rampolla entregou memorial, pedindo uma bula antiescravista, e rogou uma audiência. Sua Santidade andava ocupadíssima com seu jubileu. Nabuco aguardou com os amigos. Assistiu à canonização de santos, visitou o Panteão e brincou o carnaval. Mandou a *O País*, em fevereiro e março de 1888, artigos sobre a "poesia do ritual" do jubileu, no estilo dos que escrevera sobre o da rainha protestante. Emendou com outros com "grandes impressões de Roma".

Esticou até Turim, viu as ruínas do Império Romano e Diana "transparente". Certa Nina Fisk lhe enviou poemas. Em 23 de janeiro, Mary Schlesinger mandou às favas a etiqueta: "Nós temos de nos encontrar em Londres. [...] a não ser que Roma e suas várias atrações o prendam", assinava "com amor", "sempre sua". Nabuco tinha outros planos. Iria a Berna. O conde de Prozor, seu amigo russo, agora na Suíça, dava seguimento à temática católica da viagem, instando-o a batizar a filha.

Depois de um mês, "[...] o Papa recebeu-me em audiência particular e conversou cerca de uma hora comigo, prometendo-me publicar brevemente a sua Encíclica aos bispos brasileiros contra a escravidão [...] dizendo mais de uma vez: 'Quando o Papa falar, hão de obedecer'", narrou animado a Penedo, em 10, e aos leitores de *O País*, em 12 de fevereiro.

Aí veio a malária. De cama, tomando quinino, perdeu o bilhete de volta. Não poderia mais parar nas Américas. A vasta propaganda planejada se restringira ao papa, sem resultado imediato: a bula não saíra. A viagem valia o título de uma peça de Shakespeare, em alta nos teatros londrinos: *Muito barulho por nada*.

Retornou via Lisboa. Por esse caminho, Paris era obrigatória. Lá ficou três dias. Visitou a viscondessa de Rio Branco e os Dantas e assistiu a *Tosca*. "Vista depois de tanto tempo, a Sarah [Bernhardt] agrada-me muito menos em todo o jogo amoroso, porém muito mais na emoção real", registrou em 20 de fevereiro. E assim entretido, não procurou Eufrásia.

APOTEOSE

O *tête-à-tête* de Nabuco com o papa foi uma bomba no Brasil. Como sempre, angariou enorme visibilidade. Todos os jornais noticiaram. Mas o tiro saiu pela culatra. Graças, em parte, à traição de Correa. Funcionário do governo brasileiro, foi instado por Cotegipe a conseguir do papa o adiamento da encíclica. Só não contou ao amigo, que apenas depois de sua morte soube por que diabos a bula tardara tanto a sair.

Conservadores e reformistas condenaram a intervenção da Igreja em negócios do Estado. Nabuco foi chamado até de ultramontano. Incomodou também seu apelo à princesa, em *O País*. Essa "subserviência" a legitimava como herdeira do trono, diziam os republicanos ansiosos pela morte de d. Pedro para encerrar a monarquia. As coisas pioraram quando Nabuco defendeu seu chefe, Bocaiúva, um abolicionista pacato, dos ataques da turma radical. Todo o rancor represado se levantou: "Furor da Confederação [Abolicionista] contra mim", anotou em 23 de abril. "Patrocínio no *Cidade do Rio*. Ataca-me, chama-me ausente, diplomata e muitos outros nomes." Perdia credibilidade junto ao movimento do qual tão custosamente se fizera líder.

Mas ainda tinha prestígio de sobra para queimar. Desde o desembarque no Recife, em 30 de março, fazia campanha com José Mariano e João Ramos, como um comício no Santa Isabel. No Rio, apoiava-se no sistema político em Dantas e sobrevivia no ativismo civil pelas mãos de Rebouças. Era ainda pivô entre os dois mundos, mas sua posição era frágil. Se o processo parlamentar se arrastasse, entraria na maré baixa, mas sua boa estrela garantiu a maré cheia. A conjuntura não deixou as desavenças prosperarem. A abolição chegava no ponto de deliberação parlamentar. E Nabuco continuava sendo o deputado abolicionista por excelência.

O Cotegipe se agüentara até a extenuação, mandando prender escravos fugidos. Resistência vã. Depois de quase uma década de campanha, manumissões, libertação de províncias inteiras, Ventre Livre e Sexagenários, fim da pena de açoites, fugas e alforrias em massa, a abolição já andava quase feita. Manifestações por ela, pela república, pela federação eram a cena cotidiana no Rio, no Recife, em Porto Alegre, em São Paulo. A escravidão perdera legitimidade e funcionalidade. Mesmo no pólo pujante da cafeicultura, o Partido Republicano de São Paulo conseguiu um manifesto de fazendeiros de Campinas pela abolição — condicionando os ex-escravos a prestarem serviços até 1891. O ministro Antonio Prado endossou a idéia. Um líder liberal, Dantas, e outro conservador, João Alfredo, deram-lhe suporte. Crise do gabinete. Insubordinações do exército alimentaram uma "questão militar", estopim da queda de Cotegipe.

Isabel achou seguro ficar com os conservadores. Chamou João Alfredo, líder deles em Pernambuco. Pragmático como seu partido, findou as delongas e apresentou projeto extinguindo imediata e incondicionalmente a escravidão no Brasil. Os liberais lamentaram que a iniciativa não lhes coubesse, mas hipotecaram apoio. Os conservadores emperrados se exauriram em manifestos apocalípticos — Paulino ameaçou bandear-se para a república.

Os abolicionistas comemoraram com batalhas de flores e Isabel declarou Petrópolis livre. Tudo enquanto Nabuco atravessava o Atlântico. Ao chegar, na abertura do ano parlamentar, em 3 de maio, ganhou chuva de flores. De uma das janelas do Senado falou à multidão. Aplacou o ressentimento dos amigos, apelando, com suas maneiras aveludadas, para a causa comum, em vésperas de decisão. Tomava fôlego para encarnar, pela última vez, o papel de pivô.

Na Câmara, declarou apoio incondicional a João Alfredo, obstrutor de sua eleição em 1885. Amparado em Gladstone, na menção usual às cataratas do Niágara e na surpreendente ao Salambô de Flaubert, lamentou que os liberais deixassem aos conservadores a palavra final na matéria. Solene, no dia 7, propôs um "armistício" entre os partidos e pediu ao presidente do Conselho o "apoio que o povo brasileiro dava a José Bonifácio na véspera da Independência".

Seu carisma, sua oratória, renderam o máximo nesse maio de 1888. Sua "gesticulação garrida", suas "atitudes plásticas", conta Afonso Celso Jr., se somaram à fala "por meio de jatos": "Nabuco disparava um pedaço mais ou menos longo, rematado por uma citação justa, uma bela imagem, un mot à la fin. Parava, descansava, consentia se cruzarem os apartes e os aplausos, [...], manuseava vagarosamente as notas, sorria, os olhos entrefechados, [...], aguardava a cessação dos rumores, [...], e de repente, partia em novo arremesso." Nesse estilo, foi o anjo da guarda de João Alfredo, no púlpito e em O *País*; ponta-de-lança e escudeiro.

Em 8 de maio, o projeto extinguindo a escravidão chegou à Câmara. Num discurso triunfal, aplaudido a cada frase, Nabuco propôs sua apreciação em regime de urgência. As galerias gritavam. A mesa pedia ordem. O orador, indulgência, pois "não houve momento igual na história da nossa nacionalidade". Tornou a comparar a abolição com a Independência, louvou Isabel e pediu aos emperrados que não obstruíssem: "[...] estou certo que se não poderia opor, nem mesmo o coração de bronze do nobre deputado pelo 11º Distrito do Rio de Janeiro".

O coração de Andrade Figueira não amoleceu: "Este assunto é prático e não pode ser julgado pelo sentimentalismo", disse no dia seguinte, na segunda discussão do projeto. Protestou contra a quebra dos ritos e as "impaciências dos apopléticos", que o venceram, encerrando a discussão. Burlou-se o regimento e passou-se imediatamente à terceira discussão. Nabuco era um dos relatores, que trouxeram o texto minutos depois: "É declarada extinta desde a data desta lei a escravidão no Brasil". As galerias em coro: "Votos! Votos!". Lourenço de Albuquerque atacou de Cassandra: "Prevejo grandes males". Mas não pôde concluir, atalhado por Nabuco. Novas aclamações. Oradores inscritos desistiram. Dispensaram-se todos os ritos. A escravidão chegou a voto: 89 abolicionistas, nove refratários. Nabuco pediu a suspensão da sessão, solene e conciliador: "[...] não há vencidos nem vencedores [...] são ambos os partidos políticos unidos que se abraçam neste momento solene de reconstituição nacional [...]". Foi atendido em meio a vivas. Em menos de três horas, a Câmara aprovara uma idéia engavetada por mais de quarenta anos.

O Rio de Janeiro estava em desvairo. No próprio dia 8, a Confederação Abolicionista desfilou pela rua do Ouvidor, com bandeiras, banda de música e 5 mil pessoas, que cercaram a Câmara. Nabuco, com Dantas e Patrocínio, falou a elas da janela do Senado. Seguiu a passeata, dando vivas a Isabel. Estava esfuziante, contou o *Cidade do Rio*, no dia 9, com "os cabelos ainda emplastados de suor e pétalas".

No Senado, ninguém delongou as três sessões de praxe. Paulino e Cotegipe falaram em favor da tradição; Dantas, em ataque. O protocolo quebrado, sessão extraordinária num domingo. João Alfredo achou o dia agourento. Nabuco insistiu. Também num treze passara na Câmara a Lei dos Sexagenários. O chefe de gabinete cedeu. Depois de rezar missa ao pai acamado em Milão, Isabel desceu de Petrópolis para a corte. Vinha num vestido de seda cor de pérola, com rendas valencianas, contou a *Gazeta da Tarde*, no dia 15. Foi recebida por 10 mil pessoas apinhadas à volta do Paço Imperial. Eram 3 da tarde. O ministério, camaristas e damas da corte foram buscá-la à porta. Estava comovida como uma noiva. Nabuco a seguiu de perto até seu altar. Foi então que Paulino o saudou, zombeteiro: "Ave, César!".

Assinada a lei, das galerias despencaram chuva de flores, cobrindo o tapete e os parlamentares. Soltaram-se pombas, narra a *Gazeta de Notícias*, do dia 14. A regente se sentia rainha, Isabel I, como Rebouças a proclamou. Voltou-se então para o cavalheiro ao seu lado. Perguntou-lhe, sorrindo: "Estamos reconciliados?". Nabuco beijou a mão estendida e se curvou diante da realeza. Estavam.

Prostrou-se à sacada para a ovação. "Delírio no recinto, meu nome muito aclamado", anotou no diário. Passeata do Senado ao Paço Municipal. No Campo de Santana encontrou uma multidão, que o festejou até a *Revista Ilustrada*, onde falou. Depois em *O País*. Sempre com Dantas, Rebouças, Patrocínio, Clapp, Silveira Mota. Sempre em meio ao povo, que trazia ramos de independência nos chapéus e não cessava de gritar seu nome. "Efusões indescritíveis para as quais não há narração possível", resumiu a *Revista Ilustrada*.

À noite, espetáculos de gala. Ruas e edifícios enfeitados. A Confederação Abolicionista banqueteou a princesa. As "festas da liberdade" se espalharam pelo país, alongadas até o dia 20. O país parou. Na corte, procissões e corridas de cavalo, regata em Botafogo, um grande desfile. Repartições públicas fechadas, apresentações gratuitas nos teatros. Desfile de jangadeiros em Fortaleza. Passeatas em Porto Alegre, São Paulo e Natal. Em São Luís e em Belém tochas alumiavam edifícios.

O Clube do Cupim fez procissão a cavalo pelo Recife, carregando libertos. No Derby, correram-se os páreos Joaquim Nabuco e José Mariano. Fachadas iluminadas. O Santa Isabel sediou os discursos. A rua da Imperatriz, onde nasceu Nabuco, foi embandeirada. Era ele o ímã das atenções, "saudações inúmeras, festas intermináveis", anotou no dia 14. A 17, a multidão fez duas alas para que ele saudasse a princesa em sua carruagem. Deu-lhe camélias brancas, o símbolo dos quilombos. Foi literalmente nos braços do povo até *O País*. Nos dias subseqüentes ganhou versos e festas dos grupos mais inusitados, como os empregados do Arsenal de Guerra. Todos os jornais deram fotos, charges, frases suas. Recebeu cumprimentos estrangeiros, chusmas de telegramas e um diploma em neon da Anti-Slavery Society, quando Allen o chamou "Coração de Leão". Em 20 de maio, fechando oficialmente as comemorações, os abolicionistas organizaram grande passeata pelo Rio. Nabuco foi "muito vitoriado". Era o herói. Ungido e amado, cingiu finalmente sua coroa de príncipe.

5. Ostracismo e memória

O FILHO PRÓDIGO À CASA TORNA

Em 1892 Nabuco escreveu: "[...] seria incapaz de quebrar inteiramente a menor das correntes que alguma vez me prendeu, [...], e menos do que as outras uma que me tivesse sido deixada como herança". Nessa década, seu tradicionalismo de origem desabrochou.

A acomodação começou com o 13 de maio. Depois das festas, a maioria dos reformistas desfraldou a bandeira republicana. Já Nabuco sagrou-se cavaleiro desvelado da realeza, vendo em Isabel a via de continuidade das reformas, como explicou a Penedo, em 25 de maio: "A princesa tornou-se muito popular, mas as classes fogem dela e a lavoura está republicana. Em tais condições eu que hei de ser o último dos monarquistas [...]. Preciso bater-me pela Princesa, a nossa Lincoln, como me bati pela abolição". Em seu movimento pendular, ia agora da sociedade para o Estado.

Isabel era o caminho do futuro. O imperador idoso e doente fazia do Terceiro Reinado questão de meses. Rebouças e Patrocínio apostavam nela. João Alfredo, em Nabuco. Fez dele homem forte nos bastidores, imerso em pedidos de nomeação, promoção, transferência, aumento de salário e até matrículas fora do prazo nas faculdades imperiais. José Mariano pediu, assim como Martins Júnior, Correa e até Penedo, comemorando, em 14 de julho: "V. tem hoje a maior influência política não só para com o Gabinete, como junto da Regente, e até o dizem *onipotente* nesta quadra".

João Alfredo quis fazê-lo visconde — gastava os títulos nobiliárquicos para acalmar ex-proprietários de escravos e angariar aliados. Nessa leva, Rui Barbosa virou conselheiro de Estado; Juca Paranhos, barão do Rio Branco, e Arthur Silveira da Mota, barão de Jaceguai. Nabuco, tão afeito a liturgias, seguiu o pai e não acedeu à subserviência implícita em virar um dos pares do rei. Poder simbólico, já acumulara muito. Poder de fato seria um ministério, o Senado ou, quiçá, a princesa quebrasse a praxe, chamando um deputado para organizar o primeiro gabinete do Terceiro Reinado.

Nabuco imaginou o aprofundamento da agenda reformista pós-abolição. Com Rebouças e Patrocínio, via a reforma agrária como passo complementar, que daria oportunidade aos ex-escravos. Mas era, em larga medida, imigrantista. Queria promover o afluxo de famílias portadoras da civilização européia. Positivistas abolicionistas, como Aníbal Falcão, e os caifazes de Antonio Bento queriam civilizar o trabalhador nacional. Havia pequenas experiências alocando libertos na produção agrícola de quilombos ou fazendas. Mas, sem os feitores, desarticulava-se o processo produtivo, adensando os prognósticos racialistas dos escravocratas sobre os africanos e o coro pela imigração.

O debate político não esmerilhou essas opções; retrocedeu. Três projetos de indenização tramitaram. Um surgiu e morreu na Câmara ainda em maio de 1888. No Senado, Cotegipe propôs pensões aos antigos proprietários. Rebouças levantou-se contra a "aristocracia mendicante", no *Cidade do Rio*. Em *O País* e no *Parlamento*, Nabuco atribuía tudo à "escravidão ferida, desapossada", incentivando o gabinete a novas reformas. João Alfredo preferiu uma indenização envergonhada: os "bancos territoriais" de crédito à grande lavoura.

Daí Nabuco se rebelou. Fez oito discursos de combate, decepcionado, como em 10 de julho: "Eu pensei que o nobre presidente do Conselho queria servir-se da força do abolicionismo, [...], para mover as grandes reformas nacionais; vejo, porém, Sr. Presidente, que S. Exª quer procurar a sua força motora no grande pântano da escravidão". Rebouças discutiu com ministros. Patrocínio açoitava na imprensa os "republicanos de 13 de maio".

Para inviabilizar a indenização, encaminhou com José Mariano, a 24 de julho, pedido de destruição dos livros de matrícula de escravos — Rui Barbosa a determinaria na república. Voltou ao bate-boca com conservadores. Eles, ladinos, deturparam a transcrição de seus discursos no *Diário Oficial*.

Os liberais julgaram que Nabuco voltava ao partido. Ele, contudo, explicou a José Mariano, em 23 de julho: "Combato João Alfredo no terreno dos bancos hipotecários [...]. Estou longe, porém, de o querer derrubar de qualquer forma, juntando-me com os reacionários escravistas". Os bancos não vingaram, e Nabuco continuou a apoiar o gabinete.

O custo foi transformar correligionários em inimigos. Para a maioria deles, uma carreira política, como a que se afigurava para Nabuco, só se abriria se eles explodissem as hierarquias estamentais e alterassem a forma de governo. Para fazê-lo, o Partido Republicano não pedia atestado de bons antecedentes a ex-escravocratas.

Seu presidente era Bocaiúva, ainda diretor de *O País*, que não achou graça nos desaforos de Nabuco aos *landlords* e nos afagos à família imperial. Em 19 de junho, suprimiu texto exaltado "contra a agitação republicana do escravismo intransigente", réplica a um manifesto de Paulino. Nabuco foi tomar satisfações. Deu com os burros n'água. Bocaiúva não deu as caras. Correu ao conde de Matosinhos, dono do jornal: "Demito-me, não quer deixar-me sair [de O País]", anotou em 20 de junho. Ao chefe, escreveu indignado, dois dias depois: "A inconciliável divergência em que me acho com o espírito, o alcance e o propósito do programa que você traçou para O País [...] veio tornar impossível a minha permanência [...]".

A demissão daria glórias a Nabuco e má reputação ao jornal. Matosinhos pôs água na fervura. Criou-lhe coluna destacada da linha editorial: "Campo Neutro". Bocaiúva revidou, com outra, para Aristides Lobo, "Partido Republicano". Nabuco voltou ao conde. Foi apaziguado com a correspondência no Prata durante julho, donde mandou balanço da regência de Isabel, "ídolo nacional".

Na mesma hora chegava afinal a bula de Leão XII. Nabuco pediu à Câmara, em 21 de junho, uma moção de agradecimento. E, em 15 de setembro, votou contra projeto de supressão do juramento religioso na posse do legislativo, porque esse seria "o primeiro golpe nas instituições, às quais devemos a liberdade, a ordem e a integridade do Império". Um abolicionista insuspeito, o positivista Teixeira Mendes, lembrou-lhe então, em duas cartas abertas, que o clero, como a monarquia, sustentara a escravidão.

O debate confluía para a forma de governo. Nabuco se afastou de vez da maioria dos reformistas, ao integrar a comissão de deputados que deu boas-vindas ao imperador, que, para decepção dos republicanos, voltava vivo da Europa, e ao atribuir a abolição ao "coração" da princesa. Revoltaram-se todos os abolicionistas. Remendou, em O País, em 1º de outubro, reconhecendo os esforços do Centro Positivista da Corte e dos republicanos gaúchos, mas associou o resto do republicanismo à "febre traumática do escravismo". Foi a vez de Benjamin Constant contestar, por carta: "Isso é muito grave; é meu dever como republicano abolicionista, [...] dizer-lhe que eu não pertenço a esse número". Em 16 de dezembro, treplicou aos abolicionistas: "A revolução de 13 de maio foi uma revolução social; vós vos juntais aos que a querem abafar por meio de uma revolução política". De passagem, defendeu a federação e acusou Silva Jardim, então disputando a chefia do Partido Republicano com Bocaiúva, de personalismo e separatismo.

Ganhou a ira dele. Republicano radical, Jardim vivia de afrontar o regime em comícios e ações inusitadas, como uma excursão ao local do martírio de Tiradentes. Desafiou Nabuco a assistir seus *meetings* de 23 e 30 de dezembro, onde o desancou por ter se desviado "da linha reta do abolicionismo, que era a República".

Em O *País*, no penúltimo dia do ano, Nabuco desmereceu o abolicionismo de Jardim e seu modelo positivista de república. "Ditadura por ditadura, e sem ela nada é possível, eu prefiro a ditadura monárquica, limitada, moderada, tolerante, como é, à ditadura republicana." Na *Gazeta de Notícias*, de 20 de janeiro, Jardim anunciou que a monarquia era página a ser logo virada, mesmo que à força.

À força respondeu a Guarda Negra da Redentora. Patrocínio criara essa milícia informal para proteger Isabel dos "escravocratas republicanos". Com ela desmantelou comício de Jardim. Na Câmara, Nabuco já bradara, em 5 de novembro, pela repressão ao "foco de agitação revolucionária contra as instituições legais".

Por tudo isso, a imprensa republicana se voltou contra Nabuco e alcunhou seu "Campo Neutro" de "Campo Santo", em referência à morte provável de d. Pedro e da monarquia. Quem morreu foi Matosinhos. Daí "Fui obrigado a sair do

País pelo seu republicanismo", lamentou Nabuco a Penedo, em 6 de janeiro. A aliança com a realeza impôs a ruptura com os reformistas, que desabonaram o antigo líder como beato, cortesão e vendido. Perdera a sustentação das ruas.

No sistema político, Nabuco tentou mudar o foco reapresentando seu projeto de federação em agosto. Arregimentou 18 deputados liberais, mas não conseguiu pôr a questão na agenda. Os liberais queriam eleições. Nabuco ficou com João Alfredo, achando que elas dariam nova força aos indenizistas. De fato, no Senado, Lafayette Rodrigues Pereira reabriu a conversa, apontando os prejuízos econômicos da abolição. Nabuco, em quatro artigos, em outubro, tirou as "máscaras do escravismo". Antes reclamara da "centralização dos chefes" liberais, em indireta a Afonso Celso. Assim afrontou duas facções do partido. Uma terceira desertava no Recife, formando um Partido Republicano, onde estavam Aníbal Falcão e José Mariano. Joaquim Ferreira da Rocha, autor desse alerta, de 21 de dezembro, contou que Nabuco era acusado "desde tartufismo até o cortesanismo indecoroso". E que sua candidatura às próximas eleições corria perigo. Nabuco fez então, em 2 de janeiro de 1889, apelo dramático a José Mariano: "Não te enganes! A causa do povo não é a república".

A cisão definitiva com os liberais foi em maio, quando Afonso Celso, no Parlamento, Rui Barbosa, na imprensa, denunciaram corrupção em contratos do governo com José da Silva Loyo Júnior para a construção de engenhos centrais em Pernambuco, Minas e na Bahia. O filho de João Alfredo era genro de um dos Loyo, seus aliados eleitorais. Formou-se comissão de investigação. Nabuco ingressou nela, para, em 22 de maio, defender o chefe de gabinete. Era um "[...] serviço que ele devia esperar da minha lealdade abolicionista". Naturalizou a patronagem: "[...] os negócios Loyos não me impressionam nem me indignam [...] porque são negócios insignificantes; mesquinhos [...] não vieram, portanto, na pior hipótese, senão continuar a série dos [...] escândalos administrativos, praticados pelas administrações anteriores". Era outro Nabuco. Os liberais estranharam. "Porque não me indignei? [...] vi que era tempo perdido procurar mudar a ordem inalterável das coisas [...]." Acomodando os princípios à circunstância, dobrava a esquina conservadora.

No dia seguinte, o próprio Loyo narrou-lhe as "injustiças sofridas" e pediu ajuda para prorrogar uma concessão em Goiana.

Na convenção do partido, os liberais estavam em fúria com Nabuco. Seu projeto de federalizar a monarquia trombou à esquerda com Rui Barbosa, federalista com ou sem monarquia. Nabuco, com Patrocínio e Rebouças, o acusava de aliança com o "fazendeirismo escravocrata republicanizante". Rui e Nabuco eram as estrelas dentre os novos liberais. Até a abolição, se aliaram; depois, até o fim da vida, competiram. Ambos atacavam Afonso Celso, feito visconde de Ouro Preto, que se contentava com a descentralização político-administrativa.

Era péssima hora para estar de mal dele, novo chefe de gabinete. Diante da nova situação liberal, em 11 de junho, Nabuco fez seu último discurso de deputado. Reconheceu que sem a "confiança de elementos de opinião", não podia encarnar a federação. Passou o bastão a Rui Barbosa e ironizou o novo ministério: "Faço votos que ele não seja uma estrada para um vulcão".

A Câmara foi dissolvida. Isolado, Nabuco declarou que não seria candidato e foi para o Prata. Em Montevidéu, discursou no Senado. Em Buenos Aires, foi à associação de imprensa e ao Instituto Histórico e Geográfico. Estava em meio a essas cerimônias, quando as eleições chegaram, em 31 de agosto.

Coincidência calculada. Ficou de longe porque jogava seus dados confiando no ex-chefe de gabinete. Ouro Preto pedira a Luís Filipe que o excluísse da chapa liberal. José Mariano garantiu seu nome pelo 1º distrito no Recife e, sem muita ênfase, leu em *meeting* um telegrama seu, prometendo "prover a federação". Não tinha muita gente para ouvir. O aliado habitual, Aníbal Falcão, concorria no mesmo distrito. O adversário habitual também. Dessa vez, sem perigo. João Alfredo pagou os favores de Nabuco, tirando o chão de Portela, que teve 359 votos. Nabuco se elegeu em ausência, com 1440. "Pudera — reclamou *O Norte*, de 5 de setembro — Se S. Exa. é o ai Jesus da Princesa, o enfant gaté de João Alfredo!"

Em setembro, Nabuco aportou no Recife para agradecer. Liberais e republicanos o evitaram. De uma das janelas da Associação Comercial estranhou que sua circular ao eleitorado não tivesse alcançado o destino. Quando, porém, partidários fiéis lhe pediram conferência em Afogados, negou-se. Uma passeata o instou a encampar a causa de um negro acusado de atentado ao pudor. O caso lembrava o escravo Tomás, do começo da carreira. Dessa vez, afastou a questão "de origem particular" e aconselhou os "homens de cor, que procurassem de outro modo a defesa de seus direitos", contava o *Diário de Pernambuco*, de 17 de setembro. "A massa popular retirou-se mal satisfeita."

No único *meeting* no Recife, justificou o apoio a João Alfredo e anunciou sua oposição a Ouro Preto. O Santa Isabel se encheu para ouvi-lo. Era sua última vez como deputado. A política, que o retirara dos salões para dar-lhe a glória, ia despachá-lo para a vida privada.

NO ALTAR

Em 23 de abril de 1889 Nabuco se casou. O namorador de quase quarenta anos saiu de cena em cerimônia discreta, na capela particular do barão do Catete, em Botafogo, às 11 da manhã. Os convites foram expedidos no início do mês, para as gentes da corte e os colegas de Parlamento — inclusive Rui Barbosa.

O noivo mergulhou nos preparativos feitos quase à revelia da noiva, a quem ia antes informando que consultando. Para a lua-de-mel, o giro pela bacia do Prata.

Eufrásia devia estar nervosa. Desde o último rompimento propusera reatamento, conformada em aceitá-lo tal qual era: "[...] nunca tive a menor influência sobre si que não pude conseguir modificá-lo em nada", escrevera em 19 de maio de 1886. Ele, contudo, se voltara para Mary Schlesinger, em maio de 1888. Mas, depois de uma década de corte intermitente, em 21 de novembro, deu-lhe uma galante carta de alforria: "[...] tenho certamente por ti um amor ideal, [...] que pela sua grandeza, sua poesia, sua irrealidade, me impediu de amá-la de outra maneira". Tinha prazer em admirar Mary, como antes a Fanny Work, mas não se imaginava seu marido. Sentia-se, disse-lhe ainda, no "ocaso do amor". Depois da longa juventude de conquistas, estava pronto para a aposentadoria amorosa.

Foi quando reencontrou a antiga pretendente de Arthur Carvalho Moreira, Evelina Torres Soares Ribeiro. O outro Arthur, agora barão de Jaceguai, com quem jantava no hotel Carson, os apresentou. Ele não se impressionara ao conhecê-la, descrevendo-a a Penedo, em 22 de agosto de 1884, pelos laços de família: "[...] é uma filha do Soares, genro que foi do Itambi e hoje marido da Amélia Drummond". Dessa vez, trocaram duas palavras. Conta a filha, em suas memórias, que Nabuco "notou a moça de passagem". Ela ficou encantada.

Era uma morena tímida de 23 anos, à beira da idade de encalhar. Num tempo em que a elegância do porte e a desenvoltura do andar formavam o âmago dos atrativos de uma mulher, Evelina carregava uma desvantagem de nascença: arrastava uma perna. Daí seu retraimento, vivendo como flor de estufa, enclausurada com seus santos e sua tia, muito à maneira de Eugênia, personagem de Machado de Assis. Ao revê-la, em 3 de novembro, Nabuco, 16 anos mais velho, não suspirou como Brás Cubas: "[...] por que bonita, se coxa, por que coxa, se bonita?". Comedido, registrou apenas "Petrópolis. Mlle. Evelina Soares Ribeiro". Contudo, contaria à filha, achou charmoso o andar muito lento dela à guisa de disfarce.

Era a temporada matrimonial brasileira de 1888. No verão, na serra, a rua servia aos negócios, namoros e fuxicos. Em Petrópolis, a moça se hospedava na imponente Vila Itambi, na rua Bragança — hoje Primeiro de Março —, propriedade do avô materno. Ainda segundo a filha, Nabuco "passava muitas vezes pela rua e, para que ela sentisse sua proximidade, batia com a bengala um sonoro 'rá-tá-tá' nas grades do jardim...".

Evelina tinha vantagens sobre a namorada de Brás Cubas. Enquanto Eugênia era filha ilegítima, Evelina nascera de boa cepa. Como Eufrásia, cedo perdera a mãe, e pertencia, igualmente, a uma família de produtores de café do Vale do Paraíba vinculada ao Partido Conservador. Seu tio-avô fora o temível visconde de Itaboraí, o chefe maior dos conservadores emperrados. Nesse terreno não havia vantagens comparativas. A não ser pela aproximação recente de Nabuco para com o partido adversário. Nas finanças, Evelina tinha patrimônio muito aquém do de Eufrásia. Seu pai, José Antonio Soares Ribeiro, barão de Inhoan, era dono da Fazenda do Pilar, em Maricá, província do Rio. Um cafeicultor decadente. Em compensação, o avô, Antonio Joaquim Soares Ribeiro, a quem era muito chegada, tinha, além da excelente casa de Petrópolis, outra de porte no Rio, na rua Marquês de Olinda. Era homem da corte, comendador. Outra diferença era de educação. Eufrásia crescera nos salões e nos negócios, Evelina em colégio de freira, Des Oiseaux de Paris, e no Imaculada Conceição, no Rio, instruída a ser mãe de família devotada à Igreja. Apesar das semelhanças, inclusive na inicial dos nomes, eram bem diversas.

O charme de Nabuco logo seduziu Evelina. Mas os casamentos oitocentistas eram acordos familiares, como ele bem sabia depois dos malogros com Eufrásia. As incompatibilidades econômicas e políticas com a primeira noiva inexistiam com a segunda. É verdade que ele não tinha lastro financeiro, enquanto a moça trazia dote polpudo — 30 mil libras em títulos ingleses, segundo Viana Filho —, mas nada que ofendesse, como a abastança de Eufrásia, cuja fortuna, Falci e Melo calcularam, estava na casa das 300 mil. A tradição política dos Nabuco e sua projeção pessoal compensavam a herança social do visconde de Itaboraí. A diferença de idade não era problema, sendo comuns casamentos entre mocinhas mal formadas e velhotes viúvos. O que incomodava a sensibilidade oitocentista, com a ascensão do individualismo, era o casamento por interesse, sem amor. Não era o caso. Nabuco era um guapo quarentão, de dar inveja às preteridas. Evelina, que não tinha a índole revolta das heroínas romanescas, via nele um grande homem, uma superioridade. Nabuco relaxou nessa situação de ascendência consentida, livrando-se da equivalência de posições que tanto o atraíra quanto incomodara na relação com Eufrásia.

O obstáculo dizia respeito à esfera caríssima ao mundo tradicional: os valores. Evelina freqüentava a missa e o confessionário. Não era a religiosidade exterior da casa dos Nabuco; era a fé fervorosa dos que elegeram essa explicação para o mundo. Evelina implicava modular o vago espiritualismo de Nabuco.

O anticlerical ferrenho ficara no passado. O recuo à tradição se evidenciara na visita ao papa, na questão do juramento religioso, na proximidade com a princesa. Uma esposa católica completava esse movimento, trazendo respeitabilidade para quem fizera reputação no mundanismo.

No pedido de casamento, formal, por carta, em 22 de março de 1889, ele menoscabava a diferença de idade e citava o santo nome duas vezes. Designou a porta da igreja para receber a resposta "em uma palavra, como será em uma palavra a minha pergunta. Responda-me 'Sim' ou 'Não', sem explicação alguma, nem condicionais nem reservas". Não fazia cinco meses que se encontravam. Ela os achou suficientes. "[...] sem mais uma palavra, noivos declarados."

Com Eufrásia, as negociações eram com a interessada, mas Evelina tinha o senhor seu pai. O pedido ao barão de Inhoan fora na véspera: "É para mim uma grande e verdadeira felicidade estar noivo de D. Evelina... Eu farei tudo o que de mim depender para fazê-la feliz quanto V. Exa. pode desejar que ela seja". O farol verde veio no dia seguinte, no terceiro, foi o jantar de noivado. Sem delongas, acertou-se o casamento para o mês vindouro. A noiva queria Guilhermina Torres Guimarães como madrinha. E tia Zizinha estava de passagem marcada para Paris.

Somente depois de noivo foi a Paquetá, contar a d. Ana Benigna. O compromisso não o aturdiu. Terminou a noite de noivado na vida de corte, em casa da princesa.

Se estivéssemos num romance romântico, Eufrásia irromperia no Rio de Janeiro. Por fim, se acertariam. O amor triunfando sobre os obstáculos sociais. O casamento suntuoso seria em Paris, não sem causar uma última rusga, ele preferindo Londres. Os jornais noticiariam a festa, de marcar época. Mas a vida corre mais próxima dos enredos de Machado de Assis que dos de Alencar. A distância social e política, que obstou e alimentou o romance com Eufrásia, prevaleceu no desfecho. No final, como em *Iaiá Garcia*, cada um seguiu o destino de seu grupo, e o amor dos indivíduos soçobrou. Eufrásia, como Estela, ficou sozinha até a morte. Não porque agregada, mas por muito independente. Nabuco, como Jorge, desposou uma moça mais jovem, devotada. Uma esposa convencional, que convencionalizou o dândi.

Tudo sem arrebatamentos, como as notas lacônicas no diário evidenciam: "Dia do nosso casamento". Pouca gente. A aliança com João Alfredo afugentava os liberais sem atrair os conservadores. Bocaiúva deu notinha em O *País*, não sem estocar: "Será celebrante na cerimônia religiosa o Sr. Bispo do Pará". Até nisso Nabuco cedia: quem o casava era o adversário de Penedo, contra quem ele mesmo escrevera.

Ao pai adotivo, justificou-se, no dia 27, exibindo a nova tonalidade católica: "Neste casamento reconheço a mão da Providência". Era a independência econômica e a saída honrosa para o rompimento com Eufrásia. A escolha da mademoiselle promovida a madame Nabuco não era, todavia, uma unanimidade. Rebouças, inseparável em tantas ocasiões decisivas, pretextou incômodo para faltar.

Depois de purgar longo e desventuroso romance, Nabuco abandonou o ideal do casamento de inclinação em favor do pragmatismo de uma união de conveniência, concordando com Taine, que dizia, em 1871, que os primeiros "acabam muitas vezes em discórdia" e os segundos, "em bom acordo". De fato, Evelina seria esposa serena e submissa. Bondosa, caseira, ingênua, em nada lembrava o mundanismo e a altivez da ex-noiva. Eufrásia era imperiosa, como a matriarca Ana Benigna. Fora seu maremoto. Evelina estava forjada para âncora. Para ser sua outra d. Ana Rosa e recriar o aconchego do Massangano.

RUMO À REPÚBLICA

Enquanto Nabuco decidia seus amores, o Segundo Reinado se extinguia. Incapazes de resolver a bom termo o problema fundamental — modernizar a economia sem afetar a hierarquia social e a distribuição de poder político —, os dois partidos brigaram até esfacelar a coalizão política que sustentava o regime. Impediram, assim, o andamento das reformas que os poderia salvar.

O coro dos reformistas pela república federativa foi engrossado pelo exército e por fazendeiros decadentes com a abolição. Charges e pastiches desmoralizavam o imperador, Pedro Banana, e Isabel, a beata.

Nada disso amofinava Ouro Preto, que arrogou-se capaz da "inutilização da república" com um pacote de reformas reclamadas desde os anos 1860: as políticas (Senado temporário, reforma do conselho de Estado, ampliação do direito de voto), as civis (casamento laico, liberdade de cultos, código civil), as econômicas (incentivo à imigração, crédito à lavoura e ao comércio, desenvolvimento de meios de comunicação), "melhoramentos" do ensino, diminuição do déficit público e crédito aos fazendeiros. Negligenciava, contudo, a grita federativa. Era um caranguejo, de costas para a nação.

Nas eleições, conseguiu sua maioria, mas não pôde empossá-la em 20 de novembro. O hiato foi cheio de prenúncios: comícios e manifestos republicanos, festejos da queda da Bastilha, conflitos entre militares e governo e, mesmo, um tragicômico atentado contra d. Pedro. Manifestações, insubordinações, conspirações. Uma delas prosperou, reunindo Bocaiúva, Francisco Glicério e Aristides Lobo, pelo Partido Republicano, o liberal dissidente Rui Barbosa, o positivista Benjamin Constant, em nome dos jovens oficiais militares, e Deodoro da Fonseca, pelos de alta patente. Foi dele a ordem de prisão a Ouro Preto. Para fazer-se, a República não precisava mais que isso. A cavalaria formou o cortejo em torno do marechal. Os reformistas civis os seguiram — já subordinados — a pé. Silva Jardim proclamou solenemente o novo regime na prefeitura, de par com o mais uma vez convertido Patrocínio.

D. Pedro, em Petrópolis, achou que era só mais uma crise ministerial. Isabel e o marido, que perdiam o futuro, cogitaram resistir, com o apoio de Taunay, Rodolfo Dantas e Rebouças. Mas os insurgentes controlaram as comunicações, prenderam os ministros, fecharam as Câmaras.

Nabuco soube da "sedição militar" em Paquetá, por seu cabo eleitoral, Antônio Carlos. E lá ficou meio prostrado. No dia 16, foi cedo ao Paço Imperial. Encontrou Dantas, parlamentares e cortesãos. Consternados e inertes. Já não achou Rebouças, nem a família real, expatriados para a Europa na madrugada: "Um ano depois de 13 de maio! Não podia ser mais pronta a desforra", lamentou a seu diário.

O conservador João Mendes, em manifesto, culpou Ouro Preto pelo golpe. Muita gente, Nabuco incluído, concordava com ele. Do exílio, o visconde defendeu-se no Manifesto de Tenerife. Nada disso atrapalhava a formação do Governo Provisório. Bocaiúva tomou as Relações Exteriores para si e o Interior para Aristides Lobo. Os federalistas gaúchos indicaram Demétrio Ribeiro para Agricultura, Comércio e Obras Públicas. Benjamin Constant ficou com a Guerra e Eduardo Wandenkolk, com a Marinha. Os paulistas puseram Campos Sales na Justiça. Rui Barbosa levou a Fazenda. Era uma coalizão dos grupos reformistas da geração 1870 com uma novidade que fazia a diferença: o chefe era Deodoro, que mal os conhecia e não comungava da maioria das idéias deles.

Muitas delas entraram em vigor. O Brasil virou federação de estados autônomos para fazer suas constituições, seu judiciário e sua política econômica. Secularizaram-se casamentos, nascimentos, hospitais e cemitérios. Criou-se a Justiça Federal. Na política externa, celebrou-se o Tratado das Missões, resolvendo longo litígio com a Argentina. Reformou-se o ensino militar, aumentaram-se os salários da corporação, e as promoções andaram. Na economia, Rui trocou o lastro do ouro por títulos da dívida federal, facilitou a constituição de sociedades por ações e incitou os bancos a financiá-las. O voto seguiu restrito aos alfabetizados. O debate sobre imigração acabou em políticas estaduais de atração de europeus, como queria Nabuco. Mas não de colonos. Vieram proletários brancos, sobretudo italianos, substituir os africanos no eito, no comércio e na criadagem. Logo ganharam cidadania compulsória, na Grande Naturalização.

Essa estréia foi bombardeada. O clero deslanchou movimento de desobediência ao casamento civil, endossado pelos conservadores. A justiça federal foi desancada pelos juristas do Império. Os positivistas reclamaram da naturalização em massa. Bocaiúva foi acusado de ceder território aos argentinos. Benjamin Constant, de desrespeitar a fila de promoções e privilegiar o Exército em detrimento da Marinha. Rui Barbosa e Deodoro ficaram suspeitos de corrupção, e quase todo mundo, de nepotismo. Nabuco fazia cara azeda para a política econômica, revoltava-se com a "ditadura militar" e com a volúpia da ocupação da burocracia de Estado. "O Deodoro é um cagaouro [...] Ministério das Emissões (fazenda), das Concessões (agricultura), das Missões Estrangeiras, das Comissões (interior), das Omissões (justiça)", resumiu em seu diário, em 9 de março de 1891.

O governo brigava entre si em quase tudo. A reforma financeira, por exemplo, rendeu nove ameaças de demissão de Rui Barbosa e a efetiva saída de Demétrio Ribeiro. Benjamin Constant perdeu a guerra para Floriano Peixoto. A idéia de uma Constituinte dividia o ministério. Quando, por fim, marcaram-se eleições para 15 de setembro, tumultos a precederam em quase todos os estados.

Pragmáticos, os políticos imperiais se candidataram, caso de Saraiva, Sinimbu e Paulino. Nabuco, sondado já no 18 de novembro, foi das exceções altivas — como João Alfredo. Pensou numa campanha monárquica similar à abolicionista. Agora tinha capital para um jornal, mas não tinha mais aliados. Os monarquistas remanescentes eram desafetos, como Andrade Figueira, e sua base eleitoral estava conflagrada entre os liberais de José Mariano e os positivistas de Aníbal Falcão. Nabuco não se moveu, mas seus distritos eleitorais lançaram sua candidatura. Numa "Resposta às mensagens do Recife e de Nazaré", em março de 1890, a recusou, por incompatibilidade política e moral com a República e fé na restauração: "A monarquia está morta, dir-me-ão, não podeis ser um sebastianista [...] Morta! Não vos fieis nisso. Nós vivemos num século que Renan chamou o século da ressurreição dos mortos". Os vivos não lhe deram ouvidos.

A Constituinte empossou os reformistas paulistas e gaúchos, de Santa Catarina, Bahia e Ceará. José Mariano e Aníbal Falcão acabaram ambos eleitos, e Nabuco chegou a ser votado. Contudo, embora conservadores e liberais mais graúdos estivessem de fora, políticos imperiais entraram, enquanto republicanos inflamados, como Silva Jardim e Patrocínio, eram expurgardos.

Os reformistas guerrearam Deodoro, mas logo se guerrearam a si mesmos. Os federalistas paulistas e Rui conseguiram emplacar a federação liberal contra positivistas cariocas e gaúchos, que queriam uma "ditadura positiva" (centralização política, governadores nomeados, fim do parlamentarismo). Ganharam só na liturgia: o slogan da bandeira, a extinção de títulos e condecorações imperiais e do juramento religioso na posse de cargos públicos.

Nabuco não ficou para ver. Em setembro de 1890 foi para mais um exílio voluntário em Londres. Deixou manifesto no *Diário do Comércio*: "Por que continuo monarquista". Ao avançar as reformas, a Monarquia se incompatibilizara com sua base social. O "ressentimento do escravismo" desaguara na República. Não era panfleto de militante, não conclamava à restauração. Era lamento de penitente, acabava em amargura.

LARES PROVISÓRIOS

Nabuco deu as costas à política e aos salões. Operação custosa. Acostumado ao grande mundo, não tinha o fenótipo dos saraus caseiros. Arrastou Evelina ao último grande baile da Monarquia, na ilha Fiscal, mas foi ela, grávida e recatada, que prendeu o marido à casa. Incompatibilizado com muitos de seus convivas — uns por republicanos, os liberais pelo apoio a João Alfredo —, ele mesmo perdeu o gosto de se mostrar.

Gastou parte do dote de Evelina na aquisição de uma casa perto da mãe, em Paquetá. O novo lar reverberava o Massangano. Sobrado antigo, avarandado, de frente para o mar, rememorou em *Minha formação*, "com venezianas verdes e balcão por onde subia uma trepadeira, dando-lhe um aspecto ao mesmo tempo singelo e pitoresco de residência estrangeira". Pertencera a um inglês, que a decorara à maneira natal. Nabuco, por isso, o comprou com a mobília, em setembro de 1889.

Enfadado da vida doméstica, decidiu enveredar no mundo dos negócios. Na viagem pelo Prata, se impressionara com os lucros fabulosos que a bolsa de Buenos Aires oferecia pelos títulos da dívida pública. Afluíam aplicadores. Uma semana depois do golpe republicano, Nabuco se juntou a eles. Aplicou tudo.

Ficou no Prata um mês inteiro. Em fevereiro de 1890, pouco depois de seu retorno, veio ao mundo Maria Carolina — nome de Sinhazinha, a irmã caçula do pai, e da avó materna. Os homens do tempo preferiam varões para secundá-los e sucedê-los. As filhas eram um peso, requisitavam boa educação, vigilância e dote. Nabuco, entretanto, amava as mulheres, e se enamorou de sua "Bebê", que "para obter qualquer coisa de mim deita agora a cabeça como para dormir", derreteu-se em seu diário, em janeiro do ano seguinte.

Retiro pontuado por visitas de familiares e amigos velhos, como seu professor Tautphoeus, e trocado apenas uma vez por outro destino bucólico muito em moda, Lambari. Nabuco, contudo, precisava das gentes e do mundo: "Eu vivo inteiramente isolado nesta ilha", reclamou a Penedo, em 31 de julho. Por isso, "pensamos dar um passeio à Europa". Lá estavam Rebouças e Rodolfo, Correa e Paranhos. Amigos monarquistas.

Enquanto isso, uma dessas crises especulativas cíclicas se abateu sobre a Argentina. A corrida à bolsa redundou na bancarrota do governo de Buenos Aires, em julho de 1890. Nabuco, num único ato, perdia quase todo o dote de Evelina. "Estou preso na ratoeira argentina", pranteou a Penedo, em 22 de agosto.

Era seu mais sério inferno astral: exilado da política, desastroso nas finanças, órfão da vida cortesã. Voltaram as doenças e o plano de advogar na Inglaterra. Contava, como de hábito, com Penedo. O barão, porém, recusara aderir à República, e seu cargo fora para Correa. Nabuco pediu ajuda a ele e a Paranhos, bem como aos Rothschild.

Para tentar a vida do outro lado do Atlântico se desfez da casa, que caiu nas mãos republicanas de Licínio Cardoso. Com cinco mulheres — Evelina, sua filha, duas de Hilário, mais Sinhazinha — e criadagem, não se distinguia mais dos muitos cabisbaixos senhores patriarcais que emigravam.

Em Paris, estava a corte deposta. Viu d. Pedro e Penedo, mas não Rebouças, tentando a sorte na África. Encontrou conservadores e liberais irmanados, como Esaú e Jacó, e misturados com republicanos expelidos, como Silva Jardim. Conversaram sem rancores. Dali Jardim partiu para sua morte mitológica, engolido pelo Vesúvio.

Integrada ao círculo de Isabel estava Eufrásia. Permanecia bela e cortejada, ainda brilhando no seu salão e nos seus negócios. Jogava nas grandes bolsas do mundo, comprando a preço de banana, para revender na alta. Nabuco não a procurou; ela tampouco mandou palavra. Ele seguiu sozinho para

Londres. Mas, num círculo tão pequeno como o de monarquistas melancólicos em Paris, Evelina e Eufrásia podem ter se conhecido.

Correa o guiou na via-sacra de clubes e diplomatas. Visitou os Schlesinger e Dantas, que vivia na Leicester Square. Mas faltava-lhe Grosvenor Gardens, sua ligação com o mundanismo e os negócios. Entrou em martírios que ressoavam a religiosidade da esposa: "Ontem tive um dia sombrio pensando em tudo isso" — penitenciou-se a ela, em setembro. "Como Deus mandou-me a independência, o descanso, o trabalho calmo e contente e eu por um erro, um desequilíbrio, uma hipnotização, sacrifiquei tudo isso..." Mortificação piorada pela abnegação silenciosa dela.

Foram viver numa "dessas casas longas e estreitas que eram a norma das residências londrinas". Tinha terraço, lareira e piano. Os móveis eram de carvalho. "A simplicidade [...] imperava em nossa casa." Mas era sempre na Park Street, em Westminster, provida de arrumadeiras e amas para as crianças, copeiro e cozinheiro, trazidos da fazenda do sogro. "Ninguém esperava deles apuro no trajar nem no serviço", lembrava-se Carolina, em suas memórias. Em maio de 1891, ganhou companhia. Nasceu o varão "Maurício, em honra do Recife, a cidade de Maurício [de Nassau]", explicou o pai em seu diário.

A esposa detestava a Londres que ele amava, mas mantinha em proporções condizentes com sua timidez e as rendas familiares a vida social em que o marido era viciado. Tinham sempre um conviva à mesa. Assíduo era Correa, que ia matar saudades da feijoada.

Como d. Ana Rosa, Evelina bordava a vida familiar com brocados religiosos. Num país protestante, achou bem depressa uma igreja católica. Nabuco podia ter se prendido às festas cortesãs ou aos livros agnósticos. Faltava-lhe ânimo. E, assim, quase por inércia, dava o braço à mulher toda manhã de domingo, até a capela de Farm Street, a poucas quadras de casa. Sentado ao fundo, assistia às missas como ao teatro, apreciando a liturgia. Deus, a providência, os santos e sacramentos invadiram seu diário e suas cartas, em tom de dúvida. Aos poucos, foi contagiado: "Tocante sermão do Pe Galway", anotou em 4 de janeiro de 1891.

De trabalho, nada. Paranhos tentou rearranjar-lhe a correspondência para o *Jornal do Comércio*. Picot negou. Consultorias eram raras, perdera o agenciador, Penedo. Como nunca se educara na seara mais técnica do direito, pedia ajuda a Paranhos, quando algo assim aparecia. Esses ganhos eventuais não sustentavam família em capital européia: "Estamos indecisos se ficaremos em Londres [...]. Isto dependerá em grande parte de eu achar o que fazer em Londres bastante para contrabalançar o custo da única vida que é agradável levar aqui", escreveu a Rodolfo, em 8 de janeiro.

Devaneava com Biarritz e a Grécia, com Roma e Cannes, onde se refugiara o imperador. Queria ir a Nice, alugar perto de Penedo "alguma casinha aí com rosas e praia como a nossa de Paquetá", suspirou em 11 de maio de 1891. Mas com o terceiro filho a caminho, viu-se em apuros. Sua sobranceria para com a República fechava o reingresso na diplomacia. Calculara esse custo a arcar. Só não tinha como pagá-lo. Brigavam nele o senso prático, burguês, de pai de família com contas a honrar e o espírito aristocrático, ordenando fidelidade ao etos imperial.

OS BÁRBAROS REPUBLICANOS

A feição da sociedade republicana, militarizada e aburguesada, chocou Nabuco. Viu no novo regime a junção do primado da força com o culto ao dinheiro.

Era tempo de desmonte da sociedade agrária imperial, dominada pela aristocracia do café do Vale do Paraíba e do açúcar do Norte. Ascendiam os cafeicultores de São Paulo, com sua nova ordem agrícola, bem diversa do sonho de Nabuco, conciliando colonato e latifúndio. Embora bem-educados, como Campos Sales, causavam-lhe estupefação, por sua obsessão por negócios. Na capital federal, os reformistas positivistas ganharam a burocracia de Estado e altos postos militares. Nabuco não suportava vê-los na rua do Ouvidor, rindo alto, cuspindo no chão, numa arrogante exibição de poder. Misturavam-se aos empregados e pequenos comerciantes, em maioria portugueses em mangas de camisa, à maneira do João Romão, de O *cortiço*. Pareciam-lhe todos broncos, como registrou, em 17 de outubro de 1893: "déclassés de todas as classes". Prova de que "a civilização do Brasil acabou com a monarquia".

Todos os prognósticos antiabolicionistas pareciam errôneos. A economia se desvinculava da propriedade escrava sem falências em massa. Desde os anos 1880, o café subia no mercado internacional e o Brasil fazia bons negócios com a borracha. Grandes agricultores diversificavam investimentos, avançando para o comércio, a infra-estrutura urbana, as estradas de ferro e as indústrias. As cidades maiores ganhavam gás, eletricidade, saneamento. Tudo isso pareceu tão sólido ao ministro da Fazenda Rui Barbosa a ponto de lançar uma política heterodoxa, de incentivo ao desenvolvimento da economia urbana. Concedeu direitos de emissão a bancos privados, desde que financiassem novas empresas. Elas se multiplicaram vertiginosamente, numa "grande feira a que afluem aventureiros do mundo inteiro para enriquecer de repente", assinalou Nabuco, em 26 de fevereiro de 1891.

A política econômica reforçou a impressão de afluência e de mudança social, narrada por Taunay, em O *Encilhamento*, de 1893: "[...] simples quarteirões viam constituírem-se companhias para transfigurá-los de momento em avenidas de suprema elegância". "Todas as classes da sociedade misturadas." "A sede da riqueza, a sofreguidão do luxo." "Tudo isso depressa, muito depressa, de um dia para outro!" Novos ricos nascendo nos pregões da bolsa.

Os *parvenus* não tinham a reverência à etiqueta em seu sentido de regradora da conduta. Diante deles, liberais, como Rebouças e Rodolfo, e conservadores, como Paranhos e Taunay, eram uma única família. Educados na sociedade de corte, não viam ordem social sem liturgia dinástica. Essa identificação os agrupou quando seu mundo veio abaixo. Com eles Nabuco consolidou seu novo círculo, de monarquistas.

Achavam que sem o imperador, "freio moral", a sociedade se atirara "vergonhosamente na especulação a mais desmoralizadora". O capitalismo completava a destruição da realeza. A República entronizava o "populacho", anunciando a "série dos governos pessoais militares" da América Espanhola, com desfecho similar, o separatismo. Isso Nabuco profetizou a Penedo, em 11 de maio e em 31 de julho de 1890, e no seu *Agradecimento aos Pernambucanos*, de 1º de janeiro de 1891, por conta dos votos ganhos no Recife. Monarquistas diziam que a escravidão era o lastro econômico da ordem; sem ela, viriam, cedo ou tarde, as bancarrotas em dominó.

Vieram em janeiro de 1891. As ações das novas empresas, fomentadas pela política de Rui, foram um sucesso na bolsa, incentivando a abertura de outras. A demanda por crédito levou os bancos a emitir mais títulos, sem obrigação de lastro. Veio a inflação, denúncias de corrupção e favorecimento do governo a certos banqueiros. Muitos novos "empresários" nem montaram negócios, que dirá honrar empréstimos. Veio a quebradeira. Os acionistas correram a vender títulos. Colapso da bolsa. Naufragaram bancos, contas públicas, novos e velhos ricos. "Rolavam na lama — conta Taunay — [...] coroas de barões, viscondes e condes." Hiperinflação, depressão, aumento da dívida externa e queda dos preços do café no exterior. A especulação financeira era uma versão dramática das apostas nas corridas de cavalo. Assim pensaram os contemporâneos, apelidando a crise de Encilhamento. Nabuco, em 28 de janeiro de 1893, resumiu a Rebouças: "[...] foi socialmente o reinado da ladroagem e da jogatina", "sociedade de moedeiros falsos". Quiçá se esquecera da roda da fortuna na bolsa argentina, da qual tomara parte.

Simultânea veio a crise política. Os conflitos do Governo Provisório chegaram à fervura em janeiro de 1891. Um a um os ministros brigaram com o generalíssimo. No estopim, rebelaram-se contra seus favores em concessão de obra pública. Ele então urdiu novo gabinete, à moda do Império, com "monarquistas encapotados" sob as ordens do barão de Lucena. Foi ele o bastião dos especuladores, socorridos com a venda dos estoques de ouro, e o pivô de novos escândalos. Enquanto isso, guerras de facções proliferavam nos estados: governadores eram trocados, com reações violentas. Em 24 de fevereiro, promulgou-se a nova Constituição. No dia seguinte, Deodoro, apoiado pelo clube militar, foi eleito pelo Congresso. Prudente de Morais, contudo, foi muito votado e despejou apoio em Floriano na eleição do vice. A Constituinte, em oposição ao governo, decidiu se converter em Congresso ordinário. Somavam-se epidemias de varíola, febre amarela e tuberculose. A situação era crítica, a ponto de se transferir o carnaval para junho.

Nabuco acompanhava prostrado: "[...] desde 15 de novembro não sei se vivo — é um estado transitório eu creio entre a vida e a morte", disse a Paranhos, em 4 março. Outros monarquistas se animavam. A *Tribuna*, do visconde de Ouro Preto, reabriu em julho de 1890, sem o Liberal no título, para arrebanhar conservadores. Eduardo Prado saiu do apoliticismo de sua vida de dândi para ali republicar, como Frederico de S., artigos atrevidos, antes estampados na *Revista de Portugal*.

Apontavam o militarismo, o positivismo e o traço incompetente, autoritário e corrupto do Governo Provisório. Esse libelo deu a linha da propaganda monarquista. Na Europa, Rebouças e Paranhos — sob pseudônimo — engrossavam. Conta Janotti que Penedo teria reunido monarquistas com d. Pedro, fabulando revolução restauradora.

Então Nabuco ideou o *Refúgio* dos monarquistas. Bateu às portas dos amigos. Paranhos desconversou. Prado ficou de pensar. Rodolfo gostou. Mas preferiu um *Jornal do Brasil*, noticioso, moderno e moderadamente restaurador. Inspirado no *Journal dês Débats*, teria pensadores europeus, como Paul Leroy-Beaulieu e Teófilo Braga, literatura e colunas de crítica à República. Logo a turma toda estava engajada: Sancho e Arthur Carvalho Moreira toparam. Gusmão Lobo seria o redator-chefe.

Ainda na Europa, Nabuco ficou à espera de convite para cargo similar por lá. Fez exigências a Rodolfo, em 8 de janeiro de 1891: "[...] eu escreverei [...] uma correspondência pessoal (em política, bem entendido) que tanto poderá ser datada de Londres num dia como de Roma ou de Jerusalém no outro". Queria salário alto: "[...] semelhante tarefa só a empreenderia se tivesse alguma expectativa de desenvolvê-la em um modo completo de vida porque imporia muitas sérias obrigações de tempo, atenção e trabalho". Rodolfo achou altas as pretensões. Aceitou a itinerância, mas para tocar o *Jornal* na Europa chamou Juca Paranhos, que estreou, assinando "Rio Branco".

Nabuco se decepcionou. Mas, a partir de 23 de abril, virou um correspondente político entusiasmado. Comentou mudanças na geopolítica inglesa, com a perspectiva da formação da "Australásia", e se dedicou à sua nova obsessão: a desmoralização política e financeira da América Latina, sobretudo da Argentina. O jornalismo ressuscitou a política. Escreveu Carta a Isabel, uma louvação, no terceiro aniversário da Lei Áurea. E resolveu voltar. Privadamente, o gatilho foi a promessa do governo argentino de honrar seus títulos. Com seu séqüito de mulheres, acrescido de Carlotinha, a filha viúva que Penedo o encarregava de repatriar, embarcou em Southampton no início de julho.

Justo quando a crise piorava. Deodoro adoecera. Uma ala militar queria bloquear a posse de Floriano. Lucena negociava com a oposição. Deodoro reassumiu em fúria. Quando Nabuco desembarcou, o *Jornal do Brasil* já era hostilizado como sebastianista. Ali usou o mote da crise política no Chile para abordar o militarismo no Brasil. Louvou a Monarquia e sua grande obra, a abolição. Comparou os regimes e criticou, em sete artigos, as Ilusões Republicanas.

"Quanto à Restauração estou muito restaurado na minha esperança", disse a Rio Branco, em 9 de setembro. A birra entre Executivo e Legislativo culminou no fechamento do Congresso, em 3 de novembro, e o estado de sítio.

A reação veio com Custódio de Melo sublevando parte da Armada. Republicanos paulistas, pernambucanos, cariocas, setores do Exército e da Marinha tramavam contragolpe. Maquinando a restauração, monarquistas mandaram vir o príncipe Augusto — que muitos reputavam louco — da Europa. Nem desembarcou. Deodoro resistia. Por pouco tempo. Em 23 de novembro, abandonado por seu vice, renunciou.

Floriano reabriu o Congresso, suspendeu o estado de sítio, liberou a imprensa e administrou o rescaldo do Encilhamento. Seguiu a aposta na industrialização, mas com olho na vida da baixa classe média, que era, estimou Steven Topik, mais ou menos um quarto da população da capital federal. Como Nabuco bem diagnosticou, tentava inverter a hierarquia social do Império. Agora sim, o "populacho" de fato tomava o poder.

Foi uma efetiva substituição de práticas e pessoas. Floriano alijou políticos imperiais e nomeou jovens militares e positivistas para os governos de Estado. Remontaram a República conforme seu projeto de centralização política. Quem reagiu foi preso ou exilado. Silva Jardim não viveu para ver, mas seu republicanismo de salvação nacional, o nacionalismo e o civismo exacerbado na "purificação" das instituições, ganhou larga adesão no Rio de Janeiro. Nascia o jacobinismo. Barbosa Lima, um de seus epígonos, justificava o nome, comparando os tempos com a Revolução Francesa.

A morte de d. Pedro, em 5 de dezembro, abateu os monarquistas, mas eles auferiram efeitos políticos dela. Parte do comércio baixou as portas, bandeiras a meio pau, missas por todo o país. O *Jornal do Brasil* e *O Brasil* fizeram ato de homenagem. Nabuco redigiu longa elegia: o Enterro do imperador. Texto empático, no tom sóbrio de um aristocrata comovido com o desaparecimento do "fundador de nossa pátria", grato da acolhida francesa ao funeral e portuguesa ao corpo e ácido para com a República, que lhe negara túmulo.

Enfurecidos, os jacobinos apedrejaram e empastelaram o *Jornal do Brasil*. Denunciaram contra-revolução urdida por Silveira Martins e Ouro Preto. E saíram caçando monarquistas. "No Recife não morreram menos de 156 pessoas. [...] a anarquia senhorou definitivamente o país", narrou um aterrado Nabuco a Rio Branco, em 17 de janeiro de 1892. Correram boatos de que ele e João Alfredo seriam assassinados. Rodolfo pôs o jornal à venda. Foi um salve-se quem puder, inclusive de republicanos moderados, que Olavo Bilac registrou em 8 de março: "A própria rua do Ouvidor perdeu o seu ar festivo, [...] para transformar-se num corredor ignóbil de ápodos e de insultos violentos". Por isso, Nabuco julgou, "o país não é habitável nesta quadra de terror". "Não há garantia alguma para os homens que eles julgam capazes de fazer mal à República." Agora sim era tempo de exílio. No penúltimo dia de 1891, fugiu.

Nesses tempos jacobinos, Nabuco completou sua metamorfose de dândi em homem tradicional, refugiado em dois exílios: a família e a religião.

A formação aristocrática na casa paterna incutiu-lhe a honra, a altivez, as boas maneiras, a devoção à autoridade e a fidelidade ao sangue. As emoções mais delicadas vieram pela madrinha, que encaminhou sua educação sentimental para a expansão de afetos e a submissão à hierarquia divina — sem racionalizações, nem questionamentos. Foi essa camada mais profunda de sua pessoa que voltou à tona em Londres em 1892. Deprimido, regrediu à segurança do mundo de origem.

Voltou a acompanhar Evelina às missas das 11, na igreja dos jesuítas da Farm Street. Lá recuperou o catolicismo primeiro pela liturgia, uma maneira ainda cortesã de ser religioso, depois o achou no âmago da sensibilidade, identificando suas dores com o Vale de Lágrimas dos pecadores. Isso ia registrando num livro confessional, *Foi Voulue*: "[...] um dia, no silêncio do recolhimento geral, [...] ouvi, em meu coração [...] um estranho murmúrio de aquiescência, um por que não? novo e inesperado".

Resistiu ao chamado. "Nove décimos de mim mesmo querem crer, somente um décimo, todo intelectual e sem raízes no coração opõe dúvidas [...]", reporta seu diário de 28 de maio. A religião oferecia bálsamos a um homem cansado, frustrado, angustiado. Numa manhã em Farm Street, veio a catarse, narrada em *Foi Voulue*: "[...] a vasta igreja se encontrava deserta [...]. Pedi, então, à Santíssima Virgem me fizesse dar o passo decisivo [...]. Logo estava eu ajoelhado junto à pequena janela gradeada do confessionário. Ali, numa torrente veloz de recordações que se precipitavam, umas a bloquearem as outras, narrei minha história interior [...]". "Eu tinha rezado para poder chorar."

Evelina levara o cordeiro desgarrado pela mão até que ele decidisse adentrar o catolicismo pelos próprios pés. Em 23 de dezembro, comungou, esperançoso de que a hóstia "se disseminará como alento por todo o meu ser desanimado e como luz pelo abismo que eu trazia dentro de mim". Paulatinamente, a religião se assentou como hábito: o rosário no bolso, a repetição do "Salve Rainha" e do "Te-Deum". Rezava missas em intenção dos amigos e se aventurou até na música sacra, compondo uma ladainha de São João.

A religião permitiu viver como humildade o que o ateu teria vivido como humilhação. Deu sentido à vida doméstica, sem luxos. Quando o governo argentino honrou 10% do valor das apólices, voltaram aos Nabuco 3 mil libras somente. Pediu a Dantas o lugar de advogado do Banco do Brasil em Londres. Tentou consultorias, sem sucesso: "Nada obtive nem posso obter em Londres" — queixou-se resignado a Penedo em 7 de junho de 1892 — [...] "não tenho habilitações".

Londres mudou. Calou-se o burburinho dos teatros, jantares e recepções. *Foi Voulue* reclama da "confusão, o movimento, o atropelo em Charing Cross e Victoria Station". A excitação de Picadilly decaiu para "movimento atordoador". Preferia agora "o recolhimento das igrejas, o silêncio dos domingos", a introspecção, nas antípodas da vida de corte juvenil: "Londres é um convento, em forma de clube".

Suas mulheres não a apreciavam. Carolina adoeceu com o clima, Evelina queria reencontrar Maurício. Como seu pai fizera com ele, Nabuco deixara para trás o filho mais novo, com a prima da esposa, Beatriz Taques. As dores cresceram com duas notas fúnebres. Em março de 1892, foi-se o modelo e companheiro Sizenando. Pouco depois, Evelina perdeu o terceiro filho, no sexto mês de gravidez.

Embora os tempos de Floriano seguissem temíveis e a inflação do Encilhamento tivesse elevado o custo de vida, os Nabuco tomaram o vapor depois de seis meses de Europa. No Rio, sedimentou-se o homem pio, o pai prestimoso, na rotina da casa e da missa. A família crescia sob égide católica. Em 18 de janeiro 1893, o segundo varão levou o nome do pai. O terceiro, que não tardou, o do avô, José Thomaz. Na nomeação da última menina, destinada a guardar Evelina, fundiu a mãe de Deus com as suas: Maria Ana. Nabuco transmitiu-lhes as maneiras aristocráticas: a arte da conversação, as maneiras, a elegância. Mas também o tradicionalismo. Se em sua infância aspirou religiosidade como cheiro de círios queimando, como ambiente, aos filhos ensinou o catolicismo como dogma, com vigor e insistência. Queria fazê-los, antes de tudo, escreveu a Rebouças, em fevereiro de 1896, "tementes a Deus". Alegrava-se ao vê-los nas procissões, como em 17 de junho de 1897, quando Maurício foi de batina.

A família era definida menos pelo nome que pelo afeto. "Minha mulher e meus filhos formam o círculo dentro do qual sou intangível. Quanto mais esse círculo nos protege, mais nos aperta. Não se pode sair dele, mas pode-se subir — para Deus", disse em 29 de janeiro de 1893. Prisão doce. Não nutriu por Evelina a paixão desenfreada suscitada por Eufrásia. Foi antes uma ternura comovida pela imensa devoção com que ela o amou profundamente. Bem mais tarde, em 1903, ele reputaria a boa paz conjugal à dedicação dela, "porque eu não me sentia digno de ti". Com os filhos, gastava horas em ocupações que jamais ocorreriam a Nabuco de Araújo: lendo-lhes histórias, ideando mobília para guardarem brinquedos, soltando papagaios, lançando pequenos barcos. O casamento providenciou um refúgio, e os filhos, um entretenimento emocionalmente mais denso que a vida cortesã.

A nova atitude extravasou para a família de origem, que, morto Sizenando, era totalmente feminina. Idosa, d. Ana Benigna se recolhera com Sinhazinha em Botafogo. O filho a visitava com freqüência. Na única viagem que fez por esse tempo, a Petrópolis, levou ambas consigo. Ia constantemente ver Iaiá e Hilário na Nova Cintra. Do irmão Vitor era mais distanciado. Mas mesmo sua presença bissexta passou a ser registrada.

A vida familiar requisitava um porto seguro, mas só havia lares provisórios. A partir de setembro de 1892, viveu na rua Marques de Olinda, em Botafogo, no número 12, casa do avô paterno de Evelina, que já abrigava a outra neta, Beatriz. A tia Zizinha cedeu, em janeiro, a casa de veraneio em Petrópolis, a Vila Itambi. Lá os Nabuco passaram o ano inteiro de 1893.

O nomadismo quando aspirava à fixação abriu em Nabuco profundas saudades de um lar aconchegante. Foi tornando à consciência, sob as brumas encantadoras da memória, a casa de fazenda da Madrinha, rememorada em *Foi Voulue*: "Eu por vezes acredito pisar a espessa camada de canas caídas da moenda e escuto o rangido longínquo dos grandes carros de bois...". Voltaram cheiros, personagens e cores de um "paraíso perdido".

Nada disso aplacou a angústia. Vieram as doenças. Dores na perna e de ouvido, coceira, nevralgia, perturbação visual, febres. Fixou-se na enxaqueca. Acusava a comida, a bebida, o clima, gerando explicações absurdas, como esta, de março de 1896: "[...] sensação de pés frios, de calor na cabeça e com mau gosto na boca. Há uma coincidência com o vento sul". Nas ausências de Hilário, que consultava por carta, era freguês do reputado Manso Sião e de Carlos Eiras, especialista em "moléstias mentais".

O único antídoto eficaz era a vaidade. Aderiu aos novos "hábitos higiênicos": os exercícios. Em Londres, andava. No Rio, fazia ginástica. Pesava-se com freqüência e adotou o costume novo de escovar os dentes. Era uma vida quase burguesa. Faltava para tanto o capital e o trabalho, dois insumos que não encontrava em parte alguma.

"Preciso eu mesmo até o fim trabalhar para viver", escreveu a Rebouças, em 29 de julho de 1892. Penedo transformara a demissão em aposentadoria e queimava seu dinheiro meio alheado, no Mediterrâneo. Sua influência era consideravelmente menor que nos tempos de embaixador. Mesmo assim Nabuco pediu, em 4 de outubro de 1892: "Não se esqueça de mim se se oferecer alguma ocasião".

A ocasião acenou de São Paulo, onde foi apadrinhar o casamento de Eduardo Prado, em fins de 1892. Impressionou-se com os barões da República, a gente riquíssima do Oeste paulista. Antônio Prado, a quem combatera no gabinete Cotegipe, mostrou-lhe os cafezais de Araraquara e Ribeirão Preto. Interessou-se em participar da opulência. Precisava de terra. Em 11 de maio, pedira a Rodolfo, agora proprietário na Bahia, que "me arrendasses um sítio em alguma fazenda e que ensinasses como te ensinaram a plantar café". Nem os Prado, nem os Dantas foram além das cortesias. E a carreira agrícola malogrou antes de começar.

Insistiu em São Paulo, pedindo a Penedo, em outubro, consultoria para a companhia de viação férrea estadual. Penedo conseguiu comissão por tempo determinado. Cogitou carreira inteiramente nova, estudando contabilidade. "Ainda não achei trabalho" — lamentou-se a Rebouças, no réveillon de 1893. "Não sirvo a ninguém para nada."

Recomendou-se aos freqüentadores de Grovesnor Gardens. A Youle, em 5 de outubro de 1892, disse-se "[...] capaz de aceitar e promover qualquer espécie de comissão que me seja dada da Inglaterra". A Correa rogou a intermediação dos Rothschild. E a Penedo perguntou, em 22 de maio de 1894: "Não precisará a Companhia em Londres de alguém que lhe traduza as missivas do Fenelon e que as comente?".

Só não pediu à República, que seduzia monarquistas renitentes. Taunay, por exemplo, virou diretor da Companhia de Bondes São Cristovão. Nabuco pôs cera nos ouvidos, como João Alfredo. Viram por bem se unir. No começo de 1893 abriram um escritório de advocacia, na rua dos Ourives, 30. Vivia às moscas.

A terra firme veio por herança. O avô de Evelina morreu em inícios de 1894 e legou-lhe o solar da rua Marquês de Olinda e pequena quantia em dinheiro. Era um sobrado sem jardim. Cômodos grandes com pé-direito alto. Papel de parede florido nas salas mobiliadas com "um console de jacarandá, esculpido com cabeça de leão, e um trumeau francês, de estilo Primeiro Império, móvel alto e com espelho que fora do Engenho Massangana". Disso se lembrava Carolina, como de um sofá de palhinha com duas poltronas e quatro cadeiras. A sala básica do XIX brasileiro.

Ali se juntaram a simplicidade do Massangano e os saraus ecoando a rua da Princesa. Viviam lá João Alfredo, logo compadre, e o liberal pernambucano Soares Brandão, cuja mulher, d. Marocas, vivia dos vestígios de sua beleza, mantendo salão para súditos de Isabel. Nabuco dava seus pequenos jantares, onde havia sempre um estrangeiro, como Constant Phipps, ministro da Inglaterra no Rio. Vez por outra, serão ou reza. Nessa sua segunda e última casa própria, um Nabuco asilado do mundo público confinou o etos aristocrático à vida privada. Assim fixou seu sentido pessoal de monarquia, como tradicionalismo.

ÚLTIMOS SUSPIROS MONÁRQUICOS

Nabuco recolheu-se porque as ruas eram jacobinas. Industrialistas, protecionistas, militaristas, xenófobos, execravam especialmente os portugueses, condenavam os especuladores e a economia de exportação, e eram inimigos de morte dos monarquistas, que associavam aos barões feudais. Violento e intelectualmente singelo, o jacobinismo arrebanhou muitos adeptos na capital federal, dando amplo suporte a Floriano.

E encontrou resistência. Em 1892, uma rebelião deodorista eclodiu em Niterói; o almirante Wandenkolk sublevou parte da Marinha; houve conflitos em São Paulo e conspirações separatistas em Minas e no Mato Grosso, onde se proclamou uma República Transatlântica.

Nabuco acompanhava assombrado — resumiu a Rebouças, em 22 de agosto de 1892 — "a cristalização da República em um despotismo militar de última classe". Os monarquistas demandavam plebiscito sobre a forma de governo. Eram poucos e divididos acerca da sucessão dinástica: se Isabel, se seu filho. O segundo caso abria vaga de regente para Silveira Martins, Ouro Preto ou Paulino que, dizia-se, último bastião da escravidão, reconciliaria a Monarquia com os fazendeiros. Por razões inversas, Nabuco era um *last best*.

Em 1893, as penas foram trocadas pelas armas. Silveira Martins levantou a "revolução federalista" contra o governo centralista de Júlio de Castilhos. Nabuco torcia meio cético, lembrando a Penedo, em 9 de agosto, as "vantagens que a dinastia teria se pudesse auxiliar a reivindicação dos brios Riograndenses em nervo da guerra". Lafayette, João Alfredo e Ouro Preto demandavam à princesa que armasse os restauradores.

Em 6 de setembro eclodiu a Revolta da Armada. O almirante Custódio de Melo, pedindo o cumprimento da Constituição, dominou a baía da Guanabara e, encastelado em seus navios, bombardeou as fortalezas do Rio de Janeiro. O governo respondeu de terra. Nabuco e toda a população carioca subiram os morros para assistir à deflagração da guerra civil. Os rebeldes dominaram Santa Catarina. O contra-almirante Saldanha da

Gama, amigo dos tempos de Estados Unidos, aderiu. Nabuco, em 9 de dezembro, viu aí "um raio de luz numa prisão cerrada que nos chega hoje a nós, monarquistas [...]".

Patrocínio, no *Cidade do Rio*, publicou o manifesto dos sublevados. Um arrependido Rui Barbosa escreveu em prol deles no *Jornal do Brasil*. Eduardo Prado lançou *A ilusão americana*, denunciando a doutrina Monroe como justificativa de ações imperialistas no continente justo quando Floriano pedia apoio dos Estados Unidos. Nabuco pouco se moveu, aflito.

O presidente ameaçou afundar navios rebeldes. Ganhou respaldo do Exército, do Congresso, do Partido Republicano Paulista, da maioria dos governadores. Veio o estado de sítio. Os jacobinos, estudantes e trabalhadores urbanos formaram "batalhões patrióticos" para caça às bruxas monárquicas e às dissidências republicanas. Desmantelaram jornais e perseguiram opositores. Patrocínio foi desterrado para o Amazonas. Rui emigrou para Buenos Aires; Prado, para a Europa. Nabuco avaliava a conjuntura como uma das ditaduras endêmicas da América do Sul e a assimilava ao terror do Império de César.

Na República jacobina, a briga era à bala. Nesse terreno, Nabuco não servia para comandante, menos ainda para soldado raso. Durante a revolta, ficou na coxia. Já Hilário virou homem de ação, em conluios com Saldanha da Gama e monarquistas na Europa. Acusado de usar a Cruz Vermelha e sua condição de médico como disfarce para arrecadar fundos para a revolta, acabou na cadeia.

Acompanhado de um primo, Nabuco foi à polícia, ao *Jornal do Comércio*, à *Gazeta de Notícias*. Os jornais, florianistas ou censurados, não noticiavam as numerosas prisões. Por fim, descobriu o cunhado na Casa de Correção. E se soube na fila: "Muito admirados todos de me verem, supunham-me uns preso [...]", anotou em 1º de outubro. Foi proibido de ver Hilário. Iaiá e d. Ana Benigna recorreram a conhecidos do Segundo Reinado, agora autoridades republicanas. Apesar do estado de exceção, cogitou-se um habeas corpus. Hilário pediu a Nabuco, afinal advogado, que o fizesse. Ele recusou, alegando que daria mais cor política ao processo.

Por esse retraimento, Patrocínio o acusara, no *Cidade do Rio*, de 4 de junho, de ser dos que "calam-se, e conservam-se frios como historiadores no fundo do seu gabinete". Estava mesmo acachapado pela situação: "[...] o Gouvêa há de ficar preso [...] e eu [...] sob a ameaça dos jacobinos [...]!. Deus, porém, não nos abandonará", lamuriou-se em 7 de outubro. O cunhado acreditava menos na providência divina. Tomou suas próprias. Entrou ele mesmo com requerimento de soltura. E, durante uma transferência de prisão, saltou no mar. Nadou longa distância diante da guarda atônita. Alcançou navio de bandeira francesa e obteve asilo.

Iaiá e os filhos o seguiram no primeiro vapor. Evelina queria ir também, mas Nabuco intuía que seria poupado por inofensivo. Humilhado, tirou o obrigatório salvo-conduto na polícia e permaneceu.

A situação se arrastaria por meses. Os navios estrangeiros ancorados na baía de Guanabara arbitravam o conflito, criando uma rotina sob guerra. "É a vida parada. No princípio, havia a excitação da novidade, a ansiedade pelo fim que parecia iminente. Depois veio o tédio dos bombardeios sem resultado", diz seu diário em 29 de outubro.

No princípio de 1894, a excitação voltou. Os revoltosos de Santa Catarina marchavam sobre o Paraná. José Mariano insuflava Pernambuco. Em 9 de fevereiro, o pessoal de Saldanha da Gama desembarcou em Niterói. Grande batalha. Pânico. Steven Topik fala em 100 mil pessoas fugindo, inclusive Nabuco e parte do governo, para Petrópolis.

A reação florianista e os dissensos entre os rebeldes, todavia, minavam a revolta. Não era claro se pediam Constituição ou restauração, se mancomunavam com os federalistas do Sul, se contavam com o governo inglês. Monarquistas, Hilário e Prado incluídos, levantavam fundos na Europa, o que ajudou o governo a obter a promessa de três modernos navios de guerra norte-americanos.

Com esses "navios de papel", Floriano anunciou uma operação final contra os insurgentes. Custódio de Melo perdeu o controle de Desterro, ostensivamente renomeada Florianópolis. Saldanha da Gama asilou-se num navio português. Floriano exigiu sua entrega. Diante da negativa, rompeu relações com Portugal. Era só vingança: "Só resta na luta o Rio Grande do Sul que, isolado, terá de sucumbir. Está vencedor o Floriano [...]", pranteou Nabuco, em 18 de abril, sob forte enxaqueca.

Floriano retribuiu o apoio dos paulistas, garantindo a eleição do primeiro presidente civil da República e, apesar do ceticismo generalizado, sua posse em 15 de novembro. "A situação deste lado melhorou bastante, não temos mais a Bastilha, nem os pelotões de fuzilamento", ironizou Nabuco a Penedo, dois dias antes do Natal.

Sob Prudente de Morais, certa calma tornou ao mundo público. Desmilitarizava-se a República. Relações com Portugal foram restabelecidas, presos anistiados, suspensa a censura; eleitos presidentes dos estados, salvo os do Sul ainda em guerra. Os monarquistas se reorganizaram. Ouro Preto lançou *O Libertador*, onde estava Carlos de Laet, e influía sobre *A Gazeta da Tarde*, propriedade de seu amigo Gentil de Castro. Eduardo Prado comprou *O Comércio de São Paulo*. Dirigido por Rui Barbosa, o *Jornal do Brasil* voltou à tona, não monarquista, mas seguramente antijacobino. José Carlos Rodrigues saiu do esconderijo para a direção do *Jornal do Comércio*. Lembrou-se do companheiro de Nova York. No réveillon de 1895, Nabuco recebeu a primeira proposta de trabalho em quatro anos. A demanda era por biografias de seus ícones. Gladstone, Bismarck, Vitória. Um sonho de juventude. Mas, depois do trauma jacobino, quem queria falar não era o dândi, era o monarquista.

O tempo, porém, não estava firme. A moderação de Prudente estava ensanduichada. Um grupo queria enquadrar de vez os jacobinos, e esses pleiteavam anular as eleições e reempossar Floriano. É que a guerra seguia no Rio Grande, e Saldanha da Gama tornara a ela com tropas recompostas no Uruguai.

Nabuco achou mais prudente falar da República... do Chile. Entre janeiro e março de 1895 comentou, no *Jornal do Comércio*, o livro de Julio Bañados Espinosa, *Balmaceda, su gobierno y la Revolución de 1891*, sobre crise política muito assemelhada à Revolta da Armada. Embora o prefácio à edição dos artigos em livro, em abril, o negasse, era seu subterfúgio para finalmente falar do florianismo. Positivismo versus tradição liberal, transplante de instituições norte-americanas, desmonte de estruturas coloniais, conflitos entre aristocracia fundiária e grupos novos e entre a marinha nobiliárquica e o exército de ascendentes, crise culminando na guerra civil e no estado de exceção, tudo assemelha as histórias brasileira e chilena, assim como as biografias dos dois líderes. Nas brechas, a condenação direta a Floriano, pelo "despotismo militar" e por "mandar abrir as portas para que todos entrem" — "ficam sendo, eles — os parvenus — a oligarquia".

Comemorava a vitória dos constitucionalistas no Chile, mas receitava, contra o monroísmo dos republicanos, a exportação do modelo político imperial para a vizinhança, incluído o Poder Moderador.

O livro trouxe o autor de volta à crista da onda. José Veríssimo ironizou, na *Revista Brasileira* de 15 de julho de 1895: Nabuco seria republicano no Chile. Por lá, ganhou simpatias: versão de *Balmaceda* para o espanhol e promessa de distribuí-la nas escolas. Até Rui Barbosa o convidou para escrever sobre a Revolta no *Jornal do Brasil*. O artigo, de 28 de maio, defendia o asilo português a Saldanha da Gama. Augusto de Castilho, capitão do navio, agradeceu-lhe vivamente. Os republicanos torceram o nariz.

Enquanto isso, no Rio Grande, os castilhistas, agora "legalistas", destroçavam os "federalistas". Saldanha da Gama morreu em 24 de junho de 1895, num ápice de barbarismo, o corpo atravessado por lanças, o rosto golpeado a cutiladas, uma orelha decepada. Evelina, que nunca o vira, chorou o dia inteiro. Atônitos, os monarquistas o exaltaram em inúmeros artigos. Uma semana depois, foram compensados com a morte do Marechal de Ferro. Os jacobinos purgaram seu luto, perseguindo portugueses e atacando o *Cidade do Rio*, onde Patrocínio se negara a pôr bandeira a meio pau.

Jaceguai aproveitou o epílogo da guerra para convidar o amigo à paz republicana. Em carta aberta de 15 de setembro, lamentava a carnificina, mas lia o fim da Revolta como sepultura tanto do restauracionismo quanto do militarismo. "O fato inelutável é a República: bem ou mal-organizada." Renitentes aderiam a ela. Esse era, dizia no título, *O dever do momento*, a que Nabuco devia se dobrar: "[...] nutro esperanças de que [...], transpondo os Andes, ainda vireis ilustrar o novo regime político". Em janeiro, Francisco de Assis Rosa e Silva, um conservador pernambucano, tentara persuadi-lo pessoalmente.

Sua resposta responsabilizava os positivistas pela decadência do país e reafirmava: "[...] esta sociedade [...] exige a monarquia como seu remédio natural". O antigo regime era o etos dando sentido à sua biografia. Em *O dever dos monarquistas*, escreveu, "quando mesmo a monarquia estivesse morta, seria morrer politicamente com ela".

A defesa tardia da Revolta marcou seu retorno à política militante. Em agosto, descreveu o levante monárquico no *Jornal do Comércio*. A *Intervenção estrangeira durante a Revolta de 1893*, saiu em livro no fim do ano, com dedicatória a Augusto de Castilho. Historiava a Revolta do ângulo da diplomacia. Equiparava a guerra a um duelo e avaliava os dois líderes a partir de códigos aristocráticos. Saldanha da Gama seria um gentleman — "O que o inspira, o alenta e o arrebata, é a honra", "o cavalheirismo". Já Floriano era feito da "fibra ordinária dos antigos caudilhos do Prata", da qual emanara o "espírito de extermínio" dos rebeldes.

Nabuco negava aos florianistas a vitória. A Revolta malograra por erros próprios, como não organizar "governo regular", incluindo civis, e pelo apoio "ilegítimo" dos Estados Unidos ao governo. Queria desconstruir "a legenda positivista do marechal Floriano", responsabilizando-o pela bancarrota do Estado, a carestia, o "esfacelamento militar" do país, o terror "sobre a sociedade apavorada". "Não é um grande general que ele recorda, é um grande carcereiro, um grande inquisidor."

Sua indignação explodia. Valeu-lhe um conto de réis, pelos direitos de publicação, e o ódio dos jacobinos.

O movimento recrudescia, em arruaças e discursos audazes, como os de Lauro Sodré, contra Prudente de Morais. A conjuntura pôs Nabuco nos braços de seus desafetos. Em 15 de novembro, monarquistas paulistas, João Mendes e Eduardo Prado à frente, lançaram manifesto. No Rio, no escritório de advocacia de Nabuco, de resto sem outro uso, as pazes entre os dois últimos chefes de gabinete do Império se fizeram. Ali surgiu o Partido Monarquista. Nabuco redigiu o manifesto "À Nação Brasileira", que o *Jornal do Comércio* estampou, em 12 de janeiro de 1896. Reunia todas as suas críticas à República. Mas, à maneira do "Manifesto Republicano de 1870", esperava a mudança pela decrepitude da ordem: "[...] a propaganda monárquica [...] não cogitamos. Quem a faria é a mesma república; é a evidência dos fatos". Os signatários se hierarquizavam: João Alfredo, Lafayette, Ouro Preto, ex-chefes de gabinete, e Andrade Figueira, ex-ministro, à frente; depois os jovens, Afonso Celso Jr., Carlos de Laet. Em último lugar, Nabuco se sentiu rebaixado.

Situação repetida no jornal partidário. A *Liberdade* era para ter direção sua e de Carlos de Laet, mas as decisões eram da cúpula partidária, que queria restaurar o Império com seu sistema de deferências enquanto Nabuco suspirava por modernização, como disse a Laet: "[...] eu trato de igual a igual o Ouro Preto e o Figueira". Nabuco não confiava neles e vice-versa. Em 22 de março, se apartou: "Hoje formei a resolução de retirar-me da política. Não posso associar-me. Não tenho com quem".

Tinha Eduardo Prado, que, ainda em 17 de janeiro de 1896, o convidara para redator-chave do *Comércio de São Paulo*. Bom salário, 18 contos, e parte dos lucros. "A sua proposta foi-me não só muito lisonjeira, mas por diversas razões até bem-vinda", animou-se no dia 30, desde que não houvesse "a censura de nenhum grupo ou diretório". Queria linha moderada, diferente da orientação extrema do *Liberdade*.

Nem fez malas. Prado, ainda em janeiro, temia ataque jacobino: "A fúria dos republicanos contra o *Comércio* é indescritível...". Acordaram correspondência do Rio, notas políticas, abrindo-se com a republicação de *O dever dos monarquistas*. Em dois artigos semanais, tratou da guerra no Rio Grande e a do Chile com a Argentina, do câmbio, da "americanização" do Brasil, do salário dos ministros e defendeu nova Constituinte. Tudo isso bordado de tradição, com citações de políticos e eventos do Segundo Reinado. O bordão era o paralelismo entre monarquia e república. Em 17 de março de 1896 chamou o Partido Monarquista de "retrógrado-reacionário-retardatário". Mas pregava a restauração e buscava adeptos, como ilustra um de seus títulos: "Pode a monarquia ainda inspirar a mocidade?".

O jacobinismo podia. Conflitos diplomáticos com a Inglaterra e a Itália punham lenha na xenofobia. Chegavam notícias confusas de um levante monárquico popular no interior do país. Era Canudos. A *Gazeta de Notícias, O País, O Estado de S. Paulo* associaram Antonio Conselheiro e o Partido Monarquista. A economia ia mal. Ainda sob os solavancos do Encilhamento, o preço do café despencava, o governo emitia, a inflação disparava. Em meio a tudo, Prudente adoeceu em novembro. O vice, Manoel Vitorino, assumiu o poder e, acolhido pelos órfãos de Floriano, deu indícios de que não tencionava deixá-lo.

Prado quis suspender as Notas Políticas. Em abril, concordou em correspondência sobre temas "frios". Nabuco optou por uma crônica da juventude e de viagens. Mas deixou claro o fundo político da autobiografia precoce, chamando a série de Formação Monárquica.

Os monarquistas pagaram os fragorosos fracassos das tropas republicanas em Canudos, onde, em fevereiro de 1897, o maior dos coronéis florianistas, Moreira César, tombou. Os jacobinos quebraram jornais adversários a porrete. O *Liberdade* foi destruído, e seus redatores, caçados pela cidade. Ouro Preto e Gentil de Castro tentaram fugir no trem para Petrópolis. O visconde logrou entrar no vagão. Castro foi linchado.

O *Comércio de São Paulo* foi empastelado. Prado embarcou para a Europa. Nabuco ficou. Sem aliados, sem emprego. Teve medo dessa "escória sanguinária e epilética que hoje nos governa". E que, "ao menor contratempo da República, a cada [...] asneira que faz [...], soltam o grito de mata monarquista!", desabafou a Rebouças, em 26 de março.

Prudente reassumiu e deu proteção aos monarquistas mais em evidência, como Nabuco. A simpatia dos chilenos, por conta de *Balmaceda*, valeu-lhe oferta de asilo em maio. Preferiu a Fazenda do Pilar, em Maricá, onde residia o sogro. Apenas por necessidade, tornava vez por outra ao Rio.

A instabilidade se estendeu até 5 de novembro. O atentado de um soldado contra o presidente virou o jogo. Mesmo oposicionistas acusaram os excessos jacobinos. O Congresso concedeu estado de sítio. A solidariedade da imprensa e da maioria dos chefes republicanos deu a Prudente condições de desbaratar o Partido Republicano Federal e o Clube Militar, pátrias jacobinas. E de fazer seu sucessor. Castilhistas e jacobinos lançaram Lauro Sodré, mas a coalizão de moderados garantiu a eleição de Campos Sales.

A morte do jacobinismo foi também a do monarquismo. A impossibilidade de ressuscitar o antigo regime estampou-se no novo nome do passeio público emblemático do Segundo Reinado: Moreira César sepultou a rua do Ouvidor.

ARISTOCRATAS DO ESPÍRITO

No começo da República, os reformistas da geração 1870 se dividiram: republicanos e monarquistas, centralistas e federalistas, liberais e positivistas, imigrantistas e nacionalistas, civis e militares, moderados e exaltados. Todos compelidos a apreciar a conjuntura, discutindo a nova ordem e as razões da queda da antiga. Daí a enorme leva de ensaios. Memórias e biografias de republicanos mortos, a de Silva Jardim por Virgílio Cardoso, a de Benjamin Constant por Teixeira Mendes, e mesmo dos vivos — a de Bernardino de Campos por Adolfo Gordo. Lauro Sodré, Felisberto Freire, Anfrísio Fialho, Amaro Cavalcanti e Alcindo Guanabara lançaram suas histórias da República. Já os monarquistas edificaram histórias do Brasil, ressaltando qualidades do Império e, por tabela, defeitos da República. *A retirada de Laguna*, de Alfredo Taunay, e *As efemérides brasileiras*, de Rio Branco, fazem par com os mais explícitos *O advento da República no Brasil*, de Cristiano Ottoni, *Advento da ditadura militar no Brasil*, de Ouro Preto e os reluzentes de Eduardo Prado, *Fastos da ditadura militar no Brasil* e *A ilusão americana*. Rebouças enviava artigos da Europa, como "A questão do Brasil — os erros e os crimes da Revolução". Isso entre 1890 e 1893, quando eram eivadas de política até as teimas entre parnasianos e naturalistas.

  Nabuco pouco participou do debate nessa hora. Invejou *A ilusão americana*, onde viu plágio de suas *Ilusões republicanas*, e do argumento para *A perda de um continente*, que era tratar a barbárie republicana como praga das Américas. Mas não foi adiante. Sua primeira obra na República trata da desilusão com a perda da carreira, do patrimônio, das perspectivas. Entre 1892 e 1893, inspirado em *Ma Vocation*, do católico Ferdinand Fabre, erigiu sua *Foi Voulue*, cujo título indica um sentido oculto pela edição póstuma. Não era *Minha fé*, era *Fé desejada*. A busca, na tradição, de um fio restaurador da identidade abalada com a queda do Império. "Nestes últimos anos fez-se em mim uma perfeita evolução católica e a estou escrevendo ainda que não para o público", contou a Rebouças, em 28 de janeiro de 1893. Esse projeto realçou a infância sob a religiosidade da madrinha e expurgou o agnosticismo e a frivolidade como erros juvenis. O catolicismo triunfava como traço moral indelével de sua sensibilidade e da tradição imperial — apto a contra-arrestar o cientificismo da República, o "positivismo que amputa a imaginação".

  Tinha idéias para poemas, peças, estudos religiosos, uma tipologia de famílias rurais, mas vontade frouxa de realização. Foi sacudido pelo temor de que a Revolta da Armada destruísse os arquivos do pai. Gastou de outubro a dezembro de 1893 numa metódica triagem de documentos públicos, correspondência, recortes de jornal, pareceres, a papelada do escritório de advocacia, discursos parlamentares e no Conselho de Estado. Abarrotou três caixotes, pensando em editar as obras jurídicas de Nabuco de Araújo.

Desde a alforria de Picot, era seu primeiro empenho cotidiano numa tarefa continuada. Dela brotaram emoções, testemunha em seu diário em novembro: a afetividade filial ("Que generoso coração!"), a gratificação ("Que consolação encontro!"), até a incerteza sobre a serventia do intento: "Estes papéis pesam sobre mim enormemente — o que valem, porém?". Abriram sua caixa de Pandora, donde escaparam imagens do Império e da República, do pai e de si mesmo. Tomando o primeiro pólo para avaliar o segundo vingaram a "Vida de meu pai" e o "Meu livro". Projetos gêmeos, para exorcizar um recôndito sentimento de culpa pela contribuição inadvertida para a queda do regime, confessada a Rebouças, em 20 de outubro: "Nossos pais sabiam criar e conservar, nós só soubemos destruir e dissolver. Acabamos com tudo, até com a memória deles".

Donde a idéia de edificar um "monumento" ao passado. A biografia do pai era intenção velha. Desde que remexera seu escritório em 1878, mencionou-a várias vezes. O dever de honra, de limpar o nome chamuscado com a inadimplência, a República sepultara, produzindo o primeiro código civil brasileiro. Agora, o sentido era outro: contrapor a tradição imperial à ordem republicana. Daí por que consultou as atas da Câmara e do Senado, leu ensaios e memórias e endereçou questionários a todos os políticos vivos do Segundo Reinado.

As solidões domésticas eivadas de rezas criaram a atmosfera para escrever num tempo elástico, sem audiências. Principiou em fins de 1893. Impôs-se um ritmo espartano: "Vou distribuir os assuntos pelos dias seguintes. A nota X quer dizer que planejei hoje escrever e estudar essa matéria, a nota O que o fiz efetivamente e o cumpri", reza seu diário, em 7 de junho de 1894. Judiciosamente dedicava quatro horas por dia à escrita. Atividade modorrenta, dolorosa, mas, enfim, uma ocupação para substituir a angústia diante da liquidação dos sonhos que a Revolta da Armada coroara.

Logo Nabuco de Araújo se tornou um dos elementos da composição, cujo sentido dependia do conjunto. Ganharam destaque questões e eventos nos quais esteve tangencialmente envolvido. O foco se fixou na formação da ordem imperial, em episódios e personagens exemplares. O fundo sobrepujou a figura, como admitiu a Penedo, em 11 de junho de 1894: "É uma história do seu tempo além da biografia dele". O personagem-chave era logicamente outro. Não enfrentou a "Vida" de d. Pedro II, "a que eu me entraria com o maior prazer" e poderia "dedicar o resto de minha vida", como disse a Hilário, em 10 de março, mas a tese ficou: o imperador teria dado "a linha geral do Reinado, isto é, da história política e em parte social, do Brasil".

A dilatação tornou o título original equívoco. Nabuco de Araújo é o eixo narrativo, mas virou *Um estadista do Império* no meio de muitos outros construtores da formação social, como Eusébio de Queirós, Zacarias, Rio Branco. "Homens de mil" — como Oliveira Vianna os nomeou — descritos em cores vibrantes, cheios de qualidades encarnadas em idéias, atos e maneiras, num perfeito inverso do barbarismo republicano. O foco nas bases socioeconômicas, marcante em *O abolicionismo*, deslocou-se para a política. Atribuiu os feitos civilizatórios — a integridade do território, o cultivo da elite, as reformas progressistas — a sábias decisões de lideranças excepcionais. A periodização do livro, fechando-se na morte de Nabuco de Araújo, escamoteou a crise aguda do regime. A República foi associada à Regência, cuja "anarquia" assombrou a elite imperial, e mereceu repulsa direta, como "assalto da multidão anônima que acabará [...] por destruir todas as entradas, raias, obstáculos".

Em setembro de 1894, acabou o primeiro tomo. Então, engatado no Partido Monarquista, tramou engrossar a propaganda com uma coletânea, com os artigos para o *Jornal do Comércio*, *La Razón* e *O País*; outra com discursos parlamentares e da campanha abolicionista e a terceira acerca da tradição cultural do Império. Em 1895, tentou livro coletivo associando o Império à abolição e uma "Biblioteca 13 de maio". Pediu colaboração de gente como Antonio Bento. Ficou sem respostas. Daí, sozinho, escreveu *Balmaceda* e *A intervenção estrangeira*.

Em 1896, em *O Comércio de São Paulo*, publicou sua *Formação monárquica*. Driblou o estado de sítio com dezenove artigos inspirados em *Souvenirs d'enfance et de jeunesse*, de Renan. Não era bem autobiografia, como a edição em livro leva a crer. Era seu desfecho intimista para *Um estadista do Império*: a narrativa exemplar da formação que a sociedade imperial dava aos seus epígonos. A polidez e a erudição nasciam da imersão em meios culturais sofisticados, donde a importância das viagens ao estrangeiro, do cosmopolitismo, e dos salões aristocráticos, como Grosvenor Gardens, onde se ensinavam as artes da política e dos negócios. A literatura, a pintura, a elegância, as boas maneiras transcendiam a utilidade prática, mas eram indispensáveis na composição de um etos civilizado. Tudo o que faltava aos jacobinos.

Também o catolicismo e o monarquismo seriam traços da tradição aristocrática, que louvava as hierarquias, as supremacias inexplicadas e injustificáveis. Mesmo o abolicionismo aparecia como subproduto afetivo dessa formação, atribuído à moral doméstica e às leituras juvenis.

Um estadista e *Formação monárquica* faziam elegia à vida aristocrática e ao Império, emparelhando o desfecho do regime e o destino pessoal. Isso não escapou aos contemporâneos. Até porque, logo depois de *Formação monárquica*, entre fevereiro e março de 1897, saíram na imprensa capítulos de *Um estadista*. Justamente os dedicados à "experiência republicana" da Regência.

Em maio, Tobias Monteiro e Capistrano de Abreu, amigos de data recente, viabilizaram a publicação de *Um estadista* pela Garnier, a editora mais prestigiosa da cidade. Daí a outubro, Nabuco trabalhou no segundo tomo. O terceiro foi indo aos pedaços para Rio Branco, incumbido da revisão em Paris. Às livrarias chegaria apenas em 1898.

Nabuco ansiava pela repercussão, como disse a Hilário, em 4 de novembro: "[...] muita demora fá-la-á parecer serôdia e prejudica a venda e o efeito geral". Seu livro saía em meio ao debate entre monarquistas e republicanos. Em 1895, Custódio de Melo lançara sua versão de *A história da Revolta de Novembro de 1891*, e Tito Franco seu *Monarquia e monarquistas*. No ano seguinte, vieram as *Crenças e opiniões jacobinas*, de Lauro Sodré. Saía do forno a versão de Afonso Celso para *O assassinato do coronel Gentil de Castro*.

Monarquistas, como Taunay, elogiaram a pesquisa e a redação de Nabuco. Nisso até os republicanos deram a mão à palmatória. Mas, substantivamente, viram uma obra de ressentimento monárquico. José Veríssimo definiu-o como história "parcial" do Segundo Reinado, pois haveria, "entre o seu espírito e aqueles homens e coisas que eles fizeram, uma tal afinidade, uma tão intensa simpatia, que inconscientemente lhe empana a nitidez da visão". O "sr. Joaquim Nabuco é apenas hoje um 'sebastianista'".

De fato, Nabuco se encaminhava para onde a memória monárquica se resguardava, o Instituto Histórico e Geográfico Brasileiro. João Alfredo o levou. Na posse, em 25 de outubro de 1896, protestou contra a obliteração praticada pelos positivistas, de modo a "reduzir a História nacional a três nomes: Tiradentes, José Bonifácio e Benjamin Constant". A República criava seus ícones, Nabuco vinha salvaguardar os imperiais, "no momento em que o passado nacional corre risco de ser mutilado". No mesmo sentido, escreveu sobre Anchieta para o *Jornal do Comércio*, em junho de 1897. Mas o Instituto Histórico cheirava o mesmo mofo do *Liberdade*: lotado de ressuscitadores da monarquia, sem reformas nem retoques. Nabuco procurou outra companhia.

Muitos reformistas tinham desertado a política diante dos chamados de Floriano à administração e às armas. Outros a deixaram quando Campos Sales indicou a volta da estabilidade econômica e política. Para esses desiludidos, pausterizavam-se as diferenças entre monarquistas e republicanos. Nova clivagem se fincava: políticos profissionais, ocupando o poder de Estado, e os autoproclamados "homens de letras", como Taunay, Clóvis Bevilácqua, Sílvio Romero. E Nabuco.

Em rodinhas nas livrarias cortaram o cordão umbilical entre as atividades intelectuais e a política institucional. A avalanche de livros militantes emagreceu. Engordou o memorialismo, a literatura, a historiografia, livros sobre educação e civismo e até textos filosofantes, como A *finalidade do mundo*, de Farias Brito, confluíram, em 1895, para a *Revista Brasileira*, de José Veríssimo. Convidado, Nabuco desconfiou, em 18 de março: "Até me alistar na sua *Revista*, precisarei ver primeiro o que o senhor chama sua inspiração republicana".

A *Revista* vingou mesmo Brasileira. Atraiu os cérebros republicanos de Lúcio e Salvador de Mendonça, Graça Aranha, Rui Barbosa e Araripe Jr., os monarquistas de Taunay, Afonso Celso Jr., Carlos de Laet, Eduardo Prado. Nela reinava a esfinge política Machado de Assis. Essa mão o puxou. Lá encontrou um bom dedo de prosa e o que havia de melhor na literatura e na crítica literária brasileiras. E, para pôr fim às suas desconfianças, a *Revista* deu, em 1897, capítulos de *Um estadista*.

Nabuco fez-se membro efetivo e empenhado. Foi dos entusiastas da idéia de Lúcio de Mendonça de transformar o grupo em réplica da associação de letras francesa. Sem a sociedade de corte, o centro simbólico de distribuição de prestígio desaparecera. Extintos os títulos nobiliárquicos, em desuso as formas da cortesia, como a mesura, afloravam maneiras horizontais, trocando o "senhor" por "você". O "cidadãos" da Revolução Francesa caiu no gosto juvenil, incorporado até nos documentos oficiais. A mudança aturdiu boa parte da geração 1870, sem parâmetros de distinção, como o personagem de *O espelho*, cuja identidade claudicava quando despido de figurino e cenário. As almas cortesãs tiveram de inventar nova instituição, com novos critérios de hierarquia, nos quais a deferência aristocrática pudesse se compatibilizar com o moderno clamor por mérito. A Academia Brasileira de Letras nasceu ainda mais ecumênica que a *Revista*, incluindo políticos que pouco tinham escrito. Nabuco justificava a Taunay, nesse 1898: não se deve "reduzir a Academia a um círculo fechado de estilistas, gramáticos e literatos". Era para ser um centro da inteligência nacional, de novos aristocratas — não de sangue, mas de idéias.

Sob a presidência de Machado — bom amigo de monarquistas e republicanos — foram criados quarenta cargos para os vivos, vitalícios como no Império, e a posição honorífica de "patronos" para os mortos. Cada membro escolheu de quem descenderia. Nabuco quis para sua Cadeira 27 Maciel Monteiro, escolhido por identificação: um pernambucano diplomata meio poeta e, adendou em *Escritos e discursos*, "dândi que vem a morrer de amor".

Nabuco virou o secretário-geral. Na cerimônia de instalação, em julho de 1897, saudou o novo espaço de tolerância, a heterogeneidade geracional e política e explicou sua adesão como compromisso com a tradição, firmado longe dos calores da política: "Nascido em uma época de transição, prefiro em tudo, arte, política, religião, ligar-me ao passado, que ameaça ruína, do que ao futuro, que ainda não tem forma... [...] vida intelectual, não é o movimento; é a parada do espírito".

Nesse ponto morto, estacionou.

HIBERNAÇÃO

A década de 1890 pôs Nabuco da porta para dentro em vários sentidos. Afora o biênio de esperança monarquista, entre 1895 e 1896, foi tempo de família e vacas magras, de matutar e escrever. Exorcizou as angústias pela pena. Purgou o ostracismo do grande mundo na pequena órbita da ABL, das rezas e dos saraus caseiros. Gerou, assim, nichos em que o etos aristocrático pôde sobreviver. Reconstruiu sua persona como intelectual, pairando, como dantes o Poder Moderador, acima dos partidos. E queria avançar — *Foi Voulue* é registro — para ser um moralista. Ameaçado de perder as raízes, ficou cioso delas. Acomodou os valores laicos e liberais do mundo moderno, a que aderira na juventude, à tradição aristocrática, afetivamente recuperada.

Era um mundo apequenado. Mantinha nele, de longe, os Penedo, sua segunda família. Tampouco se afastou dos Dantas e de Rio Branco. Mas sua roda estava mudada: "No fim da vida acho-me ligado vivendo sob um teto que nunca imaginei havia de habitar, ao passo que dos primeiros grupos todos se dispersaram", constatou em 26 de outubro de 1893. Sua vida social dependia muito da igreja, com sua rotina de casamentos, batizados, quermesses. Via muito João Alfredo e achegou-se a Taunay, que o visitava todas as manhãs. Depois da morte do amigo Sizenando, Machado de Assis adotou o irmão. Encontravam-se às tardes, com todo o grupo da ABL. Lá Nabuco se afeiçoou ao jovem Graça Aranha.

A política afastara Sancho, Jaceguai, José Mariano. Outros simplesmente desapareceram. Em 1894, morreu Dantas, seu único chefe político. Rebouças, que jamais se assentou depois do golpe republicano, pôs cabo à vida aos cinqüenta anos. Nabuco achou-se meio morto também: "A minha vida e a do Rebouças foi uma só durante dez anos; não tive outra do lado da humanidade [...]", compungiu-se em 20 de maio de 1898. Depois foi Taunay. Finaram-se Gladstone e Renan. O panteão de heróis estava vazio.

Soturno, pensou na própria morte: "Há tempos eu olho para o outro lado", anotou em maio de 1898. A religião funcionava como calmante. Lia vidas de santos, os Eclesiastes e romances católicos, como *Pequeñeces*, do padre espanhol Luiz Coloma. As máximas de São Felipe Néri o impressionaram tanto que as copiou.

Não tinha projetos. Estava há quase uma década sem trabalho regular. Azarado, perdeu a carteira cheia. Na juventude dera-se o mesmo na Itália e tudo voltara intacto. Na velhice não havia restituições. Em 22 de setembro de 1898, aceitou o único ganha-pão que se apresentou: "Hoje o [José Carlos] Rodrigues me disse — por que você não há de ganhar de 400$ a 500$ mensais fazendo umas traduções? E eu disse que sim". Cogitou morar na fazenda do sogro. "Será talvez a solução do nosso problema retirar-nos para o campo onde a vida é mais barata e a saúde melhor", contou a Correa, em 26 de julho. Nada o atraía. A Domingos Alves Ribeiro, do círculo monarquista, resmungou em 1º de agosto: "[...] pouco saio de casa porquanto o que me cansa é a cidade, o movimento, a agitação sem objeto nem resultado". "Estou cansado do mundo, da gente."

Desde o início da década era assaltado por dores de estômago, insônia, enxaqueca. Acresciam agora ameaças de desmaio, tonturas e angústias. Desassossego em habitar o corpo, como admitiu em 9 de maio de 1898: "[...] sinto-me, como em 1883, em estado de pânico — na atenção expectante de outrora".

À beira dos cinqüenta anos, decidiu envelhecer. Rendeu-se aos óculos de leitura. Não fosse pelos filhos pequenos, tudo à volta transpirava o bolor do tempo. "Os anos vão-se passando na mesma expectativa inútil", ponderou a Hilário, desanimado, em novembro de 1898, e a Correa, em 26 de julho, tinha dito: "Há seis anos já que não vou à Europa e em sete o homem muda por completo. Em breve não restará em mim nenhuma parcela do que esteve em Londres". Um cotidiano triste, sacudido de quando em quando por saudades da boa-vida e do grande mundo, como as que reportava ao mesmo amigo, em 20 de abril, como um pedido de socorro: "[...] com que prazer tornaria a ver as calçadas de Piccadilly!".

6. Dom Nabuco

REPUBLICANO, GRAÇAS A DEUS

Depois de dez anos cumprindo seu dever de morrer com a Monarquia, como dissera a Jaceguai, Nabuco ressuscitou para a vida republicana. Em 1899, virou funcionário do regime que tanto combatera.

Nabuco pôde transpor seu rubicão porque nem ele nem a república eram mais os mesmos. Passada a crise do Encilhamento, apareceu a cara da sociedade republicana. O vigor cafeeiro impulsionou a recuperação econômica, expandiu a malha ferroviária, os bancos, o comércio, os serviços urbanos. Houve, segundo Wilson Suzigan, um pequeno *boom* industrial, sobretudo na produção de tecidos. Isso sacudiu a estrutura social. Na base, enorme leva de imigrantes mudou a cor e o sotaque do país, com dominância dos italianos, que recolonizaram São Paulo. Um estrato médio cresceu para prover serviços e ocupar a burocracia, que abriu oportunidades para bacharéis e militares malnascidos. No ápice, empresários rurais, financistas, banqueiros, comissários, trocaram as distinções nobiliárquicas por outras ancoradas no dinheiro, como os casarões vistosos da novíssima avenida Paulista.

Tudo sob auspício de Campos Sales, primeiro estadista brasileiro a tratar em pessoa com governos e banqueiros na Europa. A partir de 15 de novembro de 1898 renegociou a dívida externa e saneou as finanças. O preço foi queda de atividade econômica e quebradeira bancária. Compensou começando a política de valorização do café.

Sobretudo pacificou a República com a "política dos governadores", garantindo o poder dos grupos dominantes em cada estado em troca de apoio legislativo. Política estadual e nacional praticamente se apartavam. E para não haver risco de os partidos as vincularem, Campos Sales prescindiu deles, formando um clube de notáveis. Achar sumidades nacionais sem cor partidária era difícil. Monarquistas eram assuntados. Tinham bom preparo e distância das brigas republicanas. E era um modo de desbaratar de vez os restauracionistas. Com sua longa devoção ao antigo regime, Nabuco era o ícone perfeito.

A ponte foi o amigo, que se fizera grande empresário da imprensa, José Carlos Rodrigues, com ele foi a uma festa em homenagem a Antônio Prado, em janeiro de 1898. Lá reencontrou o colega de escola, logo ministro da Fazenda, Rodrigues Alves e Campos Sales, aliado de campanha reformista. Nabuco tornou a impressionar. Tobias Monteiro, amigo da ABL, completou o serviço, dando *Um estadista* para o novo presidente ler.

Nabuco sonhou alto, como reportou a Hilário no seu aniversário de 49 anos: "Ele [Campos Sales] exprimiu-se a meu respeito com muita amabilidade [...], daí a muita gente dizer que vou ser seu ministro. Realmente seria um terremoto!". Cogitou-se, a filha Carolina conta, legação na Europa e cadeira no Senado. O presidente não chegou a tanto. Pediu os préstimos do historiador do Império, que defendesse o Brasil em conflito diplomático com a Inglaterra.

Motivos para aceitar? Isabel se desinteressara do trono, o Partido Monarquista o desiludira e humilhara. Dos florianistas jamais teria aceitado nada, mas respeitava Campos Sales, que descreveu a Correa, em 26 de julho de 1898, como "um presidente homem do mundo em vez de jacobino...". Além disso, serviria no exterior, como apreciava.

O óbice, de que o presidente não arredou pé, era a adesão explícita à República. Rodrigues, diretor do *Jornal do Comércio*, providenciou uma entrevista, em 26 de setembro, a pretexto de falar de *Um estadista*. Nabuco fez declaração anódina — que o *Jornal do Brasil* republicou: "[...] diminui a minha esperança na monarquia".

Dado o passo, a recompensa. Na casa de Rodrigues, Olinto de Magalhães, ministro das Relações Exteriores, fez a proposta formal da Comissão de Limites da Guiana Inglesa. Nabuco sugeriu Rio Branco, tangencialmente encarregado do assunto, supondo a recusa do amigo assoberbado. Quando ela chegou, escreveu a Olinto que, em "questão de caráter todo nacional, como é a reivindicação de território brasileiro contra pretensões estrangeiras, seria faltar mesmo à tradição do passado que há anos procuro recolher e cultivar, invocar eu uma dissidência política [...]". Era 5 de março de 1899. A 9 a nomeação era oficial. Então, quinze meses depois do início das tratativas, foi recebido pelo presidente, em Petrópolis.

Tentou persuadir-se do acerto da decisão. Amparou-se na tradição imperial — "São Vicente, Rio Branco ou meu pai teriam feito como eu", justificou a Oliveira Borges, em 16 de abril. Viu sentido patriótico no ato e, por fim, achou que os anos terminados em 9 davam reviravoltas na sua vida.

Os monarquistas tomaram satisfações num acalorado

sarau de d. Marocas. Nabuco mandou carta de autojustificativa a quase todos eles em tom de imolação: "[...] faço um penosíssimo sacrifício". Retorquiram: desertor, apóstata, trânsfuga — como o pai bandeando-se de partido, em 1866. Laet publicou enquete com os monarquistas no *Comércio de São Paulo*, a 30 de março. Condenação unânime.

Já dos republicanos ganhou banquete no Cassino Fluminense, "à sobremesa do qual — conta Oliveira Lima — Nabuco explicou o melhor que pôde a sua conversão republicana". Penedo e Rodolfo a acolheram como salvação privada e resignação política. A princesa compreendeu. Mas apenas Eduardo Prado o sustentou publicamente. Da Europa veio apoio discreto dos amigos com quem ia trabalhar: Rio Branco e Correa. Nabuco retribuiria, indicando Rio Branco para a Academia de Letras.

Respaldo mais eloqüente veio dos companheiros de abolicionismo, como Jaceguai e Rui Barbosa, que saudou "a missão Nabuco", em A *Imprensa*, a 13 de março de 1899. Nabuco, no dia seguinte, ainda sob a compulsão de se explicar, disse-lhe que era com "grave relutância e constrangimento" que abandonava o "refúgio meditativo da religião e das letras".

Comemorado e achincalhado, Nabuco era outra vez polêmico, e as luzes da ribalta tinham sobre ele o poder de afiar brios e impulsionar adiante. Então queimou os navios monárquicos — até porque não havia mais porto aonde tornar.

Acertou as contas com os monarquistas. "Que era eu no partido?", perguntou a Alves Ribeiro, em abril. Esbravejou contra o "espírito da velha oligarquia" e decidiu fixar sua visão da monarquia. Em 30 maio, assinou com a Garnier a reunião, em dois livros, de seus artigos de defesa do antigo regime.

Escritos e discursos literários, que saiu em 1901, reverenciava sinuosamente o Segundo Reinado, por meio de seus ícones culturais — Anchieta, Camões, Renan, João Caetano, Sarah Bernhardt, a rainha Vitória —, das associações intelectuais, o IHGB e a ABL, e das carreiras ceifadas pela República — Taunay, Rodolfo, Correa, Soares Brandão, Barros Sobrinho, Rio Branco. A defesa positiva da tradição imperial estava na descrição do funeral de d. Pedro, no manifesto rejeitando candidatura em 1890, no ataque ao centralismo positivista e na quase defesa da Revolta da Armada.

Outro livro, de 1900, compilava a série do *Comércio de São Paulo*, dos piores meses jacobinos. A "formação" do título original não mais podia se atribuir ao monarquismo, que se fora como orientação política. Virou "Minha" formação, acrescida de trechos de *Foi Voulue* — por ele nunca publicada — que ressaltaram seu catolicismo de origem como base emotiva do abolicionismo. Daí a história — inverossímil em face dos documentos da época da visita — de um juramento juvenil em nome da causa, ao pé da sepultura da madrinha e dos escravos e do Massangano.

As convicções políticas se diluíram na moral doméstica e na tradição aristocrática em que crescera, numa nova autoapreciação, lavrada em carta a um correligionário, em abril de 1899: "Fui e sou monarquista, mas essa é uma caracterização secundária para mim, acidental; a caracterização, verdadeira tônica, foi outra: liberal [...]". O liberalismo fazia a ponte entre sua biografia e a do pai, entre o reformismo de juventude e o tradicionalismo da maturidade: "São essas 3 grandes correntes morais — Deus, Pátria, Humanidade que formaram a zona temperada do meu liberalismo [...]". Esse liberalismo conservador substituía o monarquismo como identidade política. Assim resolvia "o dilema entre a monarquia e a pátria", como diria no último capítulo do livro, único escrito em 1899. Pois, "que podia eu mais tentar sozinho, por mim mesmo?".

Minha formação juntava as pontas da vida como *Dom Casmurro*, que Machado então publicava. O engenho de fogo morto, o Massangano do Quinquim ressurgiu da rememoração com contornos proustianos e femininos. Mãe acolhedora para o homem que perdera o lastro com a debacle da sociedade imperial e o próprio norte, com a adesão à República. *Massangana*, como ele passou a grafar, o confortou enquanto os monarquistas o apedrejavam.

Os livros selaram a passagem do monarquismo militante para a fidelidade sentimental ao Império. Um apego vago o bastante para se acomodar à circunstância republicana.

Por meio deles, Nabuco remodelou sua biografia. A atração do mundo do dândi o fizera adido, carreira interrompida pelo chamado de uma causa, a abolição. Cumprida a missão, viera a República. Esperara passar a turbulência da transição para repor a vida no leito natural, a diplomacia. A racionalização convertia a decisão em destino. Para um crente em Deus, bastava. Resignou-se e foi fazer as malas.

O VELHO MUNDO

Londres era a mesma, Nabuco era outro. Voltava depois de uma década, inimigo da Inglaterra — com quem ia disputar as Guianas. Sentiu-se estranho no ninho, ausentes os Penedo, na França desde o fim do Império. Saiu pelos parques, como nos anos 1880, o Hyde Park, o Green Park, o St. James Park. Foi à igreja de sua conversão. O padre que o resgatara morrera. Restava Correa, com seu sotaque francês, barba em ponta, fumando havanas, mas tudo era diferente de quando, com Paranhos, caíam na boemia.

Rio Branco conseguira a proeza de seguir monarquista, em artigos sob pseudônimos, e servir ao governo republicano. Na diplomacia, administrava o novo discurso americanista de paz e solidariedade continental e a velha ambição brasileira de grande território e liderança. Lidou com os conflitos de fronteira. Ganhou de Floriano a disputa com a Argentina em torno das

Missões. Saiu-se bem. Foi festejado, inclusive por Nabuco — no *Jornal do Comércio*, em 1895. Daí por diante ganhou vários litígios. O que envolvia as Guianas holandesa, francesa e inglesa, era mais sério com a última. Após expedição da Royal Geographical Society, em 1838, os ingleses declararam sua a região do Pirara, que dava acesso à bacia do Amazonas. O Brasil considerou o rio Rupununi a divisa natural. Em 1842, firmou-se tratado de limites. E o assunto morreu até 1888, quando Penedo formou comissão bilateral para estudá-lo. Em 1891, lord Salisbury e Correa entraram em negociação. Daí, em 1895, a Inglaterra invadiu a ilha de Trindade. Correa quase caiu e a Guiana saiu de pauta. Em 1897, Rio Branco escreveu memória, insistindo na linha do divisor de águas. Não houve acordo. Em janeiro de 1899, decidiu-se por um arbitramento da disputa. Isso exigia embasar a posição brasileira em mais documentos e argumentos. Desconfiado de que a Inglaterra levaria a melhor, Rio Branco concentrou-se no litígio com os franceses e passou os ingleses adiante, para Nabuco.

A missão de Nabuco era redigir uma memória, alicerçando a reivindicação na anterioridade brasileira na ocupação da área. Ofício de historiador, de sistematização de dados de fontes diversas em torno de um argumento — tal qual em *Um estadista*. Era trabalho de equipe, inclusive de geógrafos e topógrafos. Nabuco comandaria um pequeno reino. A missão unia seu gosto pelos livros e pela sedução das pessoas.

Animado, buscou auxiliares. Não podia contar com monarquistas, tampouco com luminares republicanos, mais bem empregados que ele. A gente à mão era a nova geração da ABL. Nabuco exercia sobre eles a ascendência natural da figura pública sobre o jovem ambicioso. Graça Aranha tinha "crises de bajulação futurista" em sua presença, ironizou Oliveira Lima, e aceitou desvanecido virar seu secretário. Juntou-se Caldas Viana e, mais tarde, Domício da Gama — apelidado "o Nabuquinho", de tanto mimetizar o chefe.

Nabuco partiu a 3 de maio. Ia grão-senhor, com mulher, filhos, secretário e criados. Viagem antes sombria que auspiciosa. Quando o navio aportou em Southampton, dezessete dias depois, sua primeira providência foi prover o enterro da pequena Almira, filha de Graça Aranha.

Em Paris, tomou pé do trabalho com Rio Branco e começou vida de hotel. Alojou a família num da avenue Friedland, perto do Arco do Triunfo, e seguiu para a Inglaterra. Sua primeira tarefa foi rechaçar um laudo arbitral que dera aos venezuelanos, em disputa com a Inglaterra, a desembocadura do rio Orinoco, tirando área do Brasil. Trabalhou com Rio Branco na redação, merecendo seus elogios, a 26 de outubro: "[...] excelente, como tudo que V. escreve".

Correa incomodou-se. Seu cargo balançara na pendenga da ilha de Trindade. Achou Nabuco açodado, exorbitando a função. Protesto envolvendo a Inglaterra devia ser feito pelo ministro brasileiro em Londres, que era ele, Correa. A coisa azedou quando Nabuco foi tratar com o Salisbury, que tanto admirara na juventude. Correa viu-se rebaixado. Em junho de 1899, usou um jantar para propor acordo direto entre Brasil e Inglaterra e, assim, tirar o amigo da parada. Sabotado, Nabuco reclamou a Rio Branco.

A solução não era simples. Ali estavam três velhos companheiros, cuja convivência frívola de juventude contradizia a seriedade dos assuntos sob suas alçadas. Não conseguiam colaborar porque tinham de concorrer. Nabuco era a figura incômoda porque, em vez de ascender humilde, voltava comandando tarefas. A amizade permitia falar francamente a Rio Branco e desdenhar alvitres de Correa. Assim, recriava as turras que abandonara cruzando o oceano. Por isso, dessa vez, Londres não serviu.

A vida nos salões imperiais e nas mesas dos Rothschild era obrigatoriamente com Correa. Sentiu-se literalmente mal em sua companhia. Teve claustrofobia durante encenação de

Carmen, e foi obrigado a abandonar o recinto. Tinha, segredou a Graça Aranha, em 27 de julho, "uma falsa dilatação do estômago, uma falsa ansiedade, todas as doenças em suma falsas, o que não torna mais verdadeira a saúde". Tudo agravado pela culpa por deixar para trás a mãe idosa e a irmã solteira. O reputado doutor Janicot diagnosticou neurastenia.

Permanecer na Inglaterra era prolongar esse estado e abrir guerra com Correa. Como a missão das Guianas não tinha porto, fixou-se em Germain-en-Laye, nas imediações de Paris, onde podia arcar com casa respeitável. Porém, a pretexto de zelar pela saúde, fugia também de Rio Branco, trabalhando entre estações de água.

Os balneários eram a Meca médica da virada do século, simultaneamente hospitais de luxo e centros de lazer. Nabuco passou por vários, preferindo Pouges-les-Eaux, perto de Paris, onde compatriotas elogiaram o segundo tomo de *Um estadista*, recém-saído no Brasil. Para compensar a década de isolamento, foi a Nevers, Genebra, Berna, Zurique, Lucerna; percorreu os cantões. Viajava com Rio Branco ou Rodolfo, às vezes com os assessores. Trabalhou um pouco em Nice, na Riviera, em Roma e em Gênova. Uma feita, ocupou um hotel inteiro, nas montanhas de Savóia, com sua *entourage*. Com a família explorou a Itália e o interior da França e repetiu, mais de vinte anos depois, a viagem com Eufrásia pela Suíça. Evelina demandava casa própria, mas uma comichão o impedia de parar: "Daqui vou a Berne para estar com o Rio Branco depois a Baden-Baden [...] em seguida a Frankfurt para ver se a Alemanha me seduz e por Bruxelas outra vez a Paris. Questão tudo isso de um mês", escreveu a Soares Brandão, em setembro de 1899. Foi revigorante. Ganhou sete quilos. Seus 98, compatíveis com a estatura, lhe deram vigor e viço.

Quando em Saint-Germain, ia cotidianamente a Paris. Hilário e Iaiá desde a Revolta da Armada lá viviam; ele refizera cursos e se estabelecera como oftalmologista. Penedo e Rodolfo eram convivas de jantares seguidos de uíste. Eduardo Prado mantinha sua suntuosa casa povoada de gente e diversões. Com ele, espiou o Pavilhão Armenonville e os cabarés de Montmartre. Ia também ao quartel-general monarquista, às margens plácidas da princesa, onde se comemoravam as datas-chave do antigo regime.

Nabuco apreciava o Velho Mundo, a velha sociedade, a própria vida velha, a juventude. Ao completar seu meio século, a reencontrou. Lá estava ela, numa recepção da princesa, no número 7 do Boulevard de Boulogne, em 30 de outubro. Não chegou a ser surpresa, mas foi um impacto: "[...] encontro a Eufrásia Teixeira Leite depois de dez anos".

Mulher senhorial, bem conservada, Eufrásia adotara os novos hábitos higiênicos, banho matinal e toalete com água de rosas. Um de seus convivas contou a Catharino que era ainda: "bonita com aquele chapéu, aquele guarda-sol branco rendado e aquele vestido todo rendado [...], uma dentição perfeita [...], penteado muito bem-feito". Estava ainda exuberante.

Tão diferente de Evelina, que encorpara com os partos. Segundo a filha: "Dispensava perfeitamente qualquer elegância de traje". Usava sempre saia e blusa, sem "nenhuma faceirice". Já o talhe impecável de Eufrásia se cobria de modelos exclusivos de grandes costureiros. O vestido da moda era liso, com saia em forma de sino, acabando em cauda sobre sapatos arredondados. Mangas enormes e luvas de camurça. Dominavam as cores fortes. Eufrásia não usaria menos que isso. Era ainda, nas altas rodas, a "dama dos diamantes negros". Já Evelina, Nabuco conta em seu diário, usava um anel feito dos dentes de leite dos filhos.

A ex-noiva habitava ainda o palacete de cinco andares da rua Bassano. Com jardim, estufa e cascata, valia mais de 2 milhões de francos. Seguia mulher de negócios. Foi ao Egito, ao Japão e à África. Tinha em casa um telefone em linha direta com a bolsa e operava no mundo todo. Habilidosa, sobreviveu até à derrocada do café e diversificou investimentos, avançando para o setor imobiliário. Amealhou até morrer, em 1930, 30 mil ações de 297 empresas, além de bens na França, Bélgica, Inglaterra, Alemanha, Mônaco, Egito, Romênia, Estados Unidos, Canadá, Rússia e Chile. Em Santiago, a pedido do inventariante, coube, ironicamente, a Maurício, narra ele em suas *Reminiscências*, localizar as apólices da "ex-noiva de meu pai".

Eufrásia viveu 38 anos em Paris. Tempo bastante para se apurar. Seu salão era freqüentado pela corte brasileira e pela nobreza da terra, homens de letras e artes. "A brasileira", como os parisienses a chamavam, era assídua das colunas sociais.

Em sua altivez, em sua opulência, era a mesma. Estava apenas esmaecida, como as cartas de amor que tinham trocado. Nabuco se curvou, beijou-lhe a mão. Como no último rompimento, a presença de terceiros não permitiu a conversa expandida, as solidões dos passeios nos quais se entendiam.

Nem por isso desistiram. As diferenças políticas tinham sumido. Eram ambos despojos do mundo monárquico. No patrimônio continuavam nos antípodas, havendo de morrer ele sem espólio, ela milionária. As complicações eram de ordem privada: ele casado, ela vivendo com a irmã. Chiquinha, porém, converteu-se de óbice em ponte. Doente, deu o motivo para Nabuco visitar a casa, sempre com flores na mão. Entre novembro e dezembro de 1899, a ex-noiva voltou a povoar seu diário e sua correspondência. Logo o mais tenaz obstáculo a separá-los se finou. No enterro, Nabuco amparou Eufrásia. E arranjou para que Graça Aranha cuidasse do inventário. Única herdeira, ficava ainda mais rica.

Estavam, ao costume, se reaproximando. Sozinha, Eufrásia nada tinha a perder. Para ele, porém, era tarde. Talvez tenha cogitado o amor sem casamento que ela sugerira uma década antes, mas agora era chefe de um clã, homem religioso, temendo pecar. Eufrásia era seu demônio. Emblemática da alma mundana que ele reprimira, a companheira perfeita para o grande mundo a que ele tornava.

Quando a grande dama assombrou seu lar, a esposa reivindicou seus direitos de matrona, como registrou o marido em 29 de novembro: "[...] very bad com Evelina". Maria Ana, então com cinco anos, adoecera seriamente. O pai volveu compungido ao lar: "Acaé, meu passarinho [...]. Algumas vezes as lágrimas rebentam e tenho o sentimento que se ela fosse, iria como meu forerunner [...]", anotou em 29 de janeiro de 1900. Socorreu-se de celebridades em pediatria. Velou à beira do leito. Quando a filha convalesceu, a imagem na retina era a casa de família, não o salão de festas. Descendo o declive da velhice, pesou as duas mulheres de sua vida. Eufrásia revelara-se incapaz de ocupar o lugar de esposa prestimosa, indispensável em sua década de crise pessoal. Eram da mesma natureza, não complementares. Nabuco decidiu-se pelo remanso de Evelina, que o puxou para os ares praianos de Biarritz. Nunca mais reviu Eufrásia. Porque, reconsiderou em seus *Pensamentos soltos*: "Um pouco de amor pode bastar no casamento; fora do casamento todo o amor do mundo não será o bastante".

O RETORNO DO DÂNDI

Evelina arrastou o marido em peregrinação por igrejas européias. "Assisto a dois milagres", anotou ele, em 30 de abril de 1900. Estava a caminho o terceiro: ocupar o lugar mais cobiçado da diplomacia brasileira. Um mês antes morrera Correa. De súbito, aos quarenta anos. Nabuco lamentou, mas não se abalou para o enterro. Enviou elegia ambígua (coligida em *Escritos e discursos*) sobre o brilho efêmero do amigo — "Correa não deixa obras nem atos que prolonguem por muito tempo a vida do seu nome".

Deixava a legação brasileira na Inglaterra. O posto era bom, tinha candidatos. Muito influente em questões externas, Rio Branco gozava de prerrogativa, mas andava de olho na Itália, e suas relações com Campos Sales não eram das melhores. Já Nabuco era o perfil ideal dos ingleses, como sumarizou o encarregado provisório da legação, Oliveira Lima, em suas *Memórias*: "Tinha as maneiras de um aristocrata e os sentimentos de um gentleman; possuía a cultura de um verdadeiro intelectual e sabia usá-la com arte, e era um bonito homem, sem ser o que os franceses chamam um bellâtre". Era adequado e estava à mão. Sondou Tobias Monteiro, em abril, para aferir se teria "inteira e perfeita confiança do ministro da Fazenda como a do ministro do Exterior". Eram ainda Rodrigues Alves e Olinto de Magalhães e se inclinaram em seu favor. Lima informou o presidente acerca da simpatia dos Rothschild, grandes credores da dívida brasileira, por seu nome. José Carlos Rodrigues falou direto a Campos Sales. E assim Nabuco virou "ministro em missão especial". Interino. Apressou-se em listar a Tobias Monteiro, em 20 de maio, as vantagens de sua efetivação: "Pelas congratulações que recebi quando o *Times* anunciou a minha nomeação [...], com as amizades que tenho em Londres há quase 30 anos, não tenho dúvida de que eu seria muito benevolamente acolhido em todos os círculos".

Pesava contra apenas seu monarquismo. Uma tentativa de golpe no Rio levara João Alfredo à delegacia e Andrade Figueira à prisão. Nabuco dissociou-se deles a Tobias Monteiro, ainda em maio: "O fato é que eu e eles nunca vimos os problemas políticos do mesmo ponto de vista e nunca fomos monarquistas do mesmo modo". Em 3 de junho, contudo, Campos Sales insistiu por intermédio de Rodrigues: "Temos imenso desejo de aproveitar o Nabuco para a vaga do Correa.

[...]. Há só uma coisa, que me embaraça [...]. Terá ele dificuldade em se manifestar de um modo positivo pela República, em vez de ser pela Pátria, como tem declarado até hoje? [...] Nessas coisas a questão de forma sobe à questão de fundo".

Nabuco angustiou-se. Quase desmaiou numa caminhada. Desejara dois lugares na vida. O do pai legítimo, estadista do Império, a República ceifara. Em compensação, oferecia o do pai postiço. Aceitou. "[...] somente por motivo que justificasse o meu ato perante V. Ex. mesmo deixaria eu de aceitar a colaboração que V. Ex. me oferece [...]. Em Londres farei todo o possível [...]." Foi tudo o que presidente arrancou dele em 12 de julho de 1900.

Era o suficiente. A posse saiu no *Times* e foi notificada da Anti-Slavery Society aos Rothschild, com "imenso prazer". Vieram parabéns. E impropérios dos monarquistas. Então, declarou-se "politicamente um morto" e fez saber a seu crítico contumaz, o católico Carlos de Laet, que rezava por ele.

O cargo, com visibilidade e bom salário, enterrou o Nabuco provisório dos anos 1890, insulado em casa e na igreja. O dândi saiu de seu letargo em grande estilo. Foi ao Poole, o alfaiate de Penedo, comprar o colete branco com corrente de pérolas no bolso — a última moda. Arrumou casa ampla no 52 da Cornwall Gardens, no respeitável South Kensington. Decorou-a com fotos de família e esculturas dos estadistas do Império, com festa de inauguração para o busto do visconde de Rio Branco — seu culto à monarquia se restringira a esse gênero de homenagem. Em leilões de arte, comprou uma estatueta de Maquiavel, evocação de seus tempos de político, e, em terracota, a ambígua santa Teresa de Bernini — fervorosa como o católico, sensual como o dândi.

Os Nabuco se renderam, à moda francesa, aos criados italianos. Valete para o senhor, *femme de chambre* para a senhora, amas para as crianças, cozinheiro, copeiro, motorista, arrumadeiras, enfim, escreveu à d. Marocas, em 14 de setembro de 1900, o "enorme pessoal estrangeiro de grande casa". Era senhor de um pequeno feudo.

Como patrão, não tinha o pulso firme da mãe: "No fim de pouco tempo, [...], todos relaxam comigo e eu não posso disciplinar", reclamaria ao diário em abril de 1904. Para estar impecável, com suas roupas finas e malas freqüentes, livros e papéis abundantes, demandava dedicação ilimitada dos assessores, da esposa e sobretudo dos criados. Sempre aquém de suas expectativas, esses últimos viviam a dar dor de cabeça. Hermenegildo se perdera na Europa em 1884. Benjamin se meteu na política francesa e acabou preso nos anos 1890. Substituiu-o Alfredo. Nabuco não se acostumou com ele, nem sem ele. Teve até um Espártaco, "nome que convém ao criado de um antigo abolicionista", troçou com Evelina, em maio de 1904. O duradouro foi o discreto Eugênio Mengoli. Italiano avermelhado, alto e magro, repetia os bigodes e os cabelos brancos de Nabuco. Semelhança acentuada pelo corte das roupas, herdadas do patrão. Virou sua sombra, seguindo-o por toda parte e, para seu desgosto, às vezes com ele confundido.

Com casa montada, recebia em estilo. Os auxiliares Graça Aranha, Cardoso de Oliveira, Veloso Ribeiro, Silvino do Amaral e o filho de Rio Branco, Raul, eram certos no jantar de domingo. Afeiçoou-se a Oliveira Lima, homem mordaz, de pavio curto, casado com a bela e espirituosa Flora. Evelina preferia esses saraus pequenos, mas o marido se esmerava em banquetes vistosos, como os de homenagem a Santos Dumont e a Thomas Cochrane e o de celebração do acordo de paz entre Chile e Argentina.

Londres permanecia grande dama, e o rei dos salões ressurgia para cortejá-la. Viu apenas uma vez a rainha, em Windsor, na apresentação de suas credenciais, em dezembro de 1900. Vitória morria. O funeral foi uma celebração da realeza, à qual o representante oficial do Brasil compareceu em uniforme diplomático — fardão, calça, chapéu e espadim — precedido por um arranjo espalhafatoso, diz seu diário de 16 de fevereiro de 1901, "[...] narrando por meio de flores as três fases da vida da rainha [...]. Não podendo chamar a atenção para a minha coroa [...] em meio a tantas outras, eu precisava singularizá-la".

Depois do recato de Vitória, abria-se a *belle époque* de luxo e fausto. Na coroação de Eduardo VII, na Abadia de Westminster, levou a mulher num vestido de cauda e as três plumas obrigatórias no cabelo. Encontrou os homens de Estado, como o duque de Argyll, e as grandes ladies, como mrs. Wombwell, que, achou, substituíra a nova rainha como maior beldade da Inglaterra. Herdou amigos de Penedo, como Youle e Alfred Rothschild, que o incluiu em sua roda. Afeiçoou-se a mr. Buckle, do *Times*. Tornou aos clubes, o Turf e o Traveller's, e aos teatros.

Não era mais um jovem dândi. "Os meus retratos me envelhecem muito e me deprimem", lamentou a um amigo, em abril de 1901. Era um cavalheiro dobrando a curva da velhice. Tão apegados à etiqueta, os ingleses não quiseram chamá-lo de "Sir". Julgavam-no, contudo, um aristocrata ibérico. Em março de 1901, o ministro brasileiro recebeu um tanto perplexo, num documento oficial, a solução britânica: "Dom Nabuco".

O frenesi dos salões tirou a religião e a família de foco. A igreja deixou de ser atividade diária. Nabuco direcionou os filhos para a vida aristocrática, pôs a mais velha na equitação, Maurício para patinar. Já não ficava muito com eles. Conta Carolina: "[...] não associo meu pai a nenhum passeio, [...], a nenhuma lição [...]. Ele estava imerso no seu trabalho, acompanhando apenas de longe a agitação caseira".

Charles Allen também reclamou: só sabia dele pelos jornais. Aposentava-se da Anti-Slavery Society. Nabuco então o homenageou, num número especial do *Anti-Slavery Reporter*.

O novo líder, Thomas Buxton, o convidou para o Congresso Antiescravagista de Paris, em agosto de 1900. A preparação do discurso foi difícil. A *luta antiescravagista no Brasil* era passado. Mas falou dela emocionado, emocionando Isabel, ao citar Victor Hugo: "Um mundo libertado vale um trono perdido".

Na legação, o expediente era curto, de quatro a seis horas diárias. Nabuco transferiu o serviço para novo prédio; ia a reuniões e cerimônias. A parte litúrgica do cargo o cativava. Já os ofícios e carimbos o enfadavam. Irritava-lhe a superposição de tarefas com o resto do aparato brasileiro na Inglaterra, dando margem a incidentes, como em 1902, quando o delegado do Tesouro tentou ingerir na legação. "Administrar é a mais complicada de todas as profissões", reclamou a Tobias Monteiro, no natal de 1900.

O cargo e a proximidade com os Rothschild — sobretudo a partir de 1905, quando negociava com eles financiamento para obras no porto do Recife — rendiam prestígio e problemas. Vivia sob pressões por tráfico de influência, como a tentativa de envolvê-lo em negociata de estradas de ferro, em janeiro de 1902. Das demandas inglesas por favores se livrava com desenvoltura. Os brasileiros eram mais difíceis de descartar — até d. Ana Benigna intermediava pedidos.

Sua conduta usual era ilibada. Levava os rogos ao governo brasileiro, mas empenhava-se apenas na realocação de ex-auxiliares. Embora embaraçado, recusou favores até a Penedo, em 11 de maio de 1903: "O assunto era infelizmente um em que eu não podia intervir [...]". Vigilante da fronteira entre negócios públicos e benefícios privados, desautorizou, em 1901, no *Times*, um enviado do estado do Amazonas, que tentou cavar empréstimo usando seu nome. E certa feita devolveu dinheiro extra que o governo lhe pagou por engano. Orgulhava-se, em 3 de março de 1901, de sua postura exemplar: "Talvez eu seja o melhor homem que o governo podia ter em

Londres para não se fazerem negócios duvidosos para a União ou para os Estados, porque desconfio de todos".

Na mocidade, fora um grande oposicionista. Formulara muitos projetos, mas nunca tivera de viabilizá-los. Agora operava uma burocracia e tinha de se alinhar ao pensamento do governo, muitas vezes em dissonância com o seu. Nabuco não gostou nada de ser chefe de repartição. "Sou agora Ministro em Londres. Hélas! É o mesmo que ser um pássaro aprisionado", suspirou a Prozor, em 16 de fevereiro de 1901. O dia-a-dia comezinho destruía a idealização do lugar de Penedo. O país já não batia à porta Rothschild com a freqüência imperial e muitos negócios — queixava-se a Tobias Monteiro — o Ministério da Fazenda fazia sozinho, sem combinação prévia consigo.

O cargo perdera o relevo de outrora. Os republicanos preferiam os Estados Unidos, que prosperavam, enquanto a Inglaterra se afundava em guerras coloniais — a da vez era o Transvaal, donde sairia a África do Sul. Nabuco acompanhava a rinha dos imperialismos europeus, mas sem a vivacidade dos tempos de *Jornal do Comércio*. Até os rituais aristocráticos perderam o encanto quando sentiu na pele a arrogância inglesa: diplomatas sul-americanos eram sistematicamente excluídos dos jantares do rei. Nabuco protestou. Recebeu desculpas, mas se deu conta do desdém da Europa pela América do Sul.

Desanimou do *rush-rush*. Sentia falta dos amigos. Em 1901 perdeu dois. A febre amarela vitimou Eduardo Prado. O abalo mais fundo foi a 12 de setembro: "Rodolfo. Pobrezinho! Coitadinho! Meigo, até morrendo ele será...", lamuriou em seu diário. Penedo quis o túmulo perto do berço, como lhe disse, e foi se acabar no Brasil. Lá morreu Gusmão Lobo. Migrava o amigo novo Oliveira Lima, transferido para o Japão.

Solitário, mandou consertar um espadim ganho da madrinha e encheu o diário de notas lúgubres. Voltou ao rosário e aos livros de sempre — Chateaubriand, Renan, Goethe.

Encantou-se com Cícero, com A *vida dos santos*, de Butler, e com a moda da arqueologia. Cogitou escrever literatura religiosa, algo sobre a velhice e a juventude dissipada, a biografia de Pedro II e uma história da campanha abolicionista. O ímpeto se alimentava da notícia de maio de 1900: a primeira edição de *Um estadista* se esgotara.

A pretexto de acumular documentos sobre a Guiana, ainda sob sua responsabilidade, foi viajar. Delegou a legação a Silvino Gurgel do Amaral. Ao ministro Olinto pediu "autorização tácita". Carregou caixões de papéis e meia dúzia de auxiliares pela Europa. Foi a Paris. Alugou uma vila em Wimereux, praia no norte da França. Em Berlim, apadrinhou o casamento da filha de Rio Branco. Esticou para Colônia e Bruxelas. Adorava parar pouco em cada lugar, apreciando muitas paisagens, muitas pessoas. Seguiu assim o resto da vida, como anotou num translado da Europa aos Estados Unidos: "Terei viajado este ano, fora as anteriores, 27 000 milhas".

Deixou a Inglaterra sem saber se voltaria. Rodrigues Alves era o novo presidente. Saía a gente do café paulista, começava a "República dos Conselheiros", reconduzindo ao poder notáveis do extinto Partido Conservador. Para as Relações Exteriores, convidou Rio Branco, personalidade nacional desde a vitória na questão com a Guiana Francesa.

Era a dança das cadeiras. Era preciso acomodar o ministro que saía. Se fosse para Washington, desempregava Assis Brasil. Roma estava vazia e Rio Branco queria guardá-la para si, se desgostasse do ministério. Propôs a Nabuco o acúmulo da missão das Guianas com a interinidade na Itália. Londres iria para Olinto. Nabuco já estava no melhor dos mundos possíveis. Superior a Londres só o ministério. Respondeu que só topava se ficasse com Roma em definitivo.

Rio Branco deu então o golpe de mestre: indicou o amigo para ministro, em carta a Rodrigues Alves, a 25 de julho de 1902. Nabuco não tomou a sério. Sabia da preferência do presidente por Rio Branco, um conservador como ele, como esclareceu em 30 de julho: "Ao contrário de você eu não serviria para a pasta, por ser, como você diz, reformador (político, entenda-se). Minha entrada exigiria minha inteira aceitação do atual regime constitucional, o que não posso fazer. Não falo da República, mas do modo por que ela está organizada". A Tobias Monteiro, seu homem de confiança junto a Campos Sales, disse, em fevereiro, que fincava os pés em Londres. E recomendou Rio Branco para o ministério.

Era guerra com luvas de pelica. Nabuco abriu seu jogo a Rio Branco, em 2 de setembro: "[...] me tirarem de Londres neste momento diminuiria a minha situação perante o árbitro [das Guianas]". Roma era menos importante que Londres "e aqui pelo menos não se compreenderia que me dessem posição inferior". Cinco dias depois fez proposta conciliatória meio amalucada: unir as legações de Londres e Washington sob seu comando. Se saísse do ministério, Rio Branco podia ficar com os Estados Unidos. A resposta foi no meio da rua, em Paris, como soube Evelina, em 14 de setembro: "[...] tivemos o Rio Branco e eu uma discussão quase acrimoniosa [...] sobre a tal questão da Legação da Itália, que ele não se resigna a me ver renunciar. A atitude dele coage-me extraordinariamente e se eu pudesse demitia-me de tudo [...]". Podia resistir. Era titular em Londres. Rio Branco não tinha força para removê-lo. Nem por isso sossegou. Um mês depois, outro bate-boca "bastante forte". Abalado, Nabuco refugiou-se em Cambo, uma estação de cura.

Rodrigues Alves, em vésperas de posse, pressionou Rio Branco que, por fim, rumou para o ministério. Nabuco magoou-se: "O Paranhos não tem uma verdadeira atenção com os amigos [...]. Nunca me disse uma palavra carinhosa e creio que foi muito contrariado por eu não lhe guardar o lugar [...]", desabafou à mulher, em 22 de novembro. Como com

Sancho, nos anos 1880, as pazes se fizeram, mas a intimidade não foi restaurada.

O inferno astral se completou nos lagos escoceses. "Depois de longo passeio de carro aberto" — registrou no diário em 15 de setembro de 1902 — "sinto que não ouço, quase surdo." Peregrinou desesperado por especialistas em Londres, Paris, Amsterdã. Tinha inflamação do labirinto no ouvido esquerdo e esclerose do direito. Fez 23 curativos em Viena e tratamentos inusitados, como massagens no nariz. Em vão. Ficou restrito a um ouvido. Tinha de pôr a mão em concha para auxiliá-lo. Achou que a vida acabava, em 12 de dezembro: "Não sirvo nem para diplomata, porque não posso fazer o flerte político e social, a corte às grandes damas, nem para homem público sul-americano, porque não posso conspirar". Muito ao contrário. Ouvindo melhor de perto, adaptou-se justamente cochichando às mulheres e aos homens de Estado. E como os médicos atribuíssem a surdez a excesso de trabalho, ficou entre os Pireneus, Nice e Marselha, até ser confirmado na legação de Londres.

Enquanto isso, a questão das Guianas se arrastava. A Inglaterra chegara a acenar com acordo, mas andava ocupada com a guerra dos bôeres. Apenas em novembro de 1901, a opção preferencial de Nabuco pelo arbitramento se firmou, dando início ao trabalho efetivo. Durante a redação de *Um estadista*, desenvolvera disciplina. Dessa vez, virou *workaholic*, mourejando de dez a doze horas, com o primeiro-secretário Graça Aranha, Raul Rio Branco e Aníbal Veloso Rabelo, os segundos, o cartógrafo Henri Trope, um tradutor e dois amanuenses, para taquigrafia e digitação numa moderna máquina de escrever. Epaminondas Chermont e Caldas Viana ajudavam em tudo. Nabuco era afetivo e generoso com todos, mas cobrava caro, reclamando sempre. Reconhecia, a Graça Aranha, em 18 de maio de 1903, a impossibilidade de se satisfazer: "Sinto a necessidade de muito isolamento para o trabalho, de muitos amigos para a distração, de uma biblioteca para as consultas, de tradutores, copistas e auxiliares perto dos livros que tenho em Londres e dos que tenho em Roma, [...], de um bom clima de verão e outro de outono, [...] etc., etc. (não falando de não me arruinar com as viagens) e não sei como conciliar tudo isso".

Para facilitar a circulação, em 1902, internou Carolina no Roehampton, colégio do sagrado coração, perto de Londres, e entregou os meninos aos jesuítas de Wimbledon. Evelina, grávida do caçula José Thomaz, entrou em lágrimas. No Natal, o marido sucumbiu a elas. Mãe e filhos foram instalados em Pau, nos Pireneus. Conta Carolina: "Passamos mais de um ano numa vida de improvisos, sempre morando em hotéis e, metade do tempo, longe de nosso pai".

A itinerância aplacava a insegurança com a redação da memória sobre as Guianas. Leu e releu a memória e o projeto de tratado de arbitramento que Rio Branco produzira em agosto de 1900. O amigo não ajudava, custando a responder suas cartas. O trabalho dava crises diárias de enxaqueca, pioradas em setembro de 1902, quando Sinhazinha telegrafou: aos 84 anos, a matriarca Ana Benigna tombara.

A primeira memória, *Frontières du Brésil et de la Guyane Anglaise. Le droit du Brésil*, saiu em fevereiro de 1903, em Paris. Eram, com documentos anexos, cinco volumes. Nabuco os redigira em português e se atrasara revendo a versão. Por isso trabalhou direto em francês daí em diante. Concluiu em agosto os três volumes da segunda memória, de réplica aos ingleses: *La Prétention Anglaise; Notes sur la partie historique du Premier Mémorie Anglais; La Preuve Cartographique* — um imenso atlas. Até fevereiro de 1904, trabalhou nas quatro partes da terceira memória, a tréplica: *La Construction dês Mémoires Anglais; Histoire de la Zone constestée selon le Contre-Mémoire Anglais; Reproduction des documents anglais suivis de brèves observations*; *Exposé final*. Somados textos e documentos, produziu dezoito volumes.

O argumento, na linha de Rio Branco, escorava-se na doutrina do *uti possidetis* do Segundo Reinado, martelando a precedência da ocupação brasileira nas áreas em litígio, com base em documentação farta e original. Nabuco reconstruiu a colonização portuguesa na bacia do Amazonas, valendo-se profusamente de historiadores, viajantes, geógrafos, tratados de direito internacional — e *Os lusíadas*. Escreveu itens curtos, de subtítulos auto-explicativos, forrados de glosa de documentos. Texto sem ênfase, rebarbativo. Nisso estava a léguas de Rio Branco, o qual, diz Álvaro Lins, cuidava de escrever memórias curtas e objetivas, para não cansar os juízes.

Nabuco ficou satisfeito com o trabalho. Expediu volumes para amigos e bibliotecas no Brasil, e o árbitro, o rei da Itália. Em 8 de junho, estava confiante: "Recebo a Memória Inglesa. Nada!".

Em Roma, prosseguiu estratégia em operação desde 1903: influir sobre o rei Victor Emanuel encantando a corte romana. Essa diplomacia social, que chamou de "minha campanha", atiçou o dândi. Reencontrou a atriz Ristori. Não a reconheceu de pronto, envelhecera. Mas virara marquesa, que, com outra marquesa, a de Rudini, e a princesa Pallavicini, abriu-lhe a sociedade italiana. Nabuco promoveu jantares de gala, com a fina flor local, que retribuía. Nessa política de contatos sociais, armou evento pitoresco: quatro mesas de sete talheres em torno de uma palmeira, o Brasil, decorada com folhagens representando a Itália. Completava o quadro uma novidade: lâmpadas elétricas. Foi uma sensação.

Em 1904 repetiu a dose, com mais convidados e maior requinte. Ceias para aristocratas, senadores e embaixadores e um jantar dançante, que ocupou três salões do Grand Hotel e o pôs exausto diante do desafio de etiqueta de alocar condessas, marquesas, duquesas e princesas, sem ofender a hierarquia. A solução, soube Evelina em 24 de abril, foi dar às princesas o "centro das 12 mesas, que eram ocupadas somente em uma parte, para todos terem a vista da decoração e não se darem as costas". Viam um lago iluminado, "com uma gôndola veneziana iluminada a giorno, cercado de pedras, juncos, verdura". Nabuco se fizera nababesco. "Estou encantado de Roma", registrou em 1º de março de 1904. É que Roma se encantara com ele.

Já os jornais brasileiros o acusavam de dispendioso e exibicionista. A essa altura da vida, nos seus 55 anos, os últimos cinco deles na Europa, não ligou para os ascendentes republicanos. Entre a velha aristocracia de Londres, Roma e Paris fizera nova pátria. Seu prestígio continental fica patente no fim de um jantar em Baden-Baden. Todos os convivas, narra um deles, Rodrigo Otávio, em suas memórias, em um minuto transpuseram o salão. "O Embaixador, porém, levou meia hora [...], tanta foi a gente, senhoras, diplomatas, homens públicos, que se ia levantando e se acercando dele, a proporção que ele seguia, para apertar-lhe a mão, para dizer-lhe duas palavras amáveis. [...] Nabuco, triunfal, risonho, acolhedor, recebia essa verdadeira apoteose, ante a numerosa e brilhante assistência, que a presenciava numa atitude de surpresa e admiração [...]."

UM ARISTOCRATA ENTRE OS IANQUES

Nabuco nunca gostou de Washington. Reclamava do marasmo, da paisagem. Os americanos, com sua negligência pelas hierarquias e seu culto ao trabalho e ao dinheiro, pareciam à sua índole cortesã uma Inglaterra de pernas para o ar: "Isso explica tudo: é um povo de shopkeepers", anotou, ainda em 1877. Somou-se a indignação diante do imperialismo ianque, decisivo na Revolta da Armada.

A ojeriza monarquista se amainou no funcionário da República. Achou inevitável, em 26 de março de 1900, a disseminação do estilo de vida americano: "[...] a aristocracia do futuro não promete ser outra senão a do dinheiro, já o é, o cosmopolitanismo argentário sobrepujou todas as nobrezas e distinções do mundo". Aferindo a relevância geopolítica e financeira dos Estados Unidos, passou a defender, em 1901, maior aproximação nossa com eles. Escreveu a Campos Sales que: "não há no serviço [diplomático] maior monroísta do que eu".

Daí a embaixador em terras do Tio Sam havia um precipício, que jamais sonhou transpor. O convite foi um susto, narrado a Evelina, em 19 de junho de 1904: "Esta manhã um terremoto, o telegrama do Rio Branco oferecendo-me Washington".

Efeito detonado pelas Guianas. Nabuco esperava comemorar o veredicto em Roma, mas, em 14 de junho, contou arrasado à mulher: "Foi um quarto de hora terrível o da leitura que o rei nos fez, ao embaixador inglês e a mim, da sentença que concluía pela vitória da Inglaterra [...]. [Minha] mão tremia quando tive que assinar o recibo dela". O laudo rejeitava o argumento do *utis possidetis*, dando aos ingleses 3/5 do território e o acesso à bacia do Amazonas. A Inglaterra tinha oferecido 2/3 ao Brasil em 1891. Nabuco escolhera as armas — o arbitramento, em vez da negociação direta — e perdera o duelo.

A imprensa brasileira louvou seu esforço. José Carlos Rodrigues pôs o *Jornal do Comércio* em ataque ao despreparo e à parcialidade do juiz. Machado de Assis mobilizou a ABL. Recebeu cartas e cartas de apoio, cinqüenta só nos primeiros dois meses. Já Rio Branco, segundo Oliveira Lima, abriu champanhe.

De cabeça erguida, Nabuco despediu-se dos romanos com jantar, em 28 de junho. "Preciso mostrar-me superior ao revés e por isso estarei esta noite o mais alegre possível, mas no fundo com que tristeza lá vou!", escreveu à mulher. Afundado no desgosto de ver cinco anos de trabalho redundando em nada, alternava pensamentos punitivos, autocomplacência, insônia e enxaqueca. Veio, então, o golpe de misericórdia de mãos amigas.

Rio Branco acumulava sucessos. Em fins de 1903 resolvera mais um imbróglio territorial, desta vez com a Bolívia, incorporando o Acre. Era homem de confiança do presidente e podia decidir destinos como o de Nabuco. Publicamente o apoiou, reclamando da incúria do juiz. Mas aproveitou sua fraqueza para subtrair-lhe o sonho — a legação brasileira mais tradicional, em Londres — e impor o pesadelo — a recém-inventada embaixada em Washington.

Pouco antes, Nabuco, enfeitiçado por Roma, pedira a Rio Branco transferência para o Vaticano. Jamais cogitara os Estados Unidos, como resmungou a Graça Aranha, em 16 de novembro: "Washington é um duplo desterro, porque se está longe do Brasil e da Europa. [...] Não tenho entusiasmo algum pela idéia de ir lá acabar a minha carreira". Nem pôde recorrer a Rodrigues Alves, que dera total autonomia aos seus ministros. E o barão lacrou a saída, prontamente indicando Régis de Oliveira para Londres — achara seu guarda-cadeiras, maldou Nabuco. No comecinho de 1905, recebeu com desgosto sua nomeação.

Como de Roma, saiu altivo de Londres, com grande jantar de adeus, onde desvaneceu-se com a "promoção". Em casa, engenhava expedientes para adiar a partida. Ganhou cinco meses com a burocracia de criação da embaixada. Embarcou em maio, convencido de que ia a título provisório. Contava obter transferência quando Rio Branco deixasse o ministério. Levou dois assistentes, o filho do barão, Raul, e Chermont. Depois viria Gurgel do Amaral. Do Buckingham, em Nova York, reportou sua desolação a Evelina, em 20 de maio: "Estou com medo de ter feito uma grande tolice aceitando este posto, uma grandíssima tolice".

Encontrou Washington em obras. A capital se modernizava, mantendo a arquitetura imponente, solene, do Capitólio, da Casa Branca, do Obelisco a Washington. Representavam a face imperialista da nação, querendo ombrear a Europa. Nada disso o cativou. Chocou-se com o moto contínuo e a afluência burguesa. Reclamou do clima e da comida, com asco pelas carnes congeladas; achava tudo caro. Doente de raiva, dizia à mulher, em 3 de abril: "[...] nunca na vida, [...] vi-me por tal forma fechado em uma situação da qual não sei como sair". Escrevia ininterruptamente ao ministro: o custo de vida, o tamanho da família, ainda na Europa, suas doenças e etc. tornavam impossível viver ali. Ora pedia licença, ora remoção. Rio Branco fez ouvidos moucos.

Na entrega de credenciais ao presidente Theodore Roosevelt, em 24 de maio, citou Lincoln e Monroe, enfatizando o "nosso comum ideal americano" e desejou o "aumento da imensa influência moral que os Estados Unidos exercem sobre a marcha da civilização". O *Evening Mail* e o *New York Times* elogiaram. O *Tribune*, de Chicago, foi entrevistá-lo. Pareceu-lhe auspicioso. Então, em 22 de junho, ponderou: "Se eu vir a) que posso servir e b) se o governo me der os meios, irei ficando até poder renunciar".

Aproveitou convites para conhecer o país. Com Chermont e Veloso, foi a Boston. Reencontrou Richard Shannon e com ele foi de costa a costa. Esteve em Chicago, Kansas City, Pasadena, Los Angeles, São Francisco, Seattle, Montreal. Reviu o Grand Canyon e o Niágara. Chegou a Nova York um mês e 3 mil léguas depois. Aclimatava-se. "Aqui é preciso ser americano como em Roma, romano", disse a Evelina, em 22 de maio. Isso significou incorporar o estilo de vida e aderir às doutrinas políticas locais.

Ao escolher a casa, apreciou o lado "very convenient" dos burgueses. Cômodos modernos, com privacidade e conforto, permitindo, disse a Evelina, em 3 de abril, ter "uma grande livraria em duas salas ao lado do meu quarto de dormir, e este ao lado do teu [...]. Em cima, o andar dos meninos, todos os quartos com banheiros. Um ideal". Não ficou com essa, mas com casa semelhante, desocupada pelo novo secretário de Estado. Era o número 14 da Lafayette Square, nas imediações da Casa Branca, e vinha bem mobiliada. Era cara, mas o custo de vida em Washington era três vezes o de Londres e um embaixador precisava de moradia condizente, disse a Rio Branco, arrancando dele um salário de 35 contos por ano.

A América encaminhou uma reciclagem de atitudes. Adquiriu para si uma vistosa carruagem aberta, mas adotou o padrão local para os filhos, dando-lhes, quando chegaram à idade, um fordezinho vermelho descoberto. Carolina foi orientada para a maestria da etiqueta da high society. Maurício, para o dandismo dos Nabuco.

Nabuco manteve-se um gentleman. Mas o mundanismo aristocrático converteu-se em mundanismo burguês. Pôde outra vez brilhar, já que o segundo foi sempre cópia descorada do primeiro. A velhice e as doenças não lhe roubaram o garbo. Conservou-se bonito até o fim da vida. "A cabeça, toda branca, erguia-se do colarinho muito baixo, coroando o pescoço fino, como um crisântemo de um jarro esguio", observou Gilberto Amado, em 1906. Emagreceu, mas não se encurvou com os anos. Vestia bem as roupas informais em alta — ternos com calças afuniladas, de sarja azul ou de tweed com padrões, e um colete colorido. Já Evelina perdera a finura do talhe e não ligava para costureiros. O marido instava com ela, em 11 de junho de 1904: "Não é muito decorativo nem elegante este vestuário. Deves ter alguma coisa mais largo, mais flutuante, mais vaporoso, mais comprido, mais envolvente [...]. Alguma coisa que voe, que se espalhe, que serpenteie, como os véus, os boas, as fitas e os grandes chapéus, as plumas, as flores". A esposa acedia, para cumprir os ritos de embaixatriz. Pagava visitas, ia às festas, mas suspirava por seu tempo de feliz, na rua

Marquês de Olinda. Encarregava muitas vezes Carolina de organizar jantares e fazer convites. Não passava sem reparo. Salvador de Mendonça escrevia a Flora de Oliveira Lima, em 16 de janeiro de 1906: "[...] eu gostaria de ver você brilhar lá, para o que Mme. Nabuco não está à altura, pelo que eu ouço dizer; pois ela, creio eu, não se importa com sociedade". Nabuco compensava à sobeja, com as maneiras delicadas, o olhar curioso, o cofiar de bigodes, que encantavam as mulheres. Os senhores admiravam as frases espirituosas, as citações eruditas. Com essas armas, outra vez dominou sua cena.

Se na Europa a política de salão era a maneira usual de levar adiante cargos no estrangeiro — no que Nabuco aprendeu com Penedo —, nos Estados Unidos, a cultura diplomática era ainda meio tosca. Por isso, foi logo visto como flor no pântano. Apreciado. Nas recepções da Casa Branca e das outras embaixadas, ficou amigo do ministro cubano, Gonçalo Quesada, e da nata local, como mrs. Carow, cunhada do presidente. Seus eventos grandiosos impressionavam, caso de um jantar à Suprema Corte, em março de 1908, descrito em seu diário: "[...] a sala de baile tenha sido convertida em uma floresta de altas palmeiras que tocavam o teto e através das quais cintilavam as estrelas (pequenas lâmpadas elétricas)". No mesmo estilo, banqueteou a Marinha americana. Certa feita pediu de Londres um "cordon bleu de Bruxelas", um cozinheiro de luxo, para garantir o sucesso de um jantar. Repetia o padrão de diplomacia cenográfica que desenvolvera na Itália. As reações eram as mesmas. Boa repercussão local, no *Evening Mail* e no *New York Times*. Já o *Correio da Manhã*, em setembro de 1905, acusava o perdulário de, em quatro meses, torrar quinhentos contos.

Nos eventos obrigatórios para os diplomatas, thanksgiving, réveillon, efemérides da família presidencial, Nabuco logo ficou à vontade e firmou relações cordiais com o presidente. Theodore Roosevelt era um americano básico — prático, autoconfiante, enérgico. Tinha quase a idade de Nabuco e iniciava o segundo mandato. Herói na guerra contra a Espanha na Independência de Cuba, em 1898, tinha gosto por história e pendão naturalista — escrevendo, mais tarde, *Through the Brazilian Wilderness*, sobre sua aventurosa expedição à Amazônia. Por aí ele e o embaixador brasileiro se entenderam. Nabuco o galanteava e recebia à altura, como registrou em 11 de junho de 1906: "Repete-me as mais lisonjeiras coisas [...]. O presidente disse-me que minha estada em Washington marcava uma época [...] que eu muito concorri para fazer a América Latina adotar outra atitude para com os Estados Unidos".

Com o secretário de Estado, foi ainda melhor. Elihu Root era advogado de sucesso e homem de gabinete. Tinham opiniões semelhantes, gostos parecidos. Ficaram amigos. Com ele, Nabuco palpitava sobre a política norte-americana para a América Latina e se tornou tão influente que Walker Martinez, embaixador do Chile, lhe disse, em dezembro de 1905: "Você acaba de chegar, e se hoje deixasse a Embaixada já teria feito mais em um mês de Washington do que outros em anos".

Exilado por Rio Branco, deu-se o direito de fazer política própria, como disse incisivamente a Graça Aranha, em janeiro de 1906: "Não sei ainda o que se quis com tal criação em Washington [...]. Não nomearam, porém, um autômato, nem um antimonroísta [...]". Decidiu persuadir Roosevelt e Root de que o Brasil era parceiro nobre. Ficou americanista. O ressentimento por conta das Guianas, quando sentira na carne o imperialismo inglês, e a percepção da crescente importância dos Estados Unidos no jogo mundial o levaram a isso. Assim, pela primeira vez, estava consoante com os republicanos.

Desde 1889, o pêndulo brasileiro ia da Inglaterra para os Estados Unidos. Os republicanos honraram seu discurso americanista. Um deles, Salvador de Mendonça, assumiu a legação brasileira. Diplomata no país desde os anos de 1870, casado com uma americana e entusiasta do estilo de vida local, abriu as duas vielas que Nabuco transformaria em avenidas: a diplomacia de salão e a política pan-americanista. Trabalhou por acordos de cooperação política e econômica. Seu tratado bilateral de livre comércio, de 1891, malogrou, mas indicava uma direção, evidente no endosso brasileiro às posições norte-americanas na 1ª Conferência Pan-americana e na recíproca militar a Floriano na Revolta da Armada. Essa política foi mantida por Assis Brasil e por Alfredo Gomes Ferreira, que passou o cargo a Nabuco.

Criando a embaixada, Rio Branco solidificava a aliança não escrita, como a chamou Bradford Burns, entre Estados Unidos e Brasil. O México já abrira a sua, a Argentina podia fazer o mesmo e ao Brasil não interessava ficar de lanterninha. Os Estados Unidos eram o principal mercado do café e da borracha brasileiros. Além disso, contra os imperialismos europeus que ameaçavam a América, contrapunham o pan-americanismo: a doutrina Monroe sob nova roupagem, o "corolário Roosevelt". Conturbadas a paz e a ordem continental por inimigo externo, interviriam para resguardá-las, conforme a máxima "Speak softly and carry a big stick". Era o que Roosevelt praticava, "libertando" o Panamá da Colômbia e Cuba da Espanha, "protegendo" a Venezuela e intervindo na República Dominicana. A idéia assombrara o Brasil no litígio do Acre, onde companhias americanas tinham negócios. A postura de polícia da América não deixava muita escolha aos demais países do continente. Em 12 de dezembro de 1905, Nabuco formulou o dilema brasileiro: "Para nós a escolha é entre o Monroísmo e a recolonização européia". Mantinha a altivez imperial diante da América Espanhola e queria solidificar a aliança com o primo forte para liderar os fracos.

Nem todo mundo pensava assim. Os últimos monarquistas, como Ouro Preto, eram fiéis ao europeísmo. Havia republicanos descontentes com todos os imperialismos, requentando argumentos da *Ilusão americana* de Eduardo Prado. O pan-americanismo, na opinião de Oliveira Lima, agora representante brasileiro na Venezuela, significava fechar os olhos para ingerências norte-americanas nos países latinos. Falava-se de outro americanismo, o da América "Latina". A aliança preferencial devia ser a ABC, com os vizinhos latinos mais fortes, Chile e Argentina. Rio Branco, hábil, se equilibrava. Não abandonava a linha de independência da tradição imperial, fortificando amizades na Europa, como a criação da embaixada no Vaticano ilustra, e estabelecendo representação diplomática por toda parte. Mas, na prática, privilegiava a relação com os norte-americanos. E ainda modulava seu discurso americanista, ora para os Estados Unidos, ora para a América do Sul, conforme a circunstância.

A embaixada em Washington era, pois, emblemática e problemática. Podia ter importância, conforme Rio Branco obtivesse apoio para pender para os Estados Unidos. Ou podia se esvaziar, se as críticas fossem pesadas. Por isso, a nomeação de Nabuco soava como deferência e era mesmo um abacaxi.

Espremido nessa moldura, Nabuco construiu nos Estados Unidos uma imagem de simpatia brasileira pelo pan-americanismo que era só meia verdade. Não que se iludisse. Mas, julgava que se persuadisse os americanos da adesão do Brasil, eles, por sua vez, reforçariam elos políticos e econômicos conosco e, assim, minariam gradualmente os refratários. Era a estratégia da abolição: apoio externo contra resistência interna.

Ao chefe argumentava em cartas macias, ao passo que o constrangia com situações de fato. Na rotina da embaixada e até em certas questões de relevo, se entendiam. Mas, nas divergências, o embaixador não se dobrava, multiplicando cartas e telegramas ao ministro e, às vezes, diretamente ao presidente da República. As dissonâncias se explicitaram em fins de 1905. A suposta invasão de um porto brasileiro por navio alemão, o Panther, levantou reações nacionalistas. Indignado, Rio Branco ameaçou até guerra. Telegrafou a Nabuco que suscitasse artigos pró-Brasil na imprensa norte-americana. Ele foi além, dando a Root a versão brasileira dos fatos. Este, por sua vez, falou ao embaixador alemão em Washington. Jornais do Rio de Janeiro, porém, disseram que Nabuco solicitara apoio do governo americano, e o deputado Érico Coelho o repudiou em discurso. Rio Branco então o instou a desmentir o pedido de socorro. Melindrado, Nabuco queixou-se, em 12 de janeiro de 1906, "de me quererem fazer bode expiatório". Nesse ínterim, a Alemanha apresentou desculpas formais ao Brasil. Atritos desse gênero viraram uma constante. O Juca e o Quincas sumiram das cartas. E, quando o embaixador se dispunha a recompor a amizade esgarçada, recebia o silêncio do ministro.

Em compensação, só crescia sua comunhão com Roosevelt e Root. Montava-se o Bureau das Repúblicas Americanas, fórum das nações do continente, que organizava Conferências Pan-americanas visando a acordos de cooperação e não-agressão. Para demonstrar a equivalência dos membros, circulava-se a sede. A primeira em Washington, em 1889, a segunda no México, em 1902. A Venezuela reivindicava a de 1906. Nabuco vislumbrou a oportunidade de destacar o Brasil em meio à América Latina. Sibilino, conseguiu que a Costa Rica, secundada pelo Chile, indicasse o Rio de Janeiro, sob aplauso de Root. A Rio Branco contou que a criança lhe caíra no colo. Os venezuelanos protestaram, mas em fins de 1905 já era fato: a Pan-americana seria no Brasil.

Nabuco trabalhou industriosamente pelo êxito da conferência. Entusiasmou-se, como atesta seu diário de 12 de dezembro: "Quero tornar o Congresso um grande sucesso e a visita do secretário de Estado um grande acontecimento". Pediu a Root para adiar a Conferência de Paz em Haia, de modo a não coincidirem as duas cúpulas. Tratou da parte social do evento, da lista de convidados à decoração, garantindo a melhor hospedagem — o hotel dos Estrangeiros — e lazer para os visitantes. Atento aos óbices políticos, enviou montes de cartas a Rio Branco, a amigos na imprensa, a Rodrigues Alves, em fim de mandato, e a Afonso Pena, seu sucessor. Acertou o programa com Root e em rodadas de discussão com todos os países. Queria aproximar o Brasil de México, Chile, Costa Rica e Estados Unidos e afastá-lo do chanceler argentino Luís Maria Drago, que propunha reação conjunta dos países sul-americanos contra intervenções em seus territórios para cobrança de dívidas. Uma proteção contra imperialismos europeus, argumentava, mas era fácil transpor a idéia para os Estados Unidos. Nisso, Nabuco andou em sintonia com seu chefe, que, em 10 de março de 1906, enviou instruções minuciosas: transferir a doutrina Drago para a cúpula de Haia, de abrangência internacional, e tirar de pauta outros itens controversos, como a construção do canal do Panamá e a livre navegação fluvial. O ministro estava cético: "Um acordo geral de todas as nações americanas é mais impossível ainda que entre as européias".

Nabuco mimou Root, com finíssimo jantar. O americano ficou encantado, comemorava em 29 de janeiro: "[...] o presidente [Roosevelt] me disse que se eu não tivesse vindo a Washington, Mr. Root não iria ao Brasil, porque a resolução dele de ir proveio da impressão que eu causei nele". Era a primeira visita oficial do secretário de Estado americano a um país estrangeiro, grande tento em prol de seu pan-americanismo.

Perscrutou então Rio Branco sobre irem no mesmo navio, de modo que Root não saísse da circunferência de seu charme. Isso porque, disse em 19 de dezembro, "Eu acredito estar chocando para você e o presidente [...] um ovo de águia, mas tenho medo de que levado para aí ele saía gorado por falta de calor monroísta no governo e no país [...]. Você dirá que não me encarregou disso, é certo, mas a simples criação da embaixada criou aqui esperanças e expectativas [...]".

O barão respondia raramente, demorando a decidir detalhes que tiravam o sono de Nabuco. Ansioso, em 17 de dezembro, buscou apoio do novo presidente, conhecido de longa data: "Se a política americana não for resolvida aí com a visita de Mr. Root, eu me sentirei mal em Washington". Só na última hora teve confirmação de sua ida ao Brasil na condição que impusera — de presidente da conferência.

As reticências de Rio Branco tinham um quê de pinimba e um tanto de cautela. No Brasil, a nota dominante na imprensa e no meio político era favorável, mas havia o zunzum dos "antiimperialistas". Por isso, Nabuco deixou Washington, disse à mulher, em 19 de junho, "[...] fazendo listas (mentais) do que pode me acontecer de agradável e desagradável [...], tanto pessoalmente como em relação a Mr. Root e à Conferência. Não sei se o meu contato com o Rio Branco, com o mundo político, me causará prazer ou desprazer".

SUBIDA AOS CÉUS

O Rio de Janeiro era outra cidade. Depois de sete anos, Nabuco encontrou uma pequena Paris aberta para o mar. O café subia no mercado internacional, onde a borracha também ia bem. Os lucros davam exuberância a São Paulo, a Manaus e à capital federal, que sediava os grandes bancos, os serviços e a imprensa de porte, e que, em 1907, segundo Boris Fausto, abocanhava um terço das atividades industriais, que eram mormente a têxtil, mas também de alimentação e vestuário.

Para pôr a capital federal no nível do século, o prefeito Pereira Passos fez drástica reformulação urbana. Asfaltou ruas, fez novo mercado municipal, reformou o porto, as principais praças, extinguiu hortas e matadouros, destruiu os casebres da cidade velha e abriu bulevares. Emblemática foi a avenida Central, com quase dois quilômetros do largo da Prainha (atual praça Mauá) até o Passeio Público, que substituiu cerca de seiscentos prédios por suntuosos edifícios de estilo eclético, onde se alocaram a cúpula governamental, o teatro Municipal, a Escola Nacional de Belas-Artes, o Supremo Tribunal Federal, a Biblioteca Nacional, *O País*, o *Jornal do Brasil*, o *Jornal do Comércio*, escritórios e empresas, magazines de luxo e cafés. De dia, negociantes, políticos, jornalistas, profissionais liberais, em seus paletós de linho ou casimira clara e sapatos "chaleira", agitavam o comércio e as finanças. As senhoras compravam modelitos parisienses apertados *chez* madame Garnier ou Agnes Scherer. À noite, a luz elétrica convidava as famílias para, de carruagens ou nas novas bicicletas e automóveis, ver o renovado Cassino Fluminense, o teatro Lírico, o Jóquei e o Clube dos Diários. Por conta do agito e desse embelezamento, Coelho Neto apelidou o Rio de Cidade Maravilhosa.

A civilização se completou com a cruzada sanitária de Osvaldo Cruz contra a febre amarela. Invadiu as casas com suas brigadas de "mata-mosquitos" e os corpos, com a vacinação obrigatória. Republicanos descontentes, com o destaque usual de Patrocínio, ergueram barricadas. Era a Revolta da Vacina. Veio a repressão e seguiu o bota-abaixo. Os pobres subiram os morros. Da escravidão sobraram os burros-sem-rabo, homens puxando carroças, apesar do prefeito, que os proibiu, assim como aos ambulantes, mendigos e cachorros.

O país em que Nabuco brilhara não existia mais. No Rio, não tinha casa própria. Não quis nenhuma outra, das tantas oferecidas. Ficou no hotel dos Estrangeiros, com todos os diplomatas e as lembranças de Eufrásia. Ali, contabilizou, em 24 de setembro, "Recebi uma das trezentas visitas, que tratarei de ir pagando à razão de umas vinte por dia [...]!". Fez piquenique com a turma da ABL, saraus com as irmãs. Apertou a mão dos governantes e beijou a das viúvas dos amigos. Foi engolfado pelo afeto duradouro que suscitava em quase todas as pessoas.

A Pan-americana se instaurou em 23 de julho, na avenida Central, em prédio premiado na Exposição Internacional de Saint-Louis, em 1904. Ali Nabuco presidiu um mês de reuniões entre 54 delegados de dezenove países — menos Canadá, não convidado, e Venezuela e Haiti, que boicotaram. Ele e Root se animavam. Rio Branco, nem tanto.

O campo estava minado. Os monarquistas, europeístas, recepcionaram Nabuco como o tinham despedido: "O Laet insulta-me furiosamente", contou a Evelina em 2 de agosto. João Alfredo não deu as caras. Pululavam escritos antiimperialistas, como "América Latina, males de origem". Aí Manuel Bonfim denunciava a aclimatação do parasitismo das metrópoles européias sobre as colônias americanas, com os Estados Unidos no papel de novo algoz. Mas a maior pedra no sapato era Oliveira Lima. Escrevia em *O Estado de São Paulo* artigos, depois coligidos em *Pan-americanismo*, em endosso ao bloco latino-americano, idéia de Cipriano Castro, o ditador venezuelano. Nabuco pediu intervenção de Rio Branco e inquiriu diretamente, em 1º de março: "O Sr. parece interessado em que a Conferência naufrague, toma o partido da Venezuela, condena os que me auxiliam [...]". Oliveira Lima rompeu a amizade, dizendo "que eu estava acostumado ao regime de turíbulo [...], que a minha atitude de excessivo americanismo era muito malvista por todos na América Latina, no Brasil e no próprio governo; que se admirava de me agastar eu com ele e de não me ter zangado com o Rio Branco que por trás falava de mim, etc., etc. [...]", contou Nabuco a Graça Aranha, em 2 de abril, pedindo-lhe que não tirasse os olhos do "torpedo diplomático". À mulher, desabafou, em 24 de setembro: "Ele é assim. Se fosse magro, seria talvez diferente". Oliveira Lima era tão gordo que Rio Branco, gordíssimo, gostava de passear com ele para se sentir mais magro na comparação.

Nabuco temeu que a conferência soçobrasse, desmentindo seu pan-americanismo. Rio Branco, presidente de honra em par com Root, não desgostou os latino-americanistas. Em dois discursos curtos, ao abrir e encerrar os trabalhos, defendeu o vínculo brasileiro com a Europa e a colaboração meio abstrata entre as nações da América. Não fez a afirmação pan-americana peremptória que Nabuco queria.

O embaixador compensou o laconismo do ministro criando uma rede de proteção para o evento como só ele sabia fazer. Compôs a delegação brasileira com americanistas: Assis Brasil, Graça Aranha e Pandiá Calógeras. Abafou os contrários, mobilizando amigos na imprensa. Rodrigues fez seguidas exaltações a Nabuco e à conferência. A revista *Kosmos* noticiava com a maior simpatia. A ABL ajudava. Nabuco levou Root ao seu palco, a Câmara dos Deputados, e a todas as instituições e políticos de relevo. Não foi fácil. Com Rui Barbosa, vice-presidente do Senado, teve de insistir até que o americano fosse convidado para uma sessão solene.

No cerimonial, Nabuco era *hors-concurs*. Preparou jantares, banquetes, piqueniques, homenagens à delegação de cada país. Para o conjunto: uma "festa veneziana", na renovada praia de Botafogo, uma "garden party", no Jardim Botânico, e um grande baile no Itamaraty. Excursão a Petrópolis, passeios à ilha Fiscal e à Tijuca, subida ao Corcovado. E conseguiu nomear o edifício da Conferência de "Palácio Monroe" (onde funcionaria o Senado, até a demolição nos anos 70).

Nabuco teve atribulações pessoais para presidir a conferência. Rodrigo Otávio, seu auxiliar, conta que "a tarefa não foi fácil, Nabuco estava então bastante surdo [...]. Eu sentavame ao seu lado na mesa e, a lápis azul, com grandes caracteres, ia escrevendo para ele ler, o que se estava passando [...]". Não tinha problema porque a pauta fora esvaziada e pouco se avançou, por causa dos vetos cruzados dos países. Assinaram-se resoluções vagas: a reorganização do Bureau das Repúblicas Americanas; um comitê para discutir códigos de direito internacional; troca de informações sobre recursos naturais; incentivo ao comércio continental; uma estrada de ferro pan-americana e a idéia de cúpula exclusiva sobre café.

Nabuco comemorou esses resultados em 19 de julho, em banquete no Cassino Fluminense. "Alguns temores que precederam a nossa reunião, dissiparam-se por encanto com ela [...]." Contrapôs aos europeístas a tradição imperial, apoiadora, disse, da doutrina Monroe em seu lançamento. Aos latino-americanistas, bradou: "[...] não há perigo americano!". Fez profissão de fé pelo pan-americanismo, causa substituta da abolição. Encerrou bombástico, desejoso de que a República "desminta todas as minhas previsões no passado". No título da fala, vinha, afinal, a declaração que Campos Sales demandara: "A República é incontestável".

Nessa sua última estada no Brasil, Nabuco auferiu raro prestígio. Vingou o degredo imposto por Rio Branco, voltando soberbo, de par com o secretário de Estado da nação mais poderosa da América, para cair nos braços do povo. Quem o viu então, como Olavo Bilac, se encantou: "Não é o mesmo orador, e é o melhor. [...]. A figura e a voz é que são as mesmas — aquela apenas um pouco mais majestosa pelo novo encanto que lhe dão os cabelos brancos — e esta com o mesmo timbre da mocidade, musical e cantante".

Era, outra vez, a estrela. Desfilou em carro aberto pela avenida Central, aclamado pela multidão. Ganhou cerimônia da Academia de Letras. Bocaiúva, agora presidente do Rio, o escoltou até o cais Pharoux — as divergências suplantadas. Percorreu o país, reverenciado. Em São Paulo, jantares, homenagem na faculdade de direito, uma "marche aux flambeaux". Na nova capital de Minas, em construção, foi recebido por Afonso Pena; estudantes correram atrás do trem quando ele se foi. Numa estação, de madrugada, foi saudado por banda de música. Em Salvador foi ovacionado até pela família Cotegipe. Resumiu eufórico a Evelina, em 20 de julho: "Minha vida está nos jornais [...]. A minha entrada no Rio foi grandiosa, e no Recife e na Bahia!".

A apoteose foi lá onde se fizera ícone. Recife parou. O comércio fechou as portas. Como antes, José Mariano, com o Clube do Cupim e estudantes, o escoltou pelas ruas, entre vivas, aplausos e flores até o Santa Isabel lotado. "Disseram sobre mim as coisas mais lisonjeiras que se possam imaginar" — narrou a Evelina, em 16 de julho. Ao agradecer, não defendeu causa alguma. Não precisava. A cada palavra sua, o recinto vinha abaixo. Gilberto Amado viu das galerias quando, em meio a um "silêncio palpitante", ele disse: "'Foi aqui que se fez... que nós fizemos a Abolição!' A transição do 'se fez' para o 'nós fizemos' processou-se através de uma pausa [...] A comoção foi grande. [...]. Tudo que disse era simples, sem menor procura aparente de efeito, mas este excedeu todo o limite. O teatro parecia como iluminado por uma transverberação de vitral. Tudo se alteou".

Nabuco se comoveu. Obtinha o que desejara a vida inteira: a admiração inconteste, a reverência coletiva, como seguia contando à esposa: "Nunca tiveram caráter de unanimidade assim as manifestações que recebi antes [...]". Passava de ator a mito.

DESCIDA AOS INFERNOS

No Brasil, ouviu a cantilena da morte. "Do alto do Morro Velho vi o cemitério onde estão meu pai, meu irmão, minha sogra, os avós de Evelina, o pobre Serra, o meu amigo Vila Bela e o nosso querido Julião [que o buscara no Massangano]", resumiu em 10 de outubro. Saudades de Rodolfo e Rebouças, de Eduardo Prado e Taunay. Em 1905, meio esquecido, morrera Patrocínio. Depois da Pan-americana, foi a vez do sogro. Ecoaram nele as ladainhas do Massangano. Viu-se na fila. "Sentimento de que a embarcação faz água por toda a parte e não pode resistir a grandes viagens. [...]", anotara em seu aniversário de 1904. Às intermitentes tristezas e enxaquecas, somavam-se sintomas novos, fraquezas, tremores, inchaços, vertigens e mesmo desmaios. Estava em romaria por médicos, assustado com a vermelhidão do rosto e das mãos. Pisava pela última vez no Recife, intuiu.

Mesmo cismando com a morte, era vocacionado para a vida e atendeu aos seus chamados para as festas e a política. O novo presidente, Afonso Pena, era um conhecido dos salões imperiais. Em 27 de fevereiro, já o exortara a adotar seus projetos abortados: "Não tenha medo também de povoar o nosso interior com imigração subvencionada. [...]. Seja o continuador do Imperador". Era o que restava de seu monarquismo, d. Pedro como modelo de estadista. O fulgor da popularidade na República avivou a brasa do político. Nabuco queria ser ministro.

A presença no Brasil justo na montagem do ministério era oportunidade ímpar para matar dois coelhos: influir na política externa e escapar de Washington. Nabuco dava como certo o fim do "reinado do Rio Branco" e, segredava a Graça Aranha, em 17 de dezembro do ano anterior, "tremo ao pensar que ele possa ser o seu próprio sucessor".

Afonso Pena fora eleito meio à revelia do antecessor. A baixa do café no mercado internacional motivara, no começo do ano, o Convênio de Taubaté, uma política de preços mínimos, com estocagem do produto e contenção do plantio para forçar a alta. Era acordo de estados produtores, São Paulo, Minas e Rio, com a conta entregue à União. Nabuco era contra, como informou a Rodrigues Alves, em 2 de dezembro de 1905: "[...] toda a medida tomada para levantar artificialmente o preço do café tira-nos a autoridade para alegar a maior vantagem do consumidor, que é a barateza [...]". A estratégia estava nos antípodas de sua política de cooperação com os americanos. Rodrigues Alves também não gostou e se indispôs com seu candidato à sucessão, Bernardino de Campos. Embolou-se o meio de campo. Afonso Pena elegeu-se meio azarão, com apoio de dois candidatos potenciais, Rui Barbosa e Pinheiro Machado. Na montagem da equipe, precisava ir com jeito em meio à conflagração. Uma figura nacional, distanciada da briga miúda, seria bem-vinda. A passagem apoteótica de Nabuco pelo país fez seu nome correr de boca em boca. "Pensaram alguns em mim para Ministro!", narrou a Evelina, em 10 de agosto.

O presidente eleito evidenciou seu apreço, em 30 de agosto: "Por motivo algum, dispensaria sua cooperação durante o meu governo, no posto em que você julgar melhor poder servir à nossa pátria". Nabuco foi então a Minas, hospedou-se em casa de Pena e aguardou o convite formal.

Os empecilhos eram de duas ordens. O amigo-inimigo estava no páreo, como informou à esposa em 16 de agosto: "[...] a não ser o Rio Branco dizem todos que eu seria convidado". O argumento contra, de Salvador de Mendonça, também de olho no cargo — em carta a Feliciano Pena, em 21 de agosto —, era que Nabuco "enxerga tudo por uns vidros de aumento, [...], e tem das coisas uma visão falsa, privada do bom senso que assinala o centro da gravidade das coisas reais e da gente sensata". Nabuco era muito apreciado, mas tinha essa fama de idealista, por sua demora em aderir à República. Rio Branco, com seu tino prático, estava bem no cargo. Ninguém forçou sua retirada. E talvez Afonso Pena, que deu o voto decisivo contra Dantas em 1885, tenha se lembrado de que Nabuco então o chamara de "alma penada da dissidência".

Rio Branco foi confirmado eterno ministro das Relações Exteriores. Nabuco voltou a Washington, onde a conferência solidificou seu prestígio. Root sempre o consultava e lhe abria espaços. Colaboraram na transformação do Bureau das Repúblicas Americanas em "União Pan-americana", que funcionou provisoriamente na casa de Nabuco. Esteve, assim, envolvido na formulação da burocracia e dos estatutos do que viria a ser a Organização dos Estados Americanos.

Nabuco pediu a Rio Branco que retribuísse a ida de Root ao Brasil com uma visita de Estado. Pan-americano condicional, atento às pressões domésticas pela Aliança ABC, Rio Branco não foi. As atenções dispensadas ao embaixador no Rio e a disputa pela vaga de ministro tinham azedado de vez a amizade. Estavam nesse pique animoso, em junho de 1907, quando das negociações multilaterais para a Segunda Conferência da Paz, em Haia. Nabuco pensou em repetir nela a aliança com os Estados Unidos. Já Rio Branco não gostara de ser espremido por antiimperialistas e pan-americanos e devia um agrado a Rui Barbosa, em alta desde a eleição presidencial. Telegrafou a Nabuco que o Brasil tivera um "ministério das águias" só de sumidades no Império e podia ter agora uma delegação delas. E informou que Rui chefiaria a missão brasileira.

Foi uma surpresa. "Sabe que eu serei nomeado para a Haia", dissera a Evelina, ainda em 25 de junho. As divergências não lhe pareciam graves a ponto de sabotagem. Aborrecido com Rui por seu pouco-caso com a Pan-americana, não gostou da idéia da dupla. Rui achou natural a deferência e, mesmo sabendo do embaraço que causava, não declinou. Altivo, Nabuco reclamou ao chefe, em 28 de fevereiro de 1907: "[...] eu não posso ir a Haia como segundo e ele só pode ir como primeiro [...]".

No mesmo dia desabafou ao diário: "Que fiz eu a esse homem? Tive a infelicidade de ser nomeado ministro em Londres pelo Dr. Campos Sales, sem a Legação lhe ser oferecida a ele. Quando ministro, sua primeira idéia foi tomar-me a minha Legação, oferecendo-me a de Roma. Somente para tirar-me de Londres, criou esta Embaixada. Agora nem mesmo quer que eu a ocupe tranqüilamente. Procura pôr-me em uma falsa posição da qual talvez só possa sair, escusando-me deste posto".

Ao presidente Afonso Pena e a Rui Barbosa, escreveu desistindo. Para escapar ao vexame de permanecer em Washington durante a Conferência, pediu licença médica. Amigos bombeiros no Brasil persuadiram Rio Branco a nomeá-lo para a "missão extraordinária" de preparar o terreno para Rui na Europa. Uma saída honrosa. Aceitou. Depois, pensando na reação pública, insistiu na licença médica. Chegou à Europa num estatuto ambíguo. Para os estrangeiros, dizia-se em tratamento. Junto à comitiva brasileira, tentava influir.

De fato, foi às estações de água com a família. Mas gastou a maior parte do tempo em Paris, aonde chegou a 9 de junho, trabalhando. Hospedou-se no La Perouse, enquanto Rui, reclamou, ficou no caríssimo Regina. Trocaram bilhetes. Nabuco pedia reuniões e dava conselhos. Rui agradecia e protelava o encontro. Nabuco enviou-lhe umas Notas confidenciais, com relatos acerca das posições de cada país, das idiossincrasias de cada embaixador, mapeando estratégias e sugerindo alianças. Usava Arthur Carvalho Moreira, primeiro-secretário da delegação brasileira, como mensageiro. Insinuava-se a Rui para mediador das negociações prévias, argumentando, em 13 de julho, "V. não é um diplomata de carreira". Quando se encontraram, reiterou seu pan-americanismo, discorrendo, anotou no dia 21, sobre "o grande interesse do Governo americano" que da Conferência resultasse um tratado restringindo o uso da força na cobrança de dívidas entre países.

Nessa questão, como no direito de captura em alto-mar em guerras, o Brasil secundou os Estados Unidos, como Nabuco queria. Contudo, no item mais importante da Conferência, a formação de um Tribunal Arbitral Permanente, os norte-americanos desleixaram o pan-americanismo, aliando-se com Alemanha, Áustria-Hungria, França, Inglaterra, Itália, Japão e Rússia, que teriam mandato permanente. Os outros 36 países participantes, com mandatos temporários, foram ranqueados. O Brasil, com o México e a China, foi parar na terceira classe.

Inaceitável, achou Rio Branco e instruiu Rui — em telegramas diários, reporta Álvaro Lins — a se opor e se alçar porta-voz da América Latina. Sua conhecida *mise-en-scène* em Haia consistiu em fazer tábula rasa da política pan-americana de Nabuco e em defender, no seu poliglotismo babilônico, a igualdade entre todos os Estados. Nabuco achava isso uma quimera, que, disse a Graça Aranha, em 2 de setembro, "não podemos impor ao mundo" — o *Times* qualificara a pretensão de "a little ridiculous". Mas Rui, respaldado no Rio, se aproximou do Japão e da Alemanha, dando as costas ao aliado preferencial de Nabuco. Assim, "desfez tudo que eu tinha conseguido", resumiu a Evelina em 30 de setembro.

Fosse Nabuco o representante brasileiro, contudo, teria ficado em situação delicada, tendo simultaneamente de sustentar o pan-americanismo e defender interesses brasileiros contra os Estados Unidos. Confiava, talvez, em sua capacidade de costurar acordos e aparar arestas e teria aceitado a proposta conciliatória do embaixador americano, de elevar o Brasil à categoria de país com assento no Tribunal. Insistiu nisso com Rui em Bruxelas.

Rui fincou pé em não assinar a convenção, amparado por Rio Branco, que, segundo Álvaro Lins, pedira o mesmo a todos os governos latino-americanos, e a maioria não lhe faltou. Ao se antepor aos imperialismos, Rui galvanizou as esquerdas e atraiu a imprensa mundial. Sua linguagem pernóstica e sua arrogância eram o espelho invertido das gentilezas e sutilezas de Nabuco. Fizeram seu momento. Inviabilizou qualquer Tribunal Arbitral, é verdade, mas virou herói nacional, a "Águia de Haia". E Rio Branco, Nabuco resmungou, em 10 de outubro a Hilário, "serviu-se da Haia para fazer política sul-americana, popularidade e legenda nacional", depois elevado até a nome da avenida Central.

Solidário com o cunhado, Hilário denunciou o vira-casaca Graça Aranha, organizador de festa para o barão, cópia de uma das de Nabuco em Roma. Nesse humor, transpôs pela última vez o Atlântico.

Em Washington, encontrou os estilhaços de seu cristal partido. Jornais em fúria, Root desapontado, como relatou polidamente a Rio Branco. O barão replicou que os Estados Unidos tinham agido em interesse próprio e o Brasil também. Não pensava em curativos. O embaixador se voltou para Rui, pedindo-lhe conferência em Yale ou discurso na passagem de uma esquadra americana pela costa brasileira. Meios de salvar a própria reputação chamuscada. Rui se negou. Nabuco então bloqueou a publicação em inglês de seus discursos em Haia e, entre várias delicadezas, o fez saber, em 22 de outubro de 1907, o estrago que causara: "Quase não tenho coragem [...] de ir ao nosso Bureau onde a ilha de Haiti vale mais do que o Brasil [...]".

Haia pôs lenha na aliança ABC. Nabuco assinara de bom grado convenções com Panamá, Equador, Costa Rica e Cuba, mas, advertiu o barão, em 18 de janeiro de 1908: "[...] vá pensando em dar-me substituto, se nossa política externa passar por essa transformação de mudar o seu eixo de segurança dos Estados Unidos para o Rio da Prata". O ministro argentino Zeballos, porém, entrou na contramão, belicoso com Rio Branco, e quase houve guerra.

Nabuco pôs água na fervura, falando ao ministro argentino em Washington, em 21 de novembro, em prol de "relações francamente amistosas". Mas, com Domício da Gama, em 31 de outubro, comemorou: "O Zeballos prestou-nos um grande serviço de impedir que quiséssemos fazer política sob o ressentimento de Haia". Tinha esperanças de reerguer a amizade entre Brasil e Estados Unidos, mas o caldo entornou com os conselhos de Root ao Brasil sobre como lidar com a Argentina. Rio Branco viu aí uma ingerência e telegrafou a Nabuco, em 8 de dezembro, que a aliança brasileira com os Estados Unidos "só existe nas bonitas palavras que temos ouvido a Roosevelt e a Root".

As relações se deterioravam também na economia. Em janeiro de 1909, tramitou no Congresso americano uma taxação sobre a entrada do café no país. Os cafeicultores brasileiros acusaram o lobby dos concorrentes porto-riquenhos. Nabuco viu no imposto um tiro no pan-americanismo e agiu afinado com Rio Branco, a quem telegrafou constantemente em março e abril. Mobilizou suas relações. Falou a Root e ao novo secretário de Estado, Philander Chase Knox. Conseguiu que o diplomata americano John Barrett atacasse a idéia diante de representantes de quarenta estados americanos. Buscou apoio do City Bank, de Nova York, e de vários senadores. Um deles comunicou a posição brasileira às comissões do Congresso americano e outro discursou em favor dela. Tentou até tratar direto com os porto-riquenhos. Ao fim, ganhou a simpatia do novo presidente, William Taft, e garantiu a entrada livre no mercado americano não só do café como do cacau, da borracha e das peles brasileiras.

Apesar da vitória, Nabuco percebeu o estrago desse e doutros conflitos entre países da América. Na era dos impérios temia a guerra mundial e a retomada da América pelos europeus. Queria mais que nunca uma união americana. Daí seu empenho, em 1909, em sanar um incidente diplomático entre o Chile e os Estados Unidos — a Questão Alsop. Em sintonia com Rio Branco, encerrou a crise séria, logrando a nomeação de um árbitro para dirimir o conflito. Cresceu assim seu prestígio em Washington, reabrindo portas para seu pan-americanismo. Mas Rio Branco, nessa hora, encaminhava um tratado de "cordial inteligência e de arbitramento" entre Brasil, Chile e Argentina. Também delongou a assinatura de um acordo de arbitramento que Root firmava com todos os países da América antes de deixar seu posto. Até nas questões miúdas, da burocracia da embaixada, agora se desentendiam. O ministro centralizador o irritava com constantes impertinências, até na tradução de textos. "Ele quisera um autômato", queixou-se a Graça Aranha, em 1º de dezembro de 1908.

Esse clima reavivou o desejo de abandonar Washington, confessado a Hilário, em 19 de janeiro de 1909. Estava agastado com tudo. "Além da nossa orientação diferente (ele [Rio Branco] confia na Alemanha, na França, na Inglaterra, no Chile, na Argentina, não sei em quem mais, e eu só confio nos Estados Unidos), estou cansado e desiludido da minha missão aqui sem acordo completo com ele."

Sem bandeira para brandir, a rotina era insuportável. Chegavam sempre demandas por favores. Monarquistas reclamavam direitos perdidos com a República — desde Hilário, que queria voltar à cátedra de medicina, até um preso político esquecido na Ilha das Cobras. Amigos, como Jaceguai, pediam, por familiares; Flora de Oliveira Lima, por conhecidas. Solicitações de tráfico de influência, de empréstimos, cartas de apresentação, indicações para cargos no Rio e em Washington, e até de fundos para dar casa ao remetente. Como em Londres, Nabuco encaminhava apadrinhados próprios e de amigos, como um sobrinho de Campos Sales. Mas nos negócios entre brasileiros e americanos, caso de um membro da família Rebouças, escrevia recusas amáveis.

Além dessa chateação, a cena americana estava mudada. Roosevelt, que tanto o apreciara como "novo Chateaubriand" — quase o elogio mais alto, "novo Renan" seria o perfeito —, saíra no início de 1909. Continuou assíduo da Casa Branca sob Taft, mas a proximidade jamais foi a mesma.

Então, pediu transferência para o Vaticano, o lugar de esquenta-cadeiras recusado seis anos antes. Rio Branco, vingativo, negou. Às vésperas dos sessenta anos, doente, demandou informalmente contagem do tempo para a aposentadoria. Mas tinha calafrios ao lembrar do ostracismo da primeira década republicana: "[...] depois de dez anos de trabalhos tão variados e de tanta convivência, uma brusca mudança para a vida privada, [...], não me seria favorável à saúde física e moral [...]", resumiu à esposa em 5 de fevereiro. Trocou apenas de casa, para o número 22 da mesma Lafayette Square. Ansiava era pela mudança de governo, a ver se Rio Branco caía, mas enquanto se sucediam os presidentes — Rodrigues Alves, Afonso Pena, Nilo Peçanha — sobreviviam ambos, um embaixador, outro ministro.

Seu tempo estava, contudo, acabando. Os títulos imperiais de Paranhos, barão, e de Rui Barbosa, conselheiro, casavam tão mal com a democracia de massas quanto seus *whitejackets* com os ternos. Nabuco o percebeu. Tentou reciclar o gentleman em homem prático, afinado com um tempo industrioso. Mas esbarrou na resistência das maneiras antigas, como já lhe acontecera no Império. Ele próprio, forjado em molde velho, se via incapaz de abarcar o mundo novo. Preferiu, por isso, encerrar a carreira como estreara: extraindo brilho novo de fórmulas tradicionais.

SAINDO DE CENA

Nabuco se reinventou várias vezes ao longo da vida: dândi frívolo, político arrebatado, jornalista comprometido, intelectual tradicionalista, pai de família católico, embaixador americanista. Soube adquirir as feições requisitadas pelas diferentes conjunturas. Nem sempre se adequou perfeitamente a elas, vestindo muitas vezes, como seu criado Mengoli, a casaca feita sob medida para outro corpo. Foi assim desde o início da República. Esse desajuste, todavia, nunca foi completo porque Nabuco explorou constantemente habilidades nobiliárquicas que ficaram valendo no mundo moderno: a erudição, as boas maneiras, a arte de seduzir. Decepcionado com a vida de embaixador, apostou nesse veio, combinando o dandismo formativo com o trabalho intelectual tradicionalista.

"Escrevi muita coisa de que me arrependo e envergonho", anotou em 17 de abril de 1908. Já voltara à tradição na política e na religião. No fim da vida, o tradicionalismo sofreu um aggiornamento, virou nostalgia da sociedade aristocrática e reverberação de seus valores. Isso se lê em seus últimos escritos. O relato autobiográfico ideado nos anos 1890 acabou partido em três livros. *Pensées Detachées et Souvenirs* compilam reflexões que não couberam em *Minha formação* e *Foi Voulue*. Aí arriscava-se a moralista, com epigramas em francês sobre natureza, arte, amor, família, velhice, a morte e o sentido da vida. As predileções do abolicionista — as estruturas sociais e os conflitos políticos — ficaram de fora. O fundo é conservador: "Nas coisas fundamentais sobretudo, em que ninguém escolhe por si, família, nacionalidade, religião, amor, vocação, o melhor é conformar-se".

Graças à sua rede de contatos, publicou seus *Pensées* na França, pela Hachette, em fins de 1906. "Os que têm lido aqui acham-no a minha obra mais forte. Eu me inclino a julgá-la a primeira [...]", disse, orgulhoso, a Evelina, em 24 de setembro. Insistiu com o editor em publicidade ampla, enviou exemplares às instituições políticas e intelectuais francesas e achou até que merecia o prêmio da Academia Francesa de livro do ano.

A visibilidade veio. Em março de 1907, o *Figaro* transcreveu 26 pensamentos. O crítico Émile Faguet viu em "Nabuco" o pseudônimo de um diplomata francês no Brasil. Identificou a "fórmula renaniana" e acusou o pastiche: o livro "procura uma imagem nova [...] para exprimir pensamentos que todo mundo pode ter". Nabuco ficou maravilhado de ser confundido com um intelectual europeu. Do resto do comentário, Vicenzo Morelli o defendeu. Entre elogios, inadvertidamente, o conhecido de Roma o restringia a um retratista de corte: "Em todas as páginas [...] sinto a ilusão de conversar em um pequeno salão de antigo estilo [...], com graciosas damas e filósofos serenos [...]".

Rui Barbosa, em 23 de agosto, fez-lhe finalmente uma fineza, comparando o estilo dos *Pensées* ao de Renan. Oliveira Lima, de mal para sempre, sapecou tradução do título: *Pensamentos desconexos*. José Veríssimo pensou o mesmo. "Quando se diz de um livro que fora melhor não ter sido publicado, tem-se-lhe rezado o requiescat", reclamou Nabuco, em 27 de maio, a Machado.

Foram bons amigos na velhice. Em correspondência assídua, discutiam postulantes às vagas da ABL e os livros um do outro. Machado enviuvara, adoecera. Nabuco ideou homenagem. Em 1905, colheu na Itália um ramo do carvalho do poeta Tasso, no convento de Santo Onofre, no Janículo, em Roma. De longe, comandou a cerimônia de entrega, que foi o réquiem intelectual de Machado. O amigo se comoveu. O presente era um reconhecimento, raro em Nabuco, de uma superioridade. E era um gesto típico seu, sempre atencioso e afetivo com os amigos. Na velhice, quando o físico declinou e se amainou a arrogância da juventude e a amargura dos anos de ostracismo, ficou evidente a fonte profunda de seu duradouro magnetismo pessoal: seduzia porque era doce.

Nabuco se despedia. As tonturas, a magreza, a enxaqueca revelaram-se, no início de 1907, sintomas de uma mesma doença. Tinha, além de arteriosclerose, a policitemia vera.

Nabuco era raro; teve uma rara doença, das que atingem cinco indivíduos em 1 milhão: aumento do número de glóbulos vermelhos e concentração muito elevada de hemoglobina — daí sua vermelhidão. Mal sem cura.

Diante da notícia teve pesadelo, em 19 de fevereiro, "e chorei como há muito não me lembro de ter chorado". Recorreu a especialistas, tratamentos, livros de medicina. Mas havia tempos acompanhava o desaparecimento dos amigos, e a idéia da morte não o surpreendeu. Mas ficou triste, como só os que vivem muito a vida podem ficar. Apreciava todos os seus prazeres, vinhos, livros, viagens, as causas e as pessoas. "Nunca imaginei poder ser um velho — anotou em seu aniversário de 1907 — sentia a mocidade na alma como um fogo, ainda sinto".

Voltou aos livros. Retomou *L'Option*. Trocou o desfecho, o título. Negociou edição pequena com a Lahure. Mas, achando que não ficava bem diplomata falar de conflito entre franceses e alemães, preferiu testá-lo em seu salão. Quando o embaixador grego dormiu numa das leituras, em 1908, desistiu de vez da publicação.

Acalentou continuações dos *Pensées* e de *Foi Voulue* e um relato sobre a *Missão das Guianas*. Cogitou uma vez mais editar a obra do pai, fazer a *Vida de Penedo*, tratar da *Guerra de Secessão* e deixar *Cartas à minha viúva*. Um editor londrino convidou-o a escrever sobre a América do Sul. Mas apenas lia. Os clássicos, Tucídides, Plutarco, Tito Lívio, Ovídio, Platão, Dante, Montaigne, Camões, e sobretudo Cícero e os diletos Renan e Chauteaubriand. Passou por Saint-Simon, Spencer, Flaubert e acadêmicos brasileiros — excluído o "imenso cipoal" de *Os sertões*. Vivendo entre Inglaterra e Estados Unidos, não registrou a leitura de Henry James, nem de Poe e pouca atenção deu aos russos. Soube de Zola e deve ter lido Eça de Queirós, embora pareça ter apreciado mais a pessoa que suas obras.

Sem fôlego para a escrita continuada, se deixou levar por convites e cerimônias. Ganhou dos americanos títulos honoríficos meio políticos, meio intelectuais. Virou doutor *honoris causa* das mais prestigiosas universidades: em leis por Columbia, em letras por Yale. Daí choveram convites para conferências. Fez dezoito delas pelos Estados Unidos. Com gosto. Nascido para ator, Nabuco escolheu encerrar a vida no palco.

Suas idéias nunca se descolaram da forma de enunciação, por sua vez voltada para seduzir o público. Nabuco permanecia homem da corte. O dandismo, amainado pela idade, era ainda seu estilo. A doença alquebrou o corpo, mas era o mesmo nos gestos calculados, uma mão na cintura, outra cofiando os bigodes. "Era sobretudo um charmeur" — dizia o ex-amigo Oliveira Lima — "seus olhos tinham a expressão mais atraente, seu sorriso era cativante e da sua voz [...] se podia dizer [...] que ia direita ao coração sem parecer precisar de penetrar pelo ouvido."

Para a platéia americana, modulou a grandiloqüência abolicionista. Não falava mais de uma causa universal, e parte do seu brilho se perdera irremediavelmente com ela. Mas salvaguardara o charme e a erudição que, somados ao pan-americanismo, consolidaram uma reputação de embaixador intelectual. A imprensa vivia a fotografá-lo, a entrevistá-lo. Era a encarnação do aristocrata, resumiu o *Boston Transcript*, em janeiro de 1910: "um dos diplomatas mais capazes e um dos cavalheiros mais completos que se poderiam encontrar em qualquer corte ou capital da Europa".

Nas solenidades diplomáticas, inaugurações e efemérides, como na Academia de Ciências Sociais e numa homenagem ao escultor Saint Gaudens, fazia falas curtíssimas, simpáticas. Nas ocasiões propícias ao proselitismo, esforçava-se em desfazer a imagem antiamericana que Rui difundira em Haia. Caso, em 1906, das "Lições e profecias" da Terceira Conferência Pan-americana, em Nova York, e dos discursos na Universidade de Chicago, em 1908, e na inauguração da sede do Bureau Internacional das Repúblicas Americanas, em 1909. Nesse ano, em Wisconsin, tratou da "Aproximação das duas Américas", texto requisitado pela prestigiosa *The American Historical Review*. Vinculou pan-americanismo e abolicionismo a propósito do centenário de Lincoln e, em "O sentimento de nacionalidade na história do Brasil", em Yale, reavivou o sonho da sociedade democrática de pequenos produtores rurais.

Difundiu o pan-americanismo também obliquamente, ao falar de Camões. Na década de 1880, o usara para atacar o indianismo romântico e a escravidão. Em Yale, no Vassar College e em Cornell, foi o mote para afirmar a grandeza cultural da Ibéria e singularizar o Brasil em meio à América Latina. Os americanos gostavam, sem deixar de acusar sua pertença ao mundo latino, chamando-o sempre "Senhor Nabuco".

Eram discursos de estrutura simples. Apelos emocionais prendiam a atenção no início. Tal qual nos tempos de deputado, abusava de metáforas, antíteses, citações e caprichava nos torneios retóricos. Galhardo no uniforme diplomático, fazia apresentações teatrais, como anotou em 14 de maio de 1908 quando: "[...] introduzi o sistema de pedir a um estudante da Universidade que lesse os grandes trechos de Camões que citei". Assim impressionou pela última vez sua platéia.

Adaptava-se a ela. Em Vassar privilegiou a lírica camoniana para encantar a audiência feminina. Muito público, muito sucesso. A imprensa toda dava parte disso e o *Jornal do Comércio* publicou algumas das conferências. Os americanos viam nele uma "figura imponente à qual o rosto alegre e corado, o bigode e os cabelos brancos e o porte alerta, quase jovial, emprestavam uma atração peculiar", reportou *The Outlook*, em 17 de janeiro de 1910. O geólogo John Casper Branner até deu seu nome a um pico da Serra do Espinhaço, no interior da Bahia. O pan-americanismo trouxe de volta a consagração pública dos anos de abolicionismo.

E isso o animou. Em seus últimos dois anos, vivia de malas prontas, Maurício a tiracolo, de uma universidade a outra. Cansava-se, mas apreciava ser apreciado. Sua última grande viagem foi a Havana, em janeiro de 1909, enviado do Brasil para a "restauração" do governo autóctone. Congratulou então os Estados Unidos pelo protetorado, que "não pretendia nada mais do que assentar a independência desse povo em fundações sólidas". Visitou o presidente, foi a um baile e organizou um de seus vistosos eventos, no hotel Sevilha. Tudo ao seu hábito. A Evelina, contou em 3 de fevereiro: "[...] eu me sentia como no Brasil; a mesma paisagem do Norte, a mesma brisa, o mesmo ar quente, o mesmo céu [...]".

Sorvia o mundo com a ansiedade dos de partida. Às vezes se iludia, planejando o futuro. Trabalhava numa declaração de solidariedade continental para a 4ª Conferência Pan-americana, de 1910. Não consentia morrer sem ver Grécia, Egito e Jerusalém. Tinha livros a ler, a escrever, filhos para acompanhar. Compungia-se da solidão de Evelina. Esse desejo de continuar vivendo por si, pelos outros, por suas convicções, o impulsionou a ficar em movimento até quase o último minuto.

O corpo não ajudava esse espírito. Definhava. Muito magro, muito vermelho, dor de cabeça, crises de memória, turvações dos sentidos. Narrava cotidianamente, em seu diário, o temor da perda da consciência, como, em 2 de setembro de 1909: "[...] o chamado de idéias diferentes, nenhuma das quais se me desenha no pensamento de modo a saber eu do que se trata [...]. Os detritos dos sonhos não são bem eliminados e voltam à memória".

Vieram complicações da policitemia: miocardite, aumento de pressão. Perdeu o viço, o rosto inchou. Aliviava a quentura da cabeça com a lâmina de uma faca. Exames, remédios, massagens, sem melhoras. Em meados de 1909, novo diagnóstico: síndrome de Osler, malformação vascular de origem genética. Estava de partida para Madison, onde falaria sobre "A parte da América na civilização". O médico proibiu. Foi então com a família repousar na praia, em Massachusetts. Observava-se com desgosto, mas sem autocomiseração: "[...] tenho o rosto muito vermelho, [...], mas não tenho edema nas pálpebras", escreveu a Hilário, em 28 de julho. Sentia-se "[...] a cumieira estragada de um grande edifício".

Tentou pôr ordem nos papéis. Achou o testamento, havia tempos perdido. Cogitou um seguro para a mulher, que recusou, inconsolável. Recomendações sobre o enterro teve de aceitar: "Se o Recife reclamar o meu corpo, não o negue". Temia o desamparo da família. Deixou carta lacrada ao governo brasileiro pedindo o custeio da volta da viúva ao Brasil. Aos filhos, legou seus dotes: a Carolina, as letras, a Maurício, a diplomacia, a Joaquim, a religião. Os mais novos perseguiram sua veia doméstica. Maria Ana zelou pela mãe. José Thomaz ficou com o direito e, único a casar, continuou o nome.

Derrubado de sonolência, ficou prisioneiro de seu quarto. Apegou-se a Platão. Rezava. Perto da cama, "as relíquias da minha vida": fotos da família, dos amigos e a capelinha de são Mateus do Massangano. Entre as crises, trabalhava. Em 3 de janeiro ainda recebeu o embaixador japonês, passeou de carro, fez visitas. A morte lhe rondava a casa; Nabuco fugia dela. Não queria morrer em Washington. "É uma grande provação viver longe dos amigos, em terra estranha, como estrangeiro. Sobretudo acabar assim", escrevera a Machado, em 1908.

Nabuco amava o público. A morte perfeita teria sido a de seu companheiro de abolicionismo, Ferreira de Meneses, no meio de uma grande festa. Mas era também um melancólico, recolhido nas crises à sua gente e aos seus livros. Nessa coxia se abrigou no frio de janeiro de 1910. Lúcido e sereno.

Gastou a vida fazendo e escrevendo história e assim a encerrou. No dia 12, uma semana antes da congestão cerebral se abater sobre ele, narrou sua saída de cena: "[...] vertigem. Sinto a cama abalar e eu ser envolvido no movimento, caminhando para perder os sentidos, e então digo: 'estou morrendo', e, quando a cama vira sobre mim e eu suponho que estou perdendo conhecimento de todo, digo: 'morri'".

Indicações bibliográficas

Quem quiser conhecer a prosa e as idéias de Nabuco encontrará todas as suas obras disponíveis. Seus livros foram editados pela Garnier e suas *Obras Completas* saíram, entre 1934 e 1941, pela Companhia Editora Nacional, de São Paulo, e pela Civilização Brasileira, do Rio de Janeiro. Por ocasião de seu centenário, em 1949, o Instituto Progresso Editorial as reeditou. *Minha formação*, *O abolicionismo* e *Um estadista do Império*. *Nabuco de Araújo: sua vida, suas opiniões, sua época* ganharam várias outras edições. A *escravidão* só saiu postumamente pela Nova Fronteira, em 1999, e *Foi Voulue. Mysterium Fidei*, em 1971, pela Université de Provence e, em português, em 1985, como *Minha fé*, pela Fundaj/Massangana. Trechos escolhidos de vários livros foram editados por Paula Beiguelman como *Joaquim Nabuco* (São Paulo: Perspectiva, 1999).

Suas primeiras obras literárias — *O gigante da Polônia*; *Le Droit ao Meutre. Lettre a M. Ernest Renan sur L'Homme-Femme*; *Castro Alves*; *L'Amour et Dieu* e *Escravos! Versos fran-*

cezes a Epicteto — não receberam, até onde eu saiba, reedições. Mesmo caso dos panfletos *O erro do imperador* e *O eclipse do abolicionismo*. Estão todos no Acervo Digital da Fundação Joaquim Nabuco, a Fundaj, em edição fac-similar. *Eleições liberais e eleições conservadoras* estão no volume XII das obras completas. *A invasão ultramontana* e *O Partido Ultramontano* estão no acervo da Biblioteca Nacional, e algumas conferências pan-americanas inéditas estão disponíveis em www.dominiopublico.gov.br. Já *O povo e o trono: profissão de fé política* foi incluído por Leonardo Dantas Silva em *Nabuco e a República* (Recife: Massangana, 1990).

Há coletâneas dos artigos de Nabuco na imprensa periódica. Os de *O Globo* contra José de Alencar foram coligidos por Afrânio Coutinho, em 1965, em *A polêmica Alencar-Nabuco* (Rio de Janeiro: Tempo Brasileiro). *O abolicionista. Órgão da Sociedade Brasileira contra a Escravidão*, saiu em edição fac-similar da Fundaj, em 1988 (organização de Leonardo Dantas Silva). Os artigos de "Garrison", no *Jornal do Comércio*, e uma seleta dos escritos para *O País*, de 1886 a 1887, estão em *Campanhas de imprensa* (1884-1887), volume XII, das *Obras Completas*, do Instituto Progresso Editorial. Alguns textos de *O País*, de fins de 1888, estão no apêndice de *Joaquim Nabuco entre a monarquia e a república* (Recife: Fundaj, 1989), de Fernando da Cruz Gouvêa. Permanecem inéditos os artigos para *A Reforma*, a correspondência para o *Jornal do Comércio*, as colunas de *O País*, do *Jornal do Brasil* e do *O Comércio de São Paulo*, mas estão todos na Biblioteca Nacional, onde os consultei. Parte dos artigos para o *La Razón* estão na Fundaj e a coleção do *The Anti-Slavery Reporter*, da British and Foreign Anti-Slavery Society, onde Nabuco eventualmente publicou, está em Oxford.

Quase todas as circulares eleitorais que Nabuco redigiu quando se candidatou ao Parlamento, e as justificativas para as vezes em que deixou de fazê-lo, estão publicadas. As de 1878,

1881, 1885, 1888 e 1889 estão espalhadas no mencionado *Joaquim Nabuco entre a monarquia e a república*. A maioria das conferências eleitorais de 1884 e 1885 está em *Campanha abolicionista no Recife: eleições de 1884: discursos de Joaquim Nabuco*, de 1885, reeditada integralmente pela Fundaj/Massangana, em 1988. O *Manifesto da Sociedade Brasileira Contra a Escravidão* está na *Bibliografia de Joaquim Nabuco*, de Oswaldo Melo Braga. *Resposta às mensagens de Recife e Nazaré* saiu em *Escritos e discursos literários*. *Porque continuo a ser monarquista*, *Agradecimento aos pernambucanos* e *A República é incontestável* estão no Acervo Digital da Fundaj.

Discursos parlamentares selecionados compõem o volume xi das *Obras Completas* do Instituto Progresso Editorial. Sob mesmo título (*Discursos parlamentares*. Brasília: Câmara dos Deputados, 1983), Gilberto Freire fez coletânea um pouquinho diferente. Vamireh Chacon colige alguns discursos em *Joaquim Nabuco: revolucionário conservador. Sua filosofia política*. (Brasília: Senado Federal, 2000). A íntegra de todos, bem como dos debates, está em camara.gov.br/internet/publicações.

Ana Isabel de Souza Leão & Rego e Carmem Lúcia de Souza Leão Andrade, em 1978, fizeram o *Catálogo da Correspondência de Joaquim Nabuco*. (Recife: Instituto Joaquim Nabuco de Pesquisas Sociais), cobrindo de 1865 a 1884. Em 1980, com Teresa Cristina de Sousa Dantas, fizeram o volume ii, de 1885 a 1889. Carolina Nabuco organizou uma triagem das *Cartas a amigos* em dois volumes (de 1864 a 1898 e de 1899 a 1909), para as *Obras Completas* do Instituto Progresso Editorial. Antes, em 1923, Graça Aranha havia coligido *Machado de Assis e Joaquim Nabuco: comentários e notas à correspondência entre estes dois escritores* (São Paulo: Monteiro Lobato & Cia). Em 1985, José Thomaz Nabuco reuniu a correspondência com a British and Foreign Anti-Slavery Society em *Cartas aos abolicionistas ingleses* (Recife: Massangana). José Almino

Alencar e Ana Maria Pessoa dos Santos editaram, pela Casa de Rui Barbosa, a correspondência com Rui Barbosa (*Meu caro Rui, meu caro Nabuco*), em 1999, bem como as cartas públicas entre Nabuco e o barão de Jaceguai (*Joaquim Nabuco. O dever da política*), em 2002. Há cartas avulsas em *Joaquim Nabuco, um estadista: sesquicentenário de nascimento (1849-1899)* (Rio de Janeiro: Academia Brasileira de Letras, 1999), de Herculano Gomes Mathias, no livro supramencionado de Vamireh Chacon, e em A *vida do barão do Rio Branco* (Brasília: Senado Federal, 1973), de Luis Viana Filho. No Acervo Digital da Fundaj estão As *cartas do presidente Joaquim Nabuco e do ministro americano H. W. Hilliard sobre a emancipação nos Estados Unidos*, assim como as cerca de setecentas cartas inéditas que usei neste livro, documentos pessoais e fotos de Nabuco, familiares e amigos. Triadas por Gilberto Freire, saíram como *Iconografia de Joaquim Nabuco* (Recife: Fundaj, 1995). O Arquivo Nacional duplica parte desse acervo e o Itamaraty tem a documentação do embaixador, catalogada em *Joaquim Nabuco em Washington. Guia de pesquisa* (Brasília: Ministério das Relações Exteriores/UnB, 1981). A ABL guarda material ainda não totalmente inventariado do acadêmico, e a família Nabuco mantém parte da correspondência privada.

O que resta dos diários de Nabuco saiu, em 2005, como *Joaquim Nabuco. Diários*, v. 1 (1873-1888) e v. 2 (1889-1910), pela Bem Te Vi Produções Literárias e a Editora Massangana, editados e muito bem anotados por Evaldo Cabral de Mello.

Bibliografia de Joaquim Nabuco, de Oswaldo Melo Braga (Rio de Janeiro: Imprensa Nacional, 1952), traz uma relação exaustiva e indispensável de livros, panfletos, artigos e conferências de Nabuco e sobre ele, inclusive com algumas transcrições.

Dos depoimentos de contemporâneos sobre Nabuco, vale ver o dos filhos Maurício (*Memórias e reminiscências*) e Carolina (*Oito décadas. Memórias*), ambos pela Nova Fronteira, Rio de Janeiro, 2000) e o dos companheiros de campanha abolicionista, como André Rebouças (*Diário e notas autobiográficas*, Rio de Janeiro: José Olympio, 1938) e Aníbal Falcão (na introdução de *Campanhas abolicionista no Recife. Eleições de 1884*, do próprio Nabuco). Uma idéia mais geral dos ritos e personagens da política imperial, Nabuco incluído, está nos relatos de Evaristo de Morais (*Campanha abolicionista. 1879-1888*, Rio de Janeiro: UnB, 1986), Osório Duque Estrada (*A abolição*, Brasília: Senado Federal, 2005), Afonso Taunay (*A Câmara dos Deputados sob o Império, As memórias do visconde de Taunay*, São Paulo: IPE, 1949 e 1948), Afonso Celso Junior (*Oito anos de Parlamento*, Brasília: Senado Federal, 1998), Tobias Monteiro (*As pesquisas e depoimentos para a história*. Belo Horizonte: Itatiaia, 1982) e Baptista Pereira (*Figuras do Império e outros ensaios*, São Paulo: Companhia Editora Nacional, 1934). Leonardo Dantas Silva coligiu vasta documentação sobre o abolicionismo em Pernambuco em três livros: *A imprensa e a abolição*, *A abolição em Pernambuco. Documentos* e *A abolição veio do Norte* (Brasília/Recife: Minc/CnPq/Fundaj, 1988).

As memórias de Rodrigo Octávio (*Minhas memórias dos outros*, 1934), Gilberto Amado (*Minha formação no Recife*, 1958), Manuel de Oliveira Lima (*Memórias — Estas minhas reminiscências...*, de 1937) e Afonso Arinos (*Rodrigues Alves: Apogeu e declínio do presidencialismo*, 1973), todas saídas pela José Olympio, e Salvador de Mendonça, em *Situação internacional do Brasil* (Rio de Janeiro: Garnier, 1913), descrevem o Nabuco diplomata. Graça Aranha fala do intelectual, em posfácio à correspondência com Machado de Assis. José Veríssimo, em *Estudos de literatura brasileira* (São Paulo: Edusp, 1977), fez análises luminosas dos escritos de Nabuco no calor da hora.

Nabuco já foi objeto de várias biografias. As mais completas e bem documentadas são ainda as de Carolina Nabuco, *Vida de Joaquim Nabuco, por sua filha* (São Paulo: Companhia

Editora Nacional, 1929), com ênfase na carreira pública, e a de Luiz Viana Filho, *A vida de Joaquim Nabuco* (São Paulo: Martins, 1973), dando parte também da vida privada. Vale olhar ainda *Joaquim Nabuco: esboço biográfico*, de Henrique Coelho (São Paulo: Monteiro Lobato & Cia, 1922), *Joaquim Nabuco. Libertador da raça negra*, de Celso Vieira (São Paulo: Progresso, 1949) e, de Fernando da Cruz Gouvêa, *Joaquim Nabuco entre a monarquia e a república* (Recife: Fundaj, 1989), todos com profusa transcrição de documentos de época.

Informações sobre os contemporâneos próximos a Nabuco foram garimpadas por Luís Cedro (*Dona Ana Rosa. Revista da Academia Brasileira de Letras*, nº 69), por Ernesto Catharino (*Eufrásia Teixeira Leite, 1850-1930: fragmentos de uma existência*, Rio de Janeiro: edição do autor, 1992) e por Hildete Pereira de Melo e Mirian Brito Falci (A *partilha da riqueza na ordem patriarcal*. Em http://ideas.repec.org/p/anp/en2001/002.html); "Riqueza e Emancipação: Eufrásia Teixeira Leite. Uma análise de gênero", *Estudos Históricos*, nº 29, 2002, e "Eufrásia e Nabuco: uma história de desencontros amorosos", *Revista do IHGB*, nº 423, 2004). Renato Mendonça narra a amizade com Penedo (*Um diplomata na corte da Inglaterra*, Rio de Janeiro: Companhia Editora Nacional, 1942) e Luiz Viana Filho fala de outros dois colegas em *Rui & Nabuco* (Ensaios) (Rio de Janeiro: J. Olympio, 1949) e em A *vida do barão do Rio Branco* (Brasília: Senado Federal, 1996), assunto também de Álvaro Lins (*Rio Branco. Biografia*, São Paulo: Alfa-Omega, 1995).

As interpretações de referência sobre a vida e a obra de Nabuco são as de Gilberto Freyre (*Joaquim Nabuco*, Rio de Janeiro: José Olympio, 1948), José Maria Belo (*Novos escritos críticos. Machado de Assis, Joaquim Nabuco e outros artigos*, Rio de Janeiro: Tipografia Revista dos Tribunais, 1917, e Inteligência do Brasil. *Ensaios sobre Machado de Assis, Joaquim Nabuco, Euclides da Cunha e Rui Barbosa*. São Paulo: Companhia Editora Nacional, 1938) e Paula Beiguelman (*Joaquim Nabuco: teoria e práxis in Joaquim Nabuco*, São Paulo: Perspectiva, 1999). Marco Aurélio Nogueira (*As desventuras do liberalismo. Joaquim Nabuco, a monarquia e a república*, Rio de Janeiro: Paz e Terra, 1984) apresenta Nabuco como um intelectual radical e Ricardo Salles, em sentido contrário, como intelectual tradicional, num livro de fôlego (*Joaquim Nabuco — Um pensador do Império*, Rio de Janeiro: Topbooks, 2002). Richard Graham trata da relação de Nabuco com os abolicionistas ingleses em *Escravidão, reforma e imperialismo* (São Paulo: Perspectiva, 1979).

Análises dos escritos de Nabuco são volumosas desde seu centenário de nascimento, em 1949. Para o contraponto com projetos de contemporâneos, há *Quinto Século: André Rebouças e a construção do Brasil* (Rio de Janeiro: Revan/IUPERJ-UCAM, 1998), de Maria Alice Rezende de Carvalho, e o meu *Idéias em Movimento: a geração 1870 na crise do Brasil-Império* (São Paulo: Anpocs/Paz e Terra, 2002). Sobre os livros, há artigos de Ítalo Moriconi e Ricardo Benzaquen (nos números 46 e 56 da *Revista Brasileira de Ciências Sociais*, São Paulo, Anpocs) e de Maria Alice Rezende de Carvalho, Marco Aurélio Nogueira e Luiz Felipe de Alencastro em *Introdução ao Brasil. Um banquete no trópico* (organizado por Lourenço Dantas Mota, São Paulo: Senac, v. I, 1999 e II, 2000). Vale ver os textos de Raimundo Faoro e de Evaldo Cabral de Melo anexos à edição da Topbooks de *Um estadista*, o de José Almino Alencar, no citado *Joaquim Nabuco. O dever da política*, o número especial da revista *Tempo Brasileiro* ("Repensando o Brasil com Joaquim Nabuco", janeiro-março de 2000) e o provocativo *Quem precisa de São Nabuco?*, de Célia de Azevedo (Estudos Afro-Asiáticos, ano 23, nº 1, 2001).

Sobre os textos literários, há *Joaquim Nabuco. Poete et moraliste d'expression française* (São Paulo: Boletim da FFLCH-

USP, 1960), de Claude-Henri Fréches; "Nabuco. Trauma e critica" (em *Intervenções*, de Luiz Costa Lima, São Paulo: Edusp, 2002). A polêmica com Alencar é assunto de Roberto Schwarz em *Ao vencedor as batatas* (São Paulo: Duas Cidades, 1977) e de meu "Epílogo do romantismo" (*Dados*, Rio de Janeiro, v. 39, nº 1, 1996). O Nabuco acadêmico aparece em *O presidente Machado de Assis nos papéis e relíquias da Academia Brasileira* (Rio de Janeiro: José Olympio, 1961), de Josué Montello, em *A encenação da imortalidade*, de Alessandra El Far (São Paulo: FGV/Fapesp, 2000) e no prefácio de José Murilo de Carvalho à reedição da correspondência com Machado (Rio de Janeiro: Topbooks, 2003).

O embaixador é reportado por Bradford Burns (*The Unwritten Alliance, Rio-Branco and Brazilian-American Relations*, New York: Columbia University Press, 1966); por Stephanie Dennison (*Joaquim Nabuco: Monarchism, Panamericanism and Nation-Building in the Brazilian Belle-Epoque*, Bern: Peter Lang, 2006), por Paulo José dos Reis Pereira (*A política externa da Primeira República e os Estados Unidos. A atuação de Joaquim Nabuco em Washington. 1905-1910*, São Paulo: Hucitec/Fapesp, 2006) e no antigo mas útil *Joaquim Nabuco e o pan-americanismo*, de Olímpio de Souza Andrade (São Paulo: Companhia Editora Nacional, 1950). *Os discursos americanos de Joaquim Nabuco* (Recife: Fundaj, 1988) são assunto de Carlos Daghlian.

Todos os muitos livros sobre a campanha abolicionista e a vida política do Segundo Reinado invariavelmente esbarram em Nabuco. Os de referência são os de Sérgio Buarque de Holanda (*O Brasil monárquico — Do Império à República*, São Paulo: Difel, 1972) e de José Murilo de Carvalho (*A construção da ordem. A elite política imperial*, Brasília: UnB, 1980, *O teatro das sombras. A política imperial*, Rio de Janeiro: Iuperj/Vértice, 1988). Mais focalizados são os de Richard Graham (*Clien-

telismo e política no Brasil do século XIX, Rio de Janeiro, UFRJ, 1997), de Ilmar Mattos (*Tempo Saquarema*, São Paulo: Hucitec, 1987), de Robert Conrad (*Os últimos anos de escravatura no Brasil: 1850-1888*, Rio de Janeiro: Civilização Brasileira, 1975), de Emília Viotti da Costa (*Da senzala à Colônia*, São Paulo: Ed. Unesp, 1998). Sobre o abolicionismo popular, menciono os estudos de Maria Helena Machado (*O plano e o pânico, os movimentos sociais na década da abolição*, Rio de Janeiro: Ed. UFRJ; São Paulo: Edusp, 1994), de Célia Azevedo (*Onda negra, medo branco, o negro no imaginário das elites do século XIX*, São Paulo: Paz e Terra, 1987), de Sidney Chalhoub (*Visões da liberdade*, São Paulo: Companhia das Letras, 1990) e a coletânea *Escravidão e abolição no Brasil: novas perspectivas*, organizada por Ciro Flamarion Cardoso (Rio de Janeiro: Jorge Zahar, 1988). Sobre o período todo, veja-se também *As barbas do imperador. D. Pedro II, um monarca nos trópicos*, de Lilia Moritz Schwarcz (São Paulo: Companhia das Letras, 1998) e *D. Pedro II — ser ou não ser*, de José Murilo de Carvalho, nesta Coleção Perfis Brasileiros, e *O dicionário do Brasil imperial* (1822-1889), organizado por Ronaldo Vainfas (Rio de Janeiro: Objetiva, 2002).

Sobre as turbulências do início da República há estudos de José Murilo de Carvalho (*Os bestializados: o Rio de Janeiro e a República que não foi*, São Paulo: Companhia das Letras, 1987), Maria de Lurdes Janotti (*Os subversivos da República*, São Paulo: Brasiliense, 1986), Suely Robles Reis (*Os radicais da República*, São Paulo: Brasiliense, 1986), Edgar Carone (*A República Velha. Evolução política*, São Paulo: Difel, 1971), Steven Topik (*Trade and Gunboats. The United States and the Brazil in the Age of Empire*, Stanford: Stanford University Press, 1996). *O Brasil republicano. Estrutura de poder e economia* (1889-1930) e *Sociedade e instituições* (1889-1930), organizados por Boris Fausto (São Paulo: Difel, 1985), dão o melhor panorama do período.

Sobre a vida social, o imprescindível é *Damas e salões do Segundo Reinado*, de Wanderley Pinho (São Paulo: Martins, 1959). Vale ver, de Frédéric Mauro, *O Brasil no tempo de d. Pedro II: 1831-1889* (São Paulo: Companhia das Letras, 1991), *A roupa e a moda: uma história concisa*, de James Laver (São Paulo: Companhia das Letras, 2003), *Ordem e Progresso* (São Paulo, Global, 2004), de Gilberto Freire e *A história da vida privada. Império: a corte e a modernidade nacional*, de Luiz Felipe de Alencastro (São Paulo: Companhia das Letras, 1997).

As cidades em que Nabuco viveu estão descritas, por exemplo, em *História das ruas do Rio e da sua liderança na história política do Brasil* (Rio de Janeiro: Lacerda, 2000), de Brasil Gerson, em *O Recife. Histórias de uma cidade*, de Antonio Paulo Rezende (Prefeitura do Recife/Fundação de Cultura Cidade do Recife, 2002), em *Londres, 1851-1901. A era vitoriana ou o triunfo das desigualdades* (Rio de Janeiro: Jorge Zahar, 1990, organizado por Monica Charlot e Roland Marx), e nas *Notes sur l'Angleterre*, de Hippolyte Taine (Paris: Hachette, 1871).

A literatura delineou bem a época. Caso de todos os escritos de Machado de Assis, das crônicas de Raul Pompéia, (*Raul Pompéia: escritos políticos*. Rio de Janeiro: Civilização Brasileira, 1982, organização de Afrânio Coutinho) e de Olavo Bilac (coligidas por Antonio Dimas em *Bilac, o jornalista*, São Paulo: Edusp, 2006) e de *O Encilhamento*, do Visconde de Taunay (Belo Horizonte: Itatiaia, 1971).

Cronologia

BRASIL	MUNDO
1841	1841
• Coroação de d. Pedro II.	
1845	1845
	• 8 DE AGOSTO: Bill Aberdeen, lei inglesa que facultava a apreensão de navios negreiros com destino ao Brasil.
1849	1849
• 19 DE AGOSTO: Nasce no Recife Joaquim Aurélio Barreto Nabuco de Araújo, quarto filho de José Tomás Nabuco de Araújo e Ana Benigna de Sá Barreto, sucedendo Sizenando, Rita de Cássia (Iaiá) e Vitor. • DEZEMBRO: Nabuco de Araújo é eleito deputado e se muda com a família para a Corte.	

BRASIL	MUNDO
Joaquim fica com os padrinhos no engenho Massangano.	
1850	1850
	• Golpe de Luís Bonaparte inicia o Segundo Império na França.
1853	1853
	• Começa a reforma urbana de Paris.
1854	1854
• Iluminação a gás do Rio de Janeiro.	• Abolição da escravidão na Venezuela e no Equador.
1857	1857
• Com a morte da madrinha, Nabuco passa a viver com os pais na Corte, onde conhece a irmã caçula Maria Carolina, a Sinhazinha, nascida em 1854. • Sai O Guarani, de José de Alencar.	• Charles Baudelaire publica As flores do mal. • Crise econômica assola a Europa.
1859	1859
• Joaquim Nabuco é internado, com o irmão Vitor, no colégio do Barão de Tautphoeus, em Nova Friburgo.	• Charles Darwin publica a Origem das espécies.
1860	1860
• Ingressa no Colégio Pedro II.	
1861	1861
	• A Guerra de Secessão eclode nos Estados Unidos. • Extinta a servidão na Rússia.
1862	1862
	• Bismark torna-se primeiro-ministro na Prússia.

BRASIL	MUNDO
1863	1863
	• Abraham Lincoln liberta os escravos da Confederação de estados do Norte. • Abolição da escravidão nas colônias holandesas. • Questão Christie. Brasil e Inglaterra rompem relações diplomáticas.
1864	1864
	• 27 DE DEZEMBRO: Paraguai declara guerra ao Brasil.
1865	1865
• 8 DE DEZEMBRO: Nabuco bacharela-se em letras no Colégio Pedro II.	• Fim da Guerra de Secessão no Estados Unidos e libertação de todos os escravos. • Lincoln é assassinado. • Brasil assina Tratado da Tríplice Aliança, com Argentina e Uruguai, contra o Paraguai. • Brasil restabelece relações diplomáticas com a Inglaterra.
1866	1866
• Nabuco ingressa na Faculdade de Direito de São Paulo, onde estudou por três anos. Lá participa de eventos estudantis, ganha destaque como orador e organiza o jornal A Independência.	• Primeiro cabo transatlântico estabelece comunicação entre América e Europa.
1867	1867
• Nabuco organiza o jornal estudantil A Tribuna Liberal, de ataque ao gabinete Zacarias, e escreve Estudos históricos. • Manifesto de pensadores franceses pede o fim da escravidão a d. Pedro II.	• Karl Marx publica O capital. • Autonomia do Canadá.

BRASIL	MUNDO
1868	1868
• Nabuco traduz para o pai documentos do *Anti-Slavery Reporter*, jornal da British and Foreign Anti-Slavery Society.	• O liberal Willian Gladstone torna-se o primeiro-ministro do Reino Unido. • Os Estados Unidos compram da Rússia o Alasca. • Fuzilamento de Maximiliano, imperador do México.
1869	1869
• Nabuco transfere o curso para a Faculdade de Direito do Recife, ao costume da época.	• Abertura do canal de Suez.
1870	1870
• 1º DE MARÇO: Fim da Guerra do Paraguai. O conde d'Eu liberta os escravos brasileiros que lutaram na guerra, bem como os do Paraguai. • 28 DE NOVEMBRO: Nabuco diploma-se em ciências sociais e jurídicas. Volta ao Rio de Janeiro, se destacando nos salões aristocráticos.	• Início da Terceira República na França, após derrota na guerra contra a Prússia. • Unificação da Itália.
1871	1871
• 28 DE SETEMBRO: Lei do Ventre Livre.	• Unificação da Alemanha. • Comuna de Paris.
1872	1872
• Primeiro recenseamento da população brasileira. • Machado de Assis publica *Ressurreição*.	• Inauguração da ponte do Brooklyn, em Nova York.
1873	1873
• Forma-se o Partido Republicano de São Paulo. • 31 DE AGOSTO: Primeira viagem à Europa. No navio conhece Eufrásia Teixeira Leite, com quem decide se casar.	• Tolstoi publica *Anna Kariênina*.

BRASIL	MUNDO
1874	1874
• Nabuco desmancha noivado com Eufrásia.	• 22 DE JUNHO: Cabo telegráfico submarino, entre Pernambuco e Portugal, revoluciona as comunicações do Brasil à Europa.
1875	1875
• Funda com Machado de Assis a revista *A Época*.	• Mark Twain publica *As aventuras de Tom Sawyer*.
1876	1876
• Machado de Assis publica *Helena*. • 26 DE MARÇO: Viagem do imperador para Estados Unidos e Europa abre a Segunda Regência de Isabel. • 26 DE ABRIL: Primeiro emprego de Nabuco: adido da Legação Brasileira nos Estados Unidos. • 7 DE JUNHO: Parte para os Estados Unidos via Europa. Antes, reata e outra vez rompe com Eufrásia.	• Invenção do telefone e do motor a explosão.
1877	1877
• 1º DE JANEIRO: Assume cargo em Washington, mas vive a maior parte do tempo em Nova York. • AGOSTO: Nabuco de Araújo candidata o filho a deputado pelo Recife.	• Rainha Vitória proclamada imperatriz da Índia.
1878	1878
• 5 DE JANEIRO: Depois de uma década, o Partido Liberal volta ao poder. • 23 DE FEVEREIRO: Nabuco é transferido para o mesmo posto, de adido de legação, em Londres, onde passa a residir. • 20 DE MARÇO: Morre o pai.	• Londres ganha luz elétrica nas ruas.

BRASIL	MUNDO
• 1º DE MAIO: Nabuco desembarca no Brasil, onde toma conhecimento da situação financeira difícil da família e de sua candidatura pelo Recife. • 5 DE SETEMBRO: Elege-se deputado.	
1879	1879
• Surgem as primeiras associações abolicionistas, como a Perseverança e Porvir de Fortaleza. • Iluminação elétrica da Estação Central da Estrada de Ferro D. Pedro II. • 10 DE JANEIRO: Nabuco toma posse na Câmara, atrasado.	• Nascimento de Josef Stálin, Leon Trotsky e Albert Einstein. • Invenção da locomotiva elétrica.
1880	1880
• 7 DE SETEMBRO: Com André Rebouças, Nabuco funda a Sociedade Brasileira Contra a Escravidão. • 1º DE NOVEMBRO: A SBCE lança O Abolicionista, jornal que Nabuco redige quase na íntegra.	• Gladstone volta ao cargo de primeiro-ministro do Reino Unido. • Começa a primeira guerra dos bôeres.
1881	1881
• Machado de Assis publica Memórias póstumas de Brás Cubas e Aluísio de Azevedo, O mulato. • 8 DE JUNHO: Nabuco candidata-se pelo 1º distrito da corte. Não se elege. • 1º DE DEZEMBRO: Muda-se para Londres, como correspondente do Jornal do Comércio.	• James A. Garfield, recém-eleito presidente dos Estados Unidos, é assassinado. O vice Chester Arthur assume a presidência. • Morre Dostoiévski. • Henry James publica Retrato de uma senhora.
1882	1882
• Nabuco torna-se membro efetivo da British and Foreign Anti-Slavery Society e faz contato com outras sociedades abolicionistas estrangeiras.	• A Inglaterra intervém no Egito. • Morre Charles Darwin

BRASIL	MUNDO
1883	1883
• AGOSTO: Nabuco publica *O abolicionismo*, no qual trabalhou do início de 1882 a abril de 1883.	• O primeiro arranha-céus do mundo, com dez andares, é construído em Chicago. • Morre Karl Marx.
1884	1884
• Machado de Assis publica *História sem data*. • Nabuco retoma namoro com Eufrásia. • 25 DE MARÇO: Abolição da escravidão no Ceará. • JULHO: Abolição da escravidão no Amazonas. • 29 DE SETEMBRO: Nabuco chega ao Recife candidato pelo 10º distrito. Faz vários comícios diários. Sua popularidade cresce. • 1º DE DEZEMBRO: Denúncia de fraude contra sua candidatura gera conflito armado. A eleição é anulada.	• Grover Cleveland é eleito presidente dos Estados Unidos. • Mark Twain publica *Huckleberry Finn*.
1885	1885
• 9 DE JANEIRO: Nova eleição no 1º distrito do Recife. Reformistas fazem campanha nacional por Nabuco. É eleito e volta consagrado para a Corte. • 24 DE MARÇO: Nabuco é "depurado", a Câmara não reconhece seu mandato. • 7 DE JUNHO: Em eleições no 5º distrito de Pernambuco, candidatos liberais abrem mão da candidatura em seu favor, outra vez eleito. • 28 DE SETEMBRO: Promulgação da Lei dos Sexagenários, prevendo libertação de escravos com mais de 65 anos. • Pressionada pela família, Eufrásia abandona o namorado.	• Invenção da automóvel movido a gasolina. • O Congo se torna propriedade do rei Leopoldo II da Bélgica. • Morre Victor Hugo.

BRASIL	MUNDO
1886	1886
• 15 DE JANEIRO: Eleições. Nabuco não se reelege.	• Abolição da escravatura nos domínios espanhóis. • Gladstone é o primeiro-ministro do Reino Unido pela terceira vez.
1887	1887
• ABRIL: Nabuco vai a Londres, onde conhece seu ídolo, o reformador inglês Willian Gladstone. • Novo reencontro e rompimento com Eufrásia. • 30 DE JUNHO: D. Pedro vai à Europa para tratamento médico. A regente Isabel pressiona Cotegipe a avançar com a abolição. • 26 DE AGOSTO: Volta ao Recife, candidato nas eleições no 1º distrito. Apesar da oposição do gabinete, é eleito. • 5 DE OUTUBRO: Assume a cadeira na Câmara, e é sagrado chefe dos abolicionistas. É o auge de seu prestígio.	• Abolição da escravidão em Cuba. • H. W. Goodwin inventa o filme em celulóide. • Conan Doyle publica *Um estudo em vermelho*, o primeiro livro de Sherlock Holmes.
1888	1888
• 8 DE MAIO: Propõe apreciação do projeto de abolição em regime de urgência. Torna-se líder informal do gabinete na Câmara. • 13 DE MAIO: Aprovação no Senado e promulgação da Lei Áurea, abolindo a escravidão. • NOVEMBRO: Nabuco começa namoro com Evelina Torres Soares Ribeiro. • 30 DE DEZEMBRO: Nabuco sai de *O País*.	• O jornal *Financial Times* começa a ser publicado em Londres. • Van Gogh pinta *A cadeira amarela*. • Benjamin Harrison é eleito presidente dos Estados Unidos.

BRASIL	MUNDO
1889	1889
• 23 de abril: Nabuco casa-se com Evelina e compra casa em Paquetá, onde passa a residir. • 31 de agosto: Eleições. Apesar da oposição do gabinete, Nabuco é eleito no Recife. • 15 de novembro: Golpe republicano. A família imperial é exilada. • Forma-se o Governo Provisório.	• Primeira Conferência Pan-americana em Washington. • Alexander Gustave Eiffel projeta a Torre Eiffel para a Feira Mundial de Paris.
1890	1890
• 9 de fevereiro: Nasce a primeira filha de Nabuco, Maria Carolina. • setembro: Nabuco publica o manifesto "Por que continuo monarquista". Vende a casa e parte para Londres.	• Epidemias de gripe assolam o mundo. • Morre Vincent van Gogh.
1891	1891
• fevereiro: Promulgada a Constituição dos Estados Unidos do Brasil. Na eleição indireta para presidente, Deodoro é eleito e Floriano Peixoto é o vice. • 23 de abril: Nabuco torna-se correspondente do *Jornal do Brasil*. • 10 de maio: Nasce o segundo filho de Nabuco, Maurício. Dois meses depois, embarca de volta para o Brasil. • 3 de novembro: Golpe de Deodoro. Fechamento do Congresso e estado de sítio. • 23 de novembro: Deodoro renuncia, Floriano assume e intervém nos estados. • 5 de dezembro: Morre d. Pedro II. • 30 de dezembro: Nabuco foge com a família para a Europa.	• Terremoto no Japão mata 10 mil pessoas. • Morre Herman Melville, autor de *Moby Dick*.

BRASIL	MUNDO
1892	1892
• JANEIRO: Nabuco reside em Londres, onde não acha trabalho. • MARÇO: Morre o irmão Sizenando. Pouco depois, Nabuco reconverte-se ao catolicismo. • 13 DE SETEMBRO: Retorna ao Brasil e vai viver na casa do avô de Evelina, na rua Marquês de Olinda, em Botafogo.	• Gladstone torna-se primeiro-ministro do Reino Unido pela quarta vez.
1893	1893
• Antônio Conselheiro organiza o arraial de Canudos, no sertão da Bahia. Imprensa aponta conexões com os monarquistas. • JANEIRO: Nabuco instala-se na Vila Itambi, em Petrópolis. • 6 DE SETEMBRO: Começa a Revolta da Armada no Rio de Janeiro.	• Feira Mundial de Chicago. • Henry Ford constrói seu primeiro carro.
1894	1894
• 16 DE JANEIRO: Nasce o terceiro filho de Nabuco, Joaquim. • 5 DE FEVEREIRO: Evelina herda a casa da rua Marquês de Olinda, doravante residência dos Nabuco. • 1º DE MARÇO: Eleição de Prudente de Morais. • ABRIL: Floriano vence a guerra civil. • MAIO: André Rebouças se suicida em Funchal.	• O capitão francês Alfred Dreyfus é condenado por traição e enviado à Ilha do Diabo, na Guiana Francesa.

BRASIL	MUNDO
1895	1895
• JANEIRO: Nabuco é convidado a aderir à República. Ele se recusa. • 20 DE JUNHO: Nasce Maria Ana, filha de Nabuco. • 29 DE JUNHO: Morre Floriano Peixoto. • 15 DE SETEMBRO: O almirante Jaceguai, na carta aberta *O dever do momento*, convida Nabuco a aderir à República. Sua resposta, em *O dever dos monarquistas*, é negativa.	• A Inglaterra invade a ilha de Trindade, gerando conflito diplomático com o Brasil. • Descoberta dos raios X. • Massacre armênio na Turquia.
1896	1896
• 12 DE JANEIRO: Fundado o Partido Monarquista no Rio de Janeiro. Seu jornal, *A Liberdade*, passa a ser dirigido por Nabuco e Carlos de Laet. • 20 DE MARÇO: Nabuco é alijado do comando de *A Liberdade* e abandona o Partido Monarquista.	• Os primeiros Jogos Olímpicos da modernidade são disputados em Atenas. • O físico francês A. H. Becquerel descobre a radioatividade.
1897	1897
• JULHO A OUTUBRO: Depois de quatro expedições contra Canudos, acaba a guerra, com vitória federal. • JULHO: Nabuco é eleito secretário-geral da recém-fundada Academia Brasileira de Letras.	• Congresso Sionista na Basiléia, Suíça, liderado por Theodor Herzl e Max Nordau.
1898	1898
• JANEIRO: Nabuco aproxima-se dos republicanos, por intermédio de José Carlos Rodrigues. • 1º DE MARÇO: Eleição presidencial. Campos Sales vence o candidato jacobino Lauro Sodré. • Lançado o primeiro tomo de *Um estadista do Império*.	• Morrem dois dos maiores políticos do século: Otto von Bismarck e Willian Gladstone. • Guerra dos Estados Unidos com a Espanha em torno da independência de Cuba.

BRASIL	MUNDO
1899	1899
• 9 DE MARÇO: Nabuco é nomeado para a Missão das Guianas. • 3 DE MAIO: Parte para a Europa com a família. • Sai o segundo tomo de *Um estadista*. • Machado de Assis publica *Páginas recolhidas* e *Dom Casmurro*. • Rebelião dos brasileiros no Acre.	• Guerra dos bôeres. • MAIO: Primeira Conferência de Paz em Haia. • Freud publica *A interpretação dos sonhos*.
1900	1900
• ABRIL: Após a morte de Sousa Correia, Nabuco assume interinamente a legação brasileira em Londres. • AGOSTO: Efetivado na chefia da legação, Nabuco fixa residência em Londres. • Publica *Minha formação*.	• Chékhov publica *Tio Vânia*. • Feira Mundial de Paris. • Morre Friedrich Nietzsche.
1901	1901
• 12 DE SETEMBRO: Morre Rodolfo Dantas. • Euclides da Cunha publica *Os sertões*. • NOVEMBRO: Nabuco começa a Memória de defesa do direito brasileiro sobre o território das Guianas disputado com a Inglaterra. • Nabuco publica *Escritos e discursos literários*.	• Morre a rainha Vitória. • Theodore Roosevelt se torna presidente dos Estados Unidos. • Invenção da máquina de escrever elétrica. • Autonomia da Austrália.

BRASIL	MUNDO
1902	1902
• 1º MARÇO: Eleição de Rodrigues Alves. Rio Branco é convidado para as Relações Exteriores. • 27 DE ABRIL: Nasce o quinto filho de Nabuco, José Thomaz. • 28 DE SETEMBRO: Nabuco recebe a notícia da morte da mãe. • SETEMBRO: Rio Branco convida Nabuco a acumular a legação da Itália e da Inglaterra. Nabuco não aceita e os dois se desentendem.	• Segunda Conferência Pan-americana, no México. • Greve dos mineiros nos Estados Unidos. • Estados Unidos adquirem controle perpétuo do canal do Panamá.
1903	1903
• FEVEREIRO: Nabuco vai para Roma e tenta influenciar o rei por meio da sociedade de corte. • O Brasil compra da Bolívia o território do Acre, resolvendo o conflito. Rio Branco é o articulador do acordo, do qual sai muito prestigiado.	• Henry Ford funda a Ford Motors Company. • Primeira gravação de uma ópera, *Ernani*, de Verdi. • A fronteira do Alasca é definida.
1904	1904
• 14 DE JUNHO: O árbitro italiano dá vitória à Inglaterra na questão das Guianas. • 19 DE JUNHO: Rio Branco convida Nabuco para assumir a embaixada brasileira nos Estados Unidos, em processo de constituição. • 9 DE OUTUBRO: Estoura a Revolta da Vacina no Rio de Janeiro. • Machado de Assis publica *Esaú e Jacó*.	• Theodore Roosevelt é eleito presidente dos Estados Unidos. • J. M. Barrie publica *Peter Pan*. • Definido o turno de dez horas de trabalho na França.

BRASIL	MUNDO
1905	1905
• JANEIRO: Criada a embaixada do Brasil em Washington, Nabuco é nomeado embaixador do Brasil. • JANEIRO: Morre José do Patrocínio. • Nabuco consegue que o Brasil acolha a Terceira Conferência Pan-americana.	• Einstein elabora a teoria da relatividade restrita.
1906	1906
• 1º DE MARÇO: Afonso Pena é eleito presidente da República no Brasil. • 17 DE JULHO: Nabuco chega ao Rio para presidir a Pan-americana e não consegue a declaração de aliança incondicional do Brasil com os Estados Unidos. • Recebe o título de doutor *honoris causa* da Universidade de Columbia.	• Terremoto em San Francisco mata setecentas pessoas. • Alfred Dreyfus é reabilitado. • 23 DE OUTUBRO: Santos Dumont voa com seu 14-Bis.
1907	1907
• FEVEREIRO: Nabuco recebe diagnóstico de arteriosclerose e policitemia vera, doença incurável. • 28 DE FEVEREIRO: É surpreendido com o convite de Rio Branco a Rui Barbosa para representar o Brasil na Segunda Conferência da Paz, em Haia. Decide pedir licença de saúde. • 9 DE JUNHO: Chega a Paris onde tenta influir sobre as posições brasileiras em Haia. • 15 DE JUNHO: Começa a Segunda Conferência da Paz de Haia. Rui Barbosa propõe a igualdade entre todos os países, rompendo a aliança preferencial com os Estados Unidos que Nabuco construíra.	• Autonomia da Nova Zelândia. • Invenção da fotografia em cores. • Primeira exposição cubista em Paris.

BRASIL	MUNDO
1908	1908
• 14 DE MAIO: Nabuco realiza a conferência "O lugar de Camões na literatura" na Universidade de Yale, onde recebe o título de doutor *honoris causa*. • 29 DE SETEMBRO: Morre Machado de Assis, pouco depois de publicar *Memorial de Aires*.	• D. Carlos I de Portugal é assassinado com seu filho. Manuel II torna-se rei.
1909	1909
• JANEIRO: Nabuco é o representante do Brasil na restauração do governo cubano. • ABRIL: Nabuco consegue barrar projeto de taxação da entrada do café brasileiro nos Estados Unidos. • Afonso Pena morre. O vice-presidente Nilo Peçanha assume a presidência. • NOVEMBRO: Nabuco negocia saída diplomática para conflito entre o Chile e os Estados Unidos.	• William Taft sucede Theodore Roosevelt na presidência norte-americana. • Freud viaja aos Estados Unidos para uma série de palestras sobre psicanálise.
1910	1910
• 17 DE JANEIRO: Morre em Washington, vitimado por uma congestão cerebral. • 1º MARÇO: Hermes da Fonseca se elege presidente. • 9 DE ABRIL: O corpo de Nabuco chega ao Rio de Janeiro, onde é velado no Palácio Monroe. De lá, é transportado para o enterro no Recife.	• Morrem Tolstoi e Mark Twain. • Tem início a revolução mexicana. • Portugal torna-se uma República e Manuel II foge para a Inglaterra.
1915	1915
• 28 DE SETEMBRO: Estátua de Nabuco é inaugurada no Recife.	

Índice onomástico

Abolicionismo, O (Nabuco), 17, 146, 161, 162, 163, 171, 173, 175, 180, 184, 189, 210, 278
Abolicionista, O, 117, 118, 119, 122, 127, 130, 131, 135, 156, 222
Abrantes, marquesa de, 33
Abreu, Capistrano de, 279
Afinidades eletivas (Goethe), 52, 56, 65
Agostini, Angelo, 112
Albuquerque, Lourenço de, 230
Alencar, José de, 15, 32, 33, 42, 59
Alencar, Mário de, 15
Alencastro, Luiz Felipe de, 23
Alexandra da Dinamarca, princesa, 50
Alexandre da Rússia, imperador, 89
Allen, Charles, 105, 109, 116, 125, 126, 137, 149, 153, 154, 175, 196, 208, 218, 221, 232, 301
Almira, filha de Graça Aranha, 293
Alves, Antonio de Castro, 26, 27, 29, 160
Alves, Rodrigues, 25, 26, 287, 298, 304, 305, 311, 319, 327, 334
Amado, Gilberto, 313, 325
Amaral, Gurgel do, 311
Amaral, José do, 170, 177
Amaral, Silvino do, 300, 304
Amaral, Ubaldino do, 119
Amour et Dieu (Nabuco), 59
Anchieta, José de, 280, 289
Antígona (Sófocles), 66
Anti-Slavery Reporter, 126, 153, 154, 196, 301
Antônio Carlos, cabo eleitoral, 195, 215, 247
Aranha, Graça, 15, 86, 281, 283, 292, 293, 294, 296, 300, 306, 311, 315, 322, 323, 326, 330, 331, 333
Araripe Jr., 281

Araújo, Ana Benigna Nabuco de (mãe de Joaquim Nabuco), 21, 36, 41, 70, 77, 116, 194, 223, 244, 245, 263, 267, 302, 307

Araújo, José Thomaz Nabuco de (pai de Joaquim Nabuco), 19, 20, 21, 23, 24, 26, 28, 29, 30, 34, 37, 39, 41, 43, 45, 50, 58, 59, 60, 62, 63, 65, 70, 73, 74, 76, 77, 78, 79, 80, 83, 87, 90, 96, 99, 110, 133, 205, 262, 276, 278, 341

Araújo, Maria Carolina Nabuco ("Sinhazinha", irmã de Joaquim Nabuco), 24, 33, 163, 207, 223, 250, 251, 263, 307

Araújo, Rita Nabuco de (irmã de Joaquim Nabuco), 24, 33, 70, 71, 263, 267, 268, 294

Araújo, Sizenando Nabuco de (irmão de Joaquim Nabuco), 21, 24, 25, 26, 28, 29, 41, 60, 70, 77, 79, 83, 85, 86, 117, 128, 157, 164, 207, 213, 261, 263, 283

Araújo, Vitor Nabuco de (irmão de Joaquim Nabuco), 21, 24, 70, 71, 263

Argyll, duque de, 301

Aristófanes, 66

Assassinato do coronel Gentil de Castro, O (Celso), 280

Assis, Machado de, 25, 33, 60, 78, 87, 145, 211, 212, 241, 244, 281, 282, 283, 310, 336, 341

Austen, Jane, 52

Balmaceda e a Intervenção estrangeira (Nabuco), 279

Balmaceda, su gobierno y la Revolución de 1891 (Bañados Espinosa), 270

Barbosa, Rui, 26, 42, 89, 112, 134, 181, 200, 234, 235, 238, 239, 240, 246, 247, 248, 254, 267, 269, 270, 281, 289, 323, 327, 328, 329, 334, 336

Barral, condessa de, 33

Barreto, Moniz, 116

Barreto, Tobias, 215

Barrett, John, 332

Barros Sobrinho, 290

Barros, Adolfo de, 80, 116, 122, 158

Barros, Moreira, 94, 95, 109, 107, 119, 134, 185, 193

Bastos, Souza, 125

Bastos, Tavares, 38, 39, 45, 96, 102, 106, 109, 120

Beaurepaire Rohan, visconde de, 116

Beethoven, Ludwig van, 32, 52

Benalcanfor, visconde de, 123

Bento, Antonio, 171, 179, 180, 211, 213, 222, 234, 279

Berly, Eleanore, 218

Bernhardt, Sarah, 215, 289

Bevilácqua, Clóvis, 281

Bilac, Olavo, 259, 324

Bill, John, 182

Bismarck, Otto von, 89, 182, 269

Bocaiúva, Quintino, 40, 41, 59, 112, 114, 134, 179, 186, 187, 193, 211, 213, 215, 227, 235, 236, 237, 245, 246, 247, 248, 324

Bonfim, Manuel, 322

Bonifácio, o Moço, 39, 87, 90, 92, 212

Borges, Antonio Pedro de Carvalho, 63

Borges, Oliveira, 288

Boston Transcript, 338

Braga, Teófilo, 103, 123, 124, 224, 257

Brandão, Francisco de Carvalho Soares, 80, 265, 290, 294

Branner, John Casper, 339

Brasil e as colônias portuguesas, O (Martins), 124

Brasil, Assis, 112, 173, 304, 316, 323
Buckle, mr., 301
Bulhões, Leopoldo de, 172
Bulwer-Lytton, Edward, 220
Buxton, Thomas Fowel, 125, 126, 182, 302

Cabana do Pai Tomás, A (Stowe), 45, 160
Calógeras, Pandiá, 323
Camões, Luís Vaz de, 102, 120, 123, 126, 289, 337, 339
Campos, Bernardino de, 275, 327
Campos, Martinho, 79, 95, 103, 109, 137, 156, 158, 164, 165, 166
Candido, Antonio, 122
Canning, George, 50
Capital, O (Marx), 160
Cardoso, Fernando Henrique, 17
Cardoso, Licínio, 251
Cardoso, Virgílio, 275
Carlyle, Thomas, 66, 159
Carnegie, Andrew, 224
Carow, mrs., 314
Carvalho, Ana Rosa Falcão de (madrinha de Joaquim Nabuco), 21, 22, 23, 24, 35, 36, 225, 245, 252
Carvalho, Joaquim Aurélio Pereira de (padrinho de Joaquim Nabuco), 21, 22, 76
Carvalho, José Carlos de, 116
Carvalho, Leôncio de, 79, 95, 100, 129
Castellar, Emílio, 103, 124
Castilho, Augusto de, 271
Castilhos, Júlio de, 112, 186, 266
Castro, Anna Esméria Corrêa de, 53
Castro, Cipriano, 322
Castro, Gentil de, 269, 274, 280
Catharino, Ernesto, 51, 52, 56, 85, 295

Cavalcanti, Amaro, 275
Cavalcanti, Joaquim Francisco de Melo, 196
Cavour, conde de, 42
Caxias, duque de, 31
Celso Jr., Afonso, 19, 71, 87, 88, 94, 101, 229, 238, 239, 273, 280, 281
Chateaubriand, François-René de, 333, 337
Chatham, conde de, 50, 182
Chermont, Epaminondas, 14, 306, 311, 312
Chopin, Frédéric, 32, 48
Cícero, 304, 337
Clapp, João, 180, 184, 194, 200, 213, 231
Clark (amigo do barão de Penedo), 50, 133, 134, 136, 139, 140, 145
Clarkson, Thomas, 153, 182
Cochrane, Thomas, 300
Coelho, Érico, 318
Coelho, Henrique, 18, 26, 30
Comércio de São Paulo, O, 269, 273, 274, 279, 289, 290
Constant, Benjamin, 237, 246, 247, 248, 275, 280
Construction dês Mémoires Anglais, La (Nabuco), 307
Cooper, Joseph, 125
Correa, João Arthur de Sousa, 51
Correio da Manhã, 314
Cotegipe, barão de, 33, 35, 70, 202, 204, 208, 209, 212, 214, 220, 222, 224, 227, 228, 230, 235, 264, 325
Couchante dans la Foret Vierge (Nabuco), 57
Coutinho, Ermírio César, 196
Coutinho, Freitas, 104
Crenças e opiniões jacobinas (Sodré), 280
Cunha, Carneiro da, 89, 129

D'Eu, conde, 33, 53, 223
Dana, Charles, 67
Dantas, Manuel de Souza, 71, 80, 181
Dantas, Rodolfo, 45, 46, 79, 80, 89, 90, 112, 121, 163, 164, 165, 181, 186, 195, 225, 246, 251, 253, 255, 257, 259, 264, 289, 290, 294, 295, 326
Dante Alighieri, 337
Darwin, Charles, 27, 66, 168
De Martino, madame, 152, 153
Destinos, Os (Nabuco), 26
Diabo a Quatro, O, 81, 82, 83
Diário do Rio de Janeiro, 25
Dias, Silva, 52
Dickens, Charles, 159
Dom Casmurro (Machado de Assis), 290
Drago, Luís Maria, 319
Droit au meurtre, Le (Nabuco), 37
Drummond, Amélia, 241
Dumas, Alexandre, 36, 37
Dumont, Santos, 300

Edmond, Charles, 47
Eduardo VII, rei da Inglaterra, 301
Eleições liberais e eleições conservadoras (Nabuco), 209, 344
Eliot, George, 159
Encilhamento, O (Taunay), 254
Época, A, 60
Erro do imperador, O (Nabuco), 209
Escrava Isaura, A (Guimarães), 45
Escravidão no Brasil, A (Malheiro), 44
Escravidão, A (Nabuco), 44, 117
Escravos! Versos franceses a Epicteto (Nabuco), 210
Espinosa, Baruch de, 42
Espinosa, Julio Bañados, 270
Estadista do Império, Um (Nabuco), 17, 79, 278, 279

Estado de São Paulo, O, 274, 322
Estudos históricos (Nabuco), 39
Evening Mail, 312, 314

Fabre, Ferdinand, 276
Faguet, Émile, 335
Falcão, Aníbal, 112, 187, 190, 215, 223, 234, 238, 240, 249
Falci, Mirian Brito, 243
Ferreira, Alfredo Gomes, 316
Feuillet, Octave, 29
Fialho, Anfrísio, 275
Fichte, Johann Gottlieb, 42
Figaro, Le, 335
Figueira, Andrade, 164, 169, 183, 193, 202, 212, 230, 248, 273, 298
Fisk, Nina, 226
Flaubert, Gustave, 224, 229, 337
Foi Voulue (Nabuco), 263, 276, 283, 290, 337
Fonseca, Deodoro da, 246, 247, 248, 249, 256, 258
Formação monárquica (Nabuco), 279
Franco, Souza, 82, 104
Franco, Tito, 280
Freire, Felisberto, 275
Freyre, Gilberto, 24
Frontières du Brésil et de la Guyane Anglaise. Le droit du Brésil (Nabuco), 307

Gales, príncipe de, 51, 127, 144, 151, 196
Gama, Domício da, 292, 331
Gama, Luís Filipe Saldanha da, 63, 266, 267, 268, 269, 270, 271, 272
Gama, Luiz (ex-escravo), 44, 114, 122, 130, 171, 179, 180
Gambetta, Léon, 40, 89, 115
Garrison, William Lloyd, 182, 196

Gazeta da Tarde, 113, 116, 119, 120, 133, 156, 166, 170, 172, 181, 182, 183, 186, 187, 194, 210, 211, 231, 269
Gazeta de Notícias, 31, 107, 113, 124, 130, 143, 158, 172, 208, 211, 231, 237, 267, 274
Geisel, Ernesto, general, 17
George, Henry, 173, 174
Gigante da Polônia, O (Nabuco), 25
Gissing, George, 159
Gladstone, William, 39, 68, 89, 115, 125, 126, 141, 142, 143, 144, 148, 150, 151, 153, 183, 184, 187, 212, 218, 221, 229, 269, 284
Globo, O, 59, 60, 165
Góes, Zacarias de, 38, 87
Goethe, Johann Wolfgang von, 52, 66, 303
Gomes, Carlos, 15, 119, 170
Gonçalves, Julião Jorge, 23
Gordo, Adolfo, 275
Gouvêa, Hilário de, 70, 71, 72, 74, 77, 78, 79, 82, 83, 85, 117, 128, 129, 145, 156, 163, 164, 165, 166, 172, 207, 211, 251, 263, 267, 268, 269, 278, 280, 284, 287, 294, 331, 333, 341
Granville, lord, 153, 196
Grey, conde, 182
Grownsly, Sand, 125
Guanabara, Alcindo, 275
Guarney, Samuel, 125
Guimarães, Aprígio, 71, 81
Guimarães, Bernardo, 33, 45
Guimarães, Guilhermina Torres, 244

Hayes, Rutherford B., 67
Hilliard, Henry Washington, 118, 119
Histoire de la Zone constestée selon le Contre-Mémoire Anglais (Nabuco), 307

História da Revolta de Novembro de 1891, A (Melo), 280
História das idéias republicanas em Portugal (Braga), 224
Homme-femme, L' (Dumas), 37
Hugo, Victor, 57, 66, 69, 302
Humanidade, A (Nabuco), 26

Igreja e o Estado, A (Marinho), 42
Independência, 39
Invasão ultramontana, A (Nabuco), 42
Ipiranga, O, 39
Isabel, princesa, 32, 61, 198, 214, 215, 217, 220, 225, 228, 229, 230, 231, 233, 234, 236, 237, 246, 251, 257, 265, 266, 288, 302
Itaboraí, visconde de, 242, 243
Itajubá, barão de, 47

Jaguaribe, Domingos, 160
James, Henry, 65, 159, 337
Janet, 42
Janicot, dr., 294
Jardim, Silva, 112, 208, 237, 246, 249, 251, 259, 275
Jesuíta, O (Alencar), 59
Jornal do Brasil, 257, 258, 259, 267, 269, 270, 288, 321
Jornal do Comércio, 31, 50, 80, 89, 107, 111, 116, 119, 124, 127, 133, 136, 137, 138, 139, 148, 149, 150, 155, 158, 169, 172, 173, 175, 182, 191, 194, 196, 198, 211, 212, 214, 253, 267, 269, 270, 271, 272, 278, 280, 288, 292, 303, 310, 321, 339
Jornal do Recife, 82, 83, 191, 215
Journal des Débats, 21, 257

Kant, Immanuel, 42
Knox, Philander, 13
Knox, Philander Chase, 332
Kosmos, 323

Laboulaye, Édouard de, 47
Labra, Rafael, 155, 174
Laet, Carlos de, 269, 273, 281, 289, 299, 322
Lamartine, Alphonse de, 66
Lazarus, Emma, 64
Leão XII, papa, 236
Leão XIII, papa, 42, 225
Leão, Domingos de Sousa *ver* Vila Bela, barão de
Leão, Luís Filipe de Souza, 81
Leite, Eufrásia Teixeira, 51, 53, 54, 55, 56, 57, 58, 61, 62, 64, 65, 66, 72, 74, 84, 85, 121, 127, 152, 167, 169, 176, 177, 197, 198, 199, 201, 203, 204, 205, 206, 207, 208, 213, 216, 217, 219, 225, 227, 241, 242, 243, 244, 245, 251, 252, 262, 294, 295, 296, 297, 321
Leite, Francisca Bernardina Teixeira ("Chiquinha"), 53, 54, 56, 58, 62, 72, 167, 198, 199, 205, 296
Leite, Joaquim José Teixeira, 53, 54, 205
Lemos, Miguel, 112, 189
Leroy-Beaulieu, Paul, 257
Leuzinger, livreiro, 172
Libertador, O, 269
Lima, Barbosa, 259
Lima, Flora de Oliveira, 314, 333
Lima, Manuel de Oliveira, 144, 289, 292, 298, 300, 303, 310, 317, 322, 323, 336, 338
Lincoln, Abraham, 45, 116, 117, 118, 123, 182, 233, 312, 339

Lins, Álvaro, 308, 330
Liszt, Franz, 128
Littré, Emile, 47, 103
Lobo, Aristides, 236, 246, 247
Lobo, Gusmão, 89, 117, 119, 134, 158, 182, 257, 303
Longfellow, Henry, 144
Loyo Júnior, José da Silva, 238
Lucena, barão de, 256, 258
Lucíola (Alencar), 32
Lusíadas, Os (Camões), 308

Ma Vocation (Fabre), 276
Macedo, Joaquim Manuel de, 33, 45
Machado, Júlio César, 124
Machado, Pinheiro, 327
Mademoiselle de la Seiglière (Sandeau), 29
Magalhães, Olinto de, 288, 298, 304
Malheiro, Perdigão, 44
Manning, cardeal, 225
Marcos (amigo de Joaquim Nabuco), 22, 23
Mariano, José, 15, 89, 109, 112, 129, 180, 186, 187, 188, 191, 192, 194, 195, 202, 203, 204, 209, 212, 213, 215, 220, 221, 223, 227, 232, 234, 235, 238, 239, 249, 268, 283, 325
Marinho, Saldanha, 40, 42, 92, 95, 116, 134
Martinez, Walker, 315
Martins, Gaspar Silveira, 79, 83, 92, 100, 259, 266
Martins, Oliveira, 123, 124, 161, 224
Marx, Karl, 160
Matosinhos, conde de, 236, 237
Megascopo (Nabuco), 39
Mello, Homem de, 35, 78, 80, 90, 100, 101, 120, 134, 157, 166, 168
Melo, Custódio de, 258, 266, 269, 280

Melo, Hildete Pereira de, 243
Mendelssohn, Felix, 32
Mendes, Teixeira, 236, 275
Mendonça, Salvador de, 40, 60, 63, 67, 69, 77, 114, 137, 149, 204, 224, 281, 314, 316, 327
Menezes, Cardoso de, 170
Mengoli, Eugênio, 300, 335
Michelangelo, 48, 59
Miguel, Hermenegildo, 217, 219, 300
Minha formação (Nabuco), 22, 30, 39, 40, 47, 49, 59, 61, 110, 250, 290
Moltke, Carl, conde, 13
Monarquia e monarquistas (Franco), 280
Monroe, James, 312
Monsieur de Camors (Feuillet), 29, 45
Monteiro, Maciel, 282
Monteiro, Tobias, 20, 73, 74, 279, 287, 298, 302, 303, 305
Morais, Prudente de, 186, 193, 256, 269, 272
Moreira, Arthur Carvalho, 29, 35, 39, 47, 70, 76, 125, 126, 133, 151, 163, 195, 198, 199, 207, 225, 241, 257, 329
Moreira, Carolina Delfim, 34
Moreira, Francisco Ignácio Carvalho *ver* Penedo, barão de
Moreira, Nicolau, 116, 184
Morelli, Vicenzo, 336
Moris, Lizzie, 154
Morris, Douglas, 148
Morte (Nabuco), 36
Mosczenska, Wanda, condessa, 48, 57, 58, 64
Mota, Artur Silveira da, 51, 76, 130, 157, 166, 176, 194, 196, 234
Mota, Silveira, 231

Moura, Marcolino, 89
Moura, Marcolino de, 109, 116
Muito barulho por nada (Shakespeare), 226
Musset, Alfred, 48, 66

Nabuco Filho, Joaquim (segundo filho de Joaquim Nabuco), 262, 341
Nabuco, José Thomaz (filho de Joaquim Nabuco), 262, 307
Nabuco, Maria Ana (filha de Joaquim Nabuco), 262, 297, 341
Nabuco, Maria Carolina (filha de Joaquim Nabuco), 250, 287, 307, 313, 341
Nabuco, Maurício (filho de Joaquim Nabuco), 14, 252, 261, 262, 296, 301, 313, 340, 341
Nada (Nabuco), 36
Navio negreiro, O (Castro Alves), 26
New Grub Street (Gissing), 159
New York Times, 312, 314
Notes sur la partie historique du Premier Mémorie Anglais (Nabuco), 307
Novo Mundo, 63, 112

Octaviano, Francisco, 33, 78, 79, 129
Oliveira, Cardoso de, 300
Oliveira, João Alfredo Correia, 35, 134, 193, 209, 212, 228, 229, 230, 234, 235, 238, 240, 244, 248, 250, 259, 265, 266, 273, 280, 283, 298, 322
Oliveira, Régis de, 311
Option, L' (Nabuco), 60, 72, 85, 143, 216, 337
Ortigão, Ramalho, 32, 122, 124, 223

Otávio, Rodrigo, 309, 323
Otoni, Teófilo, 38
Ottoni, Cristiano, 183, 275
Ouro Preto, visconde de, 239, 240, 246, 247, 256, 259, 266, 269, 273, 274, 275, 317
Outlook, The, 339
Ovídio, 337

País, O, 108, 112, 129, 186, 194, 196, 211, 214, 215, 216, 217, 218, 219, 222, 223, 225, 226, 227, 229, 231, 232, 235, 236, 237, 245, 274, 278, 321
Pallavicini, princesa, 308
Paranhos, Juca, 32, 51, 61, 136, 163, 176, 204, 216, 234, 257
Partido Ultramontano: suas invasões, seus órgãos e seu futuro, O (Nabuco), 42
Partridge, Anne, 59, 168
Patrocínio, José do, 112, 122, 133, 156, 158, 166, 170, 171, 172, 173, 176, 179, 180, 181, 182, 183, 184, 186, 187, 190, 193, 194, 209, 210, 211, 212, 213, 217, 227, 230, 231, 234, 235, 237, 239, 246, 249, 267, 268, 271, 321, 326
Pedro II, d., 20, 24, 25, 32, 33, 35, 38, 39, 40, 41, 44, 50, 61, 69, 70, 75, 78, 79, 86, 91, 95, 101, 116, 162, 165, 173, 174, 184, 200, 203, 209, 210, 212, 214, 220, 222, 223, 234, 236, 246, 253, 255, 259, 278, 304
Peel, Robert, 50
Peixoto, Floriano, 248, 256, 258, 262, 266, 267, 269, 270, 272, 274, 281, 291, 316
Pena, Afonso, 319, 325, 326, 327, 329, 334
Pena, Feliciano, 327

Penedo, barão de, 29, 47, 50, 51, 63, 70, 72, 73, 75, 77, 80, 83, 84, 86, 89, 90, 91, 99, 121, 125, 126, 127, 129, 132, 133, 135, 136, 137, 138, 139, 140, 144, 147, 148, 150, 151, 152, 162, 163, 164, 165, 167, 169, 172, 175, 176, 181, 186, 188, 189, 191, 194, 195, 196, 197, 198, 204, 207, 211, 212, 216, 217, 218, 219, 221, 223, 224, 226, 233, 234, 238, 241, 245, 251, 253, 255, 257, 258, 261, 264, 266, 269, 278, 283, 289, 291, 292, 295, 299, 301, 302, 303, 314, 337
Pensées (Nabuco), 335, 336, 337
Pereira, Lafayette Rodrigues, 79, 172, 238
Phipps, Constant, 265
Picot, Francisco, 134, 138, 139, 140, 141, 142, 143, 144, 145, 146, 149, 150, 155, 158, 160, 161, 167, 168, 169, 175, 176, 177, 182, 194, 211, 212, 218, 253, 277
Pimentel, Sancho de Barros, 25, 27, 30, 34, 35, 43, 52, 54, 57, 68, 70, 72, 79, 80, 84, 85, 89, 109, 112, 128, 130, 134, 135, 152, 156, 158, 160, 163, 166, 169, 172, 181, 182, 186, 187, 191, 192, 193, 195, 257, 283, 306
Pinheiro, Rafael Bordalo, 122
Pinto, José Caetano de Andrade, 47
Platão, 42, 66, 337, 341
Plutarco, 337
Poe, Edgar Allan, 52, 337
Pompéia, Raul, 171, 208, 214
Portela, Machado, 187, 189, 220, 221
Povo e o trono, O (Nabuco), 39
Prado, Antônio, 264, 287
Prado, Eduardo, 216, 256, 264, 267, 269, 272, 273, 275, 281, 289, 295, 303, 317, 326

Prétention Anglaise, La (Nabuco), 307
Preuve Cartographique, La (Nabuco), 307
Progress and Poverty (Henry George), 173
Proust, Marcel, 28
Província, A, 89, 112, 186, 215
Prozor, conde de, 197, 226, 303

Queirós, Eusébio de, 24, 37, 95, 102, 278
Queirós, Eça de, 143, 216, 337
Quesada, Gonçalo, 314

Rabelo, Aníbal Veloso, 306
Rafael, 59
Raikes, sra., 155, 218
Ramirez, Carlos Maria, 149
Rampolla, cardeal, 226
Razón, La, 149, 150, 175, 211, 216, 278
Rebouças, André, 112, 113, 115, 116, 117, 118, 119, 120, 121, 127, 128, 129, 130, 132, 144, 145, 148, 149, 154, 156, 157, 158, 169, 170, 171, 172, 173, 174, 175, 177, 178, 179, 180, 182, 187, 195, 196, 197, 200, 211, 224, 228, 231, 234, 235, 239, 245, 246, 247, 251, 255, 256, 257, 262, 264, 266, 274, 276, 277, 283, 326, 333
Rebouças, Antonio Pereira, 115
Reforma, A, 41, 42, 76, 81, 89
Remusat, 42
Renan, Ernest, 36, 37, 42, 47, 59, 66, 225, 249, 279, 284, 289, 303, 334, 336, 337
Reproduction des documents anglais suivis de brèves observations (Nabuco), 307

República Federal, A (Assis Brasil), 173
República, A, 31, 41, 42, 112, 255, 278, 280, 324
Revista de Portugal, 256
Revista Ilustrada, A, 112, 231
Revue des Deux Mondes, 99
Ribeiro, Alves, 289
Ribeiro, Antonio Joaquim Soares, 242
Ribeiro, Demétrio, 247, 248
Ribeiro, Domingos Alves, 284
Ribeiro, Evelina Soares, 198, 241, 242, 243, 244, 245, 250, 251, 252, 260, 261, 262, 263, 265, 268, 271, 294, 295, 297, 300, 305, 307, 309, 310, 311, 312, 313, 322, 325, 326, 327, 328, 330, 335, 340
Ribeiro, José Antonio Soares, 242
Ribeiro, Veloso, 300
Rio Branco, Raul, 300, 306, 311
Rio Branco, visconde de, 15, 32, 42, 43, 44, 61, 70, 79, 91, 106, 109, 111, 116, 118, 180, 216, 227, 234, 257, 258, 259, 275, 278, 280, 283, 288, 289, 290, 291, 292, 293, 294, 298, 299, 300, 304, 305, 307, 308, 310, 311, 312, 313, 315, 316, 317, 318, 319, 320, 322, 323, 324, 326, 327, 328, 329, 330, 331, 332, 333, 334
Rio News, The, 63, 99, 112, 113, 116, 175
Ristori, Adelaide, 29, 144, 308
Rocha, Joaquim Ferreira da, 238
Rodrigues, José Carlos, 63, 130, 151, 175, 269, 287, 298, 310
Romero, Sílvio, 130, 281
Roosevelt, Theodore, 14, 312, 315, 316, 318, 319, 332, 333
Root, Elihu, 14, 315, 318, 319, 320, 322, 323, 328, 331, 332, 333

377

Rossini, Gioacchino, 32, 52
Rothschild, Alfred, 47, 126, 301
Rothschild, Leonel, 47
Rudini, marquesa de, 308
Ruskin, John, 154

Saint-Hilaire, Auguste de, 47
Saint-Simon, conde de, 337
Salambô (Flaubert), 229
Sales, Alberto, 112, 173
Sales, Campos, 112, 186, 193, 247, 254, 275, 281, 287, 288, 298, 305, 310, 324, 329, 333
Salisbury, lord, 292
Sand, George, 47, 65
Sandeau, Jules, 29
Santos, José Américo dos, 116
São Vicente, marquês de, 31, 96, 104, 288
Saraiva, Antonio, 101, 103, 104, 107, 109, 110, 117, 119, 128, 129, 133, 134, 137, 142, 174, 181, 182, 185, 195, 200, 201, 209, 248
Schérer, Edmond, 47
Schlesinger, Mary, 51, 218, 226, 241
Schoelcher, Victor, 47, 125
Serra, Joaquim, 89, 109, 116, 134, 139, 155, 156
Sertões, Os (Euclides da Cunha), 337
Sezame and Lillies (Ruskin), 154
Shakespeare, William, 143, 226
Silva, Francisco de Assis Rosa e, 271
Silva, Jacinto Dias da, 153
Simon, Jules, 47
Sinimbu, Cansansão de, 23, 73, 78, 79, 80, 85, 91, 92, 93, 95, 96, 97, 99, 100, 101, 114, 164, 183, 195, 248
Smith, Goldwin, 213
Sodré, Jerônimo, 96
Sodré, Lauro, 272, 275, 280

Sófocles, 66
Souvenirs d'enfance et de jeunesse (Renan), 279
Souza, Paulino Soares de, 134, 178, 180, 185, 193, 209, 212, 228, 230, 231, 236, 248, 266
Souza, Vicente de, 113, 119, 184
Spencer, Herbert, 66, 337
Stevens, Minnie, 64, 72
Stowe, Becker, 174
Sturge, Joseph, 125
Suzigan, Wilson, 286

Taft, William, 13, 332, 334
Taques, Beatriz, 261
Taunay, Alfredo, 33, 75, 87, 169, 224, 246, 254, 255, 265, 275, 280, 281, 282, 283, 284, 290, 326
Tautphoeus, José Herman de, 21, 24, 250
Thiers, Adolphe, 47
Through the Brazilian Wilderness (Roosevelt), 315
Tilden, Samuel J., 67
Tiradentes, 237, 280
Tito Lívio, 337
Tomás, escravo, 44, 240
Topik, Steven, 258, 268
Tribuna Liberal, 39
Triumphant Democracy (Carnegie), 224
Trope, Henri, 306
Trovão, Lopes, 119, 217
Tucídides, 337

Uruguai, visconde do, 178
Uruguaiana (Nabuco), 25

Veríssimo, José, 89, 270, 280, 281, 336
Viagem de um naturalista ao redor do mundo (Darwin), 27
Viana Filho, Luis, 243
Viana, Caldas, 292, 306
Viana, Ferreira, 212
Vianna, Oliveira, 278
Vicente (amigo de Joaquim Nabuco), 22, 23
Victor Emanuel, rei da Itália, 308
Vida dos santos, A (Butler), 304
Vie Parisienne, 60
Vila Bela, barão de, 40, 41, 43, 71, 73, 79, 80, 81, 82, 85, 90, 92, 100, 114, 115, 129, 326
Vilhena, Júlio de, 122
Villeneuve, Júlio Constâncio de, 134
Vítimas algozes (Macedo), 45
Vitória, rainha da Inglaterra, 289, 301
Vitorino, Manoel, 274

Wandenkolk, Eduardo, 247, 266
Weber, Carl Maria von, 32, 128
Werneck, Manuel Peixoto de Lacerda, 107, 201
What will he do with it? (Bulwer-Lytton), 220
Wilberforce, William, 105, 153, 182
Wilde, Oscar, 28, 159
Wombwell, mrs., 301
Work, Fanny, 64, 152, 241

Youle, Frederico, 50

Zama, César, 93, 107, 201
Zeballos, Estanislao, 331, 332
Zola, Émile, 337

Esta obra foi composta
por warrakloureiro
em Electra e impressa
pela Gráfica Bartira
em ofsete sobre papel
Pólen Soft da Suzano S.A.
para a Editora Schwarcz
em novembro de 2020

A marca FSC® é a garantia de que a madeira utilizada na fabricação do papel deste livro provém de florestas que foram gerenciadas de maneira ambientalmente correta, socialmente justa e economicamente viável, além de outras fontes de origem controlada.